Plantando iglesias entre los pobres de la ciudad

Una antología de recursos de plantación de iglesias urbanas

VOLUMEN UNO:
PERSPECTIVAS TEOLÓGICAS Y MISIONOLÓGICAS
PARA PLANTADORES DE IGLESIAS

Editado por Rev. Dr. Don L. Davis

TUMI Press
3701 East Thirteenth Street North
Wichita, Kansas 67208

Plantando iglesias entre los pobres de la ciudad:
Una antología de recursos de plantación de iglesias urbano
Volumen Uno: Perspectivas teológicas y misionológicas para plantadores de iglesias

© 2015. *The Urban Ministry Institute* [El Instituto Ministerial Urbano]. © 2018. Traducido al español. Todos los derechos reservados. Copiar, redistribuir y/o vender estos materiales, o cualquier transmisión no autorizada, salvo que esté expresamente autorizado por la Ley de Propiedad Intelectual de 1976 o por escrito departe de la editorial es prohibida. Las solicitudes de permiso deben dirigirse por escrito a:

The Urban Ministry Institute
3701 East 13th Street North
Wichita, KS 67208

ISBN: 978-1-62932-311-4

Publicado por *TUMI Press*
Una división de *World Impact, Inc.*

The Urban Ministry Institute es un ministerio de *World Impact, Inc.* [Impacto Mundial]

Título original en inglés:
Planting Churches among the City's Poor:
An Anthology of Urban Church Planting Resources
Volume One: Theological and Missiological Perspectives for Church Planters

Coordinador de traducción: Dr. Fernando Argumedo

Todas las citas bíblicas, a menos que se indique lo contrario, son de la Santa Biblia, Versión Reina Valera 1960, derechos reservados ©. Usado con permiso. Todos los derechos reservados.

Este libro está dedicado a

plantadores de iglesias urbanas de todo el mundo,

los hombres y mujeres valientes que han sacrificado la facilidad y la seguridad personal
para ministrar a aquellos que son los que no tienen voz, a los quebrantados,
y los más olvidados en la sociedad humana.

Ellos han respondido con corazones abiertos y almas dispuestas,
están dispuestos a participar en estas comunidades con amor y gracia,
y están sin miedo al profetizar la liberación de Cristo y su Reino
a los que han sido elegidos para ser ricos en fe,
y herederos del Reino (Santiago 2:5).

Por su valentía y sacrificio,
para su carga y energía,
por su pasión y perseverancia,
damos las gracias a nuestro Señor y Dios.

Que sus "pies hermosos" sigan caminando por las calles y callejones
de las ciudades más necesitadas de este mundo,
que nunca fallen en publicar la paz, trayendo buenas noticias de la felicidad,
publicando a los habitantes de la ciudad de la salvación de Dios
y declarando sin miedo y vergüenza de que Jesucristo es el Señor,
para la gloria de Dios.

~ Isaías 52:7 ~

Tabla de contenidos

Prólogo 11

Parte I
*Desarrollando congregaciones urbanas:
Una estructura para los plantadores
de iglesias de World Impact.* **19**

Introducción 21
World Impact y La plantación de Iglesias 23
Teología de la Iglesia 24
Historia de las misiones modernas. 28
Iglesias autóctonas 30
Congregaciones multiculturales 38
Una estrategia para plantación de iglesias 43
Comisionando al equipo de plantación de iglesias 44
Cultivar la comunidad 50
Establezca compañerismo de discipulado 58
Forme un grupo Celebración 65
Planifique las finanzas 69
Proporcione instalaciones 73
Constituya la iglesia 77
Relaciones Iglesia/Misión 82
Conclusión 86
Bibliografía 87

Parte II
Principios y Perspectivas Teológicas y Misionales: Hacia una teología de plantación de iglesias . . 93

Christus Victor (El Cristo Victorioso): Una teología de la ciudad y del pobre 95

La teología del pobre para el equipo de líderes 97
La ética del Nuevo Testamento:
Viviendo lo opuesto del Reino de Dios 109
Christus Victor (Cristo Victorioso):
Una visión integrada para la vida cristiana y el testimonio . . 110
El Reino de Dios: Plantación de iglesia en un universo en guerra . 111
Christus Victor (Cristo Victorioso):
Hacia una teología bíblica de la iglesia urbana 120
Érase una vez:
Comprendiendo nuestro lugar de Iglesia en la historia de Dios . 150
La Iglesia de Color (*Black Church*) y la Plantación de Iglesias:
World Impact Blog, Febrero, 2015 163

Una teología del Reino y la Iglesia 167

Viviendo en el YA y el TODAVÍA NO del Reino 169
Jesús de Nazaret: La presencia del futuro 170
Una teología de la Iglesia acorde a la perspectiva del Reino . . 171
Esquema para una teología del Reino y la Iglesia . . . 172
¡Que venga Tu Reino! Lecturas sobre el Reino de Dios . . 173
Hay un río: Identificando las corrientes del auténtico
re-avivamiento de la comunidad cristiana en la ciudad . . 182
El papel del sonar de la eclesiología en la misión urbana . . 183
La historia de Dios: Nuestras Raíces Sagradas 195
Enfoques sustitutos para una visión Cristo-céntrica: Cosas buenas
y efectos que nuestra cultura sustituye como la meta máxima . 196
El cuadro y el drama:
Imagen e historia en la recuperación del mito bíblico . . 197
El Antiguo Testamento testifica de Cristo y Su Reino . . 198
La teología de *Christus Victor*:
Un motivo bíblico para integrar y renovar a la iglesia urbana . 199
La teología de la Iglesia para el equipo de líderes 200
Modelos del Reino 209

Una teología de Cristo y la cultura 211

La diferencia que hace diferencia:
Cultura, Religión, y diversidad en la sociedad posmoderna . . 213

Cinco puntos acerca de la relación entre Cristo y la cultura . . 231

Interacción de clases, cultura y raza 232

La complejidad de la diferencia: Raza, cultura, clase 233

Ciclo de libertad 234

Libertad auténtica en Cristo Jesús 235

Demasiado legítimo para marcharse:
Una continua práctica cultural. 236

Apostolado:
El lugar único de los apóstoles en la fe y práctica cristiana . . 237

Diversidad teológica 238

Teología relacionada con los credos como un modelo para el
discipulado y el liderazgo: Un criterio aprobado para equipar
a nuevos creyentes y desarrollar a líderes autóctonos . . . 241

Transmitiendo la historia de Dios 253

Principios de plantación para una iglesia transcultural . . . 254

La vocación misionera:
Evaluando la capacidad a la adaptación cultural 255

Alcanzando a grupos no afectados
dentro de vecindarios con iglesias 256

Diferentes tradiciones de la respuesta afro-americana:
Interpretando un legado, formando una identidad, persiguiendo
un destino como persona de una minoría cultural 257

Los miembros del equipo de Pablo:
Compañeros, obreros, y compañeros de trabajo 260

Práctica de silencio y soledad de Jesús. 263

Siete prácticas esenciales para el sacerdocio de todos los creyentes . 264

"Capacitando a los pobres urbanos" de *World Impact* . . . 265

Respondiendo al llamado de Dios a los pobres 271

La Biblia en orden cronológico: Una narrativa literaria
contando la historia de Dios en ambos testamentos . . . 273

Desde antes hasta después del tiempo:
El plan de Dios y la historia humana 274

Parte III
Plantando iglesias urbanas:
Recursos para plantadores de iglesias 277

Los movimientos de plantación de iglesias en general . . 279

Descripción general de plantación de iglesias 281

Estrategia de plantación de iglesias de *World Impact* . . . 288

La movilización de las ciudades de norteamérica
para los movimientos de plantación de iglesias 292

Movimientos de plantación de iglesias, barrios C1,
y ventanas 80%: La importancia de la visión 320

Discerniendo los movimientos válidos de plantación de iglesias
urbanas: Elementos de la comunidad cristiana urbana auténtica . 326

El plantador de iglesias y el equipo plantador de la iglesia 327

Como PLANTAR una iglesia 329

Responsabilidades de un líder de equipo de plantación de iglesias . 336

El latido del corazón de un plantador de iglesias:
El discernimiento de una identidad pastoral/apostólica . . . 337

Pasos prácticos en la plantación de iglesias:
Conociendo su llamado y su comunidad 349

Tradiciones (Gr. *Paradosis*) 356

¿Qué voy a predicar, Cómo hemos de crecer?.
El dilema del pastor urbano 367

La formación del equipo plantador de la iglesia
y la descripción de las funciones 371

Discipulando a los fieles:
Estableciendo líderes para la Iglesia 375

Lista de comprobación de un servicio espiritual 376

Modelos de plantación de iglesias 377

Vistazo general de PLANT para concebir modelos . . . 379

Tres niveles de inversión ministerial 380

Seis tipos de barrios 381

Avanzando el Reino en la Ciudad:
La multiplicación de congregaciones con una identidad común . 382

Modelos de plantación de iglesias. 385

Descripción de las fases de planificación
de la plantación de iglesias 388

El papel de la mujer en el ministerio 389

Ordenación de mujeres P y R 393

Definiendo los líderes y miembros
de un equipo de plantación de una iglesia 396

Involucrándose en la comunidad 397

Selección de un área objetivo 399

Investigando su comunidad 405

El factor del *oikos*: Esferas de relación e influencia . . . 418

Escala de receptividad 419

Viviendo como un embajador *Oikos* 420

Banda apostólica:
Cultivando la evangelización para una cosecha dinámica . . 421

Recursos para el estudio de su comunidad 422

Ideas sobre evangelización del barrio 423

Lo que hay que hacer y qué evitar durante el escrutinio . . 424

Puerta a puerta: Iniciando la conversación 426

La vida del cuerpo y la formación espiritual 427

El uso de la sabiduría en el ministerio:
El proceso PTR (*PWR* en inglés) 429

Consiguiendo un buen ritmo de equipo:
Administración del tiempo y la mayordomía del ministerio . . 439

Comisionando a nuestros ancianos 442

Orden del servicio: Muestra 1 444

Orden del servicio: Muestra 2 445

Grupos pequeños: Diez principios y sus
implicaciones para abrir reuniones cristianas 455

El servicio de bautismo del creyente 457

Muestra de tarjeta de seguimiento 464

Lectura de respuesta del equipo plantador de iglesia . . 465

Papeles clave de un equipo de plantación de iglesias . . 467

El poder de la multiplicación: El principio de 2ª. Timoteo 2:2 . 468

Desarrollando oídos que escuchan:
Respondiendo al Espíritu y a la Palabra 469

Apéndice
Veinticinco años de plantación de iglesias urbanas entre los pobres: Reporte 471

Una bibliografía abreviada de plantación de iglesias . . 511

The Urban Ministry Institute:
Puliendo las piedras que los constructores rechazaron
Cómo puede equipar a los líderes de su iglesia y ministerio . 519

Prólogo

¿Qué es una antología?
Una antología es un grupo de recursos o elementos, una colección de algún tipo, por lo general seleccionado de un todo más grande, con mayor frecuencia por diversos colaboradores, autores o creadores temáticos de acuerdo a un período determinado, pero por lo general en relación con un único tema. En otras palabras, una antología reúne una gran cantidad de diferentes aportaciones y reflexiones de todo con la esperanza de arrojar luz sobre la naturaleza de un solo tema o empresa.

Según esta definición, el siguiente trabajo es, de hecho, ese tipo de recolección de la naturaleza de plantación de iglesias, lo que lleva específicamente equipos y entrenadores de plantadores, entre grupos de personas y comunidades que históricamente han sido el producto de la negligencia benigna evangélica. En otras palabras, los pueblos y comunidades que, a causa de su raza, o la pobreza, o la violencia, o la distancia cultural, no han sido nuestros objetivos normales para la misión evangélica. Estos documentos, gráficos y ensayos son el resultado de décadas de pensamiento y práctica hechas por misioneros urbanos entre los pobres de las áreas urbanas de norteamérica. En su conjunto ofrecen una instantánea historia en los distintos pensamientos, la escritura y la reflexión que surgió dentro de la orden religiosa misionera de *World Impact*, una comunidad dedicada a la plantación de iglesias en las comunidades urbanas más peligrosas y menos selectivas durante los últimos cuarenta años.

¿Por qué plantar iglesias entre los pobres de las áreas urbanas?
Hace más de dos años, escribí un breve ensayo sobre la frase "urbanos pobres", si todavía era legítimo utilizar el término, o tal vez, debería ser abandonado como una redacción degradante y anticuada por un lenguaje más preciso y menos ofensivo (cp. *http://worldimpact.org/empowering-the-urban-poor*) escribí lo siguiente:

> Desde nuestra fundación hace más de cuarenta años, *World Impact* ha hablado proféticamente con respecto a la elección de Dios de los pobres, la negligencia benigna de la ciudad interina pobre de la iglesia evangélica de norteamérica, y la necesidad de la evangelización, discipulado y plantación entre los no alcanzados. Creemos que la misión urbana creíble debe demostrar el evangelio, lo que se demuestra tanto en la palabra proclamada y acciones concretas. A la luz de esto, hemos hecho hincapié en vivir en las comunidades en que servimos, atendiendo a las necesidades de toda la persona, así como a los miembros de toda la familia urbana. Hemos buscado este testimonio con el objetivo de ver las comunidades alcanzadas y transformadas por

> Cristo, creyendo que los que viven en la ciudad y son pobres pueden ser facultados para vivir en la libertad, la integridad y la justicia del Reino de Dios concretado en iglesias locales y movimientos de plantación de iglesias urbanas viables. Toda nuestra visión, oración, y esfuerzos se concentran en un grupo social, los "urbanos pobres", y nuestro compromiso de "capacitar" a través de todas las facetas de nuestro trabajo.

Como organización misionera que fue fundada con una carga por brindar fortalecimiento y liberación a través del Evangelio para los pobres, de todo corazón y sin avergonzarnos hemos abrazado el término. Como dije en el ensayo, "Mientras que la frase 'los pobres urbanos' puede ser mal entendida o mal utilizada, hemos optado por emplear con nuestros propios significados establecidos, informados por la teología bíblica, así como la sociología urbana. Empleamos el término para identificar a los que Dios nos ha comisionado a servir, así como para representar el llamado profético de Dios para proclamar las buenas nuevas a los pobres, tanto a la Iglesia y a la sociedad en general". Sin lugar a dudas o equivocación, nos hemos comprometido a ver que el Reino venga y avance entre los que viven en la ciudad, y aquellos cuyas vidas se ven expuestos y vulnerables debido a la falta de recursos, decisiones y opciones porque son pobres. No sólo Dios los ha elegido para ser ricos en fe, él también les ha declarado ser los propios herederos para siempre del Reino de Dios por venir (Santiago 2:5). Plantar iglesias entre los pobres urbanos es tocar el corazón de Dios, reunir esas gavillas por las cuales él murió, los granos que están maduros para la cosecha (Mat. 9:35-38).

Esta antología reúne a un grupo seleccionado de algunos de los importantes ensayos, gráficos, bosquejos de cursos, artículos y explicaciones utilizadas por los misioneros urbanos que han resultado en la plantación de iglesias saludables entre los pobres de la ciudad. No son necesariamente dados en un orden lineal (según la época en que se hicieron), pero están bien organizados y agrupados de acuerdo a las categorías de la teología y misionología, liderando equipos de plantación de iglesias, y entrenamiento de plantadores de iglesias urbanas. Las antologías pueden ser difíciles de manejar y no son colecciones limpias, y tal es el caso aquí. Hemos reunido entre una amplia selección de eventos, lugares, investigación y reflexión para acumular esta agrupación, y estamos seguros de que la coincidencia en el tema no va a disuadir la importancia del material dentro de este trabajo.

La enorme extensión de lugares y publicaciones en que este trabajo se basa es impresionante. La lista es amplia y diversa. Por ejemplo, hemos elaborado materiales para esta colección de nuestro folleto para los equipos de plantación de iglesias transculturales llamados *Leading and Feeding Church Planting Teams* (Liderando y alimentando equipos de plantación de iglesias), y de nuestra conferencia con los líderes de equipo llamada *The Timothy Conference* (Conferencia Timoteo). Esta compilación incluye materiales de referencia de *World Impact* regional y las reuniones nacionales de liderazgo, nuestro curso *Winning the World* (Ganando el mundo) de TUMI sobre los movimientos de plantación de iglesias en todo el mundo, y las presentaciones de nuestra *School of Urban Cross-Cultural Church Planting* (Escuela de plantación de iglesias urbanas transculturales). Hemos tomado un puñado de gráficos de nuestro serie modular a nivel de seminario, el *Currículo Piedra Angular (Capstone Curriculum)*, y de nuestro *World Impact missionary Candidate Assessment Program* (Programa de evaluación de candidatos misioneros de Impacto Mundial), así como de las plantaciones de iglesias reales que hemos hecho en el pasado. Hemos extraído de muchos lugares, y aunque está llena de recursos útiles, ¡no es exhaustiva! Representan, sin embargo, algunas de nuestras mejores ideas de diferentes cursos, consultas y reflexiones sobre la naturaleza de plantar iglesias entre los pobres.

Hemos organizado las referencias en la *Plantación de iglesias entre los pobres de la ciudad* en dos volúmenes complementarios: *Volumen uno, Perspectivas teológicas y misionológicas para plantadores de iglesias* y *Volumen dos, Recursos y herramientas para entrenadores y equipos*. El Volumen uno contiene una gama de materiales relacionados con los porqués de una teología bíblica de la misión y plantación de iglesias, especialmente la forma en que la teología toca las misiones urbanas, la plantación de iglesias, así como el desarrollo de congregaciones saludables y movimientos.

Volumen Uno, Parte I: Desarrollando congregaciones urbanas, es una reimpresión de nuestro ensayo seminal formativo sobre la plantación de iglesias urbanas que sirvió como la pieza bíblica y teológica fundamental que informó de nuestras primeras incursiones en la plantación de iglesias entre los pobres de la ciudad. *Volumen Uno, Parte II: Principios y perspectivas teológicas y misionales* ofrecen un tesoro de recursos relacionados con las misiones urbanas, el ministerio entre los pobres y oprimidos, y la plantación de iglesias, incluyendo las teologías bíblicas de la Iglesia, la recuperación de la Gran Tradición entre las iglesias que sirven a la pobres, y el papel del color, clase y raza en hacer discípulos en las comunidades marginadas. Los recursos en *Volumen Uno, Parte III, Plantando iglesias urbanas*, se refieren principalmente a la teoría y práctica de la realidad de plantar iglesias entre los urbanos pobres, con un enfoque en el llamado, el carácter y competencias del plantador de iglesias, que llama Dios, lleno del Espíritu que ha sido conducido a plantar los puestos de avanzada del Reino de Cristo entre las poblaciones más pobres y vulnerables de la ciudad.

Volumen Dos, Recursos y herramientas para entrenadores y equipos, proporciona un conjunto de herramientas, un depósito de activos que contienen diversos materiales, herramientas y ayuda para equipar al entrenador plantador de iglesias o mentor para dirigir equipos. Además, este volumen contiene numerosas ayudas específicas que el plantador y su equipo encontrarán invaluable una vez que se dediquen en su esfuerzo de plantar iglesias.

Volumen Dos, Parte I: Entrenando plantadores de iglesias urbanas, que se refiere a la naturaleza específica de entrenamiento y de mentoría de líderes de plantación de iglesias y sus equipos, y busca dar a grandes rasgos, un esquema convincente de los tipos de problemas, responsabilidades y compromisos necesarios para los mentores el entender y hacer al entrenar equipos que plantan iglesias efectivas. Y el *Volumen Dos, Parte II: El equipo de herramientas de plantación de iglesias*, ofrece un popurrí de artículos diversos, gráficos, documentos e información relevante para la plantación de una iglesia, incluyendo información sobre, relaciones estatales financieras, desarrollo de liderazgo, la formación de asociaciones, y equipamiento para la reproducción en movimientos de plantación de iglesias. En esta sección encontrará abundantes recursos particulares que pretenden ser útiles para los plantadores, entrenadores y asociaciones que desean plantar iglesias saludables entre los pobres, tanto en lo transcultural e intracultural. Estas muchas ayudas le informarán rápidamente sobre su forma de pensar de la naturaleza de la plantación de la congregación individual, formación de las estructuras de un movimiento saludable de plantación de iglesias, facultar al liderazgo para la reproducción, y el avance del Reino entre los pobres de la ciudad.

Una colección libremente categorizada

Con el fin de ayudarle en su búsqueda de artículos y materiales que pueden resultar útiles a sus preguntas, hemos agrupado los diferentes elementos bajo categorías para facilitar la referencia. Sin embargo, debido a que los mismos gráficos se refieren a una serie de preguntas y contextos, es posible que muchos de los materiales pueden hablar de una serie de temas, y no solamente de la categoría en la que se colocaron originalmente.

Mientras que las categorías son útiles, no deben ser vistas como autoritarias o finales. Por ejemplo, muchos de los gráficos, sin duda, hablan de un número de diferentes conceptos, el traslape entre los campos de plantación de iglesias y del entrenamiento de plantadores de iglesias, y/o relevantes para el diseño y discusión de modelos viables y teologías que pueden ayudar a involucrarlo en la complejidad y promesa de nuestros barrios urbanos no alcanzados.

Por lo tanto, cuando usted está hojeando este volumen, recuerde utilizar la tabla de contenido primero como una buena guía para proporcionar una dirección a un grupo particular de los recursos, pero también recuerde que los materiales se agrupan de una manera más o menos genérica, y que los materiales tendrán múltiples aplicaciones, que abarcan una amplia gama de asuntos y temas. No dude en explorar los diferentes gráficos y artículos, léalos en contextos nuevos y diferentes de los que le sugerimos. Como una buena regla sólida, revise la tabla de contenido primero, pero, al observar el recurso, piense en términos de lo que en otros contextos este artículo pueda referirse y proporciona información sobre los conceptos que explore.

"¿Cuál es la referencia para esto?"

Uno de los problemas de una antología de materiales dentro de una comunidad conjunto es que, si usted no sabe los términos especiales, las siglas, y las referencias de la comunidad con quién usted está familiarizada, puede perder el sentido original. Para comprender el significado, lo que necesita saber el referente, el objeto inicial o cosa a la que de nuevo se hace referencia. Por desgracia, con haber pasado más de treinta años, muchos de los artículos individuales y los referencias originales ya no existen; los números de página pueden ser superfluos, la referencia a artículos y ensayos pueden ser irrelevantes, y menciones específicas de los materiales anteriores ya no tienen ningún fundamento. Si bien hemos tratado de hacer esta lectura de material lo más fácil de digerir al citar las referencias originales que hemos podido encontrar, por desgracia, no habrá citas dentro de muchos de los documentos donde el original se ha perdido, extraviado, cambiado de nombre o sometido en otro documento. Perdónenos cuando se produzca este fenómeno; nuestro deseo es ayudarle a acceder a estos materiales, incluir las referencias en donde pueda, y esperamos que los documentos originales sean lo suficientemente claros para navegar a través de los materiales.

Una notable excepción en la referencia original tiene que ver con las letras de *CPM* (siglas en inglés) que significa "movimiento(s) de plantación de iglesias". Además, las citas sobre C1, C2 y C3 se refieren a nuestra forma de pensar acerca de la sub-estratos de culturas que interactúan en el contexto de norteamérica en general. (Usted puede entender la fuente original de esta reflexión y el debate en un documento llamado *Interacción de clase, cultura y raza*). Las numerosas referencias a C1 y culturas relacionadas llevan ya cuarenta años de uso en este tipo de pensamiento para comprender y discutir las implicaciones de la cultura en misiones urbanas. Consulte por favor este diagrama para nuestra comunicación más directa sobre estas interacciones culturales.

Otra asunto que debe ser consciente de que usted va a través de esta antología se refiere al uso de **designaciones y términos**. Ya que *Plantando* *iglesias entre los pobres de la ciudad* es esencialmente una antología, hemos tratado de preservar nuestros documentos anteriores en su forma original, y no volver a través de los documentos y revisar el lenguaje utilizado en nuestras primeras escuelas. Esto no es una dificultad importante, sin embargo, ya que aunque se utilizan diferentes términos que nuestras escuelas anteriores, hemos mantenido las mismas funciones para las posiciones. Dos términos deben ser definidos:

- En los materiales anteriores, el término utilizado para el supervisor de plantación de iglesias o mentor a quien se le informa o recibe aportaciones se le llamó un *Líder de equipo múltiple o LEM* (MTL siglas en inglés) o líder del equipo . Ahora, en este volumen y en nuestras escuelas, nos referimos a este papel como *entrenador*. Todas las referencias a Líder de equipo múltiple o LEM (MTL siglas en inglés) en este volumen o en *Plantar iglesias entre los pobres de la ciudad* deben entender ahora como *entrenador*.

- Además, en las escuelas anteriores hemos utilizado el término *Líder de equipo* para la persona a cargo de la labor del equipo plantador de iglesia y del esfuerzo de plantación de iglesia. Ahora, nos referimos a la persona que cumple esta función como el *Plantador de iglesia*.

En cuanto al lenguaje, a continuación, por favor recuerde que cuando emplee materiales de la *Antología* que citen *LEM* o *Líder de equipo múltiple*, que ahora deben ser entendidos como su término equivalente a *Entrenador*, y, la designación *Líder de equipo* equivale ahora a la designación *Plantador de iglesia*.

Cómo usar este libro

Dado que el contenido de *Plantando iglesias entre los pobres de la ciudad* es esencialmente un grupo colectivo de los recursos en la plantación de iglesias, que se presta para usos creativos y variados. Usted podría simplemente seguir los gráficos de acuerdo a las categorías enumeradas, y reflexionar sobre los gráficos particulares y esbozarlos en el orden en que se han organizado. Puede seleccionar los elementos particulares y reflexionar y re-pensar los temas en base a sus propias preguntas e investigaciones. O bien, puede optar por agregar a esta colección – reordenando, re-mezclando, y volviendo a concebir las diversas teologías, enfoques, modelos de misionología y protocolos prácticos que enumeramos aquí, y cambiarlos y modificarlos a su contexto y ministerio. Este trabajo acumula un grupo de materiales destinados para ser procesados, re-pensados y aplicados.

Por lo tanto, este trabajo es un variado surtido, una asamblea de nuestros diálogos y prácticas que han informado las formas en que hemos llevado a cabo el ministerio que dio lugar a los líderes del barrio que viven para servir al barrio. Tenga libertad en su compromiso y aplicación de estos materiales. Ir en cualquier orden. Darse cuenta, también, que las agrupaciones en las categorías son algo arbitrarias. Francamente, todos los materiales incluidos se relacionan de un modo u otro a todos los de las categorías dadas. Úselos para ayudar a afinar su propio pensamiento, y le proporcionará sugerencias y puntos de vista y hacer su propia plantación de iglesias en los barrios marginados más bíblicos y en sintonía con los propósitos de Dios para la iglesia.

En cierto sentido, esta colección es una muestra de nuestras herramientas teológicas y ministeriales disponibles para los obreros en nuestros portales cibernéticos de ministerio (*www.tumi.org* y *www.worldimpact.org*). Estas obras representan sólo una fracción de las decenas de miles de páginas de los planes de estudio, gráficos y el material de cursos producidos por los misioneros de *World Impact* y académicos del Instituto en estos últimos veinte años. Hemos aprendido mucho sobre lo que significa mostrar la luz del Reino en las comunidades en situación de riesgo, y agradecemos a Dios por Su liderazgo y dirección. Aún así, estamos siempre aprendiendo, siempre en la reforma, siempre dispuestos a aprender cosas nuevas, para explorar nuevas direcciones, y estar preparados para hacer grandes cosas en el nombre de Cristo, por el bien de la ciudad y los pobres. Nuestra humilde intención es compartir las lecciones que hemos aprendido, no dar la forma de pensar definitiva sobre estas cuestiones, pero revelar las lecciones que hemos recogido a través de la plantación de comunidades del Reino en la ciudad.

Su interés en este trabajo revela su conexión a tres grandes temas que informan una teología verdaderamente bíblica de misiones: la ciudad, los pobres, y la iglesia. Hasta que el Gran Rey vuelva y que su justicia fluya como una corriente poderosa entre las naciones del mundo, tenemos una obligación sagrada para terminar la Gran Comisión (Mt. 28:18-20). Mientras que la vida humana comenzó en un jardín, se consumará en una ciudad de un edificio propio de Dios, habitado por los que eran pobres en espíritu, y por lo tanto van a ver a Dios. Los de toda raza, lengua, pueblo y nación que conforman los redimidos de Dios, su iglesia, vivirán en un nuevo cielo y la tierra donde Cristo es el Señor. Hasta ese día, estamos encargados de la tarea de profetizar liberación en el nombre del Señor a las naciones de la tierra, cuya población mayoritaria vive en comunidades urbanas. Los reinos de este mundo se convertirán en el reino de nuestro Señor y de su Cristo, y él reinará por los siglos (Ap. 11:15).

Su investigación y la participación en esta gran misión pueden contribuir a esta gran visión bíblica. Nuestra oración es que Dios use este trabajo para ofrecerle un mayor conocimiento, iluminación, y comprensión de cómo podemos plantar estos puestos de avanzada de la vida del reino entre los más pobres de los pobres en las ciudades del mundo. Esta es nuestra visión y nuestro deseo es ver a la iglesia en norteamérica redescubrir la fecundidad y el fuego de la plantación de iglesias entre los pobres de la ciudad. Como John Yoder se ha referido a ellos, los pobres son los "granos del universo", maduros para la cosecha. Que Dios envíe obreros espirituales calificados dignos del Cristo resucitado a plantar comunidades del Reino en su cosecha urbana.

Rev. Dr. Don L. Davis
20 de marzo 2015

Parte I
Desarrollando congregaciones urbanas:
Una estructura para los plantadores de iglesias de World Impact

El centro misional de nuestro ministerio urbano ha sufrido grandes cambios en los últimos cuarenta años. Después de comenzar con un enfoque en los clubes bíblicos y los niños (a mediados de los años 60 para principios de los 70), cambiamos a un enfoque en el discipulado de adolescentes (a mediados de los 70 para principios de los 80), la formación de ministerios de compasión y justicia (principios de los 80), con las primeras reuniones de compañerismo entre creyentes (de mediados a finales de los 80), y, finalmente, a la plantación de iglesias autóctonas (desde 1990). Hace más de veinticinco años, World Impact anunció su intención de plantar iglesias autóctonas autónomas, auto-sostenibles y auto-reproducibles entre los pobres de las áreas urbanas en la ciudad. Este cambio no fue ni fácil ni sin problemas, pero fue orgánico y profundamente cambiador de vida.

Aún así, a cambiar de esta manera drástica parecía natural y necesario. Nuestra identidad misional creció, profundizando más y más a medida que nos dimos cuenta de que con el fin de facultar realmente a los pobres de las áreas urbanas tendríamos que permitir que el Espíritu generalice sus fuerzas en sus propias comunidades. Por lo tanto, nuestro viaje en la plantación de iglesias urbana se inició con el objetivo de capacitar a las personas autóctonas transformar sus comunidades, y nuestro deseo de ver a las nuevas generaciones de líderes pobres del área urbana emerjan para dirigir esas congregaciones que dieron paso a una organización dedicada que continúa reuniendo sus recursos para que en aras de la plantación de iglesias entre las minorías y los perdidos en la ciudad.

Este ensayo merece su propio lugar único en nuestra antología, ya que era en realidad la primera y definitiva declaración sobre la naturaleza, el alcance y significado de la plantación de iglesias urbanas de World Impact. Es la culminación de tanto pensamiento e investigación que condujo a su creación, con muchos diálogos, consultas, informes y debates previos a su escritura. Terry Cornett y Jim Parker son los autores, que, en el momento de escribirlo, se encontraban como Director y Subdirector de Estudios de Misiones de World Impact, con sede en Los Ángeles respectivamente. Ambos habían sido ministros comunitarios de tiempo completo en los barrios pobres de las áreas urbanas, y Jim habían servido como nuestro Director de World Impact en Portland. Sus intelectos agudos y rica experiencia fueron aprovechadas para escribir esta pieza que representa algunos de nuestros escritos tempranos y más formativos de la naturaleza de la plantación de iglesias urbanas. Como editores de la antología, nos resulta alentador que esta pieza seminal sigue resonando, proporcionando información sobre la promesa y el desafío de la plantación de iglesias urbanas entre los pobres. Estamos igualmente convencidos de que sus ideas y aclaraciones todavía son útiles para aquellas plantaciones de iglesias entre los pobres en los barrios urbanos de hoy.

Introducción

Para el año 2010, las minorías raciales y étnicas constituirán de un cuarto a un tercio de la población estadounidense. Estos grupos se concentrarán en los centros urbanos. Algunos expertos en misiones temen que la iglesia no estará lista para hacer frente a sus necesidades. Los recursos de plantación de iglesias y de formación continúan fluyendo de la ciudad a las afueras en un momento de gran necesidad en la ciudad.[1] Afortunadamente, crisis y oportunidad a menudo son dos caras de la misma moneda. A pesar de que las iglesias de la ciudad se enfrentarán a retos innegables, hay posibilidades que "nuevos modelos para la evangelización, plantación de iglesias y formación teológica vengan de las ciudades".[2]

Este documento pretende preparar a los plantadores de Iglesias de *World Impact* para que sean plantadores eficaces de iglesias urbanas. Proporciona una visión general de la historia y la teología de la plantación de iglesias. En él se esboza un modelo de trabajo para guiar la plantación de iglesias urbanas. Sugiere maneras de construir equipos de plantación de iglesias exitosas y coordinar las relaciones iglesia/misión.

Una nota de advertencia está en orden antes de comenzar. El proverbio "Dale a un hombre un pescado y comerá un día, enséñale a pescar y comerá toda la vida" en la práctica puede llegar a ser, "Dale a un hombre un pescado y comerá un día, enseña a un hombre a pescar y él se muere de hambre". ¡Una gran diferencia existe con frecuencia entre la teoría y la aplicación!

Por lo tanto, se supone que el proceso de construcción de iglesias es más dependiente de la obra del Espíritu Santo, los dones dados por el Espíritu al plantador de iglesias y el carácter de los conversos de lo que es en el desarrollo y aplicación de modelos "perfectos". El equipo de plantación de iglesias debe buscar la guía del Espíritu Santo para cada decisión. Esto implicará:

> . . . la aceptación de una metodología de ensayo y error. No importa qué tan duro los misiólogos tratan de hacer de la plantación de iglesias una ciencia,. . . siempre seguirá siendo más un arte que una ciencia. No es que la metodología científica no debe utilizarse para recopilar datos

---

1 Harvie Conn, *Urban Missions Newsletter*, (Filadelfia: Westminster Theological Seminary), 28, Deciembre 1990, 1-2

2 Harvie Conn, pág. 2

para entender a la gente y las condiciones en las que el iniciador de iglesias funcione: todas las herramientas de las ciencias sociales deben ser utilizadas. Pero la impresión no debería administrarse en caso de que el iniciador de iglesias siga un tipo definido de metodología, y si las condiciones son adecuadas, se garantiza el desarrollo de una nueva iglesia. En la plantación de iglesias, no hay garantías de éxito, y el choque viene a los nuevos plantadores de iglesias cuando su metodología "ideal" no produce inmediatamente iglesias. . . . Las iglesias nacen como resultado de la obra sobrenatural del Espíritu Santo, quien utiliza las habilidades de sus siervos, los plantadores de iglesias. Y esas habilidades se desarrollan con el transcurso del tiempo, a través de ensayo y error y muchas lágrimas, y hay pocos atajos para sus logros".[3]

Animamos a los equipos de plantación de iglesias a leer este documento con un ojo hacia la innovación y la experimentación. Cada equipo de plantación de iglesias se enfrentará a la tarea crucial de descubrir cómo se aplican los principios generales a la situación específica que se enfrentan. Los principios y modelos contenidos en este documento no suplantarán la orientación y la obra del Espíritu Santo, pero dará la estructura y el apoyo a los llamados a la tarea de plantar nuevas congregaciones.

---

3   Tom Eckblad, *"Tips for Church Planters"*, *Urban Mission* 1.3, Enero. 1984, págs. 28-29

World Impact y La plantación de Iglesias

Hace veinticinco años, Keith Phillips comenzó un club bíblico en un proyecto de vivienda en el área de Watts. Desde este punto de partida como un ministerio de jóvenes del centro de la ciudad, World Impact se ha convertido en una misión urbana completamente desarrollada con un personal de más de doscientos en siete ciudades y tres centros de formación. El objetivo rector de hacer discípulos ha llevado al desarrollo de programas de formación, escuelas e iglesias.

La dirección de Dios es evidente en el desarrollo de World Impact como un ministerio nacional. El trabajo comenzó con pocos recursos materiales y un personal joven. Gran parte del trabajo inicial se basó en voluntarios. Debido a que eran los más accesibles, los niños se convirtieron en el foco inicial de la evangelización. Eventualmente, el deseo de hacer discípulos condujo a un ministerio de encarnación que incluía los adolescentes y adultos. Esto marcó el comienzo de la elaboración de un servicio de adoración y servicios de apoyo. Cada ministerio en las ciudades se desarrolló de manera diferente dependiendo de su personal y recursos, pero el foco de atención nacional cambió de un período al siguiente:[4]

1. Evangelización con especial atención en los niños, 1965-74

2. Discipulado con especial atención a los adolescentes, 1975-1981

3. Servicios de apoyo con enfoque en la satisfacción de necesidades de la comunidad (campamentos, escuelas, clínicas, vivienda, etc.), 1982-

4. Reuniones "Celebración", como paso inicial hacia la plantación de iglesias, 1982-1990

5. Plantación de Iglesias autóctonas, 1990-

En 1990 la Mesa Directiva Ejecutiva de World Impact señaló la etapa de plantación de iglesias de nuestro desarrollo ministerial, anunciando la meta de plantar iglesias autóctonas en el interior de la ciudad autónomas, autosostenibles y auto-reproducibles.

---

4   Esto no sugiere que el énfasis que comenzó fue abandonado antes de cada nueva etapa. Cada fase constituye la base para la siguiente fase del ministerio y cada fase es una parte permanente e integral de nuestro ministerio actual. La evangelización de los jóvenes y adolescentes, discipulado y de apoyo apuntalan y trabajan junto a nuestros ministerios de plantación de iglesias.

Teología de la Iglesia

Los misioneros de World Impact vienen a las ciudades interinas para representar a Cristo y avanzar Su Reino. Un elemento clave en este proceso es el ciclo de evangelización y plantación de iglesias que llama a la gente dentro del Reino de Dios y los coloca en un contexto en el que son discipulados a vivir sus mandamientos. Para cumplir con este llamado, los plantadores de iglesias deben ser claros acerca de la naturaleza de la iglesia como se revela en las Escrituras.[5]

La comunidad del Reino

René Padilla dice, "El Nuevo Testamento presenta a la Iglesia como la comunidad del Reino en el que Jesús es reconocido como Señor del universo y a través del cual, en previsión del fin, el Reino se manifiesta concretamente en la historia". Los evangelios presentan el Reino de Dios como gobierno o reino de Dios. Abarca los lugares que Dios ha indicado y donde se realiza la voluntad de Dios (Mateo 4:17; 6:10; 12:38; Marcos 4:26-29; Lucas 10:9). Los que proclaman "Jesús es el Señor" reconocen su existencia y sus demandas sobre ellos. Por lo tanto, el Reino de Dios es evidente cada vez que los cristianos se reúnen en la comunidad para la adoración, la comunión o testificar.

Al explicar su visión de la iglesia en Colosas, Pablo recordó a los creyentes que Dios existe ". . . Nos ha rescatado del reino de las tinieblas, y trasladado al reino de su amado Hijo" (Colosenses 1:13). Es interesante notar que el libro de Hechos, nuestra fuente primaria del Nuevo Testamento sobre la historia de la fundación de iglesias por los primeros cristianos, comienza y termina con el Reino de Dios. Las primeras palabras de Lucas después de su introducción son para describir la aparición de Jesús a sus discípulos y les habla "sobre el Reino de Dios" (Hechos 1:3). Luego Lucas describe las actividades de los Apóstoles en la difusión de las noticias del Reino y concluye con un resumen del mensaje de Pablo en su verso final diciendo, "predicando el reino de Dios y enseñando acerca del Señor Jesucristo, abiertamente y sin impedimento" (Hechos 28:31).

La iglesia es el lugar donde el reino de Dios se hace real en la tierra. Es el lugar donde la luz se rompe a través de la oscuridad del mundo. "La intención de Dios es que cada congregación de creyentes en Jesús sea

---

5 Las iglesias plantadas por World Impact serán edificadas sobre la base doctrinal de Afirmación de la declaración de fe de World Impact.

6 Padilla, págs. 189-190

una sorprendente revelación de la presencia del reino de Dios en la tierra. Es a través de la creación (o siembra) de las iglesias que el reino de Dios se extiende a las comunidades que aún no han sido tocadas por la preciosa sorpresa de la presencia del reino de Dios en medio de ellos".[7]

La comunidad del reino se compone de todos los que reconocen el señorío de Cristo, que se arrepienten de sus pecados y obedecen a Cristo. Cuando una persona se convierte a Cristo, entra en esta comunión con Dios y con los demás cristianos.

Las características de la comunidad del reino pueden ser organizadas en tres categorías principales: discipulado, adoración y testimonio. La iglesia es una comunidad de relaciones de tipo familiar: una comunidad de discípulos (1 Juan 1:3). La iglesia es una comunidad de fe que da alabanza, honor y gracias a Dios (Efesios 5:19-20). Y la iglesia es una comunidad de testimonio que propaga el mensaje del reino de Dios a los demás (Mateo 28:18-20). Estas categorías, en equilibrio, forman la vida dinámica de la iglesia.

Una comunidad de discipulado

El grupo de discípulos de Jesús eran una comunidad del Reino. Antes de su muerte, Jesús envió a los discípulos a amarse unos a otros, a dar fruto, y a dar testimonio de él (Juan 15). El discipulado significa dotar a las personas a vivir por Cristo. Envuelve las disciplinas internas y externas necesarias para la formación en obediencia (Colosenses 1:28; 2 Timoteo 2:2). Jesús discipuló a sus seguidores, para habilitarles a discipular a otros.

Seguir a Jesús, los escritores del Nuevo Testamento hicieron hincapié en tres ingredientes de discipulado en la comunidad del reino: comunión, santificación y dones espirituales. La comunión es la relación de amor de apoyo que une a los discípulos en el Cuerpo de Cristo. La santificación es el proceso de estar "apartado/a" para el servicio a Dios. Se trata de madurar en Cristo, mostrando el fruto del Espíritu (Gálatas 5:22-26; 1 Pedro 1:2). Los dones espirituales se refieren a la habilitación de cada miembro del cuerpo a llevar a cabo su función en la edificación de la iglesia (Romanos 12:4-8; 1 Corintios 12:1-31). Dios usa los dones del Espíritu Santo para construir la comunidad de los creyentes en la fe

---

7   David Shenk y Ervin Stutzman, *Creating Communities of the Kingdom: New Testament Models of Church Planting*. (Scottsdale, AZ: Herald Press, 1988), pág. 23

8   Howard A. Snyder, *Liberating the Church*. (Downers Grove, Il: Inter-Varsity Press, 1983), pág. 86

y la obediencia para que puedan ser testigos de Jesús al mundo (Juan 15:26-27).

Una comunidad de adoración

La iglesia es también una comunidad de adoración. Desde el principio la iglesia adoraba a Dios como una emanación natural de su vida juntos. Pablo enseñó a los jóvenes de la iglesia que la adoración debe seguir siendo el enfoque de la iglesia (Efesios 5:19-20). La adoración es la respuesta de la iglesia al carácter y las acciones de Dios. Cuando la Palabra de Dios es enseñada y el poder y el amor de Dios demostrados, se llama a la adoración de su pueblo. Esta adoración puede tomar muchas formas, incluyendo el arrepentimiento (Santiago 4:8-10), alabanza (Salmo 9:1), acción de gracias (Salmo 107:1), la música y el canto (Salmo 43:4, Salmo 89:1), expresiones físicas de respeto o reconocimiento (Salmo 95:6; 134:2), ofrendas y votos (Salmo 76:11) y las afirmaciones del carácter y la posición de Dios (Salmo 96:7-13). La adoración también incluye la celebración de la entrada de nuevos creyentes en la comunidad de fe por el bautismo y el recuerdo de la obra de redención terminada por Cristo a través de la comunión.

Robert Webber, una autoridad en la historia y práctica de la adoración, dice: "La adoración pública de Dios se lleva a cabo en la comunidad de la iglesia, por el poder del Espíritu Santo, en el anuncio y la promulgación de la obra de la salvación, a través de señales visibles y tangibles".[9]

Una comunidad de testimonio

Por último, la iglesia es una comunidad de testimonio. El testimonio de la iglesia incluye la evangelización, el servicio y la profecía.[10] La evangelización es compartir las buenas nuevas de Jesús y el Reino. El servicio significa seguir el ejemplo de Cristo en llenar las necesidades del mundo. La profecía se refiere al testimonio corporativo de la iglesia al mundo. "La iglesia es profética cuando por su adoración, comunidad y testimonio apunta hacia y manifiesta la nueva era del Reino".[11]

Los discípulos individuales lleven a cabo testimonio de la iglesia en el contexto de una comunidad de discípulos. Jesús envió a sus discípulos de dos en dos o en grupo (Lucas 9:1-6; 10:1). Orlando Costas afirma,

---

9   Robert E. Webber, *Worship Old & New*. (Grand Rapids, MI: Zondervan, 1982), pág. 17

10 Vea Snyder, pág. 90

11 Snyder, pág. 91

"Para estar seguros, la evangelización se nutre y es facilitada por individuos. Se lleva a cabo, en la práctica, a través de individuos. Pero es un testimonio de que no se puede ofrecer sin la comunidad eclesiástica".[12]

Este testimonio profético de la iglesia incluye la creación y el mantenimiento de una comunidad reconciliadora de creyentes, reconociendo al verdadero enemigo, renunciando a la definición y práctica de poder del mundo, y trabajar por la justicia en la sociedad.[13]

David Shenk y Ervin Stutzman, en su discusión sobre plantación de iglesias, acentúan la función profética de la iglesia en contra posición de los poderes del mal, especialmente en el interior de la ciudad donde la opresión es desenfrenada. Ellos dicen,

> La auténtica plantación de iglesias cristocéntrica es hostil o argumentativa, no sólo con el anfitrión de las fuerzas espirituales, sino también con las personas que controlan los centros de poder. Cuando la gente utiliza esos poderes para detrimento de los pobres o para exclusión de las personas de la oportunidad y la justicia, ellos están sirviendo al mal. Los encuentros de poder en la plantación de iglesias a menudo requieren confrontar a aquellos que explotan a los pobres y obstruyen los derechos humanos. Cuando amamos a los pobres como Jesús los amaba, descubrimos que la tarea de la evangelización también incluye la obligación de hacer frente a los que pisotean los débiles, los pobres y los oprimidos.[14]

Resumen

La creación de iglesias que funcionan como una comunidad de discipulado, adoración y testimonio es un acto sobrenatural. Depende de la fuerza de la Palabra de Dios y en el trabajo creativo del Espíritu Santo. Este modelo debería guiar la planificación de los plantadores de iglesias en el interior de la ciudad, para asegurar el desarrollo de las iglesias que dan evidencia del Reino de Dios.

---

12 Orlando E. Costas, *Liberating News: A Theology of Contextual Evangelization*. (Grand Rapids: Eerdmans, 1989), pág. 135

13 Howard A. Snyder, *Community of the King*. (Downers Grove, IL: InterVarsity Press, 1978), pág. 107-114

14 Shenk y Stutzman, pág. 81

Historia de las misiones modernas

Una visión general de las misiones cristianas modernas revela que se han empleado dos estrategias muy diferentes de plantación de iglesias.

A principios de 1800, las misiones protestantes siguieron la "auto-estrategia de tres", que se orienta a la plantación de iglesias autóctonas. Más tarde en 1800, en gran parte debido a los efectos de la colonización, la mentalidad cambió y una estrategia de misión controlada predominaba.

Estrategia misión controlada

La estrategia misión controlada estableció "estaciones de misión" donde los misioneros llevaron a cabo evangelización y servicios ministeriales, por ejemplo, una escuela, un hospital y una iglesia. Los niños del lugar se reunieron en la escuela y luego una congregación se formó de las familias de los niños.[15]

Estas iglesias fueron llevardas a cabo por misioneros. Cristianos autóctonos participaron, pero rara vez se permitió liderazgo sustantivo en la campo misionero. A menudo los misioneros trataron de cambiar la cultura de los conversos que demostraron un estilo de vida occidental. Con frecuencia, el resultado fue que los cristianos que surgieron se volvieron socialmente aislados y no podían proyectar una influencia cristiana en su sociedad.

Esta estrategia produjo convertidos, futuros líderes nacionales educados en los valores cristianos, aliviaron el sufrimiento humano y establecieron una presencia cristiana en el extranjero, pero no necesariamente resultó en un crecimiento generalizado de la iglesia cristiana. Más bien se creó a menudo convertidos e iglesias que permanecieron dependientes de fondos extranjeros y dirección de la misión. Con el tiempo estas iglesias de la misión se liberaron del control de la misión, pero el proceso con frecuencia creó amargura e incomprensión en ambos lados.

Estrategia iglesia autóctona

La segunda estrategia de plantación de iglesias misionera trató de crear iglesias autóctonas culturalmente conducentes, auto-sostenibles que no eran dependientes de la misión para el liderazgo o las finanzas. En esta estrategia los misioneros se acomodaron a la cultura local e presentaron a Cristo de una manera que permitía a los cristianos autóctonos a desarrollar su propio estilo de vida cristiano culturalmente conductivo bajo la dirección del Espíritu.[16]

---

15 Ver R. Pierce Beaver, "The History of Mission Strategy," *Perspectives on the World Christian Movement*, ed. Ralph D. Winter and Steven C. Hawthorne (Pasadena, CA: William Carey Library, 1981), pág. 196

16 Ver Beaver, *Perspectives*, pág. 201

Esta estrategia ha creado iglesias autóctonas auto-sostenibles y auto-reproducibles que eran parte de la cultura local, pero al igual que la estrategia estación de la misión, la estrategia de la iglesia autóctona enfrentó problemas persistentes, tales como transportar el denominacionalismo occidental, el sincretismo con las religiones autóctonas, y la falta de equilibrio entre la evangelización y la acción social.[17] A pesar de estas dificultades, la estrategia de la iglesia autóctona ha sido extremadamente dinámica. Ha producido iglesias nacionales sanas y liderazgo autóctono genuino para esos cuerpos de la iglesia. Por lo tanto, en los años posteriores a la Segunda Guerra Mundial, la mayoría de las misiones de fe habían vuelto a adoptar la estrategia de "la plantación de iglesias autóctonas".

La práctica de la plantación de iglesias autóctonas intenta seguir el ejemplo del apóstol Pablo en el establecimiento de iglesias autóctonas multiplicadoras. El apóstol Pablo tuvo un éxito increíble en la plantación de una red de iglesias auto-sostenibles, algunas de las cuales fueron evangelizadas, enseñadas y puestas en marcha en unos meses.

Esto fue cierto a pesar de que Pablo no tenía ventajas sobre los misioneros de hoy en día.[18] Se enfrentó a muchas de las mismas barreras morales, sociales y culturales que nos enfrentamos. Y utilizó los mismos recursos disponibles para nosotros – La Palabra de Dios y el Espíritu.

El apóstol Pablo se enfocó en un contenido simple y breve de la predicación y la enseñanza y ejercitó una gran fe en Dios y en sus nuevos convertidos. Pablo confiaba en que el Espíritu de Dios iba a continuar enseñando a la joven iglesia después de que se trasladó y no estaba disponible para ayudarles.

Los misioneros modernos que emplean la estrategia de Pablo subrayan varios elementos esenciales de plantación de iglesias: una dependencia absoluta de la obra del Espíritu Santo, el mensaje del evangelio sencillo comunicado con miras en la transformación de la gente que responde, el llamado y la visión del plantador de iglesias a plantar iglesias y la necesidad de sembrar en terreno fértil entre las personas que están dispuestas a abrazar a Cristo. Cuando estos elementos esenciales están ahí, la plantación de iglesias dará como resultado.[19]

---

17 Véase J. Herbert Kane, *A Concise History of the Christian World Mission*. (Grand Rapids: Baker Book House, 1982), págs. 161-164

18 Ver Roland Allen, *Missionary Methods: St. Paul's or Ours?* (Grand Rapids, MI: Wm. B. Eerdmans Publishing Co., 1962), págs. 1-95

19 Véase Charles Brock, *The Principles and Practice of Indigenous Church Planting*. (Nashville, TN: Broadman Press, 1981), pág. 21-28

Iglesias autóctonas

El objetivo de World Impact es plantar iglesias autóctonas en el centro de la ciudad. "Autóctona" significa "que se han originado y está siendo producida, creciendo o viviendo de forma natural en una región o entorno particular".[20] Tales iglesias se componen de personas que residen en el interior de la ciudad. Comparten la vida de sus comunidades, y son controladas y financiadas por la propia gente, no por extraños.

Alan Tippet provee seis características que identifican a una iglesia autóctona.[21]

1. Tiene una imagen autóctona de sí misma.
2. Está auto-funcionando.
3. Se caracteriza por la libre determinación.
4. Proporciona auto-mantenimiento.
5. Se propaga por sí misma.
6. Se da a sí misma.

El objetivo de la plantación de iglesias autóctonas es desarrollar congregaciones que comparten una cultura del centro de la ciudad y son capaces de gobernarse, mantenerse y reproducirse a sí mismas. El término 'a sí misma' cuando se aplica a la iglesia autóctona no implica una negación del papel del Espíritu Santo en la formación de la iglesia. Simplemente significa que las instituciones o personas ajenas a la cultura no controlan la iglesia autóctona.

Imagen propia
Los miembros de la iglesia se ven como la iglesia de Dios en su comunidad. Se sienten responsables como pueblo de Dios en su ciudad.

Si la iglesia autóctona se ve, suena y funciona como parte de la cultura autóctona, su imagen de sí misma será positiva. Se sentirá que tiene una identidad propia de Dios, no se transmite de alguna otra cultura. En un cuerpo de iglesia multicultural es importante promover la auto-identidad positiva entre cada uno de los grupos representados. "Las personas del barrio esperan ver algunas de sus propias formas de expresión en la liturgia y la adoración. El diálogo y aperture con la gante autóctona,

---

20 *"indigenous"* [autóctono], *Webster's New Collegiate Dictionary* (Springfield, MA: G. & C. Merriam Co., 1974)

21 Alan Tippet, *Introduction to Missiology* (Pasadena, CA: William Carey Library, 1987), pág. 377-381

antiguos y nuevos, son señales de una relación de alta calidad entre una iglesia y sus alrededores".[22]

Auto-funcionable

La iglesia es un cuerpo donde cada miembro funciona de acuerdo a su don (Efesios 4:16). La iglesia funciona como un organismo (relaciones, apoyo personal) y como una organización (estructura, identidad formal).

Como un organismo, la iglesia tiene diferentes partes que cumplen funciones importantes. La iglesia no está en pleno funcionamiento si sólo el pastor hace el trabajo de la iglesia. Para ser un organismo funcional cada miembro de la iglesia debe participar y contribuir de acuerdo con sus dones y habilidades dados por Dios. Pablo dijo, "pero a cada uno le es dada la manifestación del Espíritu para provecho" (1 Corintios 12:7).

La iglesia no es auto-funcionable siempre que sólo responda a las instrucciones del misionero. Todo misionero plantador de iglesias debe enfrentar el peligro de dependencia que obstaculizará el funcionamiento de auto-funcionabilidad. El papel del misionero es crucial en la plantación de iglesias. En la plantación de iglesias autóctonas lo que el misionero no hace es tan importante como lo que *hace*.

Siempre que sea posible el misionero debe utilizar la dirección indirecta por lo que la iglesia floreciente no depende de él o ella para dirección espiritual y liderazgo. Él o ella debe guiar a los nuevos cristianos a mirar a Dios y a sí mismos para el liderazgo. El misionero es un asesor de los líderes escogidos por la iglesia en desarrollo. Este proceso puede comenzar incluso antes de que el grupo se constituya oficialmente como iglesia formal. Incluso un grupo de estudio bíblico en casa puede seleccionar sus propios líderes informales.

El misionero plantador de iglesias también "piensa reproduciblemente" en todas sus relaciones con la iglesia autóctona. Su enseñanza y ejemplo se centra en impartir la vida de Cristo de una manera que es reproducible en la cultura local. Charles Brock dice: "Normalmente, no debe hacer nada que las personas no puedan hacer por sí mismas poco después de que se salvan", y "no use nada que la gente no pueda o no provea para sí mismas".[23]

Estas directrices ayudarán al iniciador de iglesias evitar crear dependencia en la iglesia floreciente. Sin embargo, la propia iglesia debe ejercer sus dones por lo que crece para convertirse en un organismo que funciona totalmente autónomo. Si a la iglesia joven se le enseña a depender del

---

22 Clinton E. Stockwell, "Barriers and Bridges to Evangelization in Urban Neighborhoods," *Signs of the Kingdom in the Secular City*, Ed. David Frenchak and Clinton Stockwell (Chicago: Covenant Press, 1984), pág. 104

23 Brock, pág. 58

Espíritu Santo y a ver a Jesús como la cabeza del Cuerpo probablemente auto-funcionamiento habrá como resultado.

Auto-determinada
La iglesia toma sus propias decisiones sin interferencias o control de afuera. La toma de decisiones se produce en formas que son culturalmente apropiadas para los miembros de la iglesia.

Paul proporcionó por la autodeterminación en las iglesias que él plantó al nombrar ancianos para dirigir cada iglesia (Hechos 14:23). Esta estructura de liderazgo formal se desarrolló a partir del organismo informal de la iglesia. A medida que la iglesia se convirtió en auto-funcionable a través del ejercicio de los dones espirituales, pronto se hizo evidente que los miembros estaban dotados para dirigir el cuerpo de la iglesia. Los reconocidos como líderes en la red informal de relaciones de la comunidad y luego recibieron posiciones formales de reconocimiento y de liderazgo en la iglesia.

Una de las claves del éxito de Pablo en la plantación de iglesias era su deseo de nombrar líderes rápidamente, confiando en Dios para su crecimiento y rendimiento. Pablo no se aferró a las cuerdas de control de forma indefinida.

Desarrollar liderazgo autóctono para la iglesia del centro de la ciudad es la primera prioridad del plantador de iglesias, siguiendo el trabajo inicial de la evangelización. Ray Bakke cree, "La congregación puede proporcionar casi siempre lo que sea necesario para el ministerio en su propia situación. La verdadera dificultad es convencer a ellos de su propio poder para actuar y tomar decisiones por sí mismos".[24]

La construcción de la capacidad de toma de decisiones de una iglesia joven es como el desarrollo muscular. Tomar muchas decisiones pequeñas construye la confianza necesaria para tomar decisiones más grandes. El misionero fundador de iglesias Charles Brock afirma: "La iglesia tiene que empezar a tomar decisiones mientras se desarrolla. La iglesia de tres semanas de edad, no tiene por qué tener el conocimiento de una iglesia de diez años de edad. El plantador debe tener cuidado para actuar como consejero , pero no como un tomador de decisiones".[25] Stanley Hallet hace eco de esta actitud, "la experiencia demuestra que la autoridad de arriba hacia abajo tiende a promover la dependencia, pero que la autoridad descentralizada permite a la gente del barrio comenzar a dar forma a sus propias vidas".[26]

---

24 Ray Bakke, *The Urban Christian* (Downers Grove, IL: Inter-Varsity Press, 1987), pág. 95

25 Brock, pág. 34

26 Stanley Hallet, *"To Build a City," Signs of the Kingdom in the Secular City*, pág. 7

Los misioneros que plantan iglesias autóctonas enfatizan varios distintivos de su estrategia de plantación de iglesias. En primer lugar, un comienzo adecuado es de suma importancia.[27] La primera iglesia plantada en una zona se convierte en un modelo para las iglesias que más tarde sean "desarrolladas". Por lo tanto, es especialmente importante establecer la autonomía autóctona en una etapa temprana.

El misionero primero asume el papel de evangelista. Una vez que reúne a un grupo de creyentes, el misionero asume el papel de maestro. Sin embargo, incluso en esta etapa temprana los líderes autóctonas elegidos por la iglesia deben mantener funciones de gobierno de la iglesia. El misionero entrena a los líderes de la iglesia que a su vez gobiernan la iglesia. Desde el principio la iglesia es autónoma.

Auto-sostenible
La iglesia lleva sus propias cargas financieras y financia sus propios proyectos de servicio social. Una iglesia autóctona considera los problemas sociales de su entorno local como su propia preocupación y no se basa exclusivamente en los recursos externos para hacerle frente a las necesidades.

Las finanzas son necesarias en la plantación de iglesias. Los fondos de la misión apoyan los plantadores de iglesias y apuntalan sus esfuerzos iniciales para reunir una iglesia. No obstante, las finanzas deben manejarse con cuidado si la iglesia desea llegar a ser auto-sostenible. El peligro es que la iglesia puede llegar a ser dependiente de las finanzas externas a menos que el uso de fondos de la misión se administra con prudencia.

Las consideraciones financieras a menudo determinan la forma de la estrategia de plantación de iglesias, especialmente en las zonas de bajos ingresos donde los posibles miembros de la iglesia son pobres. En la discusión de opciones de estrategias posibles, Jim Westgate, un especialista en la plantación de iglesias de la Iglesia Evangélica Libre, dice, "Muchas iglesias-casas continúan con ningún desembolso económico en lo absoluto . . . Cuando se forman suficientes iglesias en las casas, pueden fusionarse y comprar una instalación adecuada. La clave de esta estrategia es un pastor o líder que coordina con líderes capacitados para ministrar a las iglesias en las casas con la intención de fusionarse en el futuro . . . la iglesia-casa ofrece flexibilidad para penetrar en el mosaico de una cultura urbana".[28] Otros sugieren variaciones de esta opción en la que, ". . . Se podría animar a las iglesias en las casas en conjunto con una iglesia central que se reúne una vez a la semana o una vez al mes".[29]

---

27 Melvin L. Hodges, *The Indigenous Church* (Springfield, MO: Gospel Publishing House, 1953), pág. 22-23

28 James E. Westgate, *"Emerging Church Planting Strategies for World Class Cities" Urban Mission*, Noviembre de 1986, págs. 9-10

29 Roger Greenway y Timothy Monsma, *Cities: Mission's New Frontier* (Grand Rapids, MI: Baker Book House, 1989), pág. 145

La pobreza acentúa el peligro de crear una relación de dependencia continua en donde la nueva iglesia depende de las finanzas de la misión en lugar de confiar en Dios y su propia iniciativa. El uso racional de las finanzas de la misión es esencial para asegurar que lo están haciendo bien y no mal, a la nueva iglesia. Roger Greenway sugiere una pauta cuando dice,

> El subsidio de la misión y la ayuda externa hacen menos daño a una congregación joven cuando se utilizan esos fondos para adquirir bienes de la iglesia. Se produce una dependencia poco saludable cuando el subsidio financiero se utiliza para apoyar a los pastores y los programas. . . . Esto es porque la relación delicada y sensible entre pastor y congregación depende de la confianza mutua y la dependencia. Cuando la subvención extranjera se introduce en cualquier forma que reduzca la dependencia del pastor de la congregación, el daño grave se hace para la relación pastor-iglesia. Pero cuando el dinero extranjero compra ladrillo y mortero, o tal vez una parcela de la ciudad sobre la cual construir un edificio, sin la dependencia a largo plazo está propensa a desarrollar; de hecho, si se forma una congregación sólida, esto es con frecuencia un uso racional del dinero de la misión.[30]

A pesar de los obstáculos inducidos por la pobreza, los cristianos urbanos puede financiar sus propias iglesias. No se parecerá a una iglesia de clase media. Puede estar alojada en un centro comercial pero va a ser de ellos. Se construirá con su fe y sacrificio. Esto es importante. Dios usa la necesidad económica para construir la fe en la joven iglesia. Los plantadores de iglesias deben mantener la meta de una iglesia auto-sostenible en mente a medida que buscan la sabiduría de Dios en el uso de los fondos.

Auto-propagable
La iglesia autóctona acepta la Gran Comisión como su responsabilidad personal y lleva a cabo alcances evangelísticos y la expansión de la iglesia como consecuencia.

Desde su inicio en el día de Pentecostés la Iglesia ha sido una comunidad de testimonio. Tras el sermón de Pedro a la multitud reunida, "Los que recibieron su palabra fueron bautizados; y tres mil se unieron aquel día" (Hechos 2:41). Los primeros cristianos no fueron testigos por obligación, sino por un corazón agradecido a Dios y el amor hacia la gente.

Este deseo-del-Espíritu creado para compartir a Cristo es un resultado natural de nuestra nueva vida en Cristo. "Debido a que es una ley de su ser, la iglesia comparte de manera espontánea su fe con otros".[31] Este

---

30 Greenway y Monsma, pág. 242

31 Dean Gilliland, *Pauline Theology and Mission Practice* (Lagos, Nigeria: Tryfam Printers Ltd., 1983), pág. 188

deseo natural de los cristianos para compartir a Cristo lleva a "la expansión espontánea" de la iglesia.[32] Esta expansión generada por el Espíritu comienza con individuos y encuentra su expresión en la comunidad de la iglesia. El misionero debe nutrir este deseo de testificar desde los primeros días de vida de la nueva iglesia juntos. George Patterson aconseja a los misioneros:

> No cometa el pecado más grande de los misioneros - el control de las iglesias nacionales. Manténgase fuera del camino. Déjelos trabajar y crecer. Es entonces cuando se ve la dinámica "espontánea". Por "espontánea" nos referimos a que el impulso viene del cuerpo en sí, habitado por el Espíritu Santo. El impulso de control no proviene de los misioneros. Puede compartir su visión para empezar a rodar la pelota, y luego tiene que dar un paso atrás y deje que el Espíritu Santo obre.[33]

Mientras que el misionero no trate de controlar el testimonio de la iglesia, él/ella debe ser un ejemplo de evangelización y plantación de iglesias. La capacidad de la misión de una iglesia para reproducirse una vez que es independiente de la misión fundadora depende en parte del modelo establecido por los misioneros fundadores. "El punto de vista de reproducción de una iglesia será aprendido pronto. Cada acción del plantador de iglesias se convierte en parte de una lección aprendida por la iglesia, incluso durante su nacimiento".[34]

A medida que la iglesia se mueve hacia la madurez, tiene que asumir la responsabilidad por sí misma. Se debe planificar seriamente en reproducir su vida en Cristo. El plantador de iglesias no se puede asegurar que todas las iglesias que plante se convertirán en iglesias reproducibles, sino que puede hacer todo lo posible para dejar el camino abierto para que sea una iglesia auto-reproducible.

> Cuanto mayor sea la nacionalización desde el principio de un proyecto de plantación de iglesias, es más probable que la iglesia plantada será una iglesia reproducible. Esto significa que el liderazgo por la población local en su propio nivel de habilidad y comprensión, la administración de su programa elegido para hablar a la gente en su lengua y cultura. Esto es reproducible en cualquier sociedad.[35]

Si la joven iglesia ve el ejemplo del misionero plantador de iglesias que está dispuesto a conceder la independencia en respuesta a la madurez de

---

32 Roland Allen, *The Spontaneous Expansion of the Church*, (Grand Rapids, MI: Eerdmans, 1962), pág. 7

33 George Patterson, "*The Spontaneous Multiplication of Churches,*" *Perspectives*, pág. 608

34 Brock, pág. 55

35 Brock, pág. 60

la iglesia, la iglesia es más probable que acepte la reproducción de la iglesia como su herencia.

Auto-entrega

La iglesia autóctona busca servir a las necesidades de su comunidad. Se ve a sí misma como las manos y los pies de Cristo en su localidad.

Cuando se le preguntó a Jesús cuál era el gran mandamiento, Jesús contestó que dos mandamientos son igualmente grandes, "Amar al Señor tu Dios con todo tu corazón . . .", y "Amar a tu prójimo como a ti mismo" (Marcos 12:30-31). No podemos separar nuestra relación con Dios de nuestra relación con la gente.

La evangelización y la acción social son como las alas de un avión. El evangelio no puede volar sin ambas alas estando intactas y operables. Jesús predicó las buenas nuevas, pero también sanó a los enfermos.

René Padilla afirma que las buenas obras no son sólo algo que se añade a la obra misionera, "sino que son una parte integral de la presente manifestación del Reino".[36] El llega a la conclusión,

> Sin ver ni oír siempre dará lugar a la fe. Tanto la palabra como la obra señalan hacia el reino de Dios, pero nadie puede decir 'Jesús es Señor', sino por el Espíritu Santo (1 Corintios 12:3). Todas las necesidades humanas, por lo tanto, pueden ser usadas por el Espíritu de Dios como una cabecera de playa para la manifestación de su poder real. Es por ello que en la práctica la cuestión de si la evangelización o la acción social debe ser lo primero es irrelevante. En cada situación concreta las necesidades mismas proporcionan las directrices para la definición de prioridades.[37]

La necesidad de ministerio tanto de palabra y obra es especialmente importante en el interior de la ciudad. El veterano misionero urbano Roger Greenway dice, "Ni una escritura única, ni una estrategia de la palabra sólo es adecuada en la ciudad. Los pobres necesitan más que pan y más que la verdad verbal si sus vidas tienen han de ser cambiadas y hechas completas".[38]

La acción social, como la evangelización, pasará de forma espontánea de persona a persona. Sin embargo, dado que muchas de las causas de la pobreza tienen una base institucional, la iglesia necesita preparar una

---

36 C. René Padilla, *Mission Between the Times* (Grand Rapids: Eerdmans, 1985), pág. 198

37 C. René Padilla, pág. 198

38 Greenway and Monsma, pág. 178

respuesta institucional también.[39] La iglesia en crecimiento debe planificar y organizar para responder a las necesidades dentro y fuera de la iglesia. Esta es la calidad de auto-entrega de la iglesia.

Resumen de las seis cualidades
Cada una de estas seis cualidades de la iglesia autóctona es una meta final del proceso. Hay un sinnúmero de decisiones de discernimiento, de dar y tomar a lo largo del camino que conduce a un cuerpo que es totalmente autóctono.

Algunas agencias misioneras han trabajado durante décadas sin plantar una sola iglesia verdaderamente autóctona. Después de veinte años, la misión de las Asambleas de Dios en Centroamérica concluyó: "Nuestro problema radica en la falta de trabajar por una iglesia autóctona".[40] La corrección de este problema condujo a un movimiento espectacular de Dios entre su trabajo en América Latina.

Incluso si este objetivo está en su lugar, los plantadores de iglesias deben darse cuenta de que se necesita tiempo para desarrollar una iglesia autóctona. Se requiere un equilibrio entre empujar lo autóctono demasiado rápido y controlar el trabajo demasiado largo.[41] Sin embargo, al equilibrar la nutrición y la independencia, una iglesia dinámica puede surgir. . . . "Cuando un pueblo autóctono . . . piensa en el Señor como suyo propio, no un Cristo exterior; cuando hacen cosas como para el Señor, satisfaciendo las necesidades culturales en torno a ellos, adorando en los patrones que ellos entienden; cuando sus congregaciones funcionan en la participación en un cuerpo, que es estructuralmente autóctona; entonces usted tiene una iglesia autóctona".[42] Esta es la meta y la oración de *World Impact* para las iglesias que se plantan.

---

39 Greenway y Monsma, pág. 181

40 Hodges, pág. 13

41 Tippet, pág. 390 Tippet menciona tres causas del fracaso cuando la misión se retira demasiado rápido. La primera es la falta de inculcar una visión para la evangelización en la nueva iglesia de modo que no se reproduce en sí una vez que los misioneros se han ido. En segundo lugar es la falta de desarrollo de una estructura de liderazgo sólido en la nueva iglesia para que los problemas internos sofoquen la vida de la iglesia. Y tercero es la falta de desarrollo de la dimensión de la administración de la iglesia por lo que no logra mantenerse a sí misma y su alcance. Cada aspecto de la iglesia autóctona debe ser alimentada de manera que la iglesia joven adulta es capaz de sostenerse por sí misma.

42 Tippet, pág. 381

Congregaciones multiculturales

Un aspecto de la congregación autóctona del centro de la ciudad es tan importante que merece una atención especial en la planificación. Muchos plantadores de iglesias misioneras trabajan en un pueblo mono-cultural, una aldea rural donde se crea una iglesia que es autóctona a un grupo de personas. Sin embargo, debido a que los barrios de la ciudad son cada vez más multiétnicos, los plantadores de iglesias urbanas pueden trabajar con varios grupos culturales diferentes, a menudo fuertemente comprimidos en un área geográfica. Como resultado, una iglesia autóctona del centro de la ciudad tendrá que pensar seriamente en la formación de una congregación multiétnica. La iglesia de Cristo en un área debe reflejar la diversidad étnica del vecindario.

La sana teología y los puntos de vista de las ciencias sociales llevan a valorar la diversidad dentro de las congregaciones de la iglesia. El testimonio apostólico presenta una imagen de la iglesia en la que ricos y pobres, libres y esclavos, y la gente de diferentes nacionalidades adoran juntos en unidad (Romanos 12:16; Colosenses 3:11-16; Santiago 2:1-12). Debido a que esto es una buena teología, es también una buena práctica. Los estudios indican que las diferencias en un grupo facilitan el desarrollo moral y formación de líderes.[43]

Estos beneficios no vienen sin lucha. La iglesia primitiva fue desgarrada por los conflictos entre judío y gentil. Las dificultades enfrentadas por una congregación multicultural son reales. No obstante, una amplia evidencia sugiere que la iglesia en la ciudad tiene razones importantes para llevar a cabo la difícil tarea de formar cuerpos que combinan diversas agrupaciones culturales y sub-culturales.

Un testimonio profético al Reino de Dios
La reconciliación presente en una congregación multicultural es un milagro del Espíritu de Dios.

> En las iglesias transculturales, existen oportunidades para escuchar a otras culturas, para afirmar el lugar de cada uno en el reino. Una iglesia que está abierta y segura en su propia identidad cristiana es capaz de estimular la expresión creativa de culturas constituyentes en su vida y liturgia. Si el evangelio cauteriza por encima de las barreras raciales y culturales, entonces la presencia de muchas nacionalidades en la iglesia del barrio refleja un microcosmos del reino.[44]

---

43 See Terry Cornett y Bob Edwards, "*When Is a Homogeneous Church Legitimate?*", *Evangelical Missions Quarterly*, 20, enero de 1984, págs. 26-27

44 Stockwell, *Signs of the Kingdom*, pág. 99

Debido a que muchas personas en la ciudad viven en barrios multiculturales, la iglesia multicultural tiene una oportunidad única para dar testimonio del plan de Dios para la armonía y la paz dentro de ese entorno.

El respeto a los grupos culturales

La iglesia urbana debe respetar a las personas como individuos y como miembros de un grupo cultural. El ministerio de la iglesia debe reflejar este reconocimiento y el respeto por el patrimonio cultural.[45]

La visión tradicional americana de la diversidad cultural es que los diferentes grupos culturales deben "mezclarse" con la cultura dominante. Norteamérica se ve como un "crisol de razas", donde los grupos de personas pierden sus distintivos en una cultura "norteamericana" común. Sin embargo, algunas ciudades de los Estados Unidos son más como un guiso. Los grupos de personas se mezclan, pero mantienen su identidad como pueblos distintos.[46] Los coreanos interactúan con los italianos, sin embargo, normalmente ambos conservan su propia identidad cultural.

Las iglesias con demasiada frecuencia ignoran la importancia del patrimonio cultural. "Cuando percibimos estos grupos a menudo no apreciamos y valoramos adecuadamente esas cosas que definen su estado o condición de ser un grupo de gente". Las iglesias multiculturales deben reconocer las diferencias entre los grupos étnicos y ministrar a cada grupo de manera que equilibren las necesidades en conflicto por identidad separada e identidad común en Cristo.

Alan Tippet aboga por la imagen bíblica de la iglesia como diferentes pliegues que son parte de un solo rebaño bajo un solo Pastor (Juan 10:16).[48] Cristo es la cabeza de la manada, pero el rebaño comprende muchos pliegues diferentes, que corresponden a diferentes grupos

---

45 Los plantadores de iglesias deben familiarizarse con la cultura y la historia de los grupos étnicos que tratan de evangelizar. También deben explorar, en profundidad, la historia de la religión y las tradiciones religiosas existentes dentro de ese grupo. Dos libros recomendados en la experiencia de color son: C. Eric Lincoln y Lawrence H. Mamiya, *The Black Church in African American Experience* (Durham, S.C.: Duke University Press, 1990) y Gayraud S. Wilmore, *Black Religion and Black Radicalism* (Maryknoll, N.Y.: Orbis Books, 1989).

46 Ver Clifton L. Holland, *The Religious Dimension in Hispanic Los Angeles: A Protestant Case Study*, (Pasadena, CA: William Carey Library, 1974), págs. 115-117

47 Charles L. Chaney, *Church Planting at the End of the Twentieth Century* (Wheaton: Tyndale Press, 1982) pág. 134

48 Tippet, pág. 367

étnicos en la iglesia. Esta imagen comunica la unidad en la diversidad la cual la iglesia multicultural nos permite mantener y disfrutar.

Adaptabilidad a las necesidades de la ciudad

Por último, una iglesia multicultural tiene el potencial para difundir el evangelio a muchos diferentes grupos de personas en la ciudad. Harvie Conn habla de este potencial, cuando dice: "La iglesia necesita reconocer que el evangelio se ha extendido y continuará extendiéndose más naturalmente en la ciudad a través de grupos de personas. La tarea de la evangelización debe ser vista no tanto en términos de individuos o países como en términos de los pueblos". Si la composición de la iglesia representa el barrio, la iglesia es probable que impacte a toda la comunidad para Cristo. Puesto que la composición étnica de los barrios cambian continuamente, iglesias multiétnicas tienen una clara ventaja en la adaptación a esos cambios.

Sub-culturas étnicas en la ciudad

Siempre que los grupos culturales convergen, un proceso de 'aculturación' o 'asimilación' ocurre. La aculturación se refiere a "los cambios en las culturas que surgen del contacto con otras culturas ajenas".[50] Marvin Mayers dice,

> La aculturación y la asimilación difieren en grado de adaptación a la nueva cultura. En el contexto de la aculturación, la gente se adapta al grado que puedan funcionar con eficacia en el contexto de la nueva cultura. Ellos asumen que saldrán de la nueva cultura en algún momento y volver a casa. Están son totalmente aceptados y son miembros respetados de la nueva cultura, sin embargo, en esencia, tienen una doble identidad. . . . La asimilación es el proceso más extremo. Se trata de la realización de que uno nunca va a volver a la sociedad de origen. Así que uno enfrenta su vida entera a lo nuevo.[51]

El proceso de aculturación produce muchas sub-culturas. Charles Chaney reconoce cuatro divisiones dentro de los grupos étnicos de personas:

1. Etnias nucleares – Aquellos de manera explícita y conscientemente preocupados por la tradición étnica.

---

49 Harvie Conn, *A Clarified Vision for Urban Mission* (Grand Rapids, MI: Zondervan, 1987), pág. 216

50 Paul G. Hiebert, *Cultural Anthropology*, (Grand Rapids, MI: Baker Book House, 1983), pág. 417

51 Stephen A. Grulan y Marvin K. Mayers, *Cultural Anthropology: A Christian Perspective*, (Grand Rapids: Zondervan, 1988), pág. 81

2. Etnias de compañeros de viaje - Aquellos a los que la etnicidad es una parte relativamente importante de la identificación consciente de sí misma.

3. Etnias marginales - Aquellos que de vez en cuando piensan en sí mismos como etnias.

4. Etnias asimiladas - Aquellos que de forma explícita y conscientemente se excluyen ellos mismos de la colectividad étnica.[52]

La presencia de estos subgrupos afectará nuestra estrategia de difusión. Chaney enumeran las implicaciones para la plantación de iglesias de la siguiente manera:[53]

1. La iglesia debe hacer todo lo posible para ganar el 'subgrupo asimilado' a Cristo e incorporarlos en la iglesia de habla inglés.

2. Para alcanzar al grupo "marginal" para Cristo requiere la adición de un miembro del personal del grupo marginal y la incorporación de algunas de las formas de servicio del grupo marginal en el servicio de inglés.

3. Las etnias "compañero de viaje" requieren una iglesia bilingüe o bicultural. Este subgrupo puede llegar a requerir una nueva congregación. Esto puede comenzar como una clase de lengua separada que se convierte en una congregación separada.

4. Las etnias no asimiladas o 'nucleares', requieren una iglesia autóctona en el lenguaje, la cultura, y, lo más rápidamente posible, el liderazgo. Exigen una iglesia que parezca, que suene, y funcione como parte de su cultura.

Modelos de adoración multicultural

Una variedad de modelos de estructura de iglesia tienen la capacidad para un cuerpo multicultural expresar la unidad en Cristo y el respeto por la diversidad cultural.[54] Aquellos que mejor se adapten interculturalmente en la plantación de iglesias urbanas incluyen:

---

52 Ver Chaney, págs. 135-139 los misioneros de *World Impact* podría señalar el alto grado de correspondencia entre este concepto de etnicidad y nuestro modelo de etnias C1, C2 y C3.

53 Chaney, pág. 162-165

54 Ver Tetsunao Yamamori, "*How to Reach Urban Ethnics*", *Urban Mission* 1.4, marzo, 1984, págs. 29-35 y Jerry L. Appleby, *Missions Have Come Home To America: The Church's Cross-Cultural Ministry to Ethnics* (Kansas City: Beacon Hill Press, 1986), págs. 93-97 para una discusión completa de estos modelos.

1. *Iglesia multicultural con un solo idioma.* Hay un servicio en el idioma predominante para varios grupos culturales diferentes. Los servicios son a menudo menos formales e incluyen las formas culturales de los grupos representados en la iglesia. Este modelo podría incluir etnias asimiladas y marginales.[55]

2. *Iglesia con clases en multi-lenguas.* Aquí la iglesia de habla inglés comienza clases de estudio bíblico en diferentes idiomas para llegar a diferentes grupos lingüísticos en la comunidad. Estas clases podrían reunirse en casas como grupos de células o en las instalaciones de la iglesia como clases de escuela dominical. Este modelo podría ser utilizado para llegar a los grupos étnicos no asimilados, donde se deben cruzar las barreras del idioma.

3. *Iglesia con multi-adoración.* Aquí más de un servicio de adoración se lleva a cabo en la misma instalación como parte de una organización de la iglesia. La diferencia en los servicios puede ser cultural, pero es por lo general basada en el lenguaje. Este modelo podría dar cabida a todos los grupos étnicos (asimilados, marginal, compañero de viaje y nuclear) siempre que los líderes bi-culturales estén presentes.

4. *Iglesias multiétnicas-mutuamente-autónomas.* En este modelo separa congregaciones étnicas con su propio liderazgo y organización que comparten una instalación y cooperan en el ministerio. Esto a veces se llama el modelo 'paraguas'. Este modelo podría incluir concebiblemente a todos los subgrupos étnicos.

Obviamente, muchas variaciones y combinaciones de estos modelos pueden ser utilizados para satisfacer las necesidades específicas de una zona individual. ¿Qué estrategia de ministerio de la iglesia multicultural es adecuada en una situación dada depende de la naturaleza del grupo de personas que estamos tratando de incluir en la iglesia.

Tenga en cuenta que el lenguaje funciona como una buena guía para el grado de asimilación presente. Cuando se trata de congregaciones con varios idiomas, los plantadores de iglesias deben elegir los modelos que permitan la vida de la congregación separada para cada grupo lingüístico.

En general, la adoración, la comunión, el bautismo y la comunión pueden ser vistos como grandes actividades multiculturales, de la congregación. La predicación, enseñanza, evangelización, discipulado, servicio y la nutrición a menudo debe hacerse dentro del contexto del grupo cultural específico, especialmente si las barreras del idioma están involucradas. El principio general de respeto a la diversidad, mientras se mantiene la unidad para seguir funcionando como directriz general de la iglesia.

---

55 Si se utiliza el modelo de iglesias multi-adoración o el modelo multi-étnico-mutuo-autónomo, este modelo de iglesia de un solo idioma-multicultural puede ser utilizado como una de las congregaciones separadas dentro de la estructura más grande.

Una estrategia para plantación de iglesias

Estrategia para un área urbana

El objetivo de *World Impact* es utilizar los principios de la plantación de iglesias autóctonas para plantar un grupo de iglesias en una zona urbana. No es el deseo de *World Impact* desarrollar congregaciones aisladas, individuales, sino más bien, una red de congregaciones de mutuo apoyo con proximidad entre sí.

Hay cuatro razones para desarrollar grupos de congregaciones:

1. El gran número de personas que no tienen iglesia en el centro urbano exige una dinámica estrategia que alcanzará a varios barrios para Cristo.
2. Las iglesias recién plantadas necesitan redes de apoyo con otras iglesias.
3. No todas las congregaciones procederán a la identidad de la iglesia de pleno derecho. Algunas fallarán o se combinarán con otras congregaciones cercanas.
4. Una estrategia dinámica asegura un mayor desarrollo de liderazgo autóctono.

La siguiente sección describe una estrategia para la plantación de una sola iglesia en una zona del centro de la ciudad. Los plantadores de iglesias tendrán que repetir estos pasos en cada área objetivo para crear grupos de iglesias que se apoyan mutuamente.

La estrategia de plantación de iglesias de *World Impact* consta de siete pasos.[56]

    A. Comisionar al equipo de plantación de la iglesia

    B. Cultivar la comunidad

    C. Establecer compañerismo de discipulado

    D. Formar un grupo Celebración

    E. Plan de finanzas

    F. Determinar instalaciones

    G. Constituir la Iglesia

---

56 Nos gustaría reconocer nuestra deuda con el excelente libro *Planting New Churches* de Jack Redford (Nashville: Broadman Press, 1978) como una guía para la estrategia de plantación de iglesias. Aunque hemos modificado sus pasos para aplicar de manera más directamente a la situación de las misiones transculturales, sirven como marco para esta sección.

Comisionando al equipo de plantación de iglesias

El valor de la estrategia del equipo

Las iglesias y agencias misioneras emplean una variedad de estrategias de plantación de iglesias.[57] Algunas estrategias funcionan mejor cuando la plantación de iglesias es en la cultura propia. Tales métodos conducen a la expansión o ampliación de la iglesia en una cultura determinada. Sin embargo, una organización de la misión hace plantación de iglesias "puente-crecimiento" en todas las culturas.[58] La naturaleza transcultural de la plantación de iglesias misionera exige métodos y estrategias probadas.

La estrategia de utilizar equipos de plantación de iglesias ha demostrado ser eficaz en la plantación de iglesias transculturales.[59] El apóstol Pablo funcionó como el líder de un equipo de plantación de iglesias encargado por la iglesia en Antioquía (Hechos 13:1-4). Pablo continuó el acercamiento del equipo a lo largo de sus años de ministerio de plantación de iglesias (Hechos 16:6). El equipo plantador de iglesias no era la única estrategia de plantación de iglesias empleado en la iglesia del Nuevo Testamento, pero fue la estrategia predominante

Las misiones modernas a menudo han seguido el ejemplo de Pablo al enviar un equipo de misioneros a plantar iglesias en distintas culturas.[60] Ellos citan varias razones para el uso de la estrategia de equipo.[61] En primer lugar, el equipo en sí es un microcosmos del reino. La vida juntos del equipo modela a la iglesia a los que se convirtieron a través de la evangelización en la comunidad objetivo (Juan 13:35).

En segundo lugar, los miembros del equipo culturalmente disímiles pueden ayudar al momento de plantar iglesias en distintas culturas. Pablo pudo haber seleccionado a Timoteo porque era una persona bicultural que podría ayudar a alcanzar los griegos (Hechos 16:1-3). Lucas también ayudó a Pablo en el ministerio transcultural a los

---

57 Ver Elmer Towns, *Getting a Church Started*, (Lynchburg, VA: Church Growth Institute, 1985), págs. 69-116

58 James H. Feeney, *Church Planting By The Team Method*, (Anchorage: Abbott Loop Christian Center, 1988), pág. 21

59 Ver Dan Bacon y William Goheen, "*Should Mission Boards Send Teams as Well as Individuals?*", *Perspectives on the World Christian Movement*, págs. 775-781

60 Ver David Hesselgrave, *Planting Churches Cross-Culturally*, (Grand Rapids: Baker Book House, 1980), págs. 135-154 y Charles J. Mellis, *Committed Communities: Fresh Streams for World Missions*, (Pasadena: William Carey Library, 1976), págs. 93-104

61 Ver Shenk y Stutzman, pág. 42-55

griegos. Un equipo de plantación de iglesias de diversas culturas es especialmente eficaz en la misión transcultural.

En tercer lugar, los miembros del equipo comparten el poder. Este compartir de autoridad hace que sea más fácil incluir conversos autóctonos en la estructura de la toma de decisiones de la iglesia recién formada. Si el equipo es multicultural, ayuda a los grupos de personas objetivo A que sientan un sentido de identificación con el equipo y representación en la nueva iglesia.

En cuarto lugar, los miembros del equipo proporcionan atención, el apoyo y comunidad el uno para el otro. Este aspecto del ministerio en equipo fue especialmente importante para el apóstol Pablo. En sus cartas Pablo menciona por nombre treinta y ocho colaboradores en el ministerio.[62] Este es un principio vital en misiones urbanas en las que, debido a las presiones y la propensión hacia el "desgaste", el "promedio de antigüedad es no mucho más de cuatro años".[63] Ya que "un factor psicológico importante [en el agotamiento] . . . es la soledad y el aislamiento"[64] el uso de equipos de ministerio es una parte importante del cuidado de los ministros para que a su vez puedan cuidar a los demás.

Kevin Dyer, que ha ayudado a enviar equipos de plantación de iglesias a cuatro continentes durante los últimos 25 años resume el valor de un equipo ministerial en la plantación de iglesias, cuando dice: "Estamos totalmente convencidos del valor del esfuerzo de equipo. Lo que se puede lograr en conjunto es mucho mayor que lo que puede lograrse por las personas que trabajan por su cuenta".[65]

La formación del equipo

Las organizaciones misioneras que emplean equipos de plantación de iglesias reconocen "el éxito de un equipo de plantación de iglesias transculturales está muy influenciado por el liderazgo/habilidades de seguimiento, dones y habilidades de los miembros del equipo".[66] La detección y selección de los miembros del equipo es un primer paso importante en la formación de un equipo de plantación de iglesias.

---

62 Ver Shenk y Stutzman, pág. 49

63 David Claerbaut, *Urban Ministry* (Grand Rapids, MI: Zondervan, 1983), pág. 205

64 David Frenchek, *Quoted in Urban Ministry*, pág. 206

65 Kevin Dyer, *"Crucial Factors in Building Good Teams"*, *Helping Missionaries Grow*, ed. Kelly y Michele O'Donnell, (Pasadena, CA: William Carey Library, 1988), pág. 126

66 Thomas Graham, *"How to Select the Best Church Planters"*, *Helping Missionaries Grow*, pág. 46

La adecuada detección y selección comienzan con una declaración clara de la filosofía y la misión de *World Impact*, una definición de las tareas que definen esta misión y un conjunto de características y cualidades necesarias en los que se unen para la realización de la misión.[67]

Debido a que el trabajo es difícil y exigente, los requisitos bíblicos para el liderazgo son muy estrictos. La Biblia enumera veintiocho calificaciones separadas para los líderes de la iglesia en las epístolas.[68] Estos incluyen rasgos de carácter tales como de buen nombre, de buena conducta, vigilante, templado, hospitalario, paciente, y no ser codicioso o contumaz.

Además de los rasgos de carácter que se describen en las Escrituras, las siguientes características son útiles para el plantador de iglesias prospecto: "El sentido de llamado; la madurez espiritual, el liderazgo sumiso; la orientación de la meta/rendimiento; habilidades de discipulado/crianza; madurez psicológica, inteligencia funcional; la creatividad, habilidades de comunicación, capacidad de adaptación transcultural; . . . vitalidad física".[69]

Estas cualidades son vistas por primera vez en el líder del equipo. Aunque el equipo comparte la autoridad, es importante tener un líder con la visión, los dones y la experiencia para guiar al equipo y hacerlo efectivo. Se necesita visión, porque el trabajo es difícil. Hay muchos obstáculos, especialmente en la plantación de iglesias entre las culturas. Jack Redford dice,

> La motivación es esencial. Los costos son a menudo altos y siempre se requiere una enorme cantidad de tiempo por parte del plantador de iglesias. Semanas de cuarenta horas nunca conseguirán iglesias plantadas, tampoco harán las reuniones. La plantación de iglesias es interminable, agotador, exigente, y muy duro.[70]

Además de tener la visión, el líder del equipo también debe estar dotado como plantador de iglesias. . . . Muchos creen que el don de ser un plantador de iglesias es similar al don bíblico de apóstol (Efesios 4:11). Este don es el llamado inspirado por el Espíritu y la capacidad de hacer la plantación de iglesias pioneras. Charles Chaney dice, "Creo que la plantación de iglesias está muy estrechamente relacionado con el don

---

67 Ver Graham, *Helping Missionaries Grow*, pág. 48

68 Ver Feeney, págs. 105-110

69 Graham, *Helping Missionaries Grow*, pág. 50

70 Redford, pág. 18

apostólico. Fervientemente y regularmente oro . . . Que Dios levantará apóstoles, hombres y mujeres dotados, que puedan reunir las iglesias".[71]

Por último, "El líder del equipo debe verse a sí mismo como un facilitador principalmente para el equipo. . . . Él les ayuda a alcanzar sus objetivos. Cuando un líder de equipo se ocupa principalmente de lo que él personalmente va a hacer, el equipo es a menudo menos exitoso".[72]

Al llenar el resto del equipo, es importante seleccionar a hombres y mujeres que tienen los mismos altos estándares de carácter bíblico como el líder del equipo. Sin embargo, sus dones (y en la mayoría de los casos no debería) no necesitan ser exactamente el mismo como el líder del equipo. Es en la diversidad del equipo que sus principales ventajas son vistas. Los equipos equilibrados poseen no sólo dones relacionales y de evangelización, sino también dones administrativos y de enseñanza. Un trasfondo variado de la cultura y experiencias entre los miembros del equipo suele ser muy útil en la plantación de iglesias transculturales.

Los equipos de *World Impact* normalmente se forman alrededor de un núcleo de dos plantadores de iglesias a tiempo completo. Estos miembros se comprometen a permanecer durante todo el ciclo de plantación de la iglesia. Pueden ser solteros o parejas. Ellos serán complementados por hasta cuatro miembros del equipo de apoyo.[73] Los miembros de apoyo pueden ser personal de *World Impact*, que se ofrecen a tiempo parcial para servir en el esfuerzo de plantación de iglesias. Por otra parte, a este personal se le pueden asignar los esfuerzos de plantación de iglesias a tiempo completo por un período determinado. Pueden ser miembros autóctonos de la comunidad que han sido discipulados y están listos para apoyar el esfuerzo. Los estudiantes del seminario u otros voluntarios pueden utilizarse para complementar el equipo, ayudando en la investigación u otras tareas especializadas. Muchas combinaciones de los miembros del equipo del personal, la comunidad y el apoyo de voluntarios pueden ser utilizados. El objetivo es construir equipos que proporcionan la capacidad de soporte, dones y habilidad transcultural para lograr el objetivo de plantar iglesias. La flexibilidad en la adaptación a la situación específica es esencial.

---

71 Chaney, pág. 75

72 Dyer, pág. 127

73 Si los equipos de plantación de iglesias son demasiado grandes, se vuelven ineficaces e incohesivos. Los grandes equipos de plantación de iglesias también pueden inhibir el desarrollo del liderazgo autóctono.

Los miembros del equipo deben verse a sí mismos como servidores: en primer lugar de Cristo, luego, de la comunidad autóctona y el uno del otro. La lealtad al equipo y a su liderazgo, junto con las disciplinas de sumisión mutua y de rendición de cuentas, son compromisos que deben hacerse y alimentarse durante el proceso de formación.

La formación de equipos y la capacitación siguen el proceso de análisis y selección. Un equipo de plantación de iglesias debe venir juntos por un período de interacción y ajuste para desarrollar la cohesión del grupo. Este proceso de formación del grupo a menudo implica la formación transcultural intensiva. Dayton y Fraser, en su libro sobre la estrategia de la misión de planificación, reconocen,

> La comunidad misionera reconoce que la formación transcultural para comunicar el evangelio y la plantación de la iglesia es esencial. . . La tarea de formación de los misioneros en el lugar tiene que ser visto como el llamado misionero más alto, no una interrupción de la tarea real.[74]

Los misioneros veteranos abogan por la formación a través de la experiencia práctica en persona en el ministerio transcultural. Muchos creen que el periodo de formación de un entrenamiento del equipo es esencial para establecer equipos eficaces de plantación de iglesias. Kevin Dyer dice,

> La formación se convirtió en la clave indispensable para el éxito de la construcción y el desarrollo de nuestros equipos. Desde que comenzamos un programa de entrenamiento intensivo de seis meses, nuestra tasa de bajas en el campo se ha desplomado a cuatro por ciento. . . . hemos encontrado que seis meses es de aproximadamente el momento óptimo. La mayoría de los futuros misioneros pueden ponerse en un frente espiritual durante unas seis semanas, pero después de eso las grietas comienzan a aparecer bajo una intensa presión. Alrededor de la etapa del cuarto mes, otro momento crucial se enfrenta. La realidad de lo que está por delante con claridad que se ha enfrentado y el equipo ha o no ha cuajado.[75]

Una vez que el equipo ha sido filtrado, seleccionado, entrenado y formado en una unidad cohesiva, luego son comisionados y se envían con el apoyo, oraciones y dirección de la misión. Comisionar es

---

74 Edward R. Dayton y David A. Fraser, *Planning Strategies for World Evangelization*, (Grand Rapids: Eerdmans, 1990), pág. 155

75 Kevin Dyer, *"Crucial Factors in Building Good Teams"*, *Helping Missionaries Grow*, pág. 127

importante para asegurar que el Espíritu Santo es reconocido como el autor de los esfuerzos de la plantación de iglesias. Shenk y Stutzman afirman que,

> Un sentido personal del llamado debe ser confirmado por la iglesia. De lo contrario, pueden surgir dos problemas graves. En primer lugar, podría ser que el aspirante a plantador de iglesias tiene motivos ocultos. Tal vez la idea de plantar una iglesia es de su propia decisión y no del Señor. Si el ministerio de plantar iglesias no es una cita de Dios, el plantador de iglesias puede desanimarse rápidamente y el esfuerzo no dará fruto espiritual duradero. El segundo problema es que el plantador de iglesias necesita una comunidad de oración para proporcionar estímulo. Si el plantador es un solitario, la supervivencia a largo plazo es dudosa.[76]

Comisionar asegura a los plantadores de iglesias la confirmación de Dios y el apoyo del Cuerpo al embarcarse en la aventura de plantar una nueva iglesia en el interior de la ciudad.

---

76 Shenk y Stutzman, pág. 34

Cultivar la comunidad

Guerra espiritual

La esencia de la plantación de iglesias está tomando territorio para el reino de Cristo. El equipo de plantación de iglesias está invadiendo zonas falsamente reclamadas por Satanás con las buenas nuevas de redención y el triunfo de Cristo. Ellos tienen la intención de plantar "comunidades del Reino", que va a cambiar las personas y los barrios, tanto ahora como en los años venideros.

Obviamente, Satanás no tendrá esta invasión a la ligera. Por lo tanto, los pasos iniciales hacia la comprensión y el cultivo de las comunidades para que reciban el evangelio se basan en el reconocimiento de las realidades espirituales. Cada miembro del equipo de plantación de iglesias debe entender que se han ofrecido como voluntarios para participar en la guerra espiritual de más alto nivel y más crucial.

El equipo de plantación de iglesias debe comenzar por reunir apoyo en oración por sus esfuerzos que se centra en derrotar a las fuerzas de Satanás y desatar el poder del Espíritu Santo en su zona objetivo (Mateo 18:18-20). Las iglesias de apoyo son un excelente recurso para apoyo en oración al igual que los órganos existentes de *World Impact* de la celebración, estudios bíblicos, etc. Sea creativo y agresivo en el alistamiento de grupos de creyentes a orar constantemente por el esfuerzo.

En segundo lugar, el propio equipo debe reservar un tiempo regular para hacer la guerra espiritual por el esfuerzo de plantación de iglesias. Esta es la parte más importante de la tarea y las prioridades que el equipo debe reflejar. Esta prioridad debe ser celosamente salvaguardada como las muchas presiones urgentes creadas por la tarea del clamor de la plantación de iglesias por el tiempo y la atención de los plantadores de iglesias.

En tercer lugar, el equipo debe trabajar para aumentar su conocimiento de la guerra espiritual efectiva. Estudios bíblicos sobre este tema son críticos. Libros de estudio sobre la guerra espiritual.[77] Leer, analizar y aplicar los principios de revistas misionológicas y biografías de misioneros.

En ninguna parte es más cierto que en la tarea de plantar iglesias que ". . . No tenemos lucha contra sangre y carne, sino contra principados,

---

77 Un buen punto de partida para este es el libro *Taking Our Cities for God: How to Break Spiritual Strongholds* por John Dawson (Lake Mary, FL: Creation House, 1989)

contra potestades, contra los poderes de este mundo de tinieblas, contra fuerzas espirituales malignas en las regiones celestes" (Efesios 6:12). El punto de partida para ganar una comunidad es entender y luchar contra las fuerzas del mal que tratan de controlarlo.

Tras un análisis de su comunidad

La plantación de iglesias presupone un conocimiento profundo de la Escritura y sus mandamientos. Sin embargo, estos mandamientos se ponen en práctica en un mundo muy concreto. Nuestra capacidad para obedecer la Escritura está indisolublemente unida a nuestro conocimiento de la comunidad en la que se ministra.

El equipo de plantación de iglesias debe concentrar sus esfuerzos en una comunidad específica. Los límites geográficos y los contactos dentro de la comunidad van a influir en la selección inicial de una comunidad blanco para la plantación de la iglesia. Sin embargo, los descubrimientos posteriores pueden modificar esta selección.

La tarea del equipo es descubrir lo más posible acerca de la composición de esta comunidad. Este esfuerzo debe comenzar con un gran mapa de la ciudad. Los mapas detallados de una zona específica de la ciudad a menudo se pueden obtener de forma gratuita en la oficina del alcalde, cámaras de comercio, la comisión de planificación o el departamento de autopistas.

"La idea es caminar por el barrio y anotar sobre las localizaciones en el mapa de los organismos, instituciones, lugares de trabajo, tiendas, parques y lugares públicos; tener en cuenta las condiciones de vivienda, parques, calles, e instituciones, y anotar las impresiones sobre la gira y sobre los lugares que podrían merecer una segunda visita".[78] Marque iglesias existentes en el mapa utilizando símbolos para denotar denominaciones específicas.[79] Identifique y marque las secciones residenciales y de negocios también.

Estudie los datos de la población disponible para el área blanco. La composición étnica de la zona, los niveles de educación, estructura de edades, tipos de vivienda y la movilidad de la población pueden obtenerse en los que estudian los informes del censo de los Estados Unidos, y poniéndose en contacto con la ciudad o el condado de

---

78 Stockwell, *Signs of the Kingdom*, págs. 101-102

79 Debe obtener un manual de las denominaciones que le permitirán familiarizarse con los conceptos básicos de cualquier grupo de iglesia con el que no está familiarizado. *Handbook of Denominations in the United States* (Nashville: Abingdon Press, Ninth Edition, 1990) de Frank S. Mead es un ejemplo de una guía útil para esta área.

comisión de planificación. Reuna estos en forma escrita y refiérase a ellos en todas las etapas de planificación. Donde sea aplicable, incorpore esta información en el mapa de referencia de fácil visualización. Los perfiles demográficos profesionalmente preparados y mapas de visualización para los plantadores de iglesias, basados en los datos del censo de los Estados Unidos, están disponibles por una tarifa.[80]

La información obtenida ayudará a los plantadores de iglesias a anticipar las necesidades que se enfrentarán y planificar las posibles respuestas de antemano. Tomando en serio esta información puede influir en la composición del equipo de plantación de iglesias, poner de manifiesto la necesidad de estrategias que se centran en ciertos niveles de edad, sugerir la inclusión de determinados idiomas en los servicios de adoración o alcances del ministerio, o revelar complejos residenciales específicos para visitar... incluso puede sugerir la necesidad de alterar los límites geográficos del área blanco de la plantación de iglesia.

Los datos acerca de la composición de la comunidad es un punto de partida crítico, pero es sólo un punto de partida. Los plantadores de iglesias deben pasar de un conocimiento teórico de la comunidad a un conocimiento basado en las relaciones humanas reales.

Redes
Para asegurar que esto ocurre, el especialista en misiones urbanas Ray Bakke sugiere que los pastores inviertan un día a la semana en "redes" de sus comunidades.[81] Este trabajo en red implica varios componentes.

En primer lugar, existe la necesidad de un trabajo en red con otros pastores. Bakke relata la forma en que se acercó al problema.

> Mi primer paso fue conocer a los otros pastores. Empecé a visitar ochenta y tres iglesias, llegando a los cuarenta y cuatro en los primeros nueve meses. Cincuenta y tres de ellos tenían los servicios en idiomas distintos del inglés. No me metí en problemas averiguando si "sonaban" teológicamente o no y siempre usba el discurso de apertura. "Mi hermano, mi nombre es Ray Bakke. Soy el nuevo pastor de la Iglesia Bautista de Fairfield y quiero su ayuda. Soy nuevo en esta comunidad y me pregunto si me podría decir la lección más importante que ha

---

80 Para obtener más información sobre información demográfica profesionalmente preparada contacte Church Information and Development Services, 3001 Redhill Ave, Suite 2-220, Costa Mesa, CA 92626, (800) 442-6277

81 Ver Bakke, págs. 100-11

aprendido acerca de ser un pastor aquí". Fui a afirmar a mis colegas y a aprender de ellos.[82]

Una carta puede ser utilizada para hacer contacto con iglesias de la comunidad. Proporciona un punto de partida para la introducción a sus esfuerzos de plantación de iglesias. Sin embargo, una visita debe hacerse también con el tiempo ya que el punto es crear redes de relaciones dentro de la comunidad. "El aseguramiento debe ser tomado en cuenta para que las nuevas iglesias no deseen hacer proselitismo sino solamente querer unir fuerzas con las iglesias existentes que buscan alcanzar a los desconectados de la iglesia y darle un ministerio más adecuado a la comunidad".[83] Si el contacto inicial se vió con sospecha, el pastor debe responder amablemente. Siempre que sea posible se debe tratar de descubrir la fuente de la denuncia de la persona y pedirles qué se podría hacer para aliviarlo. "No hay ningún plantador de iglesias que gane terreno, cuando aparezca y dice,` Hemos llegado a esta comunidad para demostrarles a todos ustedes cómo tener una iglesia verdadera, genuina," lo que implica que las iglesias existentes no son reales y genuinas".[84] La actitud del fundador de iglesias hacia los demás debe ser la humildad, el afán de servir y la voluntad de aprender.

Si el esfuerzo de plantación de iglesias está ocurriendo en una ciudad donde *World Impact* ya ministra, es importante incluir a otros miembros del personal de *World Impact* en este proceso. Programe el tiempo con ellos y pregúnteles lo que han aprendido. El equipo de plantación de iglesias debe aprovechar conscientemente la riqueza de conocimientos que existe dentro de la comunidad misionera.

Extienda este mismo proceso para las agencias de servicios sociales en la comunidad, tanto públicos (policía, bomberos, escuelas, hospitales, etc.) y privadas (despensas de alimentos, asistencia legal, etc.). Cualquier persona con experiencia a largo plazo en la comunidad es una fuente valiosa de experiencia práctica. Ellos deben ser visitados e informados de lo que el equipo de plantación de iglesias está haciendo. El punto es descubrir qué recursos o servicios proporcionan, aprender de su experiencia y hacerles saber que la nueva iglesia tiene un interés en ellos y en la comunidad en general.

---

82 Bakke, pág. 111

83 Redford, pág. 58

84 Redford, pág. 60

Por último, contacte garajes, fábricas, instituciones financieras, tiendas; cualquier lugar donde potenciales miembros de la iglesia pueden trabajar, comprar, se recreanr o socializan. No descuide a los líderes informales en este proceso. Muchos proyectos de vivienda, por ejemplo, contienen fuertes líderes informales que juegan un papel decisivo en la organización de la vida dentro de sus comunidades. Estos líderes informales son enlaces críticos para la comprensión y el acceso a la comunidad.

Bakke relata los siguientes resultados de una inversión tal.

> Cuando hice este ejercicio, visité cuarenta y cuatro empresas locales en mi primer año. Estos incluyen alimentos, empresas individuales, garajes y mecánicos. Fui a bares, ya que son centros de compañerismo para la comunidad, donde la gente se reúne para verter sus corazones a lo largo de las bebidas. Un pastor que conocía visitó un bar y el gerente se quejó de un cliente borracho babeando por todo el bar y puso a todos los otros clientes afuera. El pastor reflexionó en esto y ofreció al gerente la presencia de dos personas que se sentaran en la parte trasera del bar por las noches. Cuando un cliente problemático entrara el administrador podría decir: "Este es un equipo que cuida quienes están dispuestos a escucharlo a usted". Los "cuidadores" llevaban chalecos distintivos con logotipos en ellos. El pastor era un bautista del Sur, y la congregación lo encontró difícil de entender cuando él y otros miembros entraban oliendo como si hubieran caído en un barril de vino malo. Pero tenían más bautismos de las tabernas en un año que de muchas misiones de evangelización.[85]

Invertir tiempo en contactos personales como estos puede parecer que utilizar el tiempo de ministerio precioso a corto plazo, pero a largo plazo proporciona relaciones invaluables, información actualizada, la vinculación a recursos y ministerios que de otro modo podrían ser duplicados, y la capacidad de ver a la comunidad desde el punto de vista de la congregación.

A medida que se hacen contactos con la comunidad y el equipo llega a conocer su gente, está listo para comenzar el proceso de evangelización y la plantación de iglesias.

Evangelización
El libro de los Hechos relata la evangelización de la iglesia primitiva. El Espíritu Santo inspiró a los primeros cristianos a difundir el mensaje de Cristo, "primero en Jerusalén, en toda Judea, en Samaria y hasta los

---

85 Bakke, págs. 116-117

confines de la tierra" (Hechos 1:8). Ervin Hastey enumera los métodos de presenciar en el primer siglo:

1. La proclamación pública del mensaje divino.
2. La enseñanza de casa en casa, en lugares públicos, en los foros y en las sinagogas.
3. La predicación informal - los chismes del evangelio.
4. Las curaciones, como el que se encuentra en Hechos 3, que abrió la puerta para compartir a Cristo.
5. Los milagros realizados por Jesús, Pablo, Pedro y otros.
6. El compañerismo de los creyentes, que testificaron del amor de Dios. La gente vio cómo los cristianos se amaban y fueron atraídos a la comunión.[86]

Michael Green resume el testimonio eficaz de estos primeros cristianos, diciendo: "Cuando los hombres tienen la voluntad de hablar de su Señor, encuentran que no hay escasez de formas para hacerlo. De hecho, es la motivación de estos hombres y mujeres que nos impresiona más que sus métodos".[87] Del mismo modo, la motivación para la evangelización es más importante que los métodos del equipo de plantación de iglesias, aunque se necesitan métodos apropiados culturalmente.

Estos métodos revelan un punto de vista del mundo bíblico que ve la evangelización tanto como proclama y afirmación del evangelio. La proclama es "una acción a través de la cual el no cristiano recibe una declaración clara del mensaje esencial" mientras que la afirmación es "un proceso de modelado y explicación del mensaje cristiano".[88] *World Impact* combina estos aspectos de la evangelización cuando decimos evangelización incluye "todo lo que hacemos que revele el amor de Cristo a nuestros vecinos".[89] Esto incluye tanto nuestras palabras y nuestras acciones.[90]

---

86 Ver Ervin E. Hastey, *"Reaching the Cities First: A Biblical Model of World Evangelization"*, Ed. Larry L. Rose, C. Kirk Hadaway, *An Urban World: Churches Face the Future*, (Nashville: Broadman Press, 1984), págs. 160-161

87 Michael Green, *Evangelism in the Early Church*, (Grand Rapids, MI: Eerdmans, 1970), pág. 178

88 Jim Peterson, *Evangelism as a Lifestyle*, (Colorado Springs: NavPress, 1980), pág. 22

89 *World Impact Mission Strategy*, (*World Impact Staff Training Manual*, 1980), pág. 59

90 Ver Bruce Nicholls, *In Word and Deed: Evangelism and Social Responsibility*, (Grand Rapids, MI: Eerdmans, 1985)

A través de los años, el método predominante de *World Impact* ha sido "evangelización encarnacional". El personal de *World Impact* se mueve en las comunidades blanco. Ellos viven en la vecindad del centro de la ciudad y se refieren a los vecinos como compañeros de los residentes de la comunidad. Los clubes bíblicos de niños y de adolescentes inician el acceso a las familias del barrio. Estudios bíblicos en hogares para adultos que constituyen un foro de evangelización para los padres interesados.

Esta estrategia de encarnación de evangelización es especialmente apropiada para la cultura del centro de la ciudad, ya que acentúa las relaciones de persona a persona. La comunicación cara a cara y amistad es extremadamente muy importante para comunicar el evangelio en el contexto urbano. Las poblaciones inmigrantes y étnicas en las ciudades del interior muestran una fuerte preferencia por la comunicación a través de la palabra hablada en un contexto de relación. Las estrategias de evangelización deben tomar esto en serio.

La evangelización de *World Impact* también ha sido orientada a la familia, incluyendo el alcance de los niños y adolescentes también como a los adultos. En las comunidades donde dos tercios de los residentes están debajo de la edad de dieciséis años, esto es una metodología apropiada culturalmente.[91] Mientras que las iglesias no pueden construirse sobre una base de evangelización infantil, se debe entender que los niños son una de las principales preocupaciones en la vida de las personas dentro de la ciudad. Muchas personas albergan frustración y sentimiento de culpa por su incapacidad de hacer la labor de padres de manera efectiva al encarar situaciones difíciles. Otros luchan con la ansiedad sobre las tentaciones que enfrentan sus hijos y están buscando activamente recursos para ayudarles a preparar a sus hijos para superarlos. Para evangelizar con eficacia, los misioneros deben entender a la gente en su papel como padres y tratar de hacerle frente a sus necesidades y preocupaciones. Si se hace así, el resultado será tanto la evangelización de los padres y el niño.

El modelo de evangelización de *World Impact* también es holístico, tratando de responder a las necesidades prácticas de las familias, así como a las necesidades espirituales. Esto es de especial importancia en las zonas empobrecidas físicamente. Ervin Hastey comenta, "en las ciudades de hoy en día se ha encontrado que un enfoque holístico para dar testimonio a sus habitantes está dando buenos resultados. Los hospitales, clínicas, escuelas, centros de comida, centros de reinserción

---

91 Este no es un llamado para restringir nuestra evangelización a estos niveles de edad, sino para seguir tomando en serio a la luz de las realidades urbanas.

social, y los centros de buena voluntad son cada vez más el uso de sus ministerios no sólo a anunciar y enseñar el evangelio, sino también para establecer iglesias".[92]

Otras estrategias evangelísticas se han utilizado en el interior de la ciudad: conciertos abiertos al aire libre y predicación, películas evangelísticas y visitas de puerta a puerta. Muchos más estrategias deben ser creadas, así como aprender de otros ministerios urbanos. No importa qué método se utiliza para presentar el evangelio, la oración debe ser central en la planificación e implementación. La conclusión de un estudio de la evangelización en el Nuevo Testamento Harvie Conn dice, "la evangelización bíblica es un doble cometido: Predicar y orar, hablar con la gente acerca de Dios y hablar con Dios acerca de la gente".[93]

Una vez que se han hecho contactos, presentado el evangelio, y las primeras personas convertidas por la fe en Cristo, ellos necesitan un estímulo para llegar a sus redes de amigos, familiares y compañeros de trabajo. Los primeros convertidos se convierten en "puentes" a través del cual se puede llegar a su red relacional. Los plantadores de iglesias pueden orar y esperar que el evangelio se extienda a lo largo de las líneas relacionales en la comunidad.[94] Estas redes de "amigos en Cristo" se convierten en la base para grupos celulares que son los precursores de la iglesia establecida.

En resumen, la evangelización comienza con la motivación inspirada por el amor a Cristo y otras que producen un celo para obedecer la Gran Comisión. Se lleva a cabo mediante el uso de métodos culturalmente adecuados para la comunicación.[95] Y está cubierta en todo momento por la oración continua y urgente. La dinámica de la evangelización: los conversos comparten su fe con la familia, amigos, vecinos y compañeros de trabajo, debe continuar a través de todas las etapas de la iniciación de iglesias.

---

92 Hastey, pág. 161

93 Harvie Conn, *Evangelism: Doing Justice and Preaching Grace*, (Grand Rapids, MI: Zondervan, 1982), pág. 86

94 Ver Donald McGavran, *The Bridges of God*, (New York: Friendship Press, 1955), pág. 31

95 Ver David Hesselgrave, *Communicating Christ Cross-Culturally*, (Grand Rapids, MI: Zondervan, 1978)

Establezca compañerismo de discipulado

Una vez que los primeros conversos se ganan para Cristo, las cuatro etapas de la construcción de grupos de discipulado comienzan:

1. Iniciar el grupo celular inicial.
2. Reclutar y capacitar a los líderes aprendices.
3. Formulario de nuevos grupos tan pronto como sea posible.
4. Reunirse regularmente con líderes de células.[96]

Comience el grupo celular inicial
Los grupos celulares iniciales adquieren características diferentes de acuerdo a las necesidades y características distintivas del grupo objetivo. Los grupos de estudio bíblico estudian la Palabra de Dios corporativamente y desarrollan nuevas relaciones en la comunidad. Los grupos de contacto están orientados a la acción, centrándose en la evangelización a través de eventos especiales como conciertos u otras actividades de alcance. Los grupos orientados a las tareas se organizan en torno a un punto de servicio, tales como la creación de un banco de alimentos de la comunidad, o atender a los discapacitados. Los grupos de adoración enfatizan el canto y la oración, como principales actividades. Los grupos foro discuten temas de interés de la comunidad o inquietud, obtienen comprensión bíblica y despiertan comprensión de la gente de de la visión del mundo cristiano. Otros grupos pueden ser creados sobre la base de una comprensión de los dones, personalidades y necesidades de los participantes.[97] Independientemente del acento particular, cada tipo de grupo debe evidenciar las cinco actividades que se mencionan en Hechos 2:41-47: estudio, compañerismo, adoración, mayordomía y testimonio.[98]

Las reuniones iniciales pueden ocurrir en cualquier lugar adecuado: un hogar, escuela,[99] hotel, restaurante, tienda, parque o centro comunitario. Los plantadores de iglesias deben elegir una ubicación que no sea

---

[96] Robert E. Logan, *"How to Start a Growing and Reproducing Church"*, Tomado del bosquejo de Peter Wagner del curso *"Techniques of Planting New Churches"* que se ofrecen en el Seminario Fuller (Robert E. Logan, 1988), pág. 5

[97] Ver Redford, pág. 64 y Robert C. Linthicum, *City of God, City of Satan: A Biblical Theology of the Urban Church*, (Grand Rapids, MI: Zondervan, 1991), págs. 274-277

[98] David Hesselgrave, *Planting Churches Cross-Culturally*, (Grand Rapids: Baker, 1980), pág. 272

[99] Muchas escuelas están obligadas por ordenanza estatal o local a poner sus instalaciones a disposición de los grupos de la comunidad a un alquiler mínimo o nulo.

objetable para los que entran en compañerismo. Las casas del personal de *World Impact* pueden servir como punto de partida temporal para los grupos celulares iniciales, pero, para evitar la dependencia, normalmente no se utilizan otras instalaciones de *World Impact*.[100]

La hora de la reunión debe ser seleccionada para coincidir con la disponibilidad de los nuevos convertidos. Los líderes deben ser sensibles al grupo con respecto a la longitud más adecuada de las reuniones. Las percepciones culturales de tiempo (por ejemplo, si el grupo es centrado en eventos orientados por el tiempo) debe ser tomado en serio en la organización de la reunión y decidir cuan flexible el inicio y finalización debería de ser.

Los plantadores de iglesias deben tener un esquema de clases de manera que la enseñanza en las primeras reuniones sea dirigida y eficaz. Debido a que la iglesia es "una comunidad de creyentes comprometidos a obedecer al Señor Jesucristo", George Patterson aboga por un enfoque en "enseñanza orientada a la obediencia" que hace hincapié en la rendición de cuentas práctica con el fin de verificar la aplicación de lo aprendido. El sugiere que las siguientes áreas en las escrituras sean la base del plan de estudios.

1. La fe y el arrepentimiento del pecado
2. El bautismo
3. Amor
4. La Cena del Señor (Comunión)
5. La oración
6. Dar
7. Ser testigo/Testificar[101]

La centralidad del Reino de Dios, la justicia social, la guerra y la identidad espiritual en Cristo también se les debe enseñar a principios de este proceso.

Como el grupo de compañerismo inicial es enseñado y nutrido es importante dejar la puerta abierta a nuevos convertidos. "Ajuste el programa de evangelización con el fin de animar tanto a los convertidos

---

100 Si las circunstancias especiales hacen que el uso de otras instalaciones de *World Impact* sean necesarias, esto sólo debe hacerse con los acuerdos financieros y de eliminación anteriores.

101 George Patterson, *Church Planting Through Obedience Oriented Teaching*, (Pasadena, CA: William Carey Library, 1981), pág. 1

del mundo y convertidos de trasfondos cristianos nominales para entrar en la nueva comunidad".[102] Tal apertura animará a los miembros a testificar al invitar a sus amigos a Cristo y a la comunión.

Los plantadores de iglesias están obligados a encontrar obstáculos en su intento de formar una comunidad misionera cohesiva. Las personas con problemas pueden perturbar el grupo. La asistencia puede ser esporádica. Los niños necesitarán atención y cuidado para permitir la participación de los padres.[103] El líder debe moverse, con oración y la guía del Espíritu, para superar estos obstáculos para asegurar el éxito del grupo.

Reclute y entrene líderes
Una vez que el grupo está funcionando, la gente está creciendo en Cristo, y se añaden nuevos miembros, los líderes deben concentrarse en la formación de líderes autóctonos emergentes en el grupo. Estos líderes emergentes pronto serán llamados a liderar el grupo existente de manera que los plantadores de iglesias pueden centrarse en los compañerismos recién formados. El discipulado uno-a-uno es una herramienta clave para el misionero en la formación de líderes autóctonos individuales.[104]

El discipulado uno-a-uno ha sido la base del ministerio de *World Impact* desde su creación. La declaración de estrategia de *World Impact* afirma: "Nuestra estrategia de misión es hacer conocer a Dios' por medio de la evangelización, el seguimiento, discipulado y plantación de iglesias".[105] Esta estrategia es la que Mortimer Arias llama "discipulado evangelización".[106] El objetivo no es hacer conversos que dan asentimiento intelectual al evangelio y asisten a la iglesia, sino más bien producir discípulos que están equipados para dirigir una iglesia autóctona.

El discipulado, o el entrenamiento a otros para formar a otros, se inicia con la selección de los nuevos cristianos que muestran la fidelidad durante el proceso de seguimiento. El éxito en la plantación de iglesias

---

102 Hesselgrave, 1980, pág. 271

103 Tenga en cuenta que muchas culturas permiten que los niños asistan a reuniones de grupos de adultos. El plantador de iglesias debe descubrir lo que es normativo para el grupo de personas con quien trabaja.

104 Ver Keith Phillips, *The Making of a Disciple*, (Old Tappan, NJ: Fleming H. Revell Company, 1981)

105 *World Impact Mission Strategy*, 1991

106 Mortimer Arias, *Announcing the Reign of God: Evangelization and the Subversive Memory of Jesus* (Philadelphia, PA: Fortress Press, 1984), pág. 101

está directamente vinculada a la identificación y el desarrollo de los líderes de la comunidad autóctona. Estos futuros líderes necesitan convertirse en la prioridad del fundador de iglesias. Es aquí donde el modelo de Cristo y sus discípulos tienen su aplicación más directa. El equipo de plantación de iglesias debe invertir una cantidad significativa de tiempo con estos futuros líderes, no sólo en la formación real para el ministerio, sino también el tiempo personal y relacional en el que la vida cristiana es modelada como también enseñada.

Cuando se discipula a los líderes autóctonos, los plantadores de iglesias deben proceder con "ojos de eliminación".[107] Así como Jesús seleccionó a los discípulos para llevar a cabo la obra del reino después de su partida, así los plantadores de iglesias deben supervisar el desarrollo de los líderes autóctonos que puedan guiar a la iglesia una vez que el equipo de plantación de iglesias sale. El objetivo final del misionero con "ojos de eliminación" debe mantenerse en la vanguardia de la planificación del equipo.

Es importante que los misioneros inviertan tiempo entrenando a los grupos de líderes, no sólo individualmente, sino también juntos para que puedan equipar y apoyarse mutuamente. Debido a que los grupos de discipulado finalmente serán combinados en un solo cuerpo de la iglesia, es necesario que los líderes de los grupos individuales aprendan a funcionar como un equipo.

La formación práctica de los líderes de los grupos autóctonos debe incluir, no sólo el desarrollo del carácter y un estudio de la Palabra de Dios, sino también una inculcación de la visión de plantación de iglesias, y una comprensión de la prioridad bíblica de la justicia para los pobres y el papel de la iglesia en ese proceso.[108] Se debe también, en esta etapa, incluir el trabajo en profundidad sobre el testimonio y dirección de grupo, así como instrucciones específicas sobre cómo enseñar el plan de estudios utilizados por los grupos de compañerismo. El crecimiento y la madurez de estos líderes emergentes son la clave para el desarrollo de nuevos grupos de compañerismo.

---

107 Tom A. Steffen, *Tribal and Peasant Church Planting: A Comprehensive Phase Out Model,* (Tesis doctoral no publicada, Universidad de Biola, 1990)

108 Ver Robert C. Linthicum, *City of God, City of Satan: A Biblical Theology of the Urban Church,* (Grand Rapids, MI: Zondervan, 1991) para un estudio sobre este tema.

Forme nuevos grupos

El objetivo es multiplicar los grupos tan pronto como sea posible. La división de los grupos ayuda a asegurar el crecimiento contínuo dando cabida a los nuevos convertidos y permitiendo la oportunidad para el surgimiento de un liderazgo autóctono adicional. Es importante recordar que muchas personas en la áreas urbanas empobrecidas son reacios a tratar con las instituciones y sólo tienen experiencia en papeles de liderazgo que implican grupos pequeños. Mientras que los líderes dotados de grupos grandes, sin duda surgirán, la mayoría de las personas se encuentran probablemente más cómodos en pequeños papeles de liderazgo de grupo. Por lo tanto, la iglesia embrionaria es mucho mejor con diez compañerismos de discipulado que contengan diez personas cada uno que con un grupo que contenga un centenar. "La responsabilidad dada a cada hombre no debe ser superior a su fortaleza, capacidad y tiempo. Un grupo grande sobrecargará rápidamente a un líder inexperto. Por otro lado, un grupo pequeño se estirará, pero no se romperá y lo desanimará".[109]

Reúnase regularmente con los líderes de los grupos celulares

Los plantadores de iglesias deben orar por orientación acerca de cuándo formar nuevos grupos de compañerismo. Deben asegurarse que las unidades separadas permanecen unificadas entre sí y con los líderes. Es útil planificar eventos tales como picnics o cenas que traen a todos los grupos juntos para tiempos que construyen un vínculo de amor y confianza.

Tales actividades fomentan la confianza de la organización de toma decisiones de los líderes en desarrollo. Se necesita esta confianza para pasar de discipular a los grupos a una reunión de adoración combinado. Los cristianos urbanos a menudo no están acostumbrados a hacer decisiones con seguridad dentro de un contexto de grupo.[110] Muchos se sienten impotentes y víctimas. El plantador de iglesias urbano tiene que construir conscientemente su confianza en la toma de decisiones. Ray Bakke dice, "Usted construye la toma de decisiones a medida que construye el músculo—por medio del ejercicio suave. Usted utiliza asuntos concretos, pequeños, no amenazantes con que empezar. La

---

109 Ray Guy, "Pilgrimage Toward the House Church", *Discipling the City*, Ed. Roger Greenway, (Grand Rapids, MI: Baker Book House, 1979), pág. 126

110 Un libro valioso sobre la toma de decisiones en grupo de Em Griffin *Getting Together: A Guide for Good Groups*, (Downers Grove, IL: Inter-Varsity Press, 1982)

gente no puede saltar del paternalismo, la dependencia del bienestar del estado a la democracia en un solo paso".[111]

David Claerbaut ve el desarrollo del liderazgo como un proceso de tres pasos.[112] En primer lugar, los plantadores de iglesias deben ayudar a los nuevos cristianos de una manera holística. Los de las zonas urbanas tienen muchos más problemas que los espirituales. Carecen de dinero, vivienda adecuada, una educación adecuada, la protección legal. A menudo se ven afectados por problemas relacionales o familiares, como tener un familiar con problemas de "drogas o alcohol".[113] En segundo lugar, esta ayuda debe proceder a la "alianza de mutuo cuidado" del grupo de discipulado. Las relaciones de grupo de apoyo deben estar disponibles. En tercer lugar, dentro de este entorno íntimo, los nuevos cristianos deben ser animados a fortalecer sus dones. Claerbaut señala que "siempre hay una tendencia a que los obreros urbanos vean a los pobres como aquellos con menos educación, menos energía y menos riqueza, y por tanto como un pueblo menor".[114] Los líderes deben superar esta actitud y extraer los dones distintivos que Dios ha dado a cada persona.

Además de la formación discipulado informal proporcionada por los plantadores de iglesias, desarrollar líderes autóctonos también debe incluir la formación educativa formal. Si bien este tipo de formación no será un requisito para la dirección de la iglesia, los plantadores de iglesias deben promover el beneficio de la formación bíblica formal y la educación teológica.[115] Las iglesias suburbanas pueden ser llamadas para ayudar con los costos de dicha formación.

Los líderes aprendices de los grupos de discipulado se convierten en el foco de la toma de decisiones en la Celebración. Estos líderes forman el

---

111 Bakke, pág. 95

112 Ver David Claerbaut, *Urban Ministry*, (Grand Rapids: Zondervan, 1983), pág. 195

113 Claerbaut, pág. 194

114 Claerbaut, pág. 195

115 Los plantadores de iglesias deberían explorar la disponibilidad local de programas como el Centro de Estudios Teológicos Urbanos (siglas en ingles C.U.T.S.) en Filadelfia o el Consorcio Seminario de Educación Pastoral Urbana (siglas en ingles S.C.U.P.E.) en Chicago, que están diseñados para capacitar a los obreros cristianos urbanos. Muchos seminarios e institutos bíblicos están desarrollando programas específicamente diseñados para capacitar a líderes autóctonos para el ministerio en el interior de la ciudad.

núcleo de liderazgo autóctono para la iglesia emergente. Ellos son los "ancianos" provisionales. A través de este núcleo los plantadores de iglesias disciernen la sincronización del movimiento de discipulado de grupos para la Celebración.

Jack Redford dice, "Esperamos que el grupo seguirá siendo un compañerismo misionero hasta que al menos cuatro grupos se reúnan en diferentes partes de la comunidad".[116] La siguiente lista de preguntas le ayudará a los plantadores de iglesias saber cuándo hacer la transición del compañerismo misionero a la siguiente etapa de formar un grupo de adoración Celebración.[117]

1. ¿Es el núcleo de adultos lo suficientemente grande como para tener gente para iniciar un servicio de adoración, el programa de educación cristiana y el alcance básico de la iglesia?[118]

2. ¿Hay unidad y la unicidad de propósito que asegure una iglesia cohesiva?

3. ¿Hay suficiente comprensión de los conceptos básicos de la vida cristiana?

4. ¿Hay suficientes recursos financieros para permitir la transición a una estructura de iglesia?

5. ¿Se han comprometido los miembros del compañerismo a comenzar una nueva iglesia?

Si las respuestas a estas preguntas son afirmativas y si la dirección del Espíritu es avanzar, entonces el equipo puede proceder a la plantación de un grupo Celebración.

---

116 Redford, pág. 68

117 Ver Redford, pág. 69

118 El núcleo debe ser lo suficientemente grande como para gestionar las actividades 'autóctonas' y programas. Los plantadores de iglesias no deben proyectar expectativas suburbanas en la iglesia urbana emergente.

Forme un grupo Celebración

La celebración es una reunión semanal, un gran grupo para la adoración, vida para el cuerpo y alcance. Es el paso preliminar hacia la auto-sostenibilidad y la independencia. En la etapa de celebración de la plantación de la iglesia emergente que crece de una red de grupos pequeños de discipulado a una identidad más formal en un gran grupo. La iglesia emergente asume la responsabilidad primaria para el liderazgo, el ministerio y las finanzas. La misión continúa ofreciendo orientación, capacitación al liderazgo, y el apoyo financiero suplementario.

El movimiento para comenzar la celebración incluye los siguientes pasos:

1. Desarrolle una filosofía de ministerio.
2. Movilize su núcleo en la preparación para la apertura al público.
3. Encárguse de asuntos administrativos importantes.
4. Desarrolle metas para los tres primeros años.[119]

Desarrolle una filosofía de ministerio

En primer lugar, desarrolle una filosofía escrita de ministerio. C. Peter Wagner dice: "La filosofía del ministerio se refiere a dos preguntas principales: ¿Quién? y ¿cómo?"[120] La respuesta al ¿quién? La pregunta define qué grupo de personas de la iglesia está tratando de alcanzar. Esta pregunta se responde parcialmente, incluso antes de que comience la plantación de iglesias, pero después se vuelve a definir el núcleo de la iglesia que se ha formado. Si un ministerio multi-étnico se desarrolla durante las primeras etapas de alcance, la estrategia para el desarrollo de una iglesia multi-étnica se expresará en la filosofía del ministerio.

La respuesta al ¿cómo? La pregunta define los detalles del enfoque ministerial utilizado. Wagner sugiere "que debe tener un documento detallado de varias páginas que se ocupa de cosas como... Expectativas de los miembros de la iglesia, su posición carismática, sus soportes éticos, su estilo de adoración, su programa musical, su declaración de fe, su compañerismo de grupos, el proceso del presupuesto, y cualquier otra cosa que considere importante".[121] Los líderes de los grupos de discipulado pueden determinar estos detalles en consulta con el equipo de plantación de iglesias. Esdras Jones anima a las iglesias misión-plantadas a incluir también cualquier acuerdo que defina la relación

---

119 Ver Logan, pág. 6

120 C. Peter Wagner, *Church Planting for a Greater Harvest*, (Ventura, CA: Regal Books, 1990), pág. 115

121 Wagner, pág. 116

entre la misión y la nueva iglesia. Esto ayudará a evitar malentendidos o vergüenza más tarde.[122]

Durante la etapa de celebración de la plantación de la iglesia, la iglesia es considerada legalmente un alcance de la agencia de la misión. La iglesia no tiene estatus legal formal hasta la etapa final cuando se constituye mediante la presentación de las formas legales para el estado. Es importante que los miembros de la iglesia entiendan su identidad en relación a la misión en fundación en cada etapa del proceso de plantación de iglesias. Los plantadores de iglesias deben trabajar con la iglesia en el calendario financiero y el liderazgo. Esto ayudará a que la iglesia tome apropiación de los objetivos de plantación de iglesias y visión.

Los plantadores de iglesias deben tener cuidado en el uso de muchos documentos escritos en la congregación. La gente del interior de la ciudad a menudo prefieren la comunicación verbal a las directrices formales por escrito. Es valioso contar con las directrices en forma escrita para referencia de vez en cuando, pero es también mejor presentar verbalmente documentos escritos.

Movilize su núcleo
Un segundo paso es definir los papeles necesarios para iniciar la celebración. Dos funciones son esenciales: pastor/maestro y líder de adoración. Otras funciones pueden incluir música, consejería, cuidado de niños, administración y el ministerio de atención integral. El equipo de plantación de iglesias, junto con el liderazgo autóctono normalmente forma un "equipo de liderazgo celebración" que compartirá la responsabilidad de estas funciones. El enfoque del equipo de plantación de iglesias es un "liderazgo indirecto", que entrena y equipa a los líderes autóctonos para llenar estos papeles.

La movilización del núcleo también significa aumentar la actividad de cultivo de la comunidad antes de la primera celebración. Redford aboga, "Un nuevo calendario de conciertos del coro, clubes bíblicos del patio trasero, ministerios y programas de visitas evangelisticas deben preceder inmediatamente a los servicios formales del domingo".[123] Esta actividad ayuda a impulsar el compromiso de los grupos de discipulado cuando se acercan a la transición a los servicios formales de grupos grandes.

Prepárese para el servicio inicial
Un tercer paso incluye los detalles de la determinación de un sitio para la celebración, el establecimiento de la fecha de inicio, la preparación

---

122 Ver Ezra Earl Jones, *Strategies for New Churches*, (San Francisco: Harper and Row, Publishers, 1976), pág. 100

123 Redford, pág. 75

del servicio de inauguración, y la formación de los líderes aprendices para sus papeles. El sitio debe ser lo más atractivo posible y apropiado para el estilo de vida de la comunidad. La fecha de inicio no debe entrar en conflicto con las vacaciones u otra competencia programada. La publicidad para el servicio de inauguración, si se desea, debe ser arreglado de antemano.[124]

Una etapa final de la preparación es la oración. La planificación y la oración van juntos. Los grupos de discipulado deben hacer oración por la transición a la celebración, una parte importante de su actividad en las semanas anteriores al primer servicio.

Una vez que ha comenzado la celebración los líderes deben tener cuidado de no programar demasiadas actividades adicionales en las primeras etapas. Los grupos de discipulado, sin embargo, deben continuar. Redford sostiene,

> La capilla debe continuar con el programa de compañerismo [discipulado]. Las unidades no deben interrumpirse abruptamente, sino que deben continuar como un grupo de penetración evangelística. Estos grupos ayudan a la congregación a cruzar las barreras culturales y socioeconómicas más dentro del mismo compañerismo. Los grupos pueden servir como alimentadores para la actividad domingo por la mañana y acelerarán el crecimiento si se realiza con cuidado.[125]

Desarrolle metas para los tres primeros años

La etapa de la celebración de la plantación de iglesias es una etapa de consolidación y crecimiento de la iglesia emergente. Permite a la iglesia centrarse en el estudio, compañerismo, el servicio, administración y testimonio. Es útil para los plantadores de iglesias establecer metas para la iglesia a alcanzar durante esta etapa previa a la independencia completa.[126] Uno de los objetivos cruciales para el éxito de la iglesia emergente es añadir nuevos miembros.[127] Redford aboga por un

---

124 Ver Towns, págs. 117-156 para una lista completa de detalles a tomar en cuenta.

125 Redford, pág. 78

126 Ver Towns, pág. 139

127 Ver Wagner, págs. 126-138. Wagner sostiene que la nueva iglesia debe decidir pronto si tiene la intención de seguir siendo una iglesia pequeña (menos de 200) o convertirse en una iglesia grande (más de 200). La "barrera de 200 miembros" es el número de personas que pueden mantener una solidaridad social cara a cara. Al crecer con más de 200 requiere un tipo diferente de liderazgo que la requerida por la pequeña iglesia. El pastor de la iglesia pequeña es un "pastor" que visita y aconseja a cada miembro. Sin embargo, un pastor de una iglesia grande es un "ranchero" que permite a otros pastorear a los diversos grupos de los que componen la congregación. La iglesia que quiere asegurar la rápida reproducción puede que tenga que comenzar

programa de visitas agresivo para fomentar la evangelización y alcance.[128] El testigo natural "espontáneo" de nuevos cristianos pueden ser canalizado a través de un programa de visitas bien planificado. Wagner dice: "Vale la pena dedicar una considerable cantidad de tiempo disponible para la difusión de dar seguimiento a las redes de relaciones sociales de los que ya están en su núcleo o en su iglesia. Esto se aplica a todos sus miembros, pero es especialmente cierto en las conversiones recientes".[129]

La mayoría de los plantadores de iglesias abogan por el uso de un bien preparado "archivo prospecto" para guiar la actividad de visitación.[130] Añada los nombres en el fichero de prospectos conocidos a través de las actividades de cultivo en la comunidad, contactos personales y visitantes a la iglesia. Actualice continuamente el archivo y utilícelo para dirigir el alcance de la iglesia a los futuros nuevos miembros.

Es importante ser organizado y agresivo en las visitas debido a que los primeros días después de la profesión de fe a menudo determinan si el nuevo cristiano continúa con Cristo como miembro activo de la iglesia. Hesselgrave dice, "Tal vez las dos cosas que más necesitan los nuevos creyentes inmediatamente después de su conversión (sea individuos o grupos) son instrucciones claras en cuanto a lo que Dios espera de los miembros de su familia y el cuidado de la amistad cristiana".[131] Estas son cosas que un programa de visitas bien planificado puede proporcionar.

En resumen,

> Los nuevos grupos locales de creyentes no se convertirán en las comunidades organizadas e integradas de forma natural y automática. Tiene que haber un elemento divino - la operación del Espíritu Santo en el grupo de creyentes. Y un elemento humano debe ser proporcionado por el plantador de iglesias como el objetivo último de glorificar a Cristo haciéndolo práctico por medio de objetivos intermedios claros y significativos en torno al cual los miembros del grupo puedan apoyar sus energías".[132]

---

con un pastor tipo "ranchero". En el interior de la ciudad lo más probable es estimular a las pequeñas unidades de cara a cara, sobre todo en una iglesia multicultural. Sin embargo, un pastor tipo "ranchero" podría fomentar la unidad y la reproducción de la congregación. También vea Hesselgrave (1980), págs. 284-288 para una discusión adicional del tamaño óptimo de una iglesia.

128 Redford, pág. 78-79

129 Wagner, pág. 140

130 Ver Redford, págs. 78-79

131 Hesselgrave, (1980), pág. 296

132 Hesselgrave (1980), pág. 278

Planifique las finanzas

Las finanzas pueden ser una bendición o una maldición para la nueva congregación. "Manejadas con cuidado, las finanzas son una fuente de orgullo y logro . . . mal manejada, se convierten en una fuente de deuda, desgracia y división".[133] Por tanto, es esencial que las transacciones financieras de la joven iglesia se lleven a cabo con integridad.

Cuando los compañerismos de discipulado se mueven para comenzar la celebración hay tres tareas a realizar:

1. Determine las necesidades financieras de la iglesia.
2. Identifique los recursos financieros.
3. Administre el dinero.

Determine las necesidades financieras de la Iglesia

Las necesidades financieras de la celebración por lo general se centran en los costos de un lugar de encuentro temporal, el apoyo para el liderazgo, ministerios a la comunidad y un lugar permanente para el nuevo trabajo.[134] La iglesia debe ser flexible en la determinación de un lugar de encuentro temporal. A menudo inconvenientes deben ser tolerados en las primeras etapas. Es aconsejable que no más de un tercio del presupuesto se vaya hacia el alquiler de una instalación.[135]

La cantidad del presupuesto necesario para apoyar al liderazgo depende de la naturaleza del ministerio de la iglesia. A menudo las iglesias jóvenes hacen bien con un pastor a tiempo parcial. El liderazgo laico bi-vocacional es la base de muchas de las estrategias de plantación de iglesias, especialmente en las zonas pobres.[136] La estrategia de *World Impact* requiere un equipo de plantadores de iglesias que se han asociado con líderes aprendices de la comunidad. Juntos llevan a la iglesia hasta que los líderes aprendices pueden asumir el liderazgo completo o hasta que la iglesia está lista para llamar a un pastor que ha sido entrenado en otro lugar.

---

133 Redford, pág. 82

134 Ver Jones, págs. 104-107 para una lista detallada de las necesidades.

135 Ver Redford, pág. 83

136 Ver Patterson, *Perspectives on the World Christian Movement*, pág. 606

Dado que el objetivo es desarrollar una iglesia autóctona auto-sostenible, las necesidades y la visión de la iglesia deben ser equilibradas con su capacidad financiera. Determinar las necesidades irán mano a mano con la identificación de los recursos financieros.

Identifique los recursos financieros

Las iglesias plantadas en el interior de la ciudad tendrán dos principales fuentes de ingresos durante las etapas iniciales de la plantación de iglesias: la congregación y *World Impact*. *World Impact* apoyará al núcleo de plantadores de iglesias durante todo el ciclo de plantación de iglesias. También contribuirá con los costos de las instalaciones iniciales y el programa. Este apoyo disminuirá gradualmente de acuerdo con un calendario acordado, de manera que cada seis meses la iglesia asumirá más de las responsabilidades financieras.

Por ejemplo, la iglesia puede comenzar a pagar el 20% de sus costos presupuestarios, incrementando su contribución del 20% cada seis meses para llegar a ser financieramente auto-sostenible en dos años. Un calendario de este tipo es importante para dar a la iglesia objetivos financieros y asegurar que el espíritu de dependencia no se desarrolle. Redford dice: "La eliminación progresiva está diseñada para fomentar el crecimiento saludable de la congregación misión y tiene como objetivo la construcción de la independencia en lugar de fomentar la dependencia".[137]

Los plantadores de iglesias deben centrarse en el desarrollo de los recursos financieros dentro de la congregación. Reconocemos al comienzo que la mayoría de nuestros miembros de la iglesia serán pobres.

> Un problema al que muchos misioneros se enfrentan es la extrema pobreza de los cristianos urbanos. Junto con este problema están: (1) el peligro de establecer una relación de dependencia continua, y (2) el alto costo de los inmuebles y edificios urbanos, a menudo impide un edificio permanente para la iglesia.[138]

La pobreza de los miembros de la iglesia no niega su obligación de contribuir según sus medios. Desde el comienzo de la celebración, la mayordomía bíblica debe ser enseñada y animar a los miembros a diezmar. Tal dádiva no sólo apoyará las necesidades y los programas de la iglesia, sino también construirá un compromiso de los miembros a la

---

137 Redford, pág. 86

138 Greenway y Monsma, pág. 150

visión de la iglesia. Hesselgrave afirma, "Si, por ejemplo, una persona invierte energía, dinero y tiempo en algo, su valor percibido sube en consecuencia a pesar de que el valor intrínseco no cambia".[139] Esta "psicología de valor" es una razón adicional que debemos animar a los miembros a invertir en la iglesia a la medida de sus posibilidades. Cuanto más dan más se va a valorar la iglesia.

Establecimiento de una red financiera

El apóstol Pablo enseñó el principio de igualdad y el apoyo mutuo entre las iglesias que él plantó:

> No se trata de que otros encuentren alivio mientras que ustedes sufren escasez; es más bien cuestión de igualdad. En las circunstancias actuales la abundancia de ustedes suplirá lo que ellos necesitan, para que a su vez la abundancia de ellos supla lo que ustedes necesitan. Así habrá igualdad (2 Corintios 8:13-14, NVI).

Hay un lugar para los cristianos y las iglesias suburbanas para apoyar financieramente una nueva plantación de iglesias en el interior de la ciudad, pero se debe tener cuidado de evitar la dependencia. La iglesia emergente debe pagar por la totalidad de sus propias operaciones esenciales, incluidos los costos salariales del pastor y los programas ministeriales.

El apoyo financiero externo es la mejor opción para proporcionar recursos y apoyar cosas tales como la educación formal para los pastores en entrenamiento, becas para campamentos de verano para jóvenes, programas de despensa de alimentos, etc. Las iglesias de apoyo deben ser animadas a las iglesias a dar, pero su contribución debe ser canalizada para pagar por los servicios de las iglesia para que pueda vivir sin los fondos externos cuando se agoten.

Administre el dinero

Al principio los plantadores de iglesias gestionan los fondos necesarios para determinar los compañerismos de discipulado. Una vez que comienza la celebración, los líderes aprendices deben estar capacitados para establecer un presupuesto y administrar el dinero de la iglesia.

---

139 Hesselgrave (1980), pág. 339

Shenk y Stutzman ofrecen esta lista de directrices para el manejo del dinero de la iglesia:

1. Al menos dos personas deben recoger y contar la ofrenda.

2. La congregación debe ver informes periódicos del dinero recibido y la forma en que se utiliza.

3. Debe haber una auditoría anual de las cuentas de la iglesia por una persona que no participa en modo alguno en la recepción o la distribución de las ofrendas.

4. Tan pronto como sea posible, el plantador de iglesias y la congregación debe seleccionar a una persona que no sea el pastor para servir como tesorero/a de la congregación. Cualquier persona que reciba remuneración de la congregación debe ser descalificado como tesorero/a de la iglesia.

5. Los procedimientos sencillos pero adecuados de contabilidad son una necesidad.

6. Un grupo de personas designadas a tal responsabilidad debe tomar decisiones relativas para la asignación de los fondos.

7. Las ofrendas designadas deben incluir la oración por los ministerios a quienes se repartirán la ofrenda.

8. Hay que tener cuidado con la obtención de fondos para el desarrollo de la instalación o la compra.

9. Los líderes de la congregación tienen que fomentar la enseñanza de la mayordomía cristiana.

10. Es importante que la nueva congregación comience a experimentar la visión de dar desde el principio.

11. A menudo, las nuevas congregaciones designan la ofrenda de su primer servicio público del Domingo por la mañana expresamente con el propósito de que se use para compartir el evangelio con las personas que todavía no han oído de nuestro Señor Jesucristo.

12. Nunca desarrolle una situación de dependencia a largo plazo.[140]

Siguiendo estos principios asegurará una base financiera sólida para la nueva iglesia.

---

140 Shenk y Stutzman, pág. 203-205

Proporcione instalaciones

Hay dos principios que guían la forma de pensar acerca de las instalaciones de la iglesia. En primer lugar, "todas las congregaciones necesitan un lugar (estructura física de algún tipo) que puede servir como un punto focal tangibles, así como proporcionar una instalación en la que se reúnan y llamen a los nuevos miembros".[141] Y en segundo lugar, "El edificio no debe absorber todo el tiempo, energías y las finanzas de los miembros".[142]

Es difícil mantener un sentido de identidad en la congregación si no hay un lugar de reunión. Sin embargo, si la financiación y el mantenimiento de una instalación se convierten en el foco de la vida de la iglesia, se puede sofocar celo y la visión de los miembros de la iglesia. El mantenimiento de un equilibrio adecuado en la zona de las instalaciones es esencial para el crecimiento sano de la iglesia emergente.[143]

Instalaciones temporales

Un paso inicial hacia el comienzo de la celebración es localizar un lugar de encuentro temporal. Redford dice,

> El proceso ideal para la capilla de la misión [Celebración] es iniciar los servicios en una instalación temporal y permanecer allí hasta que se ha establecido la suficiente estabilidad y fuerza. Las congregaciones misioneras deben tener un mínimo de una docena de familias que sean residentes permanentes y plenamente comprometidos con la capilla antes de embarcarse en una seria consideración de la obtención de las instalaciones permanentes.[144]

Hay muchas opciones para las instalaciones temporales, algunas de los cuales se han mencionado en la discusión del compañerismo de la misión. Cada año comienzan nuevas iglesias en escuelas, centros comunitarios, auditorios, locales en centros comerciales e incluso en las mortuarias.

---

141 Jones, pág. 131

142 Redford, pág. 95

143 Ver Roger Greenway, *"The Pros and Cons of Church Buildings"*, *Cities: Mission's New Frontier*, págs. 234-245, para una lista de pautas que aseguren el equilibrio en el área de las instalaciones.

144 Redford, págs. 89-90

> Casi cualquier instalación puede utilizarse para alojar una congregación embrión. Los locales comerciales se utilizan, pero a menudo son objeto de críticas por parte de personas que tienen poca o ninguna experiencia en la plantación de iglesias. Varios cientos de iglesias nuevas se plantan cada año en Estados Unidos en los edificios de las tiendas. Muchos crecen en iglesias fuertes y eficaces. Cuando están disponible, los locales hacen los sitios eficaces y útiles para alojar temporalmente el hogar de las congregaciones de la misión.[145]

La posibilidad de unirse con otra congregación para compartir su edificio es también una opción a considerar, especialmente si la nueva congregación se compone de un grupo étnico no alcanzado por la iglesia anfitriona en potencia. El proceso de cultivo de la comunidad alertará a los plantadores de iglesias a estas posibilidades.

Opciones a largo plazo para las iglesias urbanas

Roger Greenway, que tiene una amplia experiencia con la plantación de iglesias urbanas en los EE.UU. y México, afirma, "la adquisición del edificio no debería convertirse en algo fijo - es decir, asumido e incuestionable elemento de la estrategia general de la misión".[146] El afirma además: "El Espíritu Santo puede ser invocado para dar a las congregaciones urbanas la creatividad para encontrar soluciones al problema que se ha construido".[147]

Si la nueva congregación tiene los recursos y la visión de participar en la construcción de adquisición y construcción inmobiliaria, y si tal programa sería satisfacer una necesidad en la comunidad y está de acuerdo con la dirección del Señor, entonces tal curso debe ser animado. Sin embargo, la hipótesis es que, dado el alto costo de la propiedad en el interior de la ciudad y la pobreza de los cristianos urbanos, la nueva iglesia debe dedicarse a otras alternativas.

Muchas pequeñas congregaciones en la ciudad interior nunca compran bienes. Permanecen en instalaciones alquiladas durante toda su vida de la iglesia y esto es totalmente aceptable para su situación.[148] Debido a que el centro de la ciudad está en constante cambio demográfico, puede

---

145 Redford, pág. 90

146 Greenway y Monsma, pág. 242

147 Greenway y Monsma, pág. 243

148 Jones, pág. 131

ser aconsejable permanecer en las instalaciones "temporales" para asegurar la capacidad de adaptación a las condiciones cambiantes en el barrio. En general, un vecindario procede a través del ciclo de crecimiento, estabilización, transición, y la renovación cada cincuenta años. Muchas comunidades urbanas, sin embargo, la experimetan todo el ciclo en diez años.[149] La iglesia urbana debe ser adaptable a sus vecinos que cambia rápidamente. Las instalaciones alquiladas en realidad pueden aumentar la flexibilidad de las iglesias urbanas en este sentido.

Mientras que algunos plantadores de iglesias suburbanas menosprecian la estrategia de utilizar de los grupos celulares en los hogares y las iglesias en las casas,[150] muchos plantadores de iglesias urbanas sienten que una estrategia de este tipo se adapta bien a las realidades del centro de la ciudad.[151] Roger Greenway dice,

> Hasta la fecha, no se ha encontrado de manera más eficaz promover el crecimiento, el liderazgo local y la identidad de grupo que en las células y las iglesias en casa. Los servicios unidos grandes, son útiles, pero las células en casas son la vanguardia del crecimiento de la iglesia y el discipulado. Las diferentes configuraciones se pueden utilizar para unir las células juntos y reunir a los creyentes periódicamente en reuniones más grandes. Sin embargo, en las grandes ciudades nada supera el pequeño grupo para la penetración efectiva de todos los edificios de apartamentos, grupo lingüístico, clase social, y el vecindario.[152]

El hecho de que las iglesias más grandes en el mundo, incluyendo la iglesia de 500.000 miembros del Pastor Cho en Seúl, Corea, utilizan la estrategia del grupo de células, lo cual es evidencia de su efectividad.[153] La estrategia de la multiplicación de los grupos de células pequeñas,

---

149 Redford, pág. 94

150 Ver Wagner, pág. 122

151 Ver C. Kirk Hadaway, Stuart A. Wright, Francis M. Dubose, *Home Cell Groups and House Churches: Emerging Alternatives for the Urban Church*, (Nashville: Broadman Press, 1987)

152 Greenway y Monsma, pág. 244

153 Ver Paul Yonggi Cho, *Successful Home Cell Groups*. (South Plainfield, NJ: Bridge Publishing, 1981), y Elmer Towns, John Vaughan, y David Seifert, *The Complete Book of Church Growth*, (Wheaton: Tyndale House Publishers, Inc., 1989), págs. 61-68

unidos a través de reuniones periódicas de grupos grandes, a menudo se llama la estrategia de agrupación o red.[154] Esta estrategia proporciona una extensión natural para compañerismo de discipulado, asumiendo que el liderazgo autóctono adecuado desarrolle diversos grupos de células, y que un "ranchero"[155] tipo pastor puede encontrarse supervisando la iglesia.

Shenk y Stutzman plasma su visión celular del grupo cuando dicen,

> Cada bloque de la ciudad de todas las ciudades en la tierra merece por lo menos un próspero grupo de cristianos amantes, y testigo. Sin duda, cada grupo de personas y el lenguaje en cada ciudad merece por lo menos un próspero grupo de personas redimidas que señalan el camino a la salvación. . . . Con el fin de evangelizar a las ciudades en la actualidad, hay que volver al modelo del Nuevo Testamento de la evangelización urbana. El método utilizado fue plantar iglesias en las casas o grupos de células en todas las regiones metropolitanas. Cada congregación urbana debe estar en el negocio de la siembra de grupos celulares.[156]

Cualquiera que sea la solución que la congregación persiga en respuesta a la necesidad de instalaciones permanentes, su enfoque en la gente debe permanecer a la vanguardia de la vida de la congregación y el ministerio. Las instalaciones existen sólo para servir a los ministerios de una iglesia y nunca deben convertirse en el consumidor dominante de tiempo o dinero de la congregación.

---

154 Ver Westgate, Urban Mission (noviembre de 1986), pág. 10

155 Véase la nota al pie 114 para una discusión del concepto de pastores "rancheros" de Wagner.

156 Shenk y Stutzman, pág. 143

Constituya la iglesia

La frase "constituya la iglesia" significa hacer de la celebración una iglesia independiente espiritual y legalmente.

La transición de liderazgo

La iglesia se convierte espiritualmente independiente cuando los plantadores de iglesias se retiran formalmente mediante la transferencia de liderazgo a los líderes autóctonos aprobados por la iglesia.

> El servicio de constitución es el punto en el que las personas que han estado reuniéndose en el servicio, el estudio y la planificación de grupos se convierten oficialmente en una iglesia. Es en este punto que le dicen a la comunidad, "Ahora somos una comunidad de creyentes en Jesucristo que han establecido una institución social con el objetivo de adoración, oración, nutrirse, y servir. Todo el que quiera puede venir".[157]

Esta transición se ve en Hechos 14:23 que dice: "Pablo y Bernabé constituyeron ancianos en cada iglesia y, con la oración y el ayuno, los encomendaron al Señor en quien habían creído". Paul se retiró de las iglesias recién plantadas con confianza, diciendo: "estando convencido precisamente de esto: que el que comenzó en vosotros la buena obra, la perfeccionará hasta el día de Cristo Jesús" (Filipenses 1:6-BLA).

Al comentar esta perspectiva, Philip Amerson nos recuerda que:

> Los cristianos que se comprometen en los ministerios urbanos están a menudo mucho más preocupados por el acceso a las personas que están a punto de salir cuando llega el momento adecuado. Sin embargo, el acceso por sí solo no es suficiente para el discipulado. Si el discipulado progresa, a los que han llegado en el poder de la Palabra también deben retirarse para que la fe puede ser dirigida a Cristo y no al portador del mensaje. El retiro puede ser tan crucial para el crecimiento cristiano como el acceso, ya que sin el retiro la fe puede ser desviada a los ministros con habilidades especiales, planes, o habilidades. El acceso con el retiro ayuda a los nuevos creyentes a poner su fe donde realmente pertenece - en el poder del Espíritu Santo.[158]

---

157 Jones, pág. 127

158 Philip Amerson, "*Ministry on the Urban Frontier: Access and Retirement,*" *Signs of the Kingdom in the Secular City*, pág. 87

La cantidad de tiempo necesario para traer a una iglesia a este punto es un tema de mucha discusión en la investigación misionera. El apóstol Pablo pasó normalmente entre cinco y dieciocho meses en una área trayendo a sus convertidos a un lugar donde pudiera transferir el control de la iglesia a sus ancianos.[159] Los esfuerzos misioneros para constituir iglesias desde entonces han variado desde unos pocos meses hasta cientos de años.

El equipo de plantación de iglesias debe tener objetivos claros en esta área. Ben Sawatsky comparte la estrategia de la Iglesia Evangélica Libre en Malasia, cuando dice,

> La estrategia de plantación de iglesias en cuestión requiere cinco años de entrenamiento para cada equipo de plantación de iglesias. A su vez, el equipo de plantación de iglesias trabajará con una nueva iglesia por un período de tiempo similar [al mismo tiempo]. La asistencia prestada a cada iglesia local comienza con la formación del equipo de plantación de iglesias y continúa a la etapa donde la nueva iglesia ha puesto en marcha la fase reproductiva, asumiendo el papel de una iglesia madre que va a dar a luz a otra iglesia.[160]

El bautista del sur Charles Chaney, al hablar de una campaña de plantación de iglesias en Illinois, dice,

> . . . en cuarenta y cuatro meses hemos contado exactamente 100 nuevas iglesias o congregaciones tipo iglesia. De las 100, doce fallaron o no siguieron adelante con afiliación oficial con IBSA y/o una de las treinta y cuatro asociaciones locales dentro de nuestro estado. Al final del periodo, nueve podrían legítimamente haber sido llamadas "compañerismo bíblicos", no habiendo alcanzado la fase completa de estatus de "misión" o "capilla".[161]

Esta campaña para toda una denominación tomó un poco más de tres años y medio.

Esdras Jones dice que para las principales denominaciones que hacen la plantación de iglesias en los EE.UU., "Cinco años es el promedio de tiempo para la obtención de ayuda financiera del exterior".[162] Nuestro

---

159 Ver Allen, 1962, págs. 84-85

160 Ben A. Sawatsky, "*A Church Planting Strategy for World Class Cities*", Urban Mission 3.2, noviembre de 1985, págs. 7-18

161 Chaney, pág. 47

162 Jones, pág. 102

objetivo en *World Impact* es un ciclo de plantación de iglesias de cuatro años con una posible prórroga de un año.

El momento para la constitución es importante. La congregación corre el riesgo de colapsar si los fundamentos espirituales y de liderazgo no son seguras. Redford informa que,

> La constitución formal de una congregación mission en una iglesia autónoma debe aplazarse hasta que todos los interesados se muestran convencidos que el grupo está espiritualmente maduro y suficientemente estable como para gobernarse a sí mismo. Innumerables casos pueden ser citados de iglesias misión, que murieron a causa de su constitución antes de tiempo.[163]

Hay seis puntos de control que ayudan a la iglesia a determinar el momento adecuado para constituirse:

1. La congregación tiene un sentido de compañerismo con Jesucristo y con los demás.

2. La iglesia tiene un verdadero sentido de su identidad y misión.

3. La iglesia está consciente de las necesidades de la comunidad y tiene una visión de cómo pueden ayudar a satisfacer esas necesidades.

4. La congregación es numérica y financieramente adecuada para llevar a cabo su visión del ministerio en la comunidad.

5. La congregación tiene una formación adecuada en función de la iglesia, doctrina cristiana, y la administración. Los líderes de la iglesia están entrenados para cumplir sus respectivas responsabilidades.

6. La congregación se ha convertido en auto-sostenible y es capaz de eliminar toda[164] ayuda externa.[165]

---

163 Redford, pág. 97

164 Esto no niega una relación de misión/iglesia en curso o las relaciones de iglesia urbana/suburbanas que involucran asuntos financieros. Se sugiere, sin embargo, que la iglesia sea ahora capaz de ser responsable de sí misma y entrar en tales asociaciones voluntariamente porque ve una oportunidad de trabajar de manera más eficaz para construir el Reino de Dios.

165 Ver Redford, págs. 98-99

La independencia formal

Constituir la iglesia elimina los últimos vestigios de la dirección de la misión y la financiación, haciendo de la iglesia autóctona totalmente auto-determinada y economicamente independiente. Al asumir la responsabilidad por sí misma, la iglesia da un paso gigante hacia la madurez espiritual.

El proceso de constitución de la iglesia también la hace legalmente independiente. Los siguientes pasos deben ser incluidos en la constitución de la nueva iglesia:

1. Solicite formalmente el permiso de la misión fundadora de constituirse como iglesia.

2. Elija una fecha para un servicio que la constituye formalmente.

3. Forme un comité de constitución para escribir una constitución y estatutos de la iglesia, incluyendo:

    ~ Un preámbulo que establece el propósito de la constitución.

    ~ El nombre de la iglesia. Esto se convierte en el título oficial, legal.

    ~ Los propósitos de la iglesia.

    ~ Una declaración doctrinal de la iglesia. (Los artículos de fe)

    ~ El pacto de la iglesia.

    ~ El gobierno o el sistema de gobierno de la iglesia.

    ~ Afiliación a una denominación (si existe).

    ~ Procedimientos para modificar la constitución.

    ~ Estatutos que incluyen secciones sobre la membresía de la iglesia, oficiales, comités, organizaciones, ordenanzas, reuniones y demás líneamientos generales de procedimiento.[166]

4. Llene los formularios de incorporación de archivos con las oficinas estatales y federales.[167]

Aunque no hay ninguna ley que requiere que las iglesias sean legalmente incorporadas, hay ventajas al hacer la incorporación. Carl Moorhaus, que ha plantado más de cincuenta iglesias cristianas independientes, dice:

---

166 Los siguientes libros contienen muestras de Constitución y Estatutos:
– Towns (1985), págs. 167-176
– Carl W. Moorhous, *Growing New Churches: Step-By-Step Procedures in New Church Planting*, (Carl Moorhous, 1975), págs. 42-46
– Stanley J. Grenz, *The Baptist Congregation: A Guide to Baptist Belief and Practice*, (Valley Forge, PA, Judson Press, 1985), págs. 109-117

167 Ver Redford, págs. 99-100

La incorporación legal es una necesidad en mi opinión. Protege a cada miembro de la posibilidad de demandas individuales. Esto hace que toda la congregación sea una entidad legal. A lo mejor de mi conocimiento es necesaria la incorporación legal si la congregación desea comprar y mantener el dominio de bienes raíces o tiene la intención de obtener un préstamo de un organismo de crédito reconocido.[168]

Es aconsejable consultar a un abogado para asegurar la correcta presentación de los documentos de incorporación que se requieren en el estado en el que se incorporará a la iglesia.

Durante la redacción de una constitución y reglamentos los líderes de la Iglesia deben volver a evaluar la filosofía de ministerio que fue formulada cuando comenzó la celebración.[169] Recomendaciones deben ser obtenidas de la congregación para llegar a un documento que refleje la visión y el consenso de la congregación de la iglesia con respecto a la estructura, los procedimientos y misión.[170] La filosofía del ministerio es la base de la constitución y reglamentos y determinará su forma. La estrecha cooperación entre la iglesia y *World Impact* durante la fase de constitución será sentar las bases de una relación de apoyo después de que la iglesia se convierta en auto-sostenible.

El servicio de constitución debe ser un día único e inolvidable para la nueva iglesia y su misión fundadora. El servicio debe estar bien organizado con antelación para transmitir la importancia de constituir la iglesia.

Durante el servicio de la misión fundadora recomienda la independencia de la iglesia, la congregación adopta formalmente la constitución y reglamentos que materializa formalmente su voz y aprueba la moción para incorporar. Las cartas de apoyo de las iglesias del barrio o iglesias celebración hermanas en otras ciudades pueden ser recibidas y leídas en el servicio. La iglesia proclama su visión y recibe a los nuevos miembros.

"Si cuidadosamente es preparado y llevado a cabo, el servicio de constitución tendrá un significado intenso. Todas las iglesias, al igual que todos los hijos de Dios, necesitamos hitos en el camino para orientación y aliento".[171]

---

168 Moorhous, pág. 35

169 Ver Robert E. Logan y Jeff Rast, *Church Planters Checklist*, (Pasadena, CA: Charles E. Fuller Institute, 1987), pág. 12

170 Ver Jones, págs. 128-130

171 Redford, pág. 100

Relaciones Iglesia/Misión

Equipos semi-autónomos

La estrategia de plantación de iglesias que se describe en este documento pide a los equipos semi-autónomos que han sido entrenados por encargo de *World Impact* para plantar iglesias en comunidades urbanas en un plazo de cinco años. Para lograr tal objetivo, los equipos deben concentrar todas sus energías en la visión de plantar una iglesia.

Por lo tanto, los equipos operarán como unidades de ministerio especiales, planificar sus propias metas del ministerio y los horarios con la guía de la oficina nacional de *World Impact* y en coordinación con otros ministerios de *World Impact* en el área.

En algunos casos, los equipos pueden ser enviados a establecer iglesias en las ciudades nuevas por *World Impact*. En estas circunstancias, el propio equipo proporcionará apoyo personal para cada miembro, mientras que el apoyo externo se establece a través de redes.

Si el equipo opera donde *World Impact* tiene un ministerio habrá cooperación entre los miembros del equipo y el personal de la ciudad-ministerio. Si el ministerio opera una escuela cerca de la comunidad objetivo los plantadores de iglesias, la escuela y la nueva iglesia se apoyarán mutuamente. La relación entre el esfuerzo de plantación de iglesias y los campamentos de *World Impact* o clínicas serán de apoyo mutuo, cooperación y ánimo, pero la autonomía básica de los equipos se mantendrá intacta.

La cooperación y la no interferencia entre el ministerio de la ciudad y los plantadores de iglesias es el objetivo. El veterano fundador de iglesias Tom Eckblad confirma este punto de vista, cuando dice: "Se podría argumentar que todos los ministerios institucionales deben ser parte de un esfuerzo total para plantar iglesias".[172] Pero reconoce el papel único y especializado de los plantadores de iglesias, cuando dice: "El trabajo institucional por sí mismo no establece iglesias".[173] Las escuelas o clínicas pueden apoyar la plantación de iglesias, pero no pueden hacerlo por sí mismas plantar iglesias. Todos nuestros ministerios deben ser vistos como parte de una red de apoyo que está construyendo el reino de Dios en el interior de la ciudad.

---

172 Eckblad, pág. 25

173 Eckblad, pág. 25

Para asegurar una buena cooperación entre los diversos aspectos del ministerio de *World Impact* en una ciudad, los directores deben dar a su personal una imagen general de los objetivos y la estrategia del ministerio. No todo el personal de *World Impact* está dotado o llamado como miembros de un equipo de plantación de iglesias, pero cada misionero llena un papel valioso en la construcción del reino de Dios en el interior de la ciudad, ya sea involucrado en la iniciación de iglesias u otros tipos de ministerio comunitario.

Apoyo a la misión

La oficina nacional de *World Impact* proporcionará recursos para ayudar a los plantadores de iglesias. Esto incluirá la formación de equipos de plantación de iglesias, la emisión de material de apoyo escrito y ayudar en red a los equipos entre sí y con recursos externos.

Cuando los servicios de celebración comiencen, la oficina proporcionará estatutos de muestra que el cuerpo de la celebración puede revisar y adoptar. Estos estatutos podrán ayudar a regular la relación entre la iglesia emergente y *World Impact* en el período anterior a la constitución. Estos estatutos deletrearán responsabilidades y describirá el calendario financiero de eliminación por etapas.

World Impact también estará disponible para proporcionar una guía para el manejo de las finanzas de la iglesia y la adquisición de propiedades. Una vez que la iglesia está lista para constituir, la Oficina Nacional proporcionará información sobre los procedimientos de incorporación. También se proporciona un ejemplo utilizado para la adaptación de la nueva iglesia. Se hará todo lo posible para asegurar una transición sin problemas a la independencia de la iglesia.

Si *World Impact* opera ministerios de servicios en la ciudad donde se planta la nueva iglesia, estos servicios servirán como un recurso para la nueva iglesia. Las escuelas tratarán de incluir a los niños de la nueva iglesia como el espacio lo permita. Los campamentos de *World Impact* proporcionarán oportunidades de retiro para el cuerpo de la iglesia. Las clínicas incluirán miembros de la iglesia en la prestación de los servicios médicos. Cualquiera que sean los servicios de *World Impact* pueda proporcionar en la ciudad, ya sea de capacitación laboral, la remisión de viviendas, tiendas de segunda mano, etc., estarán disponibles para apoyar el cuerpo de la iglesia y su ministerio.

Si el personal y los recursos lo permitan, el ministerio local de la ciudad en donde *World Impact* se encuentre puede incluso originar programas del ministerio diseñados específicamente para fortalecer la red de iglesias que se plantan. La Educación Teológica por Extensión (T.E.E.

siglas en inglés) e Inglés como Segundo Idioma (E.S.L. siglas en inglés) son ejemplos de este tipo de programas especializados que la misión está equipado de forma única para ofrecer.

World Impact, como una agencia misionera, debe estar disponible para ayudar a las nuevas iglesias con su proceso de creación de redes en curso. El establecimiento de una red iniciada por los fundadores de iglesias durante el cultivo de la comunidad deben ser animados a seguir una vez que se estableció la iglesia. Esto reforzará la conexión de la nueva iglesia con otros grupos y ampliará su visión de la ciudad.

Las relaciones entre las Iglesias
El objetivo de los misioneros de *World Impact* debería ser orar y trabajar hacia la creación de una red de iglesias plantadas de *World Impact*, tanto a nivel local como a nivel nacional. En lugar de establecer iglesias individuales aisladas, los equipos deben trabajar para crear una asociación de iglesias.

Algunas iglesias recién constituidas pueden elegir afiliarse con una denominación establecida. Muchas denominaciones están buscando actualmente establecer congregaciones urbanas y están abiertos a aceptar iglesias plantadas de *World Impact* en sus pliegues. Las ventajas y desventajas de este tipo de asociación deben ponderarse cuidadosamente por los líderes de la iglesia. Otros pueden optar por permanecer como iglesias independientes de la comunidad. En cualquier caso, es importante que las iglesias mantengan redes de apoyo con otras iglesias y con *World Impact* siempre que sea posible.

Muchos expertos en misiones abogan por tales redes. Melvin Hodges advierte, "Los pequeños grupos de creyentes individuales que están aislados de todo contacto con otras iglesias tienden a desanimarse e inactivarse".[174] Shenk y Stutzman argumentan,

> A fin de que las congregaciones jóvenes prosperen, por lo general es aconsejable agrupar nuevas congregaciones juntas. Pablo no plantó sólo una iglesia en Asia Menor, plantó un grupo de congregaciones. . . . En cada caso, Pablo entrenó a un hombre más joven para convertirse en supervisor de estos grupos de congregaciones después de que se fuera.[175]

---

174 Hodges, pág. 85

175 Shenk y Stutzman, págs. 168-169

Además de la creación de redes entre las iglesias recién plantadas, también hay un lugar para que las iglesias continúen su relación con *World Impact*. Hesselgrave comenta que,

> La prueba crítica de la obra de un plantador de iglesias es la capacidad de que la iglesia fundada sobreviva a su salida y continuar el ministerio. Sin embargo, un vínculo espiritual une al misionero y la iglesia, un vínculo que debe expresarse en algún tipo de relación continua, como se ejemplifica en el Nuevo Testamento.[176]

Si existe una continua relación de apoyo entre las iglesias recién plantadas y *World Impact*, y si las iglesias trabajan para apoyarse unos a otros, será más probable asegurar la estabilidad y el crecimiento de la iglesia.

---

176 Hesselgrave, 1980, pág. 418

Conclusión

Este documento proporciona un marco para plantadores de iglesias de *World Impact*. El marco incluye principios prácticos y perspectivas bíblicas. Refleja las experiencias pasadas de la plantación de iglesias de *World Impact*, y también refleja el pensamiento reciente misionológico acerca de las misiones urbanas. Sin embargo, incluso con este marco para guiarlos, los plantadores de iglesias de *World Impact* deben seguir haciendo muchas decisiones de fondo sobre la forma de aplicar estos principios en su situación particular con su equipo específico.

Animamos a cada uno de ustedes como plantadores de iglesias a soñar grandes sueños para Dios. Luego tomar la iniciativa, en fe, para llevarlos a la realidad para que:

> Aquellos a quienes nunca les fue anunciado acerca de él, verán;
> Y los que nunca han oído de él, entenderán.
> ~ Romanos 15:21 (LBLA)

Bibliografía

Allen, Roland. *Missionary Method's: St. Paul's or Ours?* [Método Misionero: ¿Los de San Pablo o los nuestros?]. Grand Rapids: Eerdmans, 1962.

———. *The Spontaneous Expansion of the Church* [La expansión espontánea de la Iglesia]. Grand Rapids: Eerdmans, 1962.

Amerson, Philip. "Ministry on the Urban Frontier: Access and Retirement" ["Ministerio de la frontera urbana: Acceso y retiro"] En *Signs of the Kingdom in the Secular City* [Señales del Reino en la ciudad secular], ed. David Frenchak y Clinton Stockwell, págs. 83-94. Chicago: Covenant Press, 1984.

Appleby, Jerry L. *Missions Have Come Home to America: The Church's Cross-Cultural Ministry to Ethnics.* [Las misiones han vuelto a América: El ministerio transcultural de la iglesia a las etnias]. Kansas City: Beacon Hill Press, 1986.

Arias, Mortimer. *Announcing the Reign of God: Evangelization and the Subversive Memory of Jesus.* [Anunciando el Reino de Dios: La evangelización y la memoria subversiva de Jesús]. Philadelphia, PA: Fortress Press, 1984.

Bacon, Dan y William Goheen. "Should Mission Boards Send Teams as Well as Individuals?" ["¿Deberían las directivas de misiones enviar equipos, así como individuos?"] En *Perspectives on the World Christian Movement* [Perspectivas sobre el movimiento cristiano mundial]. ed. Ralph D. Winter y Steven C. Hawthorne, págs. 775-781. Pasadena, CA: William Carey Library, 1981.

Bakke, Ray. *The Urban Christian: Effective Ministry in Today's Urban World.* [El cristiano urbano: El ministerio efectiva en el mundo urbano actual]. Downers Grove: Inter-Varsity Press, 1987.

Beaver, R. Pierce. "The History of Mission Strategy." ["La historia de la estrategia de misión"]. En *Perspectives on the World Christian Movement* [Perspectivas sobre el movimiento cristiano mundial]. ed. Ralph D. Winter y Steven C. Hawthorne, págs. 191-205. Pasadena, CA: William Carey Library, 1981.

Brock, Charles. *The Principles and Practice of Indigenous Church Planting.* [Los principios y prácticas de la plantación de iglesias autóctona]. Nashville: Broadman Press, 1981.

Chaney, Charles L. *Church Planting at the End of the Twentieth Century*. [Plantando iglesias al final del siglo XX]. Wheaton: Tyndale House, 1982.

Cho, Paul Yonggi. *Successful Home Cell Groups*. [Grupos de celulares en casa exitosos]. South Plainfield, NJ: Bridge Publishing, 1981.

Conn, Harvie. *A Clarified Vision for Urban Mission: Dispelling the Urban Stereotypes*. [Una visión clara para la misión urbana, disipando los estereotipos urbanos]. Grand Rapids: Zondervan, 1987.

———. *Evangelism: Doing Justice and Preaching Grace*. [Evangelización: Haciendo Justicia y predicando la gracia]. Grand Rapids: Zondervan, 1982.

———. *Urban Missions Newsletter* [Misiones Urbanas Boletín] 28. Philadelphia: Westminster Theological Seminary (Dec. 1990): 1-2.

Claerbaut, David. *Urban Ministry*. [Ministerio urbano]. Grand Rapids: Zondervan, 1983.

Cornett, Terry and Bob Edwards. "When Is a Homogeneous Church Legitimate?" ["Cuando es una iglesia homogénea legítima?"] *Evangelical Missions Quarterly* [Misiones Evangélicas Trimestral]. 20.1 (emero de 1984): 22-28.

Costas, Orlando. *Liberating News: A Theology of Contextual Evangelization*. [Liberando las noticias: Una teología de la evangelización contextual]. Grand Rapids: Eerdmans, 1989.

Dawson, John. *Taking Our Cities for God*. [Tomando nuestras ciudades para Dios]. Lake Mary, FL: Creation House, 1989.

Dyer, Kevin. "Crucial Factors in Building Good Teams." ["Factores cruciales en la construcción de un buen equipo."] En *Helping Missionaries Grow* [Ayudando a los misioneros a crecer], ed. Kelly O'Donnell y Michele O'Donnell, págs. 126-130. Pasadena: William Carey Library, 1988.

Eckblad, Tom. "Tips for Urban Church Planters." ["Consejos para los plantadores de iglesia urbanas"]. *Urban Mission* [Misión Urbana]1.3, (enero de 1984): 24-29

Feeney, James H. *Church Planting by the Team Method*. [Plantación de Iglesias por el método del equipo]. Anchorage: Abbot Loop Christian Center, 1988.

Frenchak, David, y Clinton Stockwell, Compilers. Helen Ujvarosy, ed. *Signs of the Kingdom in the Secular City*. [Señales del Reino en la ciudad secular]. Chicago:Covenant Press, 1984.

Gilliland, Dean. *Pauline Theology and Mission Practice.* [Teología paulina y práctica de la misión]. Lagos, Nigeria: Tryfam Printers, Ltd., 1983.

Graham, Thomas. "How to Select the Best Church Planters." ["¿Cómo seleccionar los mejores plantadores de iglesias"]. En *Helping Missionaries Grow* [Ayudando a los misioneros a crecer], ed. Kelly O'Donnell y Michele O'Donnell, págs. 46-54. Pasadena: William Carey Library, 1988.

Green, Michael. *Evangelism in the Early Church.* [La evangelización en la iglesia primitiva]. Grand Rapids: Eerdmans, 1970.

Greenway, Roger, y Timothy Monsma. *Cities: Mission's New Frontier.* [Ciudades: Las nuevas fronteras de la misión]. Grand Rapids: Baker, 1989.

Greenway, Roger, ed. *Discipling the City: Theological Reflections on Urban Mission.* [Discipulando a la Ciudad: Reflexiones teológicas sobre la misión urbana]. Grand Rapids: Baker, 1979.

Grenz, Stanley J. *The Baptist Congregation: A Guide to Baptist Belief and Practice.* [La congregación bautista: Una guía para la creencia bautista y práctica]. Valley Forge, PA: Judson Press, 1985.

Grunlan, Stephen A. y Marvin K. Mayers. *Cultural Anthropology: A Christian Perspective.* [Antropología cultural: una perspectiva cristiana]. Grand Rapids: Zondervan, 1988.

Guy, Ray. "Pilgrimage Toward the House Church." ["Peregrinación hacia la casa de la iglesia"]. En *Discipling the City* [Discipulando la Ciudad], ed. Roger Greenway, págs. 107-127. Grand Rapids: Baker, 1979.

Hadaway, C. Kirk, Stuart A Wright, y Francis M. Dubose. *Home Cell Groups and House Churches.* [Grupos celulares en casa e iglesias en las casas]. Nashville: Broadman Press, 1987.

Hallet, Stanley. "To Build a City." ["Para construir una ciudad"]. En *Signs of the Kingdom in the Secular City* [Señales del Reino en la ciudad secular], ed. David Frenchak y Clinton Stockwell, págs. 3-7. Chicago: Covenant Press, 1984.

Hastey, Ervin E. "Reaching the Cities First: A Biblical Model of World Evangelization." ["Llegar a las ciudades primero: Un modelo bíblico de evangelización mundial"]. In *An Urban World.* [Un mundo urbano], ed. Larry L. Rose y C. Kirk Hadaway, págs. 147-166. Nashville: Broadman Press, 1984.

Hesselgrave, David. *Communicating Christ Cross-Culturally.* [Comunicando a Cristo transculturalmente]. Grand Rapids: Zondervan, 1978.

———. *Planting Churches Cross-Culturally*. [Plantando Iglesias transculturalmente]. Grand Rapids: Baker, 1980.

Hiebert, Paul G. *Cultural Anthropology*. [Antropología Cultural]. Grand Rapids: Baker, 1983.

Hodges, Melvin. *The Indigenous Church*. [La Iglesia autóctona]. Springfield: Gospel Publishing House, 1953.

Holland, Clifton L. *The Religious Dimension in Hispanic Los Angeles: A Protestant Case Study*. [La dimensión religiosa en los hispanos de Los Ángeles: Un estudio de caso protestante]. Pasadena, CA: William Carey Library, 1974.

Jones, Ezra Earl. *Strategies For New Churches*. [Estrategias para nuevas iglesias]. San Francisco: Harpers Ministers Paperback Library, 1976.

Kane, Herbert J. *A Concise History of the Christian World Mission*. [Una historia suscinta de la misión cristiana mundial]. Grand Rapids: Baker, 1982.

Ladd, George Eldon. *A Theology of the New Testament*. [Una teología del Nuevo Testamento]. Grand Rapids: Eerdmans, 1974.

Linthicum, Robert C. *City of God, City of Satan: A Biblical Theology of the Urban Church*. [Ciudad de Dios, Ciudad de Satanás: Una teología bíblica de la iglesia urbana]. Grand Rapids: Zondervan, 1991.

Lincoln, C. Eric y Lawrence H. Mamiya. *The Black Church in the African American Experience*. [La Iglesia de Color en la experiencia afroamericana]. Durhan, S.C: Duke University Press, 1990.

Logan, Robert E. "How to Start a Growing and Reproducing Church." ["Cómo iniciar una iglesia creciente y reproductiva"]. Robert E. Logan, 1988.

Logan, Robert E. y Jeff Rast. *Church Planters Checklist*. [Lista de verificación de los plantadores de iglesias]. Pasadena: Charles E. Fuller Institute, 1987.

McGavran, Donald. *The Bridges of God*. [Los puentes de Dios]. New York: Friendship Press, 1955.

Mellis, Charles J. *Committed Communities*. [Comunidades comprometidas]. Pasadena: William Carey Library, 1976.

Moorhous, Carl W. *Growing New Churches: Step-By-Step Procedures in New Church Planting*. [Creciendo nuevas iglesias: Procedimientos paso a paso en la plantación de una nueva iglesia]. Carl Moorhous, 1975.

Nichols, Bruce, ed. *In Word and Deed: Evangelism and Social Responsibility*. [En palabra y obra: Evangelización y responsabilidad social]. Grand Rapids: Eerdmans, 1985.

O'Donnel, Kelly S. y Michele L. O'Donnel, eds. *Helping Missionaries Grow: Readings in Mental Health and Missions*. [Ayudando a los misioneros a crecer: Lecturas en salud mental y misiones]. Pasadena: William Carey Library, 1988.

Padilla, C. Rene'. *Mission Between The Times: Essays on the Kingdom*. [Misión entre los tiempos: Ensayos sobre el Reino]. Grand Rapids: Eerdmans, 1985.

Patterson, George. "The Spontaneous Multiplication of Churches." ["La espontánea multiplicación de iglesias."]. En *Perspectives on the World Christian Movement* [Perspectivas sobre el movimiento cristiano mundial], ed. Ralph D. Winter y Stephen C. Hawthorne, págs. 601-616. Pasadena: William Carey Library, 1982.

———. *Church Planting through Obedience Oriented Teaching*. [Plantación de Iglesias través de la enseñanza orientada a la obediencia]. Pasadena: William Carey Library, 1981.

Peterson, Jim. *Evangelism as a Lifestyle*. [Evangelismo como estilo de vida]. Colorado Springs: NavPress, 1980.

Phillips, Keith. *The Making of a Disciple*. [La fabricación de un discípulo]. Old Tappan: Fleming H. Revell Company, 1981.

Redford, Jack. *Planting New Churches: Nine Well-Tested Steps for Starting New Churches*. [Establecimiento de las nuevas Iglesias: Nueve pasos probados bien para la iniciación de iglesias]. Nashville: Broadman Press, 1978.

Rose, Larry y C. Kirk Hadaway. *An Urban World*. [Un mundo urbano]. Nashville: Broadman Press, 1984.

Sawatsky, Ben A. "A Church Planting Strategy for World Class Cities" ["Una estrategia de plantación de iglesias de Ciudades de Clase Mundial"]. *Urban Mission* [Misión Urbana]. 3.2, (noviembre de 1985): 7-18.

Shenk, David W. y Ervin R. Stutzman. *Creating Communities of the Kingdom: New Testament Models of Church Planting*. [Creando comunidades del Reino: Modelos del Nuevo Testamento de plantación de iglesias]. Scottsdale: Herald Press, 1988.

Snyder, Howard. *The Community of the King*. [La comunidad del Rey]. Downers Grove: Inter-Varsity Press, 1977.

———. *Liberating the Church*. [Liberando la Iglesia]. Downers Grove: Inter-Varsity Press, 1983.

Steffen, Tom A. *Tribal and Peasant Church Planting: A Comprehensive Phase Out Model*. [Plantación de iglesias tribal y campesino: Un modelo de eliminación por etapas]. Tesis doctoral no publicada: Biola University, 1990.

Stockwell, Clinton E. "Barriers and Bridges to Evangelization in Urban Neighborhoods." ["Barreras y Puentes para la evangelización en los barrios urbanos"]. En *Signs of the Kingdom in the Secular City* [Señales del Reino en la ciudad secular], ed. David Frenchak y Clinton Stockwell, págs. 95-104. Chicago: Covenant Press, 1984.

Tippet, Alan. *Introduction to Missiology*. [Introducción a la Misionología]. Pasadena: William Carey Library, 1987.

Towns, Elmer. *Getting a Church Started*. [Comenzando una iglesia]. Lynchburg: Church Growth Institute, 1985.

Towns, Elmer, John N. Vaughan, y David J. Seifert. *The Complete Book of Church Growth*. [El libro completo de crecimiento de la Iglesia]. Wheaton: Tyndale House, 1989.

Wagner, C. Peter. *Church Planting for a Greater Harvest*. [Plantación de Iglesias para una cosecha mayor]. Ventura: Regal, 1990.

Westgate, James E. "Emerging Church Planting Strategies for World Class Cities." ["Estrategias de Plantación de Iglesias Emergentes para ciudades de clase mundial"]. *Urban Mission* [Misión Urbana] 4.2 (noviembre de 1986): 6-13.

Webber, Robert E. *Worship Old and New*. [Adoración antigua y nueva]. Grand Rapids: Zondervan, 1982.

Wilmore, Gayraud S. *Black Religion and Black Radicalism: An Interpretation of the Religious History of the Afro-American People*. [Religión negra y radicalism negro: una interpretación de la historia religiosa de las personas afroamericanas]. Maryknoll, N.Y.: Orbis Books, 1990.

Winter, Ralph D. y Stephen C. Hawthorne., eds. *Perspectives on the World Christian Movement*. [Perspectivas sobre el movimiento cristiano mundial]. Pasadena: William Carey Library, 1982.

Yamamori, Tetsunao. "How to Reach Urban Ethnics." ["Cómo alcanzar las etnias urbanas"]. *Urban Mission* [Misión Urbana] 1.4 (marzo de 1984): 29-35.

Parte II
Principios y Perspectivas Teológicas y Misionales:
Hacia una teología de plantación de iglesias

Los recursos en la Parte II específicamente proveen comprensión en los tipos de las estructuras bíblicas, teológicas, y misionales que dan inicio a las misiones efectivas en medio de los pobres urbanos no alcanzados de la ciudad. Aquí usted encontrará materiales que proporcionan reflexión sugerente acerca de la naturaleza de las perspectivas teológicas y misionales sobre la ciudad y los pobres, sobre el Reino de Dios y la Iglesia, y sobre las diversas ramificaciones acerca de Cristo y la cultura. Por supuesto, estos materiales tienen la intención de ser sugerentes al tipo de ideas teológicas y misionales que nosotros debemos tener, tal como nosotros empleamos en los esfuerzos de plantar iglesias para la gloria de Dios en medio de los pobres urbanos no alcanzados, del país y más allá.

Esta parte incluye las siguientes secciones:

- *ChristusVictor (El Cristo Victorioso)*: Una teología de la ciudad y del pobre / pág. 95
- Una teología del Reino y la Iglesia / pág. 167
- Una teología de Cristo y la cultura / pág. 209

*Christus Victor (El Cristo Victorioso):
Una teología de la ciudad y del pobre*

La teología del pobre para el equipo de líderes

Rev. Terry Cornett • *The Timothy Conference: Building Church Plant Teams.* [La conferencia Timoteo: Edificar la Iglesia plantar equipos]. Wichita: The Urban Ministry Institute, 2005.

San Lorenzo el Diácono (258 D.C.) es uno de los grandes líderes y mártires en los primeros 300 años de la Iglesia.

I. **¿Nuestro equipo piensa de nuestro campo misionero como algo difícil o algo fácil?**

   A. La opulencia es difícil para evangelizar y discipular.

   Dt. 8:12-14 – No suceda que comas y te sacies, y edifiques buenas casas en que habites, y tus vacas y tus ovejas se aumenten, y la plata y el oro se te multipliquen, y todo lo que tuvieres se aumente; y se enorgullezca tu corazón, y te olvides de Jehová tu Dios, que te sacó de Egipto, de casa de servidumbre (comp. Sal. 73:3-6; Pr. 30:8-9; Ez. 16:49; Os. 13:4-6).

   El Nuevo Testamento enseña esto más explícitamente. Jesús sorprende a sus discípulos con la enseñanza que las riquezas poseen una tendencia inherente a embotar el sentido espiritual y lo impele a uno abandonar a Dios.

   > En la enseñanza de Jesús, las posesiones materiales no son consideradas como malas, pero sí, peligrosas.
   >
   > ~ R.E. Dixon. *New Bible Dictionary*. [Nuevo Diccionario Bíblico].

   Mt. 6:19-21 – No os hagáis tesoros en la tierra, donde la polilla y el orín corrompen, y donde ladrones minan y hurtan; sino haceos tesoros en el cielo, donde ni la polilla ni el orín corrompen, y donde ladrones no minan ni hurtan. Porque donde esté vuestro corazón, allí estará también vuestro corazón.

   Jesús nos advierte que esa acumulación tiene un efecto inevitable sobre nuestros corazones. Hay cosas que nosotros podemos hacer (regalos atrevidos; asociación con personas de baja calaña y dudosa reputación), pero nosotros no podemos cambiar la realidad que dichas riquezas ejercen una constante atracción hacia afuera de la espiritualidad.

Mt. 13:22 – El que fue sembrado entre espinos, éste es el que oye la palabra, pero el afán de este siglo y el engaño de las riquezas ahogan la palabra, y se hace infructuosa.

Mt. 19:21-26 – Jesús le dijo: Si quieres ser perfecto, anda, vende lo que tienes, y dalo a los pobres, y tendrás tesoro en el cielo; y ven y sígueme. Oyendo el joven esta palabra, se fue triste, porque tenía muchas posesiones. Entonces Jesús dijo a sus discípulos: De cierto os digo, que difícilmente entrará un rico en el reino de los cielos. Otra vez os digo, que es más fácil pasar un camello por el ojo de una aguja, que entrar un rico en el reino de Dios. Sus discípulos, oyendo esto, se asombraron en gran manera, diciendo: ¿Quién, pues, podrá ser salvo? Y mirándolos Jesús, les dijo: Para los hombres es imposible; mas para Dios todo es posible.

Lc. 1:53 – A los hambrientos colmó de bienes, Y a los ricos envió vacíos.

Lc. 6:24 – Mas ¡ay de vosotros, ricos! Porque ya tenéis vuestro consuelo.

1 Tim. 6:9-11 – Porque los que quieren enriquecerse caen en tentación y lazo, y en muchas codicias necias y dañosas, que hunden a los hombres en destrucción y perdición; porque raíz de todos los males es el amor al dinero, el cual codiciando algunos, se extraviaron de la fe, y fueron traspasados de muchos dolores. Más tú, oh hombre de Dios, huye de estas cosas, y sigue la justicia, la piedad, la fe, el amor, la paciencia, la mansedumbre.

1 Tim. 6:17 – A los ricos de este siglo manda que no sean altivos, ni pongan la esperanza en las riquezas, las cuales son inciertas, sino en el Dios vivo, que nos da todas las cosas en abundancia para que las disfrutemos.

Stg. 5:1-6 – ¡Vamos ahora, ricos! Llorad y aullad por las miserias que os vendrán. Vuestras riquezas están podridas, y vuestras ropas están comidas de polilla. Vuestro oro y plata están enmohecidos; y su moho testificará contra vosotros, y devorará del todo vuestras carnes como fuego. Habéis acumulado tesoros para los días postreros. He aquí, clama el jornal de los obreros que han cosechado vuestras tierras, el cual por engaño no les ha sido pagado por vosotros; y los clamores de los que habían segado han entrado en los oídos del Señor de los ejércitos. Habéis vivido en deleites sobre la tierra, y sido disolutos; habéis engordado vuestros corazones como en día de matanza. Habéis condenado y dado muerte al justo, y él no os hace resistencia.

Heb. 13:5 – Sean vuestras costumbres sin avaricia, contentos con lo que tenéis ahora; porque él dijo: No te desampararé, ni te dejaré.

Ap. 3:17 – Porque tú dices: Yo soy rico, y me he enriquecido, y de ninguna cosa tengo necesidad; y no sabes que tú eres un desventurado, miserable, pobre, ciego y desnudo.

La enseñanza específica del Nuevo Testamento . . .

Nosotros no podemos ser convertidos a Dios y no elegir ser convertidos al pobre.

> El Magnificat de María, su canción de exaltación cantada en la casa de Zacarías e Isabel, aclara su esperanza para el nuevo Reino. . . . Cinco tipos de personas están asustados y sorprendidos. En la visión de María, los que están en la cúspide de la pirámide social, los orgullosos, los ricos y los poderosos caen. . . . Mientras tanto, los pobres, los hambrientos, los de la parte inferior de la pirámide social, toman un sorprendente viaje a la parte superior. . . . Una pobre muchacha campesina de Galilea, María, espera que el Reino mesiánico ponga su mundo social al revés. . . . [pero] el Reino de Dios no es solamente echar hacia abajo. También es autoridad para nuestra situación. Lo valores del Reino son pertinentes para los problemas y dilemas actuales.
>
> ~ Donald B. Kraybill. *The Upside Down Kingdom* [El Reino al revés], Rev. ed. Scottsdale, PA: Herald Press, 1990. págs. 17-21.

B. Los pobres son un campo fértil para el Evangelio.

El contrapunto a la enseñanza del Nuevo Testamento sobre la dureza espiritual de los ricos es la enseñanza, que los pobres son espiritualmente abiertos. Se asume a lo largo de los Evangelios que los pobres son ejemplos naturales de piedad. Por ejemplo:

- La ofrenda de la viuda pobre, Mc. 12:41-44
- La parábola de Lázaro y el hombre rico, Lc. 16:19-31
- La viuda a quien se le niega justicia, Lc. 18:1-8
- Los invitados al banquete de bodas, Lc. 14:16-24

Y como era de esperar, las declaraciones proposicionales directas de Jesús refuerzan completamente lo que las historias implican para nosotros.

Lc. 4:18-19 – El Espíritu del Señor está sobre mí, por cuanto me ha ungido para dar buenas nuevas a los pobres; me ha enviado a sanar a los quebrantados de corazón; a pregonar libertad a los cautivos, y vista a los ciegos; a poner en libertad a los oprimidos; a predicar el año agradable del Señor.

Lc. 6:20 – Y alzando los ojos hacia sus discípulos, decía: Bienaventurados vosotros los pobres, porque vuestro es el reino de Dios.

C. "Trabajando con la semilla del universo"

> El teólogo menonita John Howard Yoder dice acerca de seguir los mandamientos del Nuevo Testamento aun cuando se vaya en contra de la sabiduría popular o no aparece en la superficie a lograr los resultados que esperamos o deseamos. Yoder habla de ver el cuadro más grande detrás de las batallas y caídas diarias. Él dice que cuando nosotros tomamos las enseñanzas del Nuevo Testamento seriamente, nosotros estamos "trabajando con la semilla del universo".
>
> ~ Stanley Hauerwas. *"Remembering John Howard Yoder."*
> [Recordando a John Howard Yoder].
> 29 dec. de 1927 - 30 dec. de 1997. *First Things* 82 (Abril de1998): págs. 15-16.

Cuando sus equipos llevan el Evangelio a los pobres que es exactamente lo que están haciendo. "Trabajan con la semilla del universo". Los campos están receptivos, están "maduros para la cosecha".

Virtud clave del líder de equipo: Abre con agradecimiento, la misión del equipo está en un terreno espiritualmente receptivo.

II. **¿Está la misión de nuestro equipo a los pobres arraigada en nuestra comprensión de Jesús?**

Nosotros no estamos en la misión de nuestra propia iniciativa, más bien somos embajadores que actúan y hablan como los que representan a alguien más. Nuestra misión es simplemente la continuación de la misión de Jesús. Para decirlo de otra manera, el ejemplo y la enseñanza de Jesús es la medida para evaluar nuestras pretensiones para conocer y representar el mensaje de Dios.

Jn. 14:23-24 – Respondió Jesús y le dijo: El que me ama, mi palabra guardará; y mi Padre le amará, y vendremos a él, y haremos morada con él. El que no me ama, no guarda mis palabras; y la palabra que habéis oído no es mía, sino del Padre que me envió.

1 Jn. 2:4-6 – El que dice: Yo le conozco, y no guarda sus mandamientos, el tal es mentiroso, y la verdad no está en él; pero el que guarda su palabra, en éste verdaderamente el amor de Dios se ha perfeccionado; por esto sabemos que estamos en él. El que dice que permanece en él, debe andar como él anduvo.

Para Jesús la misión mesiánica se definió principalmente como predicar liberando noticias a los pobres y oprimidos. El Evangelio fue la buena noticia de que el Reino había llegado a aquellos que no tenían esperanza. Servimos como representantes de Cristo sólo en la medida en que nuestra misión se ajusta a la de él.

A. Jesús se identificó así mismo con el pobre.

2 Cor. 8:9 – Porque ya conocéis la gracia de nuestro Señor Jesucristo, que por amor a vosotros se hizo pobre, siendo rico, para que vosotros con su pobreza fueseis enriquecidos.

1. 1. Nació de padres pobres

Lc. 2:22-24 – Y cuando se cumplieron los días de la purificación de ellos, conforme a la ley de Moisés, le trajeron a Jerusalén para presentarle al Señor (como está escrito en la ley del Señor: Todo varón que abriere la matriz será llamado santo al Señor, y para ofrecer conforme a lo que se dice en la ley del Señor: Un par de tórtolas, o dos palominos.

> La ley levítica estipulaba que después del nacimiento de un hijo una mujer quedaría inmunda por siete días antes de la circuncisión y que en el caso de otros treinta y tres días debía mantenerse alejada de todas las cosas santas. Entonces ella debía ofrecer un cordero y un pichón de paloma. Si era demasiado pobre para un cordero, una segunda paloma o pichón bastaría en su lugar (Levítico 12:6-13). La ofrenda de María fue así de los pobres.
>
> ~ Leon Morris. *The Gospel According to St. Luke*. [El Evangelio según San Lucas]. *Tyndale New Testament Commentaries*. [Comentarios del Nuevo Testamento Tyndale]. Grand Rapids: Wm. B. Eerdmans, 1983. pág. 87.

2. Como un excluído social

a. Nació en un establo, Lc. 2:7

b. Bajo supuesta ilegitimidad, Lc. 3:23

3. Él vivió la vida de un pobre.

   a. No tuvo lugar donde recostar su cabeza, Mt. 8:20

   b. Oprimido por las autoridades establecidas – ambos religiosa y secular, Is. 53:7-8; Mt. 21:46; 22:15-16; Mc. 3:6; Jn. 7:32.

   c. Apoyado por el aporte de otros, Lc. 8:3.

B. Jesús definió y validó su misión mesiánica haciendo de los pobres su prioridad central.

Lc. 4:16-21 – Vino a Nazaret, donde se había criado; y en el día de reposo entró en la sinagoga, conforme a su costumbre, y se levantó a leer. Y se le dio el libro del profeta Isaías; y habiendo abierto el libro, halló el lugar donde estaba escrito: El Espíritu del Señor está sobre mí, por cuanto me ha ungido para dar buenas nuevas a los pobres; me ha enviado a sanar a los quebrantados de corazón; a pregonar libertad a los cautivos, y vista a los ciegos; a poner en libertad a los oprimidos; a predicar el año agradable del Señor. Y enrollando el libro, lo dio al ministro, y se sentó; y los ojos de todos en la sinagoga estaban fijos en él. Y comenzó a decirles: Hoy se ha cumplido esta Escritura delante de vosotros.

Mt. 11:2-6 – Y al oír Juan, en la cárcel, los hechos de Cristo, le envió dos de sus discípulos, para preguntarle: ¿Eres tú aquel que había de venir, o esperaremos a otro? Respondiendo Jesús, les dijo: Id, y haced saber a Juan las cosas que oís y veis. Los ciegos ven, los cojos andan, los leprosos son limpiados, los sordos oyen, los muertos son resucitados, y a los pobres es anunciado el evangelio; y bienaventurado es el que no halle tropiezo en mí.

C. Jesús directamente vinculó la salvación y el discipulado a una preocupación similar por el pobre y el oprimido.

Lc. 19:2-10 – Y sucedió que un varón llamado Zaqueo, que era jefe de los publicanos, y rico, procuraba ver quién era Jesús; pero no podía a causa de la multitud, pues era pequeño de estatura. Y corriendo delante, subió a un árbol sicómoro para verle; porque había de pasar por allí. Cuando Jesús llegó a aquel lugar, mirando hacia arriba, le vio, y le dijo: Zaqueo, date prisa, desciende, porque hoy es necesario que pose yo en tu casa. Entonces él descendió aprisa, y le recibió gozoso. Al ver esto, todos murmuraban, diciendo que había entrado a posar con un hombre pecador. Entonces Zaqueo, puesto en pie, dijo al Señor: He aquí, Señor, la mitad de mis bienes doy a los pobres; y si en algo he defraudado a alguno, se lo devuelvo cuadruplicado. Jesús le dijo: Hoy ha venido la salvación a esta casa; por cuanto él también es hijo de Abraham. Porque el Hijo del Hombre vino a buscar y a salvar lo que se había perdido.

Mt. 19:21-23 – Jesús le dijo: Si quieres ser perfecto, anda, vende lo que tienes, y dalo a los pobres, y tendrás tesoro en el cielo; y ven y sígueme. Oyendo el joven esta palabra, se fue triste, porque tenía muchas posesiones. Entonces Jesús dijo a sus discípulos: De cierto os digo, que difícilmente entrará un rico en el reino de los cielos.

Lc. 12:32-34 – No temáis, manada pequeña, porque a vuestro Padre le ha placido daros el reino. Vended lo que poseéis, y dad limosna; haceos bolsas que no se envejezcan, tesoro en los cielos que no se agote, donde ladrón no llega, ni polilla destruye. Porque donde está vuestro tesoro, allí estará también vuestro corazón.

Lc. 14:12-14 – Dijo también al que le había convidado: Cuando hagas comida o cena, no llames a tus amigos, ni a tus hermanos, ni a tus parientes, ni a vecinos ricos; no sea que ellos a su vez te vuelvan a convidar, y seas recompensado. Mas cuando hagas banquete, llama a los pobres, los mancos, los cojos y los ciegos; y serás bienaventurado; porque ellos no te pueden recompensar, pero te será recompensado en la resurrección de los justos.

Lc. 11:41 – Pero dad limosna de lo que tenéis, y entonces todo os será limpio.

Mt. 25:41-46 – Entonces dirá también a los de la izquierda: Apartaos de mí, malditos, al fuego eterno preparado para el diablo y sus ángeles. Porque tuve hambre, y no me disteis de comer; tuve sed, y no me disteis de beber; fui forastero, y no me recogisteis; estuve desnudo, y no me cubristeis; enfermo, y en la cárcel, y no me visitasteis. Entonces también ellos le responderán diciendo: Señor, ¿cuándo te vimos hambriento, sediento, forastero, desnudo, enfermo, o en la cárcel, y no te servimos? Entonces les responderá diciendo: De cierto os digo que en cuanto no lo hicisteis a uno de estos más pequeños, tampoco a mí lo hicisteis. E irán éstos al castigo eterno, y los justos a la vida eterna.

Virtud clave del líder de equipo: Recuerde consistentemente al equipo que la fidelidad a Jesús está inextricablemente unida a la fidelidad a los pobres.

III. ¿Está nuestra misión de esperanza al pobre anclada en la gracia electiva de Dios??

eklegomai – elegir: escoger, elegir fuera, elegido.

> Seleccionar, elegir, escoger para uno mismo, no necesariamente implica el rechazo de no ser elegido, pero regalando favor al sujeto elegido, teniendo en cuenta la relación que se establezca entre el que elige y el objeto elegido. Implica preferencia y selección entre muchas opciones.
> ~ Spiros Zoddhiates. "eklegomai."
> *The Complete Word Study Dictionary: New Testament.*
> [El diccionario completo de estudio de la palabra: Nuevo Testamento].
>
> Cuando se usa en relación a la elección de Dios, esto tiene una referencia especial ". . . a aquellos a quienes él ha considerado apropiado para recibir sus favores y separar del resto de criaturas pasan a ser peculiarmente de su propiedad y a ser asistidos continuamente por su bienhechora supervisión".
>
> ~ *Thayer's Greek English Lexicon of the Bible.*
> [Léxico Inglés Griego de la Biblia de Thayer].

Lc. 6:13 – Y cuando era de día, llamó a sus discípulos, y escogió [*eklegomai*] a doce de ellos, a los cuales también llamó apóstoles.

Ef. 1:4-5 – según nos escogió [*eklegomai*] en él antes de la fundación del mundo, para que fuésemos santos y sin mancha delante de él, en amor habiéndonos predestinado para ser adoptados hijos suyos por medio de Jesucristo, según el puro afecto de su voluntad.

Por lo tanto, es significativo que el Apóstol Santiago tome el mismo concepto en relación a los pobres.

Stg. 2:5 – Hermanos míos amados, oíd: ¿No ha elegido [*eklegomai*] Dios a los pobres de este mundo, para que sean ricos en fe y herederos del reino que ha prometido a los que le aman?

Cuando la teología del Antiguo Testamento y los Evangelios acerca del pobre se mantienen junto con la teología del pobre en la Epístolas, surge un notable panorama.

> Otorgado exclusivamente sobre Israel, el pueblo elegido (*'am segullah*), como una señal de amor electivo de Dios, la *Shekinah* ahora descansa sobre el pobre, que como el nuevo Israel puede heredar su esplendor en la venida del Reino mesiánico.
>
> ~ James B. Adamson. "*James 2.5.*" ["Santiago 2:5"].
> *The Epistle of James. The New International Commentary on the New Testament.*
> [La Epístola de Santiago. Nuevo Comentario Internacional sobre el Nuevo Testamento].
> Grand Rapids: Eerdmans, 1976. pág. 110.
>
> En el Nuevo Testamento el pobre reemplaza a Israel como el énfasis del Evangelio.
>
> ~ C. M. N. Sugden. *New Dictionary of Theology.* [Nuevo Diccionario de Teología].

Virtudes clave del líder de equipo: Dirija al equipo a un grupo de vida de oración que lucha incesantemente con Dios, recordándole sus propias promesas y propósitos (Dt. 9:25-29; Sal. 74; Jer. 14:20-21; Lc. 18:1-8). Guíe al equipo para encontrar todas las oportunidades de evangelización por la confianza que el equipo tiene de estar trabajando entre aquellos a los que Dios ha elegido.

IV. ¿Está nuestra misión entre los pobres caracterizada por el respeto y la esperanza?

> Si Usted desea hacer algo y no tiene el poder para hacerlo, esto es "*talauchi*" (pobreza).
> ~ Nigeria
>
> Cuando una persona es pobre, ella no lo dice en público, ella se siente inferior. Ella no tiene comida, hay escasez en su casa; no tiene ropas, y no hay progreso en su familia.
> ~ Una mujer de Uganda
>
> Para una persona pobre cada cosa es terrible – enfermedad, humillación, vergüenza. Nosotros somos inválidos, estamos atemorizados de las circunstancias, dependemos de todo el mundo. Ninguno nos necesita. Parecemos basura de la que todos quieren deshacerse.
>
> ~ Una mujer ciega de Tiraspol, Moldova
>
> ~ "*Voices of the Poor.*" ["Voces del pobre"]. PovertyNet.
> http://www.worldbank.org/poverty/voices/listen-findings.htm#1

A. Respeto, respeto, respeto

Yo creo en el enfoque de Aretha Franklin para una teología del pobre: "R-E-S-P-E-T-O expone lo que significa para mí".

> Una de las maneras que San Francisco de Asís describe su relación con los pobres (y otros) fue por medio de la palabra *Cortesía*. "Nosotros utilizamos la palabra 'cortesía'" en diferentes maneras. Originalmente, significó el comportamiento y norma social esperado de uno que servía en una corte de la nobleza. . . . Para San Francisco . . . *cortesía* fue una manera de ver y actuar hacia otros.
>
> ~ Lawrence Cunningham. *St. Francis of Assisi*. [San Francisco de Asís]. San Francisco: Harper and Row. 1981.

El ejemplo de Pablo y Onésimo:

Fil. 1:10-17 – te ruego por mi hijo Onésimo, a quien engendré en mis prisiones, el cual en otro tiempo te fue inútil, pero ahora a ti y a mí nos es útil, el cual vuelvo a enviarte; tú, pues, recíbele como a mí mismo. Yo quisiera retenerle conmigo, para que en lugar tuyo me sirviese en mis prisiones por el evangelio; pero nada quise hacer sin tu consentimiento, para que tu favor no fuese como de necesidad, sino voluntario. Porque quizá para esto se apartó de ti por algún tiempo, para que le recibieses para siempre; no ya como esclavo, sino como más que esclavo, como hermano amado, mayormente para mí, pero cuánto más para ti, tanto en la carne como en el Señor. Así que, si me tienes por compañero, recíbele como a mí mismo.

¡Muchos eruditos creen que este mismo Onésimo llegó a ser un obispo en la iglesia primitiva!

> Nosotros no tenemos idea de cómo era el Onésimo del anciano Pablo cuando escribió acerca de él; pero un hombre joven en adolescencia final, o en sus tempranos veinte años en el tiempo del martirio de San Ignacio, aproximadamente en los años setenta –no es una edad increíble para un obispo en aquellos días. . . . La preservación de esta carta personal [Libro de Filemón] debe ser explicada. Que Onésimo vino a ser obispo de Éfeso no es improbable. Si así fue . . . Acerca de Onésimo apenas podría saberse [la colección del cuerpo de escritos paulinos], y se aseguraría que su carta paulina encontró un lugar en dicha colección.
>
> ~ F. F. Bruce. *Epistles to the Colossians, to Philemon, and to the Ephesians*. *The New International Commentary on the New Testament*. [Epístolas a los Colosenses, a Filemón, y a los Efesios. Nuevo Comentario Internacional del Nuevo Testamento]. Grand Rapids: Eerdmans, 1984. pág. 202.

Cada persona pobre está para ser tratada con base al potencial inherente de su llamamiento.

B. B. Esperanza: el pobre como los actores prefieren actuar.

> La pobreza no es tanto la ausencia de bienes como la ausencia de poder – la capacidad de ser capaz para cambiar la situación de uno.
>
> ~ Robert C. Linthicum. *Empowering the Poor: Community Organizing Among the City's 'Rag, Tag, and Bobtail.'* [Capacitando al pobre: Organización comunitaria entre las ciudades de 'Rag, y Botbail']. Monrovia, CA: MARC, 1991. pág. 10.

La Iglesia debe estar en el lugar donde el pobre está esperando tomar el liderazgo. Debemos saber esto acerca del pobre hasta antes que ellos se conozcan a sí mismos. Debemos asegurarnos que los requisitos que están establecidos para los líderes sean completamente bíblicos pero no expresados en formas culturales de clase media.

El paternalismo puede tomar dos formas igualmente fatales: No esperar que el pobre lidere o simplemente otorgarle liderazgo a una persona que no está equipada como para una especie de acción símbolica.

1. El Reino al revés

    Sal. 18:27 – Porque tú salvarás al pueblo afligido, Y humillarás los ojos altivos.

    Is. 23:9 – Jehová de los ejércitos lo decretó, para envilecer la soberbia de toda gloria, y para abatir a todos los ilustres de la tierra.

    Ez. 21:26 – así ha dicho Jehová el Señor: Depón la tiara, quita la corona; esto no será más así; sea exaltado lo bajo, y humillado lo alto.

    Lc. 6:20, 24 – Y alzando los ojos hacia sus discípulos, decía: Bienaventurados vosotros los pobres, porque vuestro es el reino de Dios. Mas ¡ay de vosotros, ricos! porque ya tenéis vuestro consuelo.

    Stg. 1:9-10 – El hermano que es de humilde condición, gloríese en su exaltación; pero el que es rico, en su humillación; porque él pasará como la flor de la hierba.

    Lc. 1:52 – Quitó de los tronos a los poderosos. Y exaltó a los humildes.

2. Los pobres como líderes

Hch. 4:13 – Entonces viendo el denuedo de Pedro y de Juan, y sabiendo que eran hombres sin letras y del vulgo (*idiotes*), se maravillaban; y les reconocían que habían estado con Jesús.

1 Cor. 12:7, 11 – Pero a cada uno le es dada la manifestación del Espíritu para provecho. . . . Pero todas estas cosas las hace uno y el mismo Espíritu, repartiendo a cada uno en particular como él quiere.

Stg. 2:5 – Hermanos míos amados, oíd: ¿No ha elegido Dios a los pobres de este mundo, para que sean ricos en fe y herederos del reino que ha prometido a los que le aman?

Ap. 1:5-6 – y de Jesucristo el testigo fiel, el primogénito de los muertos, y el soberano de los reyes de la tierra. Al que nos amó, y nos lavó de nuestros pecados con su sangre, y nos hizo reyes y sacerdotes para Dios, su Padre; a él sea gloria e imperio por los siglos de los siglos. Amén.

> Yo tengo mi defensa, pero esto consiste en las oraciones de los pobres. El ciego y el cojo, los débiles y los ancianos, son más fuertes que guerreros resistentes.
> ~ St. Ambrose (340-397).
> *"Sermon Against Auxentius."* ["Sermón contra Auxentius."].
> *Nicene and Post-Nicene Fathers* [Padres nicenos y posnicenos], *Second Series*, Vol. 10. pág. 436.

Las virtudes clave del líder de equipo: Esté constantemente vigilante frente al paternalismo y respuestas a los pobres que estén basados en "un cristianismo remediador". Esté constantemente invirtiendo en y confiando la autoridad de, líderes fieles entre los pobres por medio de los cuales la iglesia será plantada.

La ética del Nuevo Testamento
Viviendo lo opuesto del Reino de Dios
Rev. Dr. Don L. Davis

El principio de lo opuesto

El principio expresado	Escritura
Los pobres serán ricos, y los ricos serán pobres	Lucas 6:20-26
El que quebranta la ley y los indignos son salvos	Mateo 21:31-32
Los que se humillan serán exaltados	1 Pedro 5:5-6
Los que se exaltan serán humillados	Lucas 18:14
El ciego recibirá la vista	Juan 9:39
Quienes dicen que ven quedarán ciegos	Juan 9:40-41
Llegamos a ser libres al ser esclavos de Cristo	Romanos 12:1-2
Dios ha escogido lo necio del mundo para avergonzar a los sabios	1 Corintios 1:27
Dios ha escogido lo débil del mundo para avergonzar a los fuertes	1 Corintios 1:27
Dios ha escogido lo vil y menospreciado para deshacer las cosas que son	1 Corintios 1:28
Obtenemos el mundo por venir, al perder el mundo actual	1 Timoteo 6:7
Si ama esta vida, la perderá; odie esta vida, y obtendrá la siguiente	Juan 12:25
Se convierte en el más grande de todos al ser el siervo de ellos	Mateo 10:42-45
Al hacer tesoros aquí, uno se priva del galardón celestial	Mateo 6:19
Al hacer tesoros en lo alto, se obtiene la riqueza del cielo	Mateo 6:20
Acepte su propia muerte a fin de vivir en plenitud	Juan 12:24
Libérese de toda reputación terrenal para ganar el favor celestial	Filipenses 3:3-7
Los primeros serán los últimos, y los últimos serán primeros	Marcos 9:35
La gracia de Jesús se perfecciona en su debilidad, no en su fortaleza	2 Corintios 12:9
El más elevado sacrificio para Dios es la contrición y el quebrantamiento	Salmo 51:17
Es mejor darle a otros que recibir algo de ellos	Hechos 20:35
Dé todo lo que tenga para que pueda recibir lo mejor de Dios	Lucas 6:38

Christus Victor (Cristo Victorioso)
Una visión integrada para la vida cristiana y el testimonio

Rev. Dr. Don L. Davis

Para la Iglesia
- La Iglesia es la extensión principal de Jesús en el mundo
- Tesoro redimido del victorioso Cristo resucitado
- *Laos:* El pueblo de Dios
- La nueva creación de Dios: La presencia del futuro
- Lugar y agente del Reino de el YA y el TODAVÍA NO

Para la teología y la doctrina
- La palabra autoritativa de la victoria de Cristo: La tradición apostólica-Las Santas Escrituras
- La teología como comentario sobre la gran narrativa de Dios
- *Christus Victor* como el marco teológico para el sentido en el mundo
- El Credo Niceno: La historia de la triunfante gracia de Dios

Para la vida espiritual
- La presencia y el poder del Espíritu Santo en medio del pueblo de Dios
- Participar en las disciplinas del Espíritu
- Reuniones, el leccionario, liturgia y la observancia del Año Eclesiástico
- Viviendo la vida del Cristo resucitado al ritmo de nuestra vida

Para los dones
- La gracia de Dios se dota y beneficia del *Christus Victor*
- Oficios pastorales para la Iglesia
- El Espíritu Santo da soberanamente los dones
- Administración: Diferentes dones para el bien común

Christus Victor
Destructor del mal y la muerte
Restaurador de la creación
Victoria sobre el hades y el pecado
Aplastador de Satanás

Para la adoración
- El pueblo de Dios: Celebración sin fin del pueblo de Dios
- Recordar y participar del evento de Cristo en nuestra adoración
- Escuchar y responder a la Palabra
- Transformados en la Mesa del Señor
- La presencia del Padre a través del Hijo en el Espíritu

Para la evangelización y las misiones
- La evangelización como declaración y demostración de *Christus Victor* al mundo
- El evangelio como buenas noticias de la promesa del Reino
- Proclamamos que el Reino de Dios viene en la persona de Jesús de Nazaret
- La Gran Comisión: Ir a todas las personas haciendo discípulos de Cristo y Su Reino
- Proclamando a Cristo como Señor y Mesías

Para la justicia y la compasión
- Las expresiones amables y generosas de Jesús a través de la Iglesia
- La Iglesia muestra la vida misma del Reino
- La Iglesia muestra la vida misma del Reino de los cielos aquí y ahora
- Habiendo recibido de gracia, damos de gracia (sin sentido de mérito u orgullo)
- La justicia como evidencia tangible del Reino venidero

El Reino de Dios
Plantación de iglesia en un universo en guerra
Rev. Dr. Don L. Davis

> **El Reino de Dios ha venido a ustedes**
> Sabiendo Jesús los pensamientos de ellos, les dijo: Todo reino dividido contra sí mismo, es asolado, y toda ciudad o casa dividida contra sí misma, no permanecerá. Y si Satanás echa fuera a Satanás, contra sí mismo está dividido; ¿cómo, pues, permanecerá su reino? Y si yo echo fuera los demonios por Beelzebú, ¿por quién los echan vuestros hijos? Por tanto, ellos serán vuestros jueces. Pero si yo por el Espíritu de Dios echo fuera los demonios, ciertamente ha llegado a vosotros el reino de Dios. Porque ¿cómo puede alguno entrar en la casa del hombre fuerte, y saquear sus bienes, si primero no le ata? Y entonces podrá saquear su casa. El que no es conmigo, contra mí es; y el que conmigo no recoge, desparrama.
> ~ Mateo 12:25-30

I. El gobierno del Reino de Dios (e. d. el Reino de Dios) ha sido impugnado y desafiado.

    A. El Trino Dios como Señor Soberano sobre los cielos y la tierra

        1. Como el Creador y Sustentador de todas las cosas

Is. 40:21-31 – ¿No sabéis? ¿No habéis oído? ¿Nunca os lo han dicho desde el principio? ¿No habéis sido enseñados desde que la tierra se fundó? El está sentado sobre el círculo de la tierra, cuyos moradores son como langostas; él extiende los cielos como una cortina, los despliega como una tienda para morar. El convierte en nada a los poderosos, y a los que gobiernan la tierra hace como cosa vana. Como si nunca hubieran sido plantados, como si nunca hubieran sido sembrados, como si nunca su tronco hubiera tenido raíz en la tierra; tan pronto como sopla en ellos se secan, y el torbellino los lleva como hojarasca. ¿A qué, pues, me haréis semejante o me compararéis? dice el Santo. Levantad en alto vuestros ojos, y mirad quién creó estas cosas; él saca y cuenta su ejército; a todas llama por sus nombres; ninguna faltará; tal es la grandeza de su fuerza, y el poder de su dominio. ¿Por qué dices, oh Jacob, y hablas tú, Israel: Mi camino está escondido de Jehová, y de mi Dios pasó mi juicio? ¿No has sabido, no has oído que el Dios eterno es Jehová, el cual creó los confines de la tierra? No desfallece, ni se fatiga con cansancio, y su entendimiento no hay quien lo alcance. El da esfuerzo al cansado, y multiplica las fuerzas al que no tiene ningunas. Los muchachos se fatigan y se cansan, los jóvenes flaquean y caen; pero los que esperan a Jehová tendrán nuevas fuerzas; levantarán alas como las águilas; correrán, y no se cansarán; caminarán, y no se fatigarán.

2. Como el Señor Soberano sobre todo

Sal. 135:3-6 – Alabad a JAH, porque él es bueno; Cantad salmos a su nombre, porque él es benigno. Porque JAH ha escogido a Jacob para sí, A Israel por posesión suya. Porque yo sé que Jehová es grande, Y el Señor nuestro, mayor que todos los dioses. Todo lo que Jehová quiere, lo hace, En los cielos y en la tierra, en los mares y en todos los abismos.

B. El misterio de la iniquidad: la guerra en el cielo se encuentra por medio de la rebelión satánica, Is. 14:12-17

C. La caída: La autosuficiencia humana, la rebelión voluntaria, y la trágica desobediencia, Gn. 3:1-3

1. La pérdida de la libertad: la entrada del pecado y la esclavitud satánica

2. La ausencia de integridad: la inauguración de la enfermedad y la realidad de la muerte

3. El fin de la justicia: la desigualdad y fragmentación de las relaciones humanas

D. El *proto-evangelio*: el primer relato del Evangelio

Gn. 3:15 – Y pondré enemistad entre ti y la mujer, y entre tu simiente y la simiente suya; ésta te herirá en la cabeza, y tú le herirás en el calcañar.

II. **El gobierno de Dios ha sido inaugurado por medio de la promesa del pacto de Dios culminando en la persona y obra de Jesucristo.**

A. El Pacto Abrahámico: Gn. 12:1-3

1. Para todas las familias de la tierra (e. d. , Yahveh no es un Dios tribal semítico, pero es el Dios de todos los pueblos de cualquier parte).

   Gn. 12:1-3 – Pero Jehová había dicho a Abram: Vete de tu tierra y de tu parentela, y de la casa de tu padre, a la tierra que te mostraré. Y haré de ti una nación grande, y te bendeciré, y engrandeceré tu nombre, y serás bendición. Bendeciré a los que te bendijeren, y a los que te maldijeren maldeciré; y serán benditas en ti todas las familias de la tierra

2. Para los gentiles ("más allá del Jordán")

   Is. 9:1-2 – Mas no habrá siempre oscuridad para la que está ahora en angustia, tal como la aflicción que le vino en el tiempo que livianamente tocaron la primera vez a la tierra de Zabulón y a la tierra de Neftalí; pues al fin llenará de gloria el camino del mar, de aquel lado del Jordán, en Galilea de los gentiles. El pueblo que andaba en tinieblas vio gran luz; los que moraban en tierra de sombra de muerte, luz resplandeció sobre ellos.

B. La Historia de la gloria de Dios: el desarrollo de la narrativa de Israel

Heb. 1:1-4 – Dios, habiendo hablado muchas veces y de muchas maneras en otro tiempo a los padres por los profetas, en estos postreros días nos ha hablado por el Hijo, a quien constituyó heredero de todo, y por quien asimismo hizo el universo; el cual, siendo el resplandor de su gloria, y la imagen misma de su sustancia, y quien sustenta todas las cosas con la palabra de su poder, habiendo efectuado la purificación de nuestros pecados por medio de sí mismo, se sentó a la diestra de la Majestad en las alturas, hecho tanto superior a los ángeles, cuanto heredó más excelente nombre que ellos.

C. El Reino presente en Jesús de Nazaret: La presencia del futuro

1 Jn. 3:8 – El que practica el pecado es del diablo; porque el diablo peca desde el principio. Para esto apareció el Hijo de Dios, para deshacer las obras del diablo.

1. Su misión: Destruir las obras del diablo, 1 Jn. 3:8

2. Su nacimiento: La invasión de Dios dentro del dominio de Satán, Lc. 1:31-33

3. Su mensaje: La proclamación e inauguración del Reino, Mc. 1:14-15

4. Su enseñanza: La ética del Reino, Mt. 5-7

5. Sus milagros: Su autoridad real y poder majestuoso, Mc. 2:8-12

6. Sus expulsiones de demonios: Su victoria sobre el demonio y sus ángeles, Lc. 11:14-20

7. Su vida y sus hechos: La majestad del Reino, Jn. 1:14-18

8. Su resurrección: La victoria y vindicación del Rey, Rom. 1:1-4

9. Su comisión: El llamado a proclamar su Reino mundial, Mt. 28:18-20

10. Su ascensión: Su coronación, Heb. 1:2-4

11. Su Espíritu: El arrabon (garantía, promesa) del Reino, 2 Cor. 1:20

12. Su Iglesia: El anticipo y agente del Reino, 2 Cor. 5:18-21

13. Su presente intercesión en el cielo: El más alto mando de la fuerzas de Dios, 1 Cor. 15:24-28

14. Su *Parousia* (su segunda venida en persona a la tierra): La consumación final del Reino, Apocalipsis

D. Plantar la Iglesia no es más que establecer la avanzada del "ya y todavía no" del Reino por todas partes del mundo para representar el gobierno de Dios.

1. *Christus Victum (El Cristo Víctima)*: Jesús como el sacrificio final por el pecado

2. *Christus Victor (El Cristo Victorioso)*: Jesús como el Señor vencedor sobre lo enemigos de Dios

3. *Christus Vicar (El Cristo Vicario)*: Jesús como única cabeza exaltada de su Iglesia

> El Reino de Dios significa la conquista sobre sus enemigos, una conquista que está para ser cumplida en tres etapas; y la primera victoria ya ha ocurrido. El poder del Reino de Dios ha invadido el dominio de Satán – el presente siglo malo. La actividad de este poder para liberar a los hombres del gobierno satánico se evidencia en la expulsión de los demonios. En relación con eso, Satán fue limitado; él fue traído abajo desde su posición de poder; su poder fue "destruido". Las bendiciones de la Edad Mesiánica están ahora disponibles para aquellos que abracen el Reino de Dios. Nosotros podríamos disfrutar ya de las bendiciones resultantes desde la derrota inicial de Satán. Esto no significa que disfrutamos de la plenitud de las bendiciones de Dios, o que todo lo que se entiende por el Reino de Dios ha llegado a nosotros. . . . La Segunda Venida de Cristo es absolutamente esencial para el cumplimiento y la consumación de la obra redentora de Dios. Todavía Dios ya ha realizado la primera gran etapa en su obra de redención. Satán es el dios de este Siglo, sin embargo, el poder de Satán ha sido roto para que los hombres puedan saber del gobierno de Dios en sus vidas.
>
> ~ George Ladd. *The Gospel of the Kingdom*. [El evangelio del Reino]. pág. 50.

III. El gobierno de Dios está invadiendo el presente siglo malo a través de la Iglesia militante.

A. La presencia autorizada del Santo Espíritu de Dios. Ef. 5:18

B. La Iglesia como una señal y anticipo del Reino, Ef. 5:25-32

1. Estamos comisionados como sus testigos hasta los confines de la tierra, Hch. 1:8

2. Somos embajadores de Cristo y su Reino, 2 Cor. 5:18-21

3. Somos muestra de la gloria escatológica de Dios, 1 Pe. 2:9-10

4. Somos representantes de la autoridad de Cristo, Mt. 28:18-20; 16:18-19

C. El propósito de Dios en esta edad presente: dar poder y autorizar a su Iglesia para hacer batalla contra sus enemigos, llevando testimonio para el gobierno de Dios hoy

1. La autoridad de Jesús ahora en los cielos y en la tierra es absoluta: Él ha sido exaltado a la posición de Señor de todo por el Padre, comp. Mt. 28:18 con Flp. 2:9-11.

2. El hombre fuerte debe ser derrotado: La autoridad de Jesús sobre Satán debe ser cumplida (si bien él está derrotado), 1 Pe. 5:8 con Stg. 4:7.

3. La Iglesia es la representante y agente del Reino de Dios: a ella se le ha conferido el derecho y autoridad para representar la autoridad de Cristo en la tierra, hacer violencia contra los poderes y entidades las cuales desafían el conocimiento y autoridad de Dios, 2 Cor. 10:3-5.

4. La plantación de la Iglesia es la inserción del ejército de Dios dentro del territorio enemigo. La oposición satánica a la victoria y autoridad de Cristo es vehemente y maliciosa; solamente estos comisionados con su soberana Palabra y Reino de autoridad pueden establecerse en el día malo, Ef. 6:10-18.

> De acuerdo con la Biblia, nuestras vidas son vividas en medio de una guerra espiritual. Una de las muchas cosas peligrosas que nosotros hacemos es simplemente ignorar esta realidad. Nosotros aceptamos la Biblia como verdad, pero a veces la vivimos como pensando que la batalla está lejos, en algún lugar fuera del campo de la misión, y no aquí en nuestra ciudad. El hecho es que hay una batalla furiosa sobre su ciudad y le está afectando ahora mismo. . . . Cada uno de nosotros percibe rostros de las fuerzas demoníacas en el ambiente que nos rodea, pero como cristianos estamos llamados a la gran batalla. Estamos contendiendo por nuestra generación total. Estamos llamados a actuar localmente, así como globalmente.
>
> ~ John Dawson. *Taking Our Cities for God*.
> [Tomando nuestras ciudades para Dios]. págs. 27, 29.

D. Las armas de nuestra lucha, 2 Cor. 10:3-5

2 Cor. 10:3-5 – Pues aunque andamos en la carne, no militamos según la carne; porque las armas de nuestra milicia no son carnales, sino poderosas en Dios para la destrucción de fortalezas, derribando argumentos y toda altivez que se levanta contra el conocimiento de Dios, y llevando cautivo todo pensamiento a la obediencia a Cristo.

1. La armadura completa de Dios, Ef. 6:11

2. La autoridad (por identificación y unidad orgánica con Cristo), Ef. 1:13

3. La Palabra de Dios, Ef. 6:17

4. El escudo de la fe, Ef. 6:16

5. La sangre de Cristo y la palabra de su testimonio, Ap. 12:10-11

E. Muy pronto, el gobierno de Dios se consumará en el siglo venidero en la Segunda Venida de Jesucristo, Rom. 16:20.

IV. Implicaciones para los líderes del equipo plantador

A. Usted debe ser un discípulo sumiso bajo la autoridad de Cristo para poder representar su gobierno.

1. Otros le seguirán así como usted sigue a Cristo.

    1 Cor. 11:1 – Sean imitadores de mí, así como yo de Cristo.

2. Cuando los discípulos estén completamente equipados, ellos tomarán a otros para entrenarlos.

    Lc. 6:40 – El discípulo no es superior a su maestro; mas todo el que fuere perfeccionado, será como su maestro.

B. La batalla no es suya personalmente, pero sí del Señor; la iglesia plantada es simplemente su pueblo respondiendo juntos a los mandamientos de Dios, mientras guía, y capacita en el poder del Espíritu Santo.

Éx. 14:13-16 – Y Moisés dijo al pueblo: No temáis; estad firmes, y ved la salvación que Jehová hará hoy con vosotros; porque los egipcios que hoy habéis visto, nunca más para siempre los veréis. Jehová peleará por vosotros, y vosotros estaréis tranquilos. Entonces Jehová dijo a Moisés: ¿Por qué clamas a mí? Di a los hijos de Israel que marchen. Y tú alza tu vara, y extiende tu mano sobre el mar, y divídelo, y entren los hijos de Israel por en medio del mar, en seco.

C. Solamente el llamamiento de Dios al pueblo podría aplicar para la plantación de iglesias: Usted no puede mostrar efectividad contra la oscuridad en su propio nombre y poder; solamente aquellos llamados y dotados por Dios son autorizados para representarlo en la batalla.

1. Los hijos de Esceva, Hch. 19:13-17

2. Los santos cantando: Pablo y Bernabé en Filipos, Hch. 16:19-33

D. Jesucristo es el Señor de la mies; no confunda su papel y responsabilidad con la de él.

1. Él solo determina donde sirven sus guerreros; solo él se reserva el derecho para disponer sus tropas dónde y cuando él desea, Jn. 21:20-23.

   Jn. 21:20-23 – Volviéndose Pedro, vio que les seguía el discípulo a quien amaba Jesús, el mismo que en la cena se había recostado al lado de él, y le había dicho: Señor, ¿quién es el que te ha de entregar? Cuando Pedro le vio, dijo a Jesús: Señor, ¿y qué de éste? Jesús le dijo: Si quiero que él quede hasta que yo venga, ¿qué a ti? Sígueme tú. Este dicho se extendió entonces entre los hermanos, que aquel discípulo no moriría. Pero Jesús no le dijo que no moriría, sino: Si quiero que él quede hasta que yo venga, ¿qué a ti?

2. El Señor Jesucristo posee toda autoridad y poder sobre el enemigo; nosotros solamente representamos su voluntad y deseos en la lucha, Mt. 28:18; Flp. 2:9-11.

   Flp. 2:9-11 – Por lo cual Dios también le exaltó hasta lo sumo, y le dio un nombre que es sobre todo nombre, para que en el nombre de Jesús se doble toda rodilla de los que están en los cielos, y en la tierra, y debajo de la tierra; y toda lengua confiese que Jesucristo es el Señor, para gloria de Dios Padre.

3. El Señor Jesucristo solo coordina su infantería en toda lucha espiritual; nuestra responsabilidad es estar en completa oración y en avanzada, Mt. 9:35-38.

Mt. 9:35-38 – Recorría Jesús todas las ciudades y aldeas, enseñando en las sinagogas de ellos, y predicando el evangelio del reino, y sanando toda enfermedad y toda dolencia en el pueblo. Y al ver las multitudes, tuvo compasión de ellas; porque estaban desamparadas y dispersas como ovejas que no tienen pastor. Entonces dijo a sus discípulos: A la verdad la mies es mucha, mas los obreros pocos. Rogad, pues, al Señor de la mies, que envíe obreros a su mies.

E. Independientemente de los resultados de alguna batalla particular, campaña o lucha, al final Jesucristo reinará sobre todo.

Ap. 11:15-18 – El séptimo ángel tocó la trompeta, y hubo grandes voces en el cielo, que decían: Los reinos del mundo han venido a ser de nuestro Señor y de su Cristo; y él reinará por los siglos de los siglos. Y los veinticuatro ancianos que estaban sentados delante de Dios en sus tronos, se postraron sobre sus rostros, y adoraron a Dios, diciendo: Te damos gracias, Señor Dios Todopoderoso, el que eres y que eras y que has de venir, porque has tomado tu gran poder, y has reinado. Y se airaron las naciones, y tu ira ha venido, y el tiempo de juzgar a los muertos, y de dar el galardón a tus siervos los profetas, a los santos, y a los que temen tu nombre, a los pequeños y a los grandes, y de destruir a los que destruyen la tierra.

1 Cor. 15:24-28 – Luego el fin, cuando entregue el reino al Dios y Padre, cuando haya suprimido todo dominio, toda autoridad y potencia. Porque preciso es que él reine hasta que haya puesto a todos sus enemigos debajo de sus pies. Y el postrer enemigo que será destruido es la muerte. Porque todas las cosas las sujetó debajo de sus pies. Y cuando dice que todas las cosas han sido sujetadas a él, claramente se exceptúa aquel que sujetó a él todas las cosas. Pero luego que todas las cosas le estén sujetas, entonces también el Hijo mismo se sujetará al que le sujetó a él todas las cosas, para que Dios sea todo en todos.

El punto fundamental: _____

Christus Victor (Cristo Victorioso)
Hacia una teología bíblica de la iglesia urbana
Rev. Dr. Don L. Davis

> **¡Ven, entra al recorrido completo de la historia mientras glorificamos a Cristo, el resucitado!**
>
> La comunidad cristiana se congrega para recordar y dar a conocer su particular identidad como aquellos llamados por Dios en Cristo. Porque todos los ministerios están enraizados en la presencia redentora y activa de Cristo en el mundo, el sentido del tiempo y lugar de la Iglesia está orientada hacia la entrega de Dios mismo en la persona entera y la obra de Jesucristo. La adoración cristiana implica la reunión de las personas bautizadas que son comisionadas y capacitadas para servir al mundo. Tal actitud de servicio no tiene lugar a menos que la Iglesia recuerde con el recorrido total de la Escritura y esté capacitada a esperar un futuro real a la luz de las promesas de Dios.
>
> ~ Doug E. Sailers. *"The Origins of the Church Year."* ["Los orígenes del calendario de la Iglesia"]. Robert Webber., ed. *The Services of the Church Year*. [Los servicios del calendario de la Iglesia]. Nashville: Star Song Pub. Group, pág. 92.
>
> Cada cultura, cada tradición religiosa tiene su ciclo de estaciones, días sagrados (o días de fiesta), y ocasiones de conmemoración especial. Nosotros conocemos el invierno, primavera, verano y otoño, las estaciones de la tierra. En los Estados Unidos, por ejemplo, las personas celebran las fiestas nacionales tales como el Día de Independencia y el Día de los caídos en batalla. El calendario del año cristiano marca las ocasiones que tienen que ver con la vida de Jesús: su concepción, nacimiento, bautismo, enseñanza, ministerio, sufrimiento, muerte, resurrección, y ascensión. Alguien ha dicho que el calendario de la Iglesia "es la vida de Cristo vivida de nuevo en el tiempo litúrgico – en el tiempo y en la memoria de su Iglesia".
>
> ~ Vicki K. Black. *Welcome to the Church Year*. [Bienvenido al calendario de la Iglesia]. Harrisburg, PA: Morehouse Publishing, 2004, págs. 2-3.

I. **Introducción al tema de *Christus Victor*: ¡A Cristo la victoria!**

> El motivo del *Christus Víctor* (trad. del latín: El Cristo Victorioso) ofrece una perspectiva alterna sobre la obra de Cristo, exponiendo la cruz y la resurrección desde el punto de vista de conflicto y victoria sobre Satán, pecado y muerte antes que el sacrificio ceremonial por los pecados. Es una perspectiva que mira la calamitosa situación de Israel y la humanidad como esclavos a un poder, antes que trabajar bajo la culpa (aunque al final estas no son perspectivas exclusivas). La cruz y la resurrección forman el punto culminante de la batalla paradógica que activan las fuerzas espirituales y humanas dentro de Israel, con la cruz, el duro símbolo del carácter coercitivo del poder romano, transformado en el símbolo de la victoria de Cristo.
>
> En palabras de Pablo "y despojando a los principados y a las potestades, los exhibió públicamente, triunfando sobre ellos en la cruz" (Col. 2:15). En su resurrección desde la muerte él ha derrotado al antiguo enemigo: «La muerte ha sido devorada por la victoria.» «¿Dónde está, oh muerte, tu victoria?¿Dónde está, oh muerte, tu aguijón?»1 Cor. 15:54-55 NVI; comp. Os. 13:14). Puesto que Jesús ha triunfado sobre sus enemigos, "Dios también le exaltó hasta lo sumo" (Flp. 2:9) como el Señor cósmico. Él está visualizado en dos maneras: permanentemente subyugando a sus enemigos (1 Cor. 15:24-26) y como reinando en triunfo sobre sus enemigos, que están ahora "bajo sus pies" (Ef. 1:19-22; comp. Sal. 110:1). Él vendrá otra vez en poder y gloria visibles para derrotar los últimos reductos del enemigo (2 Tes. 2:1-12) y establecer su reino (1 Cor. 15:25-28).
>
> ~ Leland Ryken, et. al. *The Dictionary of Biblical Imagery, Elec. Edition*. [Diccionario de imágenes bíblicas].

A. El *Christus Victor* de Gustaf Aulen: tres puntos de vista de la Expiación (e. d., la obra de Cristo en la Cruz)

1. *El motivo de la satisfacción*: Anselmo de Canterbury (1033-1109). El pecado de la humanidad ha ofendido el honor de Dios, trayendo desarmonía e injusticia en el orden creado de Dios. Expiación es la deuda pagada necesariamente para restaurar el honor de Dios y restaurar la justicia dentro del universo.

    a. La propiciación en respuesta al manchado honor de Dios

    b. La expiación en respuesta a la culpabilidad y penalización de los pecadores

2. *El motivo de la influencia moral:* Abelardo (1079-1142), el problema de la expiación no fue para cambiar la mente de Dios hacia nosotros, sino permitir que la humanidad pecaminosa pudiera ver cómo el amor de Dios era y es.

3. *El motivo del Christus Victor (El Cristo Victorioso):* llamado el punto de vista "clásico" de la expiación. Este punto de vista enfatiza la imagen de la batalla cósmica entre el bien y el mal, entre las fuerzas de Dios y las de Satán. "En esa lucha el Hijo de Dios Jesucristo fue muerto, un aparente fracaso de Dios y una victoria de Satán. Sin embargo, la resurrección de Jesús transforma la aparente derrota en una gran victoria, lo que para siempre estableció control de Dios del universo y liberó a los seres humanos pecadores del poder del pecado y de Satanás (J. Denny Weaver, The Nonviolent Atonement, Grand Rapids: Eerdmans, 2001, págs. 14-15).

   a. Nombrado "clásico" como el prevaleciente punto de vista de la Iglesia Primitiva

   b. Un número de variantes (¡ninguno bíblico ni convincente!)

      (1) El precio del rescate pagado a Satanás a cambio de liberar a los pecadores que tomó cautivos

      (2) Satán fue engañado porque no pudo percibir la presencia de Dios (e. d. la deidad de Cristo) oculto bajo su carne

   c. El lenguaje original del Apocalipsis, la Iglesia Primitiva, y el sentido general de las Escrituras: *¡Cristo ha muerto por los pecados, anuló la maldición, derrotó a Satanás y a los poderes, destruyó las obras del demonio, y restableció el reino de Dios en la tierra!*

B. ¿Por qué el tema bíblico del *Christus Victor* pierde favor, después de los tempranos 1, 000 años de aceptación?

   1. Aversión a la idea de los derechos satánicos que Dios tendría necesidad de respetar

   2. Incomodidad con lo militar y simbolismo de batalla que produce

   3. Los modernos problemas cosmológicos con definir la historia en términos de malos personajes malévolos, sensibles que deben ser sometidos

4. Meditando asuntos de la teodicea: ¿si Cristo es vencedor, que ha ido mal con el mundo?

5. La percepción de un marco dualista: La comprensión de Dios o el diablo, con poco espacio para las ambigüedades o de los colores grises

C. La presencia de Jesús como la "presencia del futuro" en el aquí y el ahora

1. El carácter distintivo del Evangelio de Jesús: "El Reino está a la mano", Mc. 1:14-15

2. Jesús y la inauguración de la Era Venidera dentro de la edad presente

    a. La venida de Juan el Bautista, Mt. 11:2-6

    b. La inauguración del ministerio de Jesús, Lc. 4:16-21

    c. La confrontación de Jesús con las fuerzas demoníacas, Lc. 10:18 y sig. ; 11:20

3. La enseñanza de Jesús y su pretensión de absoluta autoridad sobre la tierra, Mc. 2:1-12; Mt. 21:27; 28:18

> La muerte de Cristo por nuestros pecados – Su pago de la pena declarada contra nosotros –fue Su victoria legal mediante el cual Él borró el derecho legal de Satán sobre la raza humana. Pero Cristo también obtuvo una victoria dinámica. Esto es, cuando Él fue justificado y vivificado, adjudicado y declarado justo en la Suprema Corte del universo, Satán, el enemigo antiguo de Dios y del hombre, fue completamente desarmado y destronado. Cristo salió triunfante desde esa antigua prisión de la muerte. Pablo dice que Él: "despojó a los principados y a las potestades" y "los exhibió públicamente, triunfando sobre ellos en la cruz (Colosenses 2:15)".
>
> ~ Paul Billheimer. *Destined for the Throne*. [Destinado al trono]. pág. 87.

4. "El Reino ha venido y el hombre fuerte es atado," Mt. 12:28, 29

    a. El Reino de Dios "ha venido" – *pleroo*

    b. El significado del verbo griego (*pleroo*): "Cumplir, completar, ser realizado, como en profecía"

c. La invasión, entrada, manifestación del majestuoso poder de Dios

5. Jesús como el atador del hombre fuerte

Mt. 12:25-30 – Sabiendo Jesús los pensamientos de ellos, les dijo: Todo reino dividido contra sí mismo, es asolado, y toda ciudad o casa dividida contra sí misma, no permanecerá. Y si Satanás echa fuera a Satanás, contra sí mismo está dividido; ¿cómo, pues, permanecerá su reino? Y si yo echo fuera los demonios por Beelzebú, ¿por quién los echan vuestros hijos? Por tanto, ellos serán vuestros jueces. *Pero si yo por el Espíritu de Dios echo fuera los demonios, ciertamente ha llegado a vosotros el reino de Dios.* Porque ¿cómo puede alguno entrar en la casa del hombre fuerte, y saquear sus bienes, si primero no le ata? Y entonces podrá saquear su casa. El que no es conmigo, contra mí es; y el que conmigo no recoge, desparrama.

6. Jesús derrota al diablo, el enemigo infernal de la humanidad.

1 Jn. 3:8 – El que practica el pecado es del diablo; porque el diablo peca desde el principio. *Para esto apareció el Hijo de Dios, para deshacer las obras del diablo.*

Gn. 3:15 – *Y pondré enemistad entre ti y la mujer,* y entre tu simiente y la simiente suya; *ésta te herirá en la cabeza, y tú le herirás en el calcañar.*

Heb. 2:14 – Así que, por cuanto los hijos participaron de carne y sangre, él también participó de lo mismo, *para destruir por medio de la muerte al que tenía el imperio de la muerte,* esto es, al diablo.

Col. 2:15 – *y despojando a los principados y a las potestades, los exhibió públicamente,* triunfando sobre ellos en la cruz.

a. Ciega las mentes de aquellos que no creen, 2 Cor. 4:4

b. Funciona a través del engaño, mentira, y acusación, Jn. 8:44

c. Anima los asuntos de las naciones, 1 Jn. 5:19

d. Distrae a los seres humanos desde sus propios fines, comp. Gn. 3:2 y sig.

e. Oprime a los seres humanos a través de acoso, difamación, miedo, acusación, y muerte, He. 2:14-15

f. Resiste y persigue al pueblo de Dios, Ef. 6:10-18

7. Dos manifestaciones del Reino de Dios: El ahora y todavía del Reino (Oscar Cullman, *Christ and Time* [Cristo y el tiempo], George Ladd, *The Presence of the Future* [La presencia del futuro])

   a. La *primera* venida: el príncipe rebelde atado y su casa saqueada y el Reino de Dios viene con la presencia de Jesucristo

   b. La *segunda* venida: el príncipe rebelde destruido y su dominio condenado con la total manifestación del poder real de Dios en cielo nuevo y tierra nueva

D. El orden Cristo-céntrico: El Mesías Jesús de Nazaret como pieza central en la revelación y gobierno de Dios

> El mensaje de Jesús fue el Reino de Dios. Esto fue el centro y circunferencia de todo lo que Él enseñó e hizo. . . . El Reino de Dios es la concepción-maestra, el plan-maestro, el propósito-maestro, la voluntad-maestra que reúne todas las cosas en sí mismo y proporciona redención, coherencia, propósito y meta.
>
> ~ E. Stanley Jones. *Is the Kingdom of God Realism?*
> [¿Es Realismo el Reino de Dios?]

1. La *misión* del Mesías: para destruir las obras del Diablo, 1 Jn. 3:8

2. El *nacimiento* del Mesías: invasión de Dios al dominio de Satán, Lc. 1:31-33

3. El *mensaje* del Mesías: La proclamación y la inauguración del Reino, Mc. 1:14-15

4. La *enseñanza* del Mesías: La ética del Reino, Mt. 5-7

5. Los *milagros* del Mesías: su regia autoridad y poder, Mc. 2:8-12

6. Los *expulsiones de demonios* del Mesías: la derrota del Diablo y sus ángeles, Lc. 11:14-20

7. La *vida y hechos* del Mesías: la majestad del Reino del Reino, Jn. 1:14-18

8. La *resurrección* del Mesías: la victoria y vindicación del Rey, Rom. 1:1-4

9. La *comisión* del Mesías: el llamamiento a proclamar su Reino por todo el mundo, Mt. 28:18-10

10. La *ascensión* del Mesías: su coronación, Heb. 1:2-4

11. El *derramamiento del Santo Espíritu* del Mesías: el *arrabón* (seguridad, promesa) del Reino, 2 Cor. 1:20

12. La *Iglesia* del Mesías: Anticipo y agente del Reino, 2 Cor. 5:18-21

13. La *reunión* del Mesías: la potencia de su alto mando (1 Cor. 15:24-28), y su intercesión sumo sacerdotal y defensa en la mano derecha ante el Padre, Rom. 8:27; Is. 53:12; Jn. 16:23; Jn. 16:26-27; Jn. 17:20-24; He. 4:14-15; 7:25; 9:24; 1 Jn. 2:1-2

14. El *regreso* del Mesías: la consumación de su Reino absoluto, Ap. 19:6-9; Za. 14:5; Jn. 14:3; Hch. 1:11; 1 Tes. 4:14; 1 Tes. 4:16; 2 Tes. 1. 5-9; 2 Tes. 2:1; 1 Jn. 3:2; Ap. 1:7

E. Lo que *Christus Victor* (El Cristo Victorioso) significa en la asamblea de creyentes

1. La *Shekinah* (gloria de Dios) ha reaparecido enmedio de la Iglesia, que ahora es la morada de Dios como su templo, Ef. 2:19-22.

2. El pueblo (*ecclesia*) del Dios viviente se congrega aquí: propiedad de Cristo de toda familia, pueblo, nación, tribu, estatus, y cultura, 1 Pe. 2:8-9.

3. El *Sabbath* (reposo) de Dios es gozado y celebrado aquí, libertad, integridad, y justicia de Dios, Heb. 4:3-10.

4. El *Año del Jubileo* ha venido: perdón, renovación y restitución, Col. 1:13; Mt. 6:33; Ef. 1:3; 2 Pe. 1:3-4.

5. La *luz ha alumbrado sobre los gentiles*, quienes ahora son legítimos herederos de su esplendor eterno por venir, Col. 1:27; Rom. 16:25-27; Ef. 3:3-5.

6. *El Espíritu del Dios* vivo mora dentro de nosotros (*arrabon*): Dios vive aquí y camina entre nosotros aquí, 2 Cor. 1:20.

7. Nosotros *saboreamos los poderes del Siglo Venidero*: Satán está limitado en medio nuestro, la maldición está rota, se experimenta la liberación en nombre de Jesús, Gál. 3:10-14.

8. Nosotros experimentamos *el shalom (la paz) del Reino eterno de Dios*: La libertad, integridad, y justicia del nuevo orden están presente entre nosotros, y visiblemente expuestos al mundo por medio de nuestra buenas obras, Mt. 5:14-16; Rom. 5:1; Ef. 2:13-22.

9. Nosotros *anunciamos las Buenas Nuevas del reino de Dios* (*evaggelion*): invitamos a todos para gozarnos así como caminamos hacia la completa manifestación del Siglo Venidero, Mc. 1:14-15.

10. Aquí nosotros gritamos *¡Maranata!* (*¡Ven, Señor!*): nuestras vidas están estructuradas por la esperanza viva del futuro y la consumación de Dios, Ap. 22:17-21.

II. Implicaciones del *Christus Victor* (El Cristo Victorioso) para la teología de nuestra vida y testimonio

> El Reino de Dios significa la divina conquista sobre Sus enemigos, una conquista que está para ser consumado en tres etapas; y la primera victoria ya ha ocurrido. El poder del Reino de Dios ha invadido el dominio de Satán – el presente Siglo malo. La actividad de su poder para liberar a los hombres del gobierno satánico lo que fue evidenciado en la expulsión de los demonios. De ese modo, Satán fue atado; el fue derrotado desde su posición de poder; su poder fue "destruido". Las bendiciones de la Edad Mesiánica están ahora disponibles para aquellos quienes abracen el Reino de Dios. Nosotros podemos gozar ya las bendiciones resultantes de la derrota inicial de Satán. Sí, el Reino de Dios está cerca, está ya presente.
>
> Esto no significa que nosotros ahora gocemos a cabalidad las bendiciones de Dios, o que todo lo que se entiende por Reino de Dios ha llegado a nosotros. . . . [L]a Segunda Venida de Cristo es absolutamente esencial para el cumplimiento y consumación de la obra redentora de Dios. Sin embargo, Dios ya ha realizado la primera gran etapa en Su obra de redención. Satán es el dios de este siglo, ya el poder de Satán ha sido roto para que los hombres conozcan el gobierno de Dios en sus vidas. El siglo malo pasa, sin embargo los poderes del Siglo Venidero están disponibles a los hombres. Para el ojo humano, el mundo parece poco cambiado, el reino de Satán parece inamovible. Con todo el Reino de Dios ha venido entre los hombres [sic]; y aquellos quienes lo reciben serán preparados para entrar a la Gloria del Reino cuando Cristo venga para finalizar la buena obra ya iniciada. Éste es el Evangelio del Reino.
>
> ~ George Eldon Ladd. *The Gospel of the Kingdom*. [El Evangelio del Reino]. Grand Rapids: Wm. B. Eerdmans Publishing, 1959, págs. 50-51.

A. Para la Iglesia

   1. Como el pueblo de Dios y la nueva humanidad de la nueva creación de Dios, la Iglesia es *el pueblo de la victoria* del Cristo resucitado, la encarnación misma de Jesús en el mundo.

   2. Aclaración

      a. La Iglesia es el pueblo de Dios, 1 Pe. 2:8-9.

      b. La Iglesia es la nueva creación de Dios, 2 Cor. 5:17-21.

   3. Implicación: La Iglesia es *el espacio y el agente* del Reino, la prueba positiva del *Christus Victor* (El Cristo Victorioso) en la tierra.

B. Para la teología y doctrina

   1. Como confesión enraizada en la tradición apostólica (e.d. la Escritura canónica), teología y doctrina es el comentario sobre la gran narrativa de Dios con respecto a su obra salvífica en la persona de Jesús de Nazaret, el Señor y Mesías, 2 Tim. 3:15-17.

   2. Aclaración

      a. La Gran Tradición ha afirmado autoritativamente que la verdad del evento de Cristo, e.d., el *Christus Victor* y su significado en el mundo, Jn. 5:39-40; Lc. 24:27; 44-48.

      b. El Credo Niceno es un resumen autoritativo de la historia del triunfante gracia de Dios en la persona de Jesús de Nazaret.

   3. Implicación: *Christus Victor es el centro y corazón de toda la teología bíblica y doctrina correcta*, Flp. 2:5-11; Col. 1:15-20.

C. Para la espiritualidad

   1. Como experiencia, personal y comunal, de nuestra unión con Cristo por la fe, espiritualmente es la expresión viviente del poder del Espíritu Santo en el pueblo de Dios como ellos recuerdan, promulgan y reflexionan sobre el misterio de Dios en el Cristo Victorioso, 2 Pe. 3:18; Jn. 15:4-5.

   2. Aclaración

a. Es capturado en las actuales disciplinas arraigadas en profundizar nuestro conocimiento de Dios en Cristo, 1 Tim. 4:7-9.

b. Está formado por nuestras reuniones, nuestro leccionario, nuestra liturgia, y nuestras celebraciones de la historia de Jesús en el Calendario de la Iglesia, Col. 3:1-11.

3. Implicación: Participar y ser transformado por la vida del Señor resucitado es *el núcleo de la auténtica espiritualidad*, Heb. 1:1-4.

D. Para la adoración

1. Como el reconocimiento, la recreación, y el recordotorio permanente de los actos salvíficos de Dios en el Cristo Victorioso, adoración es la celebración de la asamblea estrechamente unida del pueblo de Dios, tal como ellos entran a la presencia por medio de la Palabra y de la Mesa, Ef. 5:18-21; Col. 3:11-17; 1 Cor. 15:1-8.

2. Aclaración

a. Es capturado en nuestro recuerdo, recreación, y celebración del evento de Cristo en nuestra adoración y servicio, 1 Cor. 11:23-26.

b. Está resumido y destacado en nuestra escucha y respuesta a la Palabra de Dios, 2 Pe. 1:20-21.

c. Se celebra en nuestro recordatorio y transformación en la Mesa, la Cena del Señor, 1 Cor. 11:23-26.

3. Implicación: Venir a la presencia del Padre por medio de la obra del Hijo en el poder el Espíritu es la médula de la adoración.

E. Para los dones

1. Como símbolos y emblemas de la fuente soberana del Espíritu Santo dentro del Cuerpo de Cristo, los dones espirituales son dones de gracia y beneficios de Dios que fluyen de la generosidad ganados por medio de la victoria del Cristo Victorioso, Ef. 4:7-10.

2. Aclaración

a. Dios ha dado oficios pastorales a la Iglesia de modo que sus miembros puedan ser equipados para la obra del ministerio, Ef. 4:11-16.

b. El Espíritu Santo dispone soberanamente los dones a los miembros del cuerpo para el bien común, 1 Cor. 12:1-11.

3. Implicación: Administrando nuestros dones a otros para el bien común de la Iglesia es el núcleo de los dones espirituales, 1 Pe. 4:10-11.

F. Para la evangelización y la misión

1. Como proclamación del Evangelio de Jesucristo, la evangelización y la misión es la declaración sin vergüenza de la victoria de Cristo sobre los poderes del diablo, la penalización del pecado, de sus efectos tanto en la maldición y muerte, y su restauración de la creación por medio del la soberana voluntad y gracia inmerecida del Padre, Mt. 9:35-38.

2. Aclaración

a. El Evangelio es el único mensaje de Dios en relación a la obra salvadora en Cristo, quien reina ahora como *Christus Victor*, Rom. 10:9-10; Hch. 2:33 y sig. ; Col. 2:15; comp. Gn. 3:15.

b. Nosotros proclamamos la venida del Reino de Dios en Jesucristo, y proclamamos arrepentimiento y fe en su nombre, Col. 1:13-14, 1 Jn. 3:8; Mt. 12:25-30.

c. Nosotros estamos para obedecer la Gran Comisión para ir a todo el mundo y hacer discípulos de Jesús entre todos los grupos de personas, Mt. 28:18-20; Mc. 16:15-18; Lc. 24:47-48; Jn. 20:21.

3. Implicación: Proclamar a Cristo como Señor y Mesías es la esencia del anunciar las Buenas Nuevas del Reino de Dios.

G. Para la justicia y la compasión

1. Como un testigo de la presente realidad del reinado de Dios en el mundo hoy, la justicia y compasión son las expresiones misericordiosas y generosas de la Iglesia de Dios en respuesta a la gloriosa liberación y beneficios del *Christus Victor*, Gál. 6:10.

2. Aclaración

a. Como la nueva creación de Dios, la Iglesia expone la verdadera vida del Reino en sus relaciones interpersonales y prácticas, Mt. 5:13-16.

      b. Como agentes y embajadores de Cristo, nosotros mostramos en nuestras palabras y hechos la maneras de la ciudadanía del cielo, 2 Cor. 5:20; Flp. 3:20-21.

      c. Como miembros agradecidos del cálido compañerismo de Dios, nosotros compartimos con alegría lo que somos y lo que tenemos con los menos afortunados, como una alegre expresión de nuestro agradecimiento a Dios por su bondad hacia nosotros, 1 Jn. 3:16-18; Mt. 22:34-40.

   3. Implicación: Como la nueva creación de Dios, la Iglesia muestra evidencia tangible en sus buenas obras de la realidad del Reino que viene por medio la Victoria de Jesucristo sobre el diablo.

H. Para el mundo

   1. Aunque Cristo ha derrotado al diablo, destruido el poder del mal, y pagado la pena por el pecado, vivimos todavía en un mundo caído, sujeto al pecado, la decadencia, y la muerte.

   2. En este mundo los creyentes todavía experimentarán tribulación, Jn. 16:33.

   3. El Diablo continua rondando alrededor, buscando a quien pueda devorar, 1 Pe. 5:8.

   4. Aunque la victoria final solamente venga cuando Cristo consuma su obra final en la *Parousia*, (presencia personal de Cristo en su Segunda Venida), nosotros estamos llamados a proclamar su victoria en el mundo, y mostrar la justicia y la rectitud del Reino donde y cuando podamos.

      a. Nosotros somos la luz del mundo, y la sal de la tierra, Mt. 5:13-16.

      b. Nosotros estamos en el mundo, pero no somos del mundo, Jn. 17:14-19.

      c. Nosotros estamos para hacer el bien a todas las personas, especialmente a aquellos de la familia de la fe, Gál. 6:10.

      d. Nosotros estamos preparados para dar una respuesta de esperanza que mora dentro de nosotros, 1 Pe. 3:15.

      e. Nosotros estamos llamados a declarar las excelencias de él, quien nos llamó de las tinieblas a la luz, 1 Pe. 2:8-9.

f. Nosotros somos embajadores de Cristo, ciudadanos del Reino celestial, llamados a representar sus intereses con fidelidad y honor, 2 Cor. 5:20; Flp. 3:20-21; 1 Cor. 4:1-2.

III. Encarnando y mostrando la historia de Cristo: Abrazando una teología viva de Christus Victor por medio del Calendario de la Iglesia

> [La interpretación del punto de vista del evento de Cristo en el mundo que hizo Gustaf Aulen de Ireneo]. La Resurrección es para él la primera y decisiva manifestación de la decisiva victoria sobre los poderes del mal, la cual se ganó en la cruz; es asimismo el punto de partida para la nueva dispensación, para el regalo del Espíritu, para la continuación del la obra de Dios en las almas de los hombres [sic] "para la unidad y comunión de Dios y el hombre". "La pasión de Cristo nos trajo valentía y poder. El Señor por medio de Su pasión ascendió a lo alto, tomó cautiva la cautividad y dio regalos a los hombres, y dio poder a los que creen en Él para hollar sobre serpientes y escorpiones y sobre todo el poder del enemigo – esto es, el príncipe de la apostasía. El Señor por medio de Su pasión destruyó la muerte, puso fin al error, abolió la corrupción, desterró la ignorancia, manifestó la vida, declaró la verdad".
>
> ~ Gustaf Aulen. *Christus Victor*. [El Cristo Victorioso]. Trans. A. G. Hebert. Eugene, OR: Wipf and Stock Publishers, 2003, pág. 32.

A. Advenimiento: el Mesías Prometido

1. *El marco bíblico*: a través de la promesa del pacto de Dios, una simiente de mujer, de Abraham, y de David vendría, aplastaría la cabeza de la serpiente, y redimiría al pueblo de Dios.

2. Referencias de la Escritura ejemplares

   a. Para nosotros un niño es nacido, Is. 9:6-7 – Porque un niño nos es nacido, hijo nos es dado, y el principado sobre su hombro; y se llamará su nombre Admirable, Consejero, Dios Fuerte, Padre Eterno, Príncipe de Paz. Lo dilatado de su imperio y la paz no tendrán límite, sobre el trono de David y sobre su reino, disponiéndolo y confirmándolo en juicio y en justicia desde ahora y para siempre. El celo de Jehová de los ejércitos hará esto.

   b. Los días están viniendo, Jr. 23:5-6 – He aquí que vienen días, dice Jehová, en que levantaré a David renuevo justo, y reinará como Rey, el cual será dichoso, y hará juicio y justicia en la tierra. En sus días será salvo Judá, e Israel habitará confiado; y este será su nombre con el cual le llamarán: Jehová, justicia nuestra.

c. El que viene reinará en justicia y paz, Is. 11:1-10.

3. *Su significado en la historia de Jesús*: La Palabra pre-encarnada, solamente el unigénito Hijo de Dios en gloria

4. *El tiempo del Calendario de la Iglesia*: Adviento, la Venida de Cristo. El Adviento anticipa la Primera y Segunda venida de nuestro Señor. Los profetas de Dios predijeron su Venida, y los ángeles anunciaron su nacimiento a María y a los pastores. Nosotros afirmamos la promesa cumplida de Dios en el arribo del Mesías en Bethlehem.

5. *En cuanto a la formación espiritual*: Así como nosotros esperamos al Que Viene, así proclamamos y afirmamos nuestra seguridad y esperanza certera de nuestra liberación.

B. Navidad: La Palabra hecha carne

1. *El marco bíblico*: En la persona de Jesús de Nazaret, el Señor Dios ha venido al mundo; él es Emmanuel, "Dios con nosotros", Is. 7:14.

2. Referencias de la Escritura ejemplares

a. Emanuel, Mt. 1:20-23 – Y pensando él en esto, he aquí un ángel del Señor le apareció en sueños y le dijo: José, hijo de David, no temas recibir a María tu mujer, porque lo que en ella es engendrado, del Espíritu Santo es. Y dará a luz un hijo, y llamarás su nombre JESÚS, porque él salvará a su pueblo de sus pecados. Todo esto aconteció para que se cumpliese lo dicho por el Señor por medio del profeta, cuando dijo: He aquí, una virgen concebirá y dará a luz un hijo, y llamarás su nombre Emanuel, m que traducido es: Dios con nosotros.

b. La Palabra hecha carne, Jn. 1:14-18 –Y aquel Verbo fue hecho carne, y habitó entre nosotros (y vimos su gloria, gloria como del unigénito del Padre), lleno de gracia y de verdad. Juan dio testimonio de él, y clamó diciendo: Este es de quien yo decía: El que viene después de mí, es antes de mí; porque era primero que yo. Porque de su plenitud tomamos todos, y gracia sobre gracia. Pues la ley por medio de Moisés fue dada, pero la gracia y la verdad vinieron por medio de Jesucristo. A Dios nadie le vio jamás; el unigénito Hijo, que está en el seno del Padre, él le ha dado a conocer.

c. La humildad del Hijo, Flp. 2:6-8 – el cual, siendo en forma de Dios, no estimó el ser igual a Dios como cosa a que aferrarse, sino que se despojó a sí mismo, tomando forma de siervo, hecho semejante a los hombres; y estando en la condición de hombre, se humilló a sí mismo, haciéndose obediente hasta la muerte, y muerte de cruz.

3. *Su significado en la historia de Jesús*: En la encarnación, Dios ha venido a nosotros. Jesús de Nazaret se reveló a la humanidad, la gloria del Padre en plenitud, la plenitud de Dios habitaba en él, Col. 2:8-10.

4. *El tiempo del Calendario de la Iglesia*: Navidad, el nacimiento de Cristo. La Navidad celebra el misterio de la encarnación del Hijo de Dios, la Palabra hecha carne. Él entra al mundo para revelar el amor del Padre a la humanidad, para destruir las obras del diablo, y redimir a su pueblo de sus pecados.

5. *En cuanto a la formación espiritual*: Oh, la Palabra hecha carne, reveladora de Dios a nosotros, nos ayuda a preparar nuestros corazones para que habite dentro de ellos.

C. Epifanía (Presencia divina): el Hijo del Hombre

1. *El marco bíblico*: Como el Rey prometido y divino Hijo del Hombre, Jesús revela la gloria del Padre y la salvación al mundo.

2. Referencias de la Escritura ejemplares

a. Una estrella saldrá de Jacob, Núm. 24:17 – Lo veré, mas no ahora; Lo miraré, mas no de cerca; Saldrá estrella de Jacob, Y se levantará cetro de Israel, Y herirá las sienes de Moab, y destruirá a todos los hijos de Set.

b. El Rey de los judíos, Mt. 2:2-6 – diciendo: ¿Dónde está el rey de los judíos, que ha nacido? Porque su estrella hemos visto en el oriente, y venimos a adorarle. Oyendo esto, el rey Herodes se turbó, y toda Jerusalén con él. Y convocados todos los principales sacerdotes, y los escribas del pueblo, les preguntó dónde había de nacer el Cristo. Ellos le dijeron: En Belén de Judea; porque así está escrito por el profeta: Y tú, Belén, de la tierra de Judá, No eres la más pequeña entre los príncipes de Judá; porque de ti saldrá un guiador, que apacentará a mi pueblo Israel.

c. La aurora nos visitará, Lc. 1:78. 79 – Por la entrañable misericordia de nuestro Dios, Con que nos visitó desde lo alto la aurora, Para dar luz a los que habitan en tinieblas y en sombra de muerte; Para encaminar nuestros pies por camino de paz.

3. *Su significado en la historia de Jesús*: como la Palabra que declara la gloria del Padre al mundo, el divino Hijo del Hombre, Jesús, aparece a los magos, y al mundo

4. *El tiempo del Calendario de la Iglesia*: Epifanía, la Manifestación de Cristo. La Epifanía conmemora la venida de los magos, que siguieron la estrella en busca del Cristo niño. La temporada enfatiza la misión de Cristo para y por el mundo. La luz de la salvación es revelada a todos los pueblos en la persona de Jesús, el Hijo de Dios.

5. *En cuanto a la formación espiritual*: En Jesús, el divino Hijo del Hombre, la gloria y salvación de Dios es revelada a las naciones.

D. Cuaresma: el Siervo Sufriente

1. *El marco bíblico*: Como inaugurador del Reino de Dios, Jesús demuestra el Reino de Dios como su Siervo Sufriente, mostrando la vida del Reino en sus palabras, maravillas, y obras.

2. Referencias de la Escritura ejemplares

a. Mt. 12:25-30 – Sabiendo Jesús los pensamientos de ellos, les dijo: Todo reino dividido contra sí mismo, es asolado, y toda ciudad o casa dividida contra sí misma, no permanecerá. Y si Satanás echa fuera a Satanás, contra sí mismo está dividido; ¿cómo, pues, permanecerá su reino? Y si yo echo fuera los demonios por Beelzebú, ¿por quién los echan vuestros hijos? Por tanto, ellos serán vuestros jueces. Pero si yo por el Espíritu de Dios echo fuera los demonios, ciertamente ha llegado a vosotros el reino de Dios. Porque ¿cómo puede alguno entrar en la casa del hombre fuerte, y saquear sus bienes, si primero no le ata? Y entonces podrá saquear su casa. El que no es conmigo, contra mí es; y el que conmigo no recoge, desparrama.

   b. Mc. 1:14-15 – Después que Juan fue encarcelado, Jesús vino a Galilea predicando el evangelio del reino de Dios, diciendo: El tiempo se ha cumplido, y el reino de Dios se ha acercado; arrepentíos, y creed en el evangelio.

   c. Lc. 17:20-21 – Preguntado por los fariseos, cuándo había de venir el reino de Dios, les respondió y dijo: El reino de Dios no vendrá con advertencia, ni dirán: Helo aquí, o helo allí; porque he aquí el reino de Dios está entre vosotros.

3. *Su significado en la historia de Jesús*: Su enseñanza, expulsiones de demonios, milagros, y poderosos hechos realizados entre el pueblo

4. *El tiempo del Calendario de la Iglesia*: Cuaresma, el Ministerio de Cristo. La temporada cuaresmal, un período de cuarenta días, inicia el miércoles de Ceniza y finaliza el Jueves de la Semana Santa. Nos llama a reflexionar sobre el sufrimiento, crucifixión y muerte de Jesús, siguiendo a nuestro Señor, nos preparamos nosotros mismos en el camino de la Cruz en completa obediencia a Dios.

5. *En cuanto a la formación espiritual*: En la persona de Cristo, el poder del reinado de Dios que ha venido a la tierra, y a la iglesia.

E. Semana Santa: el Cordero de Dios

1. *El marco bíblico*: Como Sumo Sacerdote y Cordero Pascual, Jesús se ofrece así mismo a Dios en lugar nuestro como sacrificio por el pecado, y como Señor victorioso que destruye la muerte y la tumba.

2. Referencias de la Escritura ejemplares

   a. Jn. 1:29 – El siguiente día vio Juan a Jesús que venía a él, y dijo: He aquí el Cordero de Dios, que quita el pecado del mundo.

b. 2 Cor. 5:18-21 – Y todo esto proviene de Dios, quien nos reconcilió consigo mismo por Cristo, y nos dio el ministerio de la reconciliación; que Dios estaba en Cristo reconciliando consigo al mundo, no tomándoles en cuenta a los hombres sus pecados, y nos encargó a nosotros la palabra de la reconciliación. Así que, somos embajadores en nombre de Cristo, como si Dios rogase por medio de nosotros; os rogamos en nombre de Cristo: Reconciliaos con Dios. Al que no conoció pecado, por nosotros lo hizo pecado, para que nosotros fuésemos hechos justicia de Dios en él.

c. 1 Jn. 3:8 – El que practica el pecado es del diablo; porque el diablo peca desde el principio. Para esto apareció el Hijo de Dios, para deshacer las obras del diablo.

d. Is. 52-53

e. 1 Tim. 2:3-6 – Porque esto es bueno y agradable delante de Dios nuestro Salvador, el cual quiere que todos los hombres sean salvos y vengan al conocimiento de la verdad. Porque hay un solo Dios, y un solo mediador entre Dios y los hombres, Jesucristo hombre, el cual se dio a sí mismo en rescate por todos, de lo cual se dio testimonio a su debido tiempo.

3. *Su significado en la historia de Jesús*: Como el perfecto Cordero de Dios, Jesús se ofrece a sí mismo a Dios como un pecador ofreciéndose en lugar del mundo, y por medio de su muerte, destruye la muerte, la maldición, la tumba, y las obras del diablo.

4. *El tiempo del Calendario de la Iglesia*: La Semana Santa, el Sufrimiento y Muerte de Cristo recuerda los eventos de los sufrimientos y muerte de Cristo. Nosotros recordamos su entrada triunfante a Jerusalén el domingo de Ramos, la entrega de mandamientos ("nuevo mandamiento") en jueves Santo, su crucifixión el viernes Santo, y al final de la semana con la solemne vigilia del Sábado de Gloria, antes del domingo de Resurrección.

5. *En cuanto a la formación espiritual*: Quienes puedan compartir la muerte de Cristo pueden ser resucitados con él.

F. El tiempo ordinario: El Conquistador Victorioso

1. *El marco bíblico*: En su resurrección desde la muerte y su ascensión a lado derecho de Dios, Jesús es verificado, confirmado, y exaltado como Vencedor sobre la muerte y restaurador de la creación.

2. Referencias de la Escritura ejemplares

   a. Dios levantó a Jesús, y lo ha hecho Señor y Cristo, Hch. 2:32-36 – A este Jesús resucitó Dios, de lo cual todos nosotros somos testigos. Así que, exaltado por la diestra de Dios, y habiendo recibido del Padre la promesa del Espíritu Santo, ha derramado esto que vosotros veis y oís. Porque David no subió a los cielos; pero él mismo dice: Dijo el Señor a mi Señor: Siéntate a mi diestra, Hasta que ponga a tus enemigos por estrado de tus pies. Sepa, pues, certísimamente toda la casa de Israel, que a este Jesús a quien vosotros crucificasteis, Dios le ha hecho Señor y Cristo.

   b. Cristo es exaltado como Cabeza de la Iglesia, Ef. 1:19-23 – y cuál la supereminente grandeza de su poder para con nosotros los que creemos, según la operación del poder de su fuerza, la cual operó en Cristo, resucitándole de los muertos y sentándole a su diestra en los lugares celestiales, sobre todo principado y autoridad y poder y señorío, y sobre todo nombre que se nombra, no sólo en este siglo, sino también en el venidero; y sometió todas las cosas bajo sus pies, y lo dio por cabeza sobre todas las cosas a la iglesia, la cual es su cuerpo, la plenitud de Aquel que todo lo llena en todo.

   c. Toda rodilla se doblará, y toda lengua confesará a Jesús como Señor, Flp. 2:9-11 – Por lo cual Dios también le exaltó hasta lo sumo, y le dio un nombre que es sobre todo nombre, para que en el nombre de Jesús se doble toda rodilla de los que están en los cielos, y en la tierra, y debajo de la tierra; y toda lengua confiese que Jesucristo es el Señor, para gloria de Dios Padre.

   d. Dios quiere que Jesús tenga el primer lugar en todas las cosas, Col. 1:15-20 – El es la imagen del Dios invisible, el primogénito de toda creación. Porque en él fueron creadas todas las cosas, las que hay en los cielos y las que hay en la tierra, visibles e invisibles; sean tronos, sean dominios, sean principados, sean potestades; todo fue creado por medio de él y para él. Y él es antes de todas las cosas, y todas las cosas en él subsisten; y él es la cabeza del cuerpo que es la iglesia, él que es el principio, el primogénito de entre los muertos, para que en todo tenga la preeminencia; por cuanto agradó al Padre que en él habitase toda plenitud, y por medio de él reconciliar consigo todas las cosas, así las que están en la tierra como las que están en los cielos, haciendo la paz mediante la sangre de su cruz.

e. Él ha conquistado los principados y los poderes, Col. 2:15 – y despojando a los principados y a las potestades, los exhibió públicamente, triunfando sobre ellos en la cruz.

3. *Su significado en la historia de Jesús*: Su resurrección, con apariciones a sus discípulos y a otros testigos, así como sus pruebas indubitables dadas entre el tiempo de la resurrección y la ascensión al lado derecho del Padre

4. *El tiempo del Calendario de la Iglesia*: La Pascua, la Resurrecciòn y Ascensiòn de Cristo, y el derramamiento del Espíritu Santo

   a. En domingo de Pascua nosotros celebramos la resurrección de Jesús. Él quien fue traicionado por su propio discípulo, crucificado sobre una cruz romana, y sepultado en una tumba prestada, se levantó triunfante de la muerte a la vida por medio del poder de Dios. "¡Cristo ha resucitado, Él ha resucitado, verdaderamente!"

   b. Por cincuenta días, desde el domingo de Pascua a Pentecostés, nosotros consideramos la resurrección en sus apariciones a sus discípulos. Dada toda autoridad, Jesús ascendió a los cielos a la diestra de Dios, y nos envió la promesa del Padre, el Santo Espíritu.

   c. En Pentecostés conmemoramos la venida del Espíritu Santo al pueblo de Dios, la Iglesia. Jesús ahora está presente con su pueblo en la persona del Espíritu, para gloria de Dios Padre. Consideramos juntos este misterio el domingo de la Trinidad.

5. *En cuanto a la formación espiritual*: Participamos por fe en la victoria de Cristo sobre el poder del pecado, Satán, y la muerte

G. El tiempo ordinario (La temporada después del Pentecostés): El Señor reinando en el cielo, el novio y Rey que viene

1. *El marco bíblico*: Ahora reinando a la diestra de Dios, antes que sus enemigos sean hechos estrado de sus pies, Jesús derrama sus beneficios sobre su cuerpo, la Iglesia, y consuma su obra-el reinado de Cristo, el Rey.

2. Referencias de la Escritura ejemplares

    a. Mt. 28:18-20 – Y Jesús se acercó y les habló diciendo: Toda potestad me es dada en el cielo y en la tierra. Por tanto, id, y haced discípulos a todas las naciones, bautizándolos en el nombre del Padre, y del Hijo, y del Espíritu Santo; enseñándoles que guarden todas las cosas que os he mandado; y he aquí yo estoy con vosotros todos los días, hasta el fin del mundo. Amén.

    b. Rom. 14:7-9 – Porque ninguno de nosotros vive para sí, y ninguno muere para sí. Pues si vivimos, para el Señor vivimos; y si morimos, para el Señor morimos. Así pues, sea que vivamos, o que muramos, del Señor somos. Porque Cristo para esto murió y resucitó, y volvió a vivir, para ser Señor así de los muertos como de los que viven.

    c. 1 Cor. 15:25 – Porque preciso es que él reine hasta que haya puesto a todos sus enemigos debajo de sus pies.

    d. Heb. 1:1-4 – Dios, habiendo hablado muchas veces y de muchas maneras en otro tiempo a los padres por los profetas, en estos postreros días nos ha hablado por el Hijo, a quien constituyó heredero de todo, y por quien asimismo hizo el universo; el cual, siendo el resplandor de su gloria, y la imagen misma de su sustancia, y quien sustenta todas las cosas con la palabra de su poder, habiendo efectuado la purificación de nuestros pecados por medio de sí mismo, se sentó a la diestra de la Majestad en las alturas, hecho tanto superior a los ángeles, cuanto heredó más excelente nombre que ellos.

    e. Ap. 5:9-10 – y cantaban un nuevo cántico, diciendo: Digno eres de tomar el libro y de abrir sus sellos; porque tú fuiste inmolado, y con tu sangre nos has redimido para

Dios, de todo linaje y lengua y pueblo y nación; y nos has hecho para nuestro Dios reyes y sacerdotes, y reinaremos sobre la tierra.

3. *Su significado en la historia de Jesús*: El envío del Espíritu Santo y sus dones, la presente reunión de Cristo en los cielos al lado derecho del Padre, la cosecha de Dios entre las naciones, la esperanza de su inminente retorno

4. *El tiempo del Calendario de la Iglesia*: El tiempo después del Pentecostés, el Reinado del Señor en el cielo y el Juez y Novio que viene

    a. Durante "el tiempo ordinario" (*Kingdomtide*), nosotros consideramos los hechos salvíficos de Dios a través del tiempo. Como el Cristo Victorioso, Jesús debe reinar hasta que sus enemigos sean sometidos bajo sus pies. Él es la cabeza del cuerpo, la Iglesia, y ahora él empodera a su pueblo para dar testimonio de su gracia salvadora en el mundo.

    b. Como Señor de la Cosecha, Jesús ha comisionado a la Iglesia para ir y hacer discípulos a todas las naciones. Durante este tiempo vamos a considerar cómo nosotros podemos avanzar el reinado de Dios, así nosotros mostramos y decimos la salvación de Cristo al mundo. Este es un tiempo de cosecha.

    c. Como el amanecer sigue a la noche, así nuestro Señós con seguridad aparecerá en poder y gloria para reunirnos con él mismo, al término de la guerra y el pecado, y restaurar la creación bajo la voluntad de Dios. Este es el tiempo de la esperanza del pronto retorno de Cristo.

    d. De acuerdo con la Escritura, Cristo regresará y finalizará la obra que él inició en la Cruz, juzgará al mundo y salvará a los suyos. El Banquete de Cristo el Rey, el último Domingo antes de Adviento, apunta para el día cuando Cristo tendrá el gobierno supremo.

5. *En cuanto a la formación espiritual*: Mora dentro de nosotros Espíritu Santo y danos poder para avanzar el Reino de Cristo en el mundo. Deja que vivamos y trabajemos en expectación de su inminente retorno, procurando agradarle en todas las cosas.

IV. Beneficios de concretar Christus Victor en nuestra adoración y misión

> Un cristiano es, en esencia, alguien personalmente relacionado con Jesucristo. Cristianismo sin Cristo es un baúl sin un tesoro, un marco sin un retrato, un cadáver sin aliento. Cristo viene a cada uno de nosotros con una convocatoria individual: 'Ven a mí', 'sígueme'. Y el cristiano inicia su vida así, sin embargo indeciso y titubeante respondemos su llamado. A continuación empezamos a seguirle. Descubrimos para nuestro creciente encanto la sorpresa, que una relación personal con Cristo es multifacética, multicolor, muchas cosas esplendorosas. Encontramos que es nuestro Mediador y nuestro Cimiento, nuestro Dador de la vida, y nuestro Señor, el Secreto y la Meta de nuestro vivir, nuestro Amante y nuestro Modelo. O, traer juntas las preposiciones que hemos de tener en cuenta, nosotros aprendemos que para ser un cristiano es vivir nuestras vidas por medio, sobre, en, bajo, con, a, para y como Jesucristo. Cada preposición indica un diferente tipo de relación, pero en cada caso Cristo mismo es el centro, el símbolo de la victoria de Cristo.
>
> ~ John Stott. *Focus on Christ*. [Enfoque en Cristo]. New York: William Collins Publishers, 1979, pág. 155.

A. La respuesta a la fragmentación y énfasis idiosincráticos

1. *Christus Victor* nos salva desde la distracción de temas, conceptos y énfasis que son más ramitas que ramas, tronco o raíz, para la historia bíblica del amor de Dios en Cristo.

2. Textos de apoyo

   a. No ser llevado cautivos por centros sustitutos de énfasis que no sea Cristo. Col. 2:8-10 – Mirad que nadie os engañe por medio de filosofías y huecas sutilezas, según las tradiciones de los hombres, conforme a los rudimentos del mundo, y no según Cristo. Porque en él habita corporalmente toda la plenitud de la Deidad, y vosotros estáis completos en él, que es la cabeza de todo principado y potestad.

   b. Enseñar tradiciones humanas y no a Cristo Jesús, Mc. 7:3-8 – Porque los fariseos y todos los judíos, aferrándose a la tradición de los ancianos, si muchas veces no se lavan las manos, no comen. Y volviendo de la plaza, si no se lavan, no comen. Y otras muchas cosas hay que tomaron para guardar, como los lavamientos de los vasos de beber, y de los jarros, y de los utensilios de metal, y de los lechos. Le preguntaron, pues, los fariseos y los escribas: ¿Por qué tus discípulos no andan conforme a la tradición de los ancianos, sino que comen pan con manos inmundas? Respondiendo él, les dijo: Hipócritas, bien profetizó de vosotros Isaías, como está escrito: Este pueblo de labios me honra, Mas su corazón está lejos de mí. Pues en vano me honran, Enseñando como doctrinas mandamientos de hombres. Porque dejando el mandamiento de Dios, os aferráis a la tradición de los hombres: los lavamientos de los jarros y de los vasos de beber; y hacéis otras muchas cosas semejantes.

B. La clave para la autoridad apostólica y bíblica

1. Jesucristo mismo es la clave para el tema e interpretación de la Escritura y por lo mismo de la espiritualidad, servicio, y misión.

2. Textos de apoyo

   a. Él no vino a abolir la Ley o a los Profetas, sino a cumplirlos, Mt. 5:17-18 – No penséis que he venido para abrogar la ley o los profetas; no he venido para abrogar, sino para cumplir. Porque de cierto os digo que hasta que pasen el cielo y la tierra, ni una jota ni una tilde pasará de la ley, hasta que todo se haya cumplido.

   b. Él interpretó las Escrituras como textos que se refirieron a él.

      (1) Lc. 24:27 – Y comenzando desde Moisés, y siguiendo por todos los profetas, les declaraba en todas las Escrituras lo que de él decían.

      (2) Lc. 24:44-47 – Y les dijo: Estas son las palabras que os hablé, estando aún con vosotros: que era necesario que se cumpliese todo lo que está escrito de mí en la ley de Moisés, en los profetas y en los salmos. Entonces les abrió el entendimiento, para que comprendiesen las Escrituras; y les dijo: Así está escrito, y así fue necesario que el Cristo padeciese, y resucitase de los muertos al tercer día; y que se predicase en su nombre el arrepentimiento y el perdón de pecados en todas las naciones, comenzando desde Jerusalén.

c. Las Escrituras testifican de él, Jn. 5:39-40 – Escudriñad las Escrituras; porque a vosotros os parece que en ellas tenéis la vida eterna; y ellas son las que dan testimonio de mí; y no queréis venir a mí para que tengáis vida.

d. Él citó las Escrituras como refiriéndose a sí mismo, Heb. 10:5-7 – Por lo cual, entrando en el mundo dice: Sacrificio y ofrenda no quisiste; mas me preparaste cuerpo. Holocaustos y expiaciones por el pecado no te agradaron. Entonces dije: He aquí que vengo, oh Dios, para hacer tu voluntad, como en el rollo del libro está escrito de mí.

C. La plenitud de la espiritualidad compartida

1. La sabiduría espiritual y profundidad consiste en ser plantado en la persona de Cristo, unido por fe a él junto a los otros en asamblea.

2. Textos de apoyo

a. Col. 2:1-3 – Porque quiero que sepáis cuán gran lucha sostengo por vosotros, y por los que están en Laodicea, y por todos los que nunca han visto mi rostro; para que sean consolados sus corazones, unidos en amor, hasta alcanzar todas las riquezas de pleno entendimiento, a fin de conocer el misterio de Dios el Padre, y de Cristo, en quien están escondidos todos los tesoros de la sabiduría y del conocimiento.

b. Col. 2:6-7 – Por tanto, de la manera que habéis recibido al Señor Jesucristo, andad en él; arraigados y sobreedificados en él, y confirmados en la fe, así como habéis sido enseñados, abundando en acciones de gracias.

c. 2 Pe. 3:18 – Antes bien, creced en la gracia y el conocimiento de nuestro Señor y Salvador Jesucristo. A él sea gloria ahora y hasta el día de la eternidad. Amén.

d. Jn. 17:3 – Y esta es la vida eterna: que te conozcan a ti, el único Dios verdadero, y a Jesucristo, a quien has enviado.

e. Flp. 3:8 – Y ciertamente, aun estimo todas las cosas como pérdida por la excelencia del conocimiento de Cristo

Jesús, mi Señor, por amor del cual lo he perdido todo, y lo tengo por basura, para ganar a Cristo.

D. La libertad de las expresiones culturales y la tradición

1. La libertad que Jesús ganó para su pueblo significa que todas las personas, independientemente de la cultura, origen étnico, antecedentes o nacionalidad, pueden experimentar la plenitud de Dios en él.

2. Textos de apoyo

   a. Cristo murió para hacernos libres, Gál. 5:1 – Estad, pues, firmes en la libertad con que Cristo nos hizo libres, y no estéis otra vez sujetos al yugo de esclavitud.

   b. Nosotros fuimos llamados a libertad, Gál. 5:13 – Porque vosotros, hermanos, a libertad fuisteis llamados; solamente que no uséis la libertad como ocasión para la carne, sino servíos por amor los unos a los otros.

   c. Vivir como personas libres en Dios, 1 Pe. 2:16 – como libres, pero no como los que tienen la libertad como pretexto para hacer lo malo, sino como siervos de Dios.

   d. La reunión del Concilio de Jerusalén, Hch. 15:22-29 – Entonces pareció bien a los apóstoles y a los ancianos, con toda la iglesia, elegir de entre ellos varones y enviarlos a Antioquía con Pablo y Bernabé: a Judas que tenía por sobrenombre Barsabás, y a Silas, varones principales entre los hermanos; y escribir por conducto de ellos: Los apóstoles y los ancianos y los hermanos, a los hermanos de entre los gentiles que están en Antioquía, en Siria y en Cilicia, salud. Por cuanto hemos oído que algunos que han salido de nosotros, a los cuales no dimos orden, os han inquietado con palabras, perturbando vuestras almas, mandando circuncidaros y guardar la ley, nos ha parecido bien, habiendo llegado a un acuerdo, elegir varones y enviarlos a vosotros con nuestros amados Bernabé y Pablo, hombres que han expuesto su vida por el nombre de nuestro Señor Jesucristo. Así que enviamos a Judas y a Silas, los cuales también de palabra os harán saber lo mismo. Porque ha parecido bien al Espíritu Santo, y a nosotros, no imponeros ninguna carga más que estas cosas necesarias:que os abstengáis de lo sacrificado a ídolos, de sangre, de ahogado y de fornicación; de las cuales cosas si os guardareis, bien haréis. Pasadlobien.

e. Los antecedentes y el origen étnico ya no son obstáculos para la fe y madurez espiritual.

(1) Gál. 3:28 – Ya no hay judío ni griego; no hay esclavo ni libre; no hay varón ni mujer; porque todos vosotros sois uno en Cristo Jesús.

(2) Col. 3:11 – donde no hay griego ni judío, circuncisión ni incircuncisión, bárbaro ni escita, siervo ni libre, sino que Cristo es el todo, y en todos.

E. La visible exposición del gobierno de Dios a través de la Iglesia

1. Como el pueblo de la Resurrección, la Iglesia del *Christus Victor* (El Cristo Victorioso) debe concretamente revelar por medio de su adoración, vida y servicio las tangibles manifestaciones de la vida del Siglo Venidero, justo aquí y ahora en el mundo hoy.

2. Textos de apoyo

a. Nosotros somos la sal de la tierra, y la luz del mundo, Mt. 5:13-16 – Vosotros sois la sal de la tierra; pero si la sal se desvaneciere, ¿con qué será salada? No sirve más para nada, sino para ser echada fuera y hollada por los hombres. Vosotros sois la luz del mundo; una ciudad asentada sobre un monte no se puede esconder. Ni se enciende una luz y se pone debajo de un almud, sino sobre el candelero, y alumbra a todos los que están en casa. Así alumbre vuestra luz delante de los hombres, para que vean vuestras buenas obras, y glorifiquen a vuestro Padre que está en los cielos.

b. Nosotros estamos para brillar como luminarias en medio de este presente retorcido y fuera del centro de la sociedad, Flp. 2:14-16 – Haced todo sin murmuraciones y contiendas, para que seáis irreprensibles y sencillos, hijos de Dios sin mancha en medio de una generación maligna y perversa, en medio de la cual resplandecéis como luminares en el mundo; asidos de la palabra de vida, para que en el día de Cristo yo pueda gloriarme de que no he corrido en vano, ni en vano he trabajado.

    c. Nosotros estamos para vivir en cada manera como para iluminar el camino a Cristo y su reino a través de nuestras palabras auténticas y obras de servicio, Ef. 5:8-14 –Porque en otro tiempo erais tinieblas, mas ahora sois luz en el Señor; andad como hijos de luz (porque el fruto del Espíritu es en toda bondad, justicia y verdad), comprobando lo que es agradable al Señor. Y no participéis en las obras infructuosas de las tinieblas, sino más bien reprendedlas; porque vergonzoso es aun hablar de lo que ellos hacen en secreto. Mas todas las cosas, cuando son puestas en evidencia por la luz, son hechas manifiestas; porque la luz es lo que manifiesta todo. Por lo cual dice: Despiértate, tú que duermes, Y levántate de los muertos, y te alumbrará Cristo.

    d. Nosotros estamos para hacer el bien a todas las personas, especialmente a los de la familia de la fe, Gál. 6:9-10 – No nos cansemos, pues, de hacer bien; porque a su tiempo segaremos, si no desmayamos. Así que, según tengamos oportunidad, hagamos bien a todos, y mayormente a los de la familia de la fe.

F. La fuerza explosiva de multiplicación y normalización dinámica

  1. Por medio de un enfoque sobre la vida y obra de Jesucristo de Nazaret, nosotros podemos entrenar, equipar, y facultar a una generación entera de creyentes para evangelización, justicia, y misión.

  2. Textos de apoyo

    a. Nosotros compartimos prácticas fundamentales para ser esencialmente uno en Cristo, Ef. 4:1-6 – Yo pues, preso en el Señor, os ruego que andéis como es digno de la vocación con que fuisteis llamados, con toda humildad y mansedumbre, soportándoos con paciencia los unos a los otros en amor, solícitos en guardar la unidad del Espíritu en el vínculo de la paz; un cuerpo, y un Espíritu, como fuisteis también llamados en una misma esperanza de vuestra vocación; un Señor, una fe, un bautismo, un Dios y Padre de todos, el cual es sobre todos, y por todos, y en todos.

b. Nosotros somos un cuerpo, y miembros los unos de los otros, Rom. 12:4-5 – Porque de la manera que en un cuerpo tenemos muchos miembros, pero no todos los miembros tienen la misma función, así nosotros, siendo muchos, somos un cuerpo en Cristo, y todos miembros los unos de los otros.

c. Nosotros participamos del mismo pan, 1 Cor. 10:17 – Siendo uno solo el pan, nosotros, con ser muchos, somos un cuerpo; pues todos participamos de aquel mismo pan.

d. Un cuerpo con muchos miembros, 1 Cor. 12:12-13 – Porque así como el cuerpo es uno, y tiene muchos miembros, pero todos los miembros del cuerpo, siendo muchos, son un solo cuerpo, así también Cristo. Porque por un solo Espíritu fuimos todos bautizados en un cuerpo, sean judíos o griegos, sean esclavos o libres; y a todos se nos dio a beber de un mismo Espíritu.

e. Muchas partes, un cuerpo, 1 Cor. 12:20 – Pero ahora son muchos los miembros, pero el cuerpo es uno solo.

f. Nosotros fuimos llamados por Dios dentro de una singular entidad viva, Col. 3:15 – Y la paz de Dios gobierne en vuestros corazones, a la que asimismo fuisteis llamados en un solo cuerpo; y sed agradecidos.

> En la introducción a esta sección, describí cómo, así como un niño, siempre busqué la pieza central del rompecabezas (el mismo principio se aplica a la rosca central de un tapiz). Así también hay una pieza central en la fe cristiana. Este centro, este punto focal alrededor del cual todas las cosas se juntan, es la obra de Cristo. . . . Yo he compartido con usted como los padres me devolvieron a la idea bíblica que la victoria de Cristo sobre el mal resulta en la recapitulación. Su victoria sobre el mal es la clave no solamente para la temprana tradición Cristiana, sino para renovación de nuestra fe personal, y para la renovación de la vida de la iglesia. Deseo mostrar como cada aspecto de la vida Cristiana se refiere a la victoria de Cristo sobre el poder del mal y para renovación última de todas las cosas.
>
> La iglesia primitiva vio cómo la fe se centró en Cristo. Para ellos la fe no inició con la iglesia, con la adoración, con la Escritura, con la Teología, con la espiritualidad, con la educación, con la evangelización o la acción social. Todos estos aspectos del Cristianismo, importantes como ellos son, fueron sirvientes del tema central de las Escrituras: Cristo se hizo uno de nosotros con el fin de destruir el poder del mal y restaurar el mundo y a nosotros a su condición original.
>
> Estoy firmemente convencido que nuestra vida total puede ser cambiada cuando descubrimos la visión radical de la obra de Cristo. Una visión más completa de la obra de Cristo forma nuestra visión de la vida y nuestro actuar fuera de esa visión en el aquí y ahora. Creo que el redescubrimiento de esta visión está transformando en renovar las congregaciones de nuestro tiempo. En esta iglesia emergente, tanto católica, como protestante, evangélica, o carismática, la centralidad de la victoria de Cristo sobre el poder del mal es la dinámica que reanima la nueva vida dentro de la iglesia.
>
> ~ Robert Webber. *The Majestic Tapestry.* [El tapiz majestuoso]. Nashville: Thomas Nelson Publishers, 1986, págs. 36-37.

El punto fundamental: _____

Érase una vez
Comprendiendo nuestro lugar de Iglesia en la historia de Dios

Rev. Dr. Don L. Davis

Tic-tac, tic-tac –
¿Puede sentirse parte en la historia (su Historia) del SEÑOR?

Nuestra temporalidad es una característica de toda humana experiencia. Nosotros sabemos que una familia obtiene identidad y profundiza su existencia celebrando aniversarios y por saber como celebrar bien los acontecimientos que marcan la historia de la familia. Los nacimientos son celebrados con rituales especiales y fiestas; pero así también en familias sanas, hay recordatorios de muertes, transiciones, y los personajes y acontecimientos de la vida familiar. En una familia a las reuniones de comidas son traídas, y se cuentan las historias de nuestros abuelos, tíos y tías, las canciones y entretenimientos se llevan a cabo, y las memorias son recitadas y traídas a la realidad.

Comiendo y bebiendo juntos en una familia toma tiempo. En cada vida nosotros vamos comprendiendo ciertos temas solamente después que hemos celebrado un cumpleaños, después de los funerales, con todos los niños en casa y con todos ellos lejos, y durante las sutiles estaciones cambiantes de nuestras vidas. Cuánto más, entonces, es nuestro comer y beber en la Mesa del Señor y nuestro canto y oyendo la palabra de Dios de esta manera. El sentido de nuestra comida eucarística se hace profundo en la medida que maduramos en los tiempos y lugares donde se llevan a cabo esta clase de reuniones.

La manera de los cristianos en que mantienen tiempo – o no mantienen el tiempo – es una expresión teológica de lo que es recordado y vivido. "¿Por qué siguen llegando, domingo a domingo, año tras año, sólo para oírme predicar, cantar las mismas canciones y a orar juntos?" Esta pregunta sorprendente de un pastor asediado abre nuestro tema a la cuestión real de la fe congregacional y de la vida. ¿Por qué, de hecho, los cristianos continúan, con el tiempo, para reunirse con tal regularidad? ¿Obligación? ¿Costumbre? ¿O podría ser que ellos busquen una manera de abrir su vida temporal a Dios – una búsqueda, tal vez, para la auténtica transformación? La respuesta es: todo lo anterior.

~ Doug E. Sailers. *"The Origins of the Church Year."*
["Los orígenes del Calendario de la Iglesia"].
Robert Webber., ed. *The Services of the Church Year.*
[Los servicios del Calendario de la Iglesia].
Nashville: Star Song Pub. Group, pág. 92.

I. **La importancia de la Historia: La Historia de la Gloria de Dios**

> El evangelio cristiano es una narrativa. La Palabra no se convirtió en texto en una serie de abstractas proposiciones; la Palabra se hizo carne (Juan 1:14). Consecuentemente la teología cristiana, si se realiza adecuadamente, debe tener la forma de un compromiso sostenido con la historia y no un compromiso con las respuestas proposicionales de la Iglesia a la historia. Puesto que hemos llegado a conocer porque está presente, más bien que ausente, la teología cristiana adecuadamente tratada tendrá la forma de un residente de esta historia, siendo dibujada en sus dramas, identificado con sus personajes, trazando los movimientos de su argumento. Ya que el conocimiento apropiado debería ser apropiado para su objeto específico, y ya que Dios es el objeto (o mejor dicho el sujeto irreducible) de la teología, este compromiso con la historia del evangelio que es la forma apropiada de la teología cristiana es apropiadamente adoración y oración. Y es precisamente esta manera de adoración y oración permanente lo que permite la liturgia del Calendario Cristiano.
>
> ~ John E. Colwell. *The Rhythm of Doctrine*. [El ritmo de la doctrina]. Colorado Springs, CO: Paternoster, 2007, pág. 7.

A. Los seres humanos operan de acuerdo a sus marcos interpretativos: los seres humanos existen como "visiones del mundo a pie"

1. Cada existencia humana es básicamente una "historia ordenada del mundo".

2. Fabricar mitos como un acto primario de los seres humanos

3. El papel de la cultura: lo que nos permite componer nuestras realidades desde la nada

B. Integrando los detalles: la historia y la necesidad para vivir resueltamente

1. El modo de pensar resuelto: relacionando a cabalidad los detalles con el todo

2. Modo de pensar provisional: relacionando los detalles como todos

C. El problema de una fe reduccionista: sustituir la parte por el todo

1. *Reduccionismo* – sustituir una vision religiosa completa de la fe cristiana por una noción, más pequeña, por lo general culturalmente orientada a sustituir noción, actividad, relación o elemento

2. *Racionalismo* – pasar la mayoría del tiempo usando pruebas científicas y argumentos para asegurar la fe en Jesús, reduciendo la fe cristiana a una posesión particular, posición contextualizada doctrinal contra otros puntos de vista contrarios

3. *Moralismo* – reducir la visión cristiana a una personal y común decencia o ética, e.d., vivir bien en una familia nuclear en su contexto, poseyendo ciertos puntos de vista sobre seleccionados temas sociales morales y controversiales

D. Elementos de un completo marco bíblico de historia ordenada

1. La recuperación del "mito cristiano"

2. El cuadro y el drama: desde antes y más allá del tiempo

3. Viviendo en el Reino al revés de Dios: El principio del reverso

4. El gran cuadro filosófico: La presencia del futuro

E. Componentes de una cosmovisión rectora: Arthur Holmes

1. Tiene una *meta holística* (e.d., de donde venimos y nos encaminamos).

2. Es un *acercamiento de perspectiva* (e.d., en términos de posición ventajosa).

3. Es un *proceso exploratorio* (e.d., como elaboramos significados).

4. Es *pluralista* (e.d., toma de la experiencia de otros).

5. *Tiene resultados de acción* (e.d., ramificaciones de nuestras vidas).

F. Elementos en la maravillosa historia para nosotros los seres humanos

1. La centralidad de *la experiencia humana en el contexto del plan celestial*

2. La riqueza de *los afectos humanos*

3. El uso de *la imaginación santificada*

4. El poder de *la imagen concreta, metáfora, acción, y símbolo*

5. La inmediatez de *la realidad aumentada*

6. El disfrute de *la artesanía artística*

7. El poder de *la identificación y participación*

G. La clave de las proposiciones de la teología de la historia

William J. Bausch enumera diez proposiciones relacionadas a la teología de la historia que nos ayudan a comprender la significación y la importancia del estudio de los relatos en la comprensión de la Biblia y la teología (William J. Bausch, *Storytelling and Faith*. [Narrando historias y la fe]. Mystic, Connecticut: Twenty-Third Publications, 1984.)

1. Los relatos nos introducen a la *presencia sacramental*.

2. Los relatos son siempre *más importantes que los hechos*.

3. Los relatos por siempre permanecen como *normativa (autoritativa)* para la comunidad de fe cristiana.

4. *Las tradiciones cristianas* evolucionan y se definen a través y alrededor de los relatos.

5. Los relatos de Dios *preceden, producen, y capacitan* a la comunidad del pueblo de Dios.

6. Los relatos de la comunidad implican *censura, represión y responsabilidad*.

7. Los relatos producen *teología*.

8. Los relatos producen *muchas teologías*.

9. Los relatos producen *ritual y sacramento*.

10. Los relatos en la Escrituras canónicas nunca son ficción o inventadas; mejor dicho, *estos relatos son historia*.

H. La importancia del marco bíblico del Reino

1. Las Escrituras canónicas son *el punto final de referencia para la verdad*, y encuentran su enfoque en la revelación de Dios en Jesucristo.

2. Enseñar acerca de la historia del reino fue *el corazón de la enseñanza de Jesús*.

3. La historia del reino es el *centro de atención* de la teología bíblica.

4. La historia del reino es el *criterio último* para juzgar la verdad y el valor.

5. La historia del reino provee una *clave indispensable* para comprender la historia humana.

6. La historia del reino *coordina y llena a plenitud nuestra vida particular* y los destinos, y como ellos se relacionan con el gobierno de Dios.

II. *Tua Da Gloriam* (Su gloria): "La historia de la gloria de Dios"

Sal. 115:1-3 – No a nosotros, oh Jehová, no a nosotros, Sino a tu nombre da gloria, Por tu misericordia, por tu verdad. ¿Por qué han de decir las gentes: Dónde está ahora su Dios? Nuestro Dios está en los cielos; Todo lo que quiso ha hecho.

> El cristianismo toma en serio el tiempo. La historia es donde Dios se da a conocer. Los cristianos no tienen conocimiento de Dios fuera del tiempo, pues es a través de hechos reales que suceden en el tiempo histórico donde Dios es revelado. Dios decide hacer que la naturaleza divina sea conocida a través de eventos que tienen lugar en el mismo calendario que mide la vida cotidiana de hombres y mujeres. Las autorevelaciones de Dios toman lugar dentro del mismo curso del tiempo igual que los eventos políticos: "En los días del rey Herodes de Judea (Lucas 1:5), o "esto tomó lugar cuando Cirenio fue gobernador de Siria" (Lucas 2:2). El tiempo de Dios es nuestro tiempo también, marcado por un orden temporal llamado calendario. . . . Para el cristianismo, los significados finales de la vida no son revelados por declaraciones eternas universales, sino por actos concretos de Dios. En la plenitud del tiempo, Dios invade nuestra historia, asume nuestra carne, sana, enseña, y come con pecadores.
>
> ~ Hoyt L. Hickman, et. al. *The New Handbook of the Christian Year*. [El nuevo manual del calendario Cristiano]. Nashville: Abingdon Press, 1992, pág. 16.

Desde antes al más allá del tiempo

Adaptado de Suzanne de Dietrich, *God's Unfolding Purpose* [Revelando el propósito de Dios]. Philadelphia: Westminster Press, 1976.

A. *Antes del tiempo* (Eternidad pasada), Sal. 90:1-3

    1. El eterno Dios Trino, Sal. 102:24-27

    2. El eterno propósito de Dios, 1 Tim. 1:9; Is. 14: 26-27

        a. Para glorificar su nombre en toda la creación, Pr. 16:4; Sal. 135:6; Is. 48:11

        b. Para exponer sus perfecciones en el universo, Sal. 19:1

        c. Para sacar para sí mismo un pueblo para su placer, Is. 43:7, 21

    3. El misterio de iniquidad: la rebelión del Lucero de la mañana (Lucifer), Is. 14:12-20; Ez. 28:13-17

    4. La aparición de los principados y poderes, Col. 2:15

B. *Los comienzos del tiempo* (La creación), Gn. 1-2

    1. La Palabra Creativa del Dios Trino, Gn. 1:3; Sal. 33:6, 9; Sal. 148:1-5

    2. La creación del universo de la nada (no de sí mismo), Sal. 21:1-2; Sal. 50:12; Éx. 9:29; Dt. 10:14; 1 Cr. 29:11; Job 41:11; Dn. 4:25; 1 Cor. 10:26

    3. La creación de la humanidad: la *Imago Dei* (imagen de Dios), Gn. 1:26-27

C. *La tragedia del tiempo* (La caída y la maldición), Gn. 3

    1. La Caída y la Maldición, Gn. 3:1-9

    2. El *protoevangelio*: la Promesa Sembrada, Gn. 3:15

    3. El Final del Edén y el inicio del dominio de la muerte, Gn. 3:22-24

4. Primera señal de la redención y rescate por gracia de Dios, Gn. 3:15, 21

5. El juicio de la humanidad: Noé y el Diluvio, Gn. 6-9

6. La Torre de Babel y la dispersión de las personas, Gn. 11

D. *El desarrollo del tiempo* (El plan revelado de Dios por medio del pueblo de Israel)

1. La Promesa Abrahámica y el pacto de Jehová (Patriarcas), Gn. 12:1-3; 15; 17; 18:18; 28:4

2. El Éxodo y el Pacto en Sinaí, Éxodo-Deuteronomio

3. La conquista de los habitantes y la Tierra Prometida, Josué-2 Crónicass

4. Jueces, Samuel, y los Reyes: Saúl, David, Salomón, 1 y 2 Samuel

5. La ciudad, el templo, y el trono, Sal. 48:1:1-3; 2 Cr. 7:14; 2 Sam. 7:8 y sig. (Los reinos unidos y divididos de Judá e Israel)

    a. La función del profeta: declarar la palabra del Señor al pueblo de Dios, Dt. 18:15

    b. La función del sacerdote: representar a Dios delante de su pueblo, Heb. 5:1

    c. La función del rey: gobernar con rectitud y justicia en lugar de Dios en su reino, Sal. 72

6. El juicio sobre Israel: cautividad bajo el imperio Asirio, comp. 2 Re. 15; Is. 9

7. La Cautividad de Judá, y el Exilio en Babilonia: Jeremías, Lamentaciones, Daniel, Ezequiel, Ester

8. El regreso del Remanente: Esdras, Nehemías, Malaquías

E. *Los últimos tiempos* (Encarnación de Jesucristo), Gál. 4:4-6

1. La Palabra se hizo Carne, Jn. 1:14-18; 1 Jn. 1:1-4

2. El testimonio de Juan el Bautista, Mt. 3:1-3

3. El Reino ha venido en la persona de Jesús de Nazaret, Mc. 1:14-15; Lc. 10:9-11; 10:11; 17:20-21

    a. Revelado en su persona, Jn. 1:18

    b. Expuesto en sus obras, Jn. 5:35; 3:2; 9:30-33; 10:37-38; Hch. 2:22; 10:38-39

    c. Traducido en su testimonio, Mt. 5-7

4. El Misterio del Reino revelado, Mc. 1:14-15

    a. El Reino está siempre presente, Mt. 12:25-29

    b. El Reino no está todavía consumado, Mt. 25:31-46

5. La Pasión y Muerte del Rey Crucificado, Mt. 26:36. 46; Mc. 14:32-42; Lc. 22:39-46; Jn. 18:2 y sig.

    a. Para destruir la obra del maligno: *Christus Victor* (El Cristo Victorioso), 1 Jn. 3:8; Gn. 3:15; Col. 2:15; Rom. 16:20; Heb. 2:14-15

    b. Para hacer expiación por el pecado: *Christus Victum* (El Cristo Víctima), 1 Jn. 2:1-2; Rom. 5:8-9; 1 Jn. 4:9-10; 1 Jn. 3:16

    c. Para revelar el corazón de amor y misericordia del Padre, Jn. 3:16; Ti. 2:11-15

6. *Christus Victor* (El Cristo Victorioso): La Resurrección del glorioso Señor de la vida, Mt. 28:1-15; Mc. 16:1-11; Lc. 14:1-12

F. *Los últimos tiempos* (El descenso y Edad del Espíritu Santo)

1. El *arrabon* de Dios: El Espíritu como Promesa y Señal de la presencia del Reino, Ef. 1:13-14; 4:30; Hch. 2:1-47

2. "Esto es lo que fue dicho por el profeta": Pedro, Pentecostés, y al presencia del futuro

    a. La Iglesia como el anticipo y el agente del Reino de Dios, Flp. 2:14-16; 2 Cor. 5:20

b. El reinado presente de Jesús, el Mesías, 1 Cor. 15:24-28; Hch. 2:34; Ef. 1:20-23; Heb. 1:13

c. Pasando invitados en la comunidad del Reino de Dios "en medio de los tiempo; Rom. 14:7

3. La Iglesia de Jesús, el Mesías: Residentestemporales en el "Ya y el Todavía no" del Reino de Dios

   a. La Gran Confesión: Jesús es Señor, Flp. 2:9-11

   b. La Gran Comisión: Id y haced discípulos a todas las naciones, Mt. 28:18-20; Hch. 1:8

   c. El Gran Mandamiento: Ama a Dios y al prójimo como a ti mismo, Mt. 22:37-39

4. La declaración del Misterio: Los gentiles como herederos de la promesa, Rom. 16:25-27; Col. 1:26-28; Ef. 3:3-11

   a. Jesús como el Último Adán, la Cabeza de la Nueva Raza Humana, 1 Cor. 15:45-49

   b. Dios saca afuera del mundo a la Nueva Humanida, Ef. 2:12-22

5. En medio de los tiempos: Las señales de la Edad del Reposo y del Jubileo, Hch. y sig. Jl. 2; Am. 9; Ez. 36:25-27

G. *El cumplimiento del tiempo* (La *Parousía* de Cristo), 1 Tes. 4:13-17

   1. La finalización de la Misión Mundial: el evangelización de los naciones del mundo, Mt. 24:14; Mc. 16:15-16; Rom. 10:18

   2. La apostasía de la Iglesia, 1 Tim. 4:1-3; 2 Tim. 4:3; 2 Tes. 2:3-12

   3. La Gran Tribulación, Mt. 24:21 y sig.; Lc. 21:24

   4. La *Parousía*: la Segunda Venida de Jesús, 1 Tes. 4:13-17; 1 Cor. 15:50-58; Lc. 21:25-27; Dn. 7:13

   5. El reinado de Jesucristo sobre la tierra, Ap. 20:1-4

   6. El Gran Trono Blanco y el Lago de Fuego, Ap. 20:11-15

7. "Él debe reinar": El sometimiento final de todos sus enemigos bajo los pies de Cristo, 1 Cor. 15:24-28

H. *Más allá del tiempo* (Eternidad Futura)

1. La Creacion de los Cielos Nuevos y Tierra Nueva, Ap. 21:1; Is. 65:17-19; 66:22; 2 Pe. 3:13

2. El Descenso de la Nueva Jerusalén: la morada de Dios viene a la tierra, Ap. 21:2-4

3. Los Tiempos de Refrigerio: la Gloriosa Libertad de los Hijos de Dios, Rom. 8:18-23

4. El Señor Jesucristo entrega el Reino de Dios al Padre, 1 Cor. 15:24-28

5. La Edad por Venir: El Dios Trino como el Todo en todos, Za. 14:9 y 2:10; Jr. 23:6; Mt. 1:23; Sal. 72:8-11; Mi. 4:1-3

III. III. Implicaciones del drama de todos los tiempos

> Se inicia con la afirmación de Dios como el que viene (y el que vendrá), la Iglesia se mueve a través de la narrativa del nacimiento de Cristo, de su bautismo y revelación al mundo, de su tentación y su camino al sufrimiento y la cruz, de su resurrección y ascensión, de su envío del Espíritu Santo, y de su regio reinado entre todos aquellos hechos santos en él. A través de oraciones, cánticos, lecturas, y apariciones, la Iglesia no sólo contempla estas etapas de la historia, las revive, entra en ellas y es formada por ellas. La Iglesia camina a través del Calendario Cristiano con Cristo cuyo relato es aquí narrado; la Iglesia le acompaña en su viaje y reafirma su viaje como su propio viaje, viaje por el que es definido y en el que participa. Esto no es dogmática proposicional independiente, es una repetición y una permanencia de la historia que profundamente atractiva e inherentemente transformadora. . . . Para celebrar el Calendario Cristiano es comprometerse con la reflexión teológica que es narrativa, doxológica y verdaderamente sistemática.
>
> ~ John E. Colwell. *The Rhythm of Doctrine*. [El ritmo de la doctrina]. Colorado Springs, CO: Paternoster, 2007, pág. 7.

A. La soberanía de Dios asegura todo el tiempo, así como a los acontecimietos de la historia humana.

   1. Todo lo que le plazca, lo hace, Sal. 135.6.

   2. El consejo y planes de Dios se establecen por siempre, a todas las generaciones, Sal. 33:11; Sal. 115:3.

   3. Dios establece el final de todas las cosas desde sus comienzos, Is. 46:10.

   4. Nada ni nadie puede frustrar el plan de Dios para salvación y rendención, Dn. 4:35.

B. El SEÑOR es el personaje central en el desarrollo del drama divino, Ef. 1:9-11.

   1. Todas las cosas están siendo recapituladas en la persona de Jesucristo, el perfecto Anti-tipo de las referencias proféticas en las escrituras hebreas.

   2. Como santos de Dios, participamos como personajes en la épica y drama cósmico de Dios que se lleva a cabo en el escenario de la tierra.

   3. Como extranjeros y peregrinos, nuestro deber ser comunidad contra-cultural encarnando la vida de la Era Venidera, aquí y ahora, 1 Pe. 1:13-21.

   4. Como ciudadanos del reino celestial y embajadores de Cristo, estamos llamados a proclamar y mostrar la vida eterna en la más negras, más tristes y más peligrosos lugares sobre la tierra, en cada generación, 2 Cor. 5:18-21.

C. La Iglesia es testimonio del Ya y Todavía no del Reino en su vida y obras, ese reino que fue perdido en el comienzo del tiempo.

   1. La soberanía de Dios gobierna, Mc. 1:14-15

   2. La rebelión infernal de Satán, Gn. 3:15 con Col. 2:15; Jn. 3:8

   3. La tragica caída de la humanidad, Gn. 3:1-8; comp. Rom. 5:5-8

4. El rescate victorioso de Cristo de todas las cosas en nombre de Dios, comp. Ef. 1:10-11 con Col. 2:15; 1 Jn. 3:8; 1 Cor. 15:57

D. ¡Haciendo discípulos en todas las naciones y mostrar que la gloria del Reino se está cumpliendo en nuestro papel en la Escritura del Dios Todopoderoso! Mt. 28:18-20.

1. Declarar salvación a todas las naciones, Sal. 96:3

2. Profetizar liberación a los cautivos, Lc. 4:18-19; comp. Is. 61:1 y sig.

3. Ser sal y luz en medio de la corrupción y la obscuridad, Mt. 5:13-16

4. Ser una morada de Dios en el Espíritu, con Cristo como la piedra angular, Ef. 2:19-22

E. La Iglesia es una comunidad escatológica, siendo el lugar perfecto y agente del Reino de Dios.

1. Como *locus o lugar perfecto*, la Iglesia es en sí misma prueba viviente, una concreta ayuda visual cósmica del esplendor de la gracia de Dios, y como el verdadero cuerpo de Jesús en el mundo: Las Iglesias son la *concreta evidencia* del Reino Celestial.

    a. Nosotros *recitamos* la historia en nuestra adoración y alabanza.

    b. Nosotros *recordamos* la historia en nuestra memoria por medio del Calendario de la Iglesia.

    c. Nosotros *recreamos* el relato en nuestras disciplinas, festivales, y sacramentos.

    d. Nosotros *encarnamos* el relato en nuestras relaciones interpersonales como el Nuevo Israel de Dios.

2. Como *agente*, la Iglesia es la comunidad de testigos fieles, llamados a mostrar y decir en forma concreta lo que el Reino es y hace en este entre-tiempo: Las Iglesias son *puestos de avanzada* del Reino de Dios.

a. Nosotros *sin vergüenza declaramos su gloria* entre las naciones para compartir las Buenas Nuevas del Reino de Dios.

b. Nosotros *multiplicamos discípulos* así como damos la bienvenida y equipamos al grupo de personas en la comunión del cuerpo de Cristo.

c. Nosotros *mostramos en concreto y expresión visible* la vida de la Era por Venir por medio de nuestras obras, especialmente a los de la familia de la fe.

d. Nosotros *proféticamente asumimos el poder,* en cuanto abogamos por la justicia, la rectitud del Reino a favor de otros.

El punto fundamental: _____

La Iglesia de Color (Black Church) y la Plantación de Iglesias
World Impact Blog, Febrero, 2015
Rev. Efrem Smith • www.worldimpact.org

La Iglesia de Color (*Black Church*) inició con la Plantación de Iglesias y su futuro dependerá de recuperación de este movimiento, el empoderamiento y la misión. El Dr. Hank Voss, Director Nacional de la Plantación de Iglesias de *World Impact*, y yo recientemente nos reunimos con el Anciano Oscar Owens, un pastor asociado en la Iglesia de Dios en Cristo, *West Angeles*, por sus siglas en inglés C. O. G. I. C. (*Church Of God In Christ*). Esta Iglesia es una de las denominaciones más grandes predominantemente afroamericana. Durante nuestra visita nosotros empezamos a hablar de un compromiso en la plantación de iglesias que son las raíces de la denominación y la Iglesia de Color (*Black Church*) más amplia. Hasta este momento, yo nunca había reflexionado verdadera y profundamente acerca de la Iglesia de Color y la Plantación de Iglesias. Yo debo admitir que había visto plantación de iglesias como un esfuerzo principalmente evangélico de los blancos y que yo fui uno de los primeros afroamericanos que había sentido un profundo llamado para facilitar el movimiento de plantación de Iglesias. Me pareció que una gran parte de mi vocación fue proporcionar el espíritu y la teología bíblica de la plantación de iglesias a la Iglesia de Color (*Black Church*). Después de mi visita con el Anciano Owens, me di cuenta que mi vocación era más que una de muchas voces asistiendo en ayudar a la Iglesia de Color para recuperar algo que es una parte profunda de su patrimonio y, una parte esencial de su futuro.

Algunos (como yo por mucho tiempo) han hecho creer que la Iglesia Blanca crece a través de plantación de iglesias y la Iglesia de Color (*Black Church*), a través de la división de la iglesia. No, que la división de la Iglesia no sea una realidad en un segmento significativo de la Iglesia de Color y dentro de la historia de la Iglesia Blanca también, pero la plantación de iglesias es una parte principal de la narrativa de la Iglesia de Color (*Black Church*). No habría Iglesia de Color si no por la plantación de iglesias. No sólo debe esta herencia de la plantación de la Iglesia de Color ser recuperada para el futuro de la Iglesia de Color, sino el contexto de cómo las primeras Iglesias de Color fueron plantadas puede servir como un regalo a la totalidad del cuerpo de Cristo. Esta Iglesia de Color (*Black Church*) plantando el regalo puede informar una aproximación más misionera que toda Iglesia que planta movimientos.

La Iglesia de Color (*Black Church*) en Estados Unidos fue dada a luz en la opresión, aflicción, y el sufrimiento de la esclavitud. La primera de las Iglesias de Color fue plantada ilegalmente en los bosques oscuros, lejos de los ojos y oídos de los propietarios de esclavos quien se cuestionaba si esos plantadores eran plenamente humanos. Para las personas de color estas Iglesias plantadas contenían mucho más que simples elementos de adoración, discipulado, y testimonio. Estas Iglesias plantadas fueron comunidades espirituales orgánicas en las cuales el oprimido encontró el coraje y las fuerzas para luchar por ser persona, la salvación y la liberación. No hubo separación de evangelización y evangelio social en estas Iglesias plantadas. Sin instituciones formales para acreditación y entrenamiento teológico, de algún modo las Iglesias de Color fueron plantadas. Sin estrategias de financiamiento comprometidas, de alguna manera las Iglesias de Color fueron plantadas. Yo creo que tanto iglesias evangelistas y misioneras guiadas por los oprimidos de lo que era una nación supuestamente cristiana. El oprimido pudo encontrar al Dios más allá del Dios de los propietarios de esclavos. El oprimido tuvo que arrepentirse, buscar la salvación, y disponer de un Cristo que parecía distinto al Cristo de los propietarios de esclavos y sin embargo es más auténtico que el Cristo de las Escrituras que habían de enseñar a leer y a interpretar en muchos casos. ¡Qué poderoso el movimiento de la Plantación de Iglesias!

Esta Iglesia de Color (*Black Church*) plantando la herencia llevó a las Iglesias de Color a que fueran los centros de dirección y desarrollo de la comunidad durante la segregación de Jim Crow. Escuelas para gente de Color, empresas, y organización social se fundaron debido a ese patrimonio de Plantación de la Iglesia de Color. Las raíces de esta Iglesia proveyeron el movimiento que proporcionaría combustible para lo que llegaría a ser el Movimiento de los Derechos Civiles.

Las raíces de la plantación de la Iglesia de Color (*Black Church*) podría ser la verdadera medicina que se necesita para inyectar a la Iglesia de Color de hoy y que pueda llevar al gran cuerpo de Cristo, hacia una comprensión más bíblica y misionera. Se puede ver que las raíces de plantación de la Iglesia de Color no son muy diferentes de los movimientos de plantar iglesias de la Escritura. Las primeras Iglesias de Color fueron plantadas bajo la opresión del Imperio Romano y estructuras del poder religioso. Pablo, cuando su nombre era Saulo fue conocido como un celoso judío religioso y ciudadano romano que persiguió a los sembradores de la Iglesia Cristiana. La plantación de la Iglesia bíblica fue hecha por una minoría judía, pueblo oprimido, multiétnico, y multicultural. Las raíces de iglesia que planta bíblicamente fueron sobre evangelización, discipulado, empoderamiento, y liberación. En muchos lugares sobre este planeta es exactamente el tipo de movimiento de plantación de iglesias que actualmente necesitamos. En muchos países de bajos recursos este tipo de movimientos autóctonos ya están teniendo lugar. Mi propio país debe vivir esto más proactivamente. En los Estados Unidos, la plantación de Iglesias en la mayoría de los casos, parece empezar con los más privilegiados y los recursos en mente. Parece que la plantación de la Iglesia de Color y la plantación de la iglesia bíblica comienzan con los pobres, oprimidos y marginados.

En *World Impact* (*www.worldimpact.org*) estamos facilitando al movimiento de la plantación de Iglesias entre los pobres urbanos no alcanzados en los Estados Unidos y más allá. Vemos también el empoderamiento y entrenamiento de los líderes autóctonos como parte clave en este esfuerzo. Nosotros no vemos esto como un tipo de movimiento marginal, sino como central para la plantación bíblica de Iglesias, y como una manera de recuperar la iglesia inicial de plantación de ADN de la Iglesia de Color (*Black Church*), así como algunas historias de inmigrantes europeos de la iglesia en esta nación también.

Una teología del Reino y la Iglesia

Viviendo en el YA y el TODAVÍA NO del Reino
Rev. Dr. Don L. Davis

El Espíritu: La promesa de la herencia (gr. *arrabón*)
La Iglesia: El anticipo (gr. *aparqué*) del Reino
"En Cristo": La vida rica (gr. *En Cristós*) que compartimos como ciudadanos del Reino

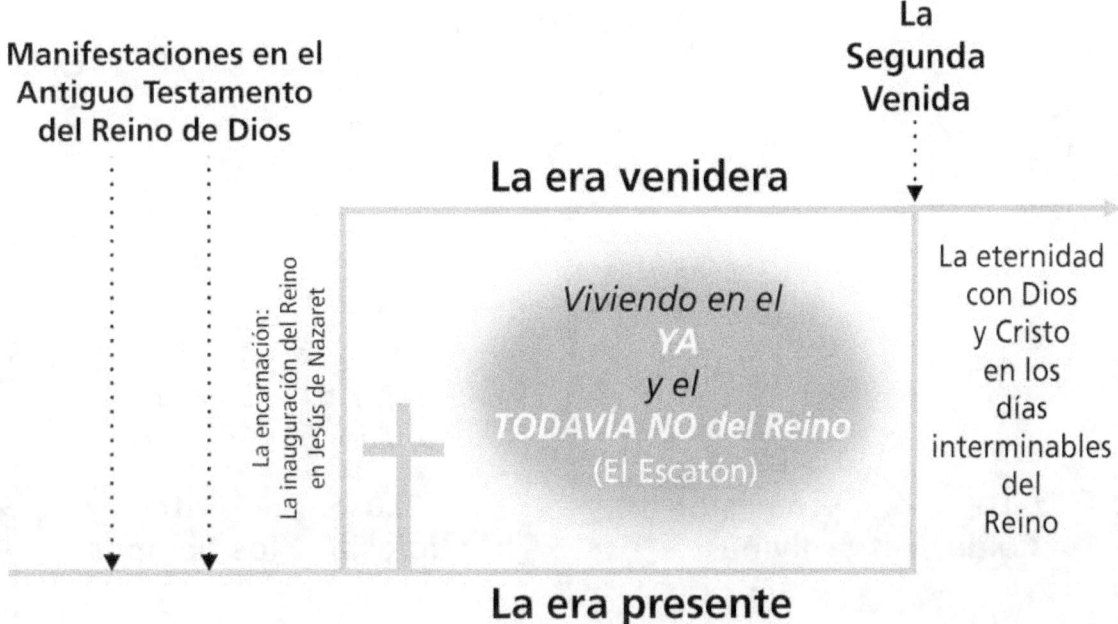

El enemigo interno: La carne (gr. *sarx*) y la naturaleza del pecado
El enemigo externo: El mundo (gr. *kósmos*), los sistemas de avaricia, lujuria y el orgullo
El enemigo infernal: El diablo (gr. *kakós*), el espíritu incitador de la falsedad y el miedo

Punto de vista del tiempo para el judío

La era presente | La era venidera

La venida del Mesías
La restauración de Israel
El fin de la opresión gentil
El retorno de la tierra a la gloria edénica
Conocimiento universal del Señor

Jesús de Nazaret: La presencia del futuro
Rev. Dr. Don L. Davis

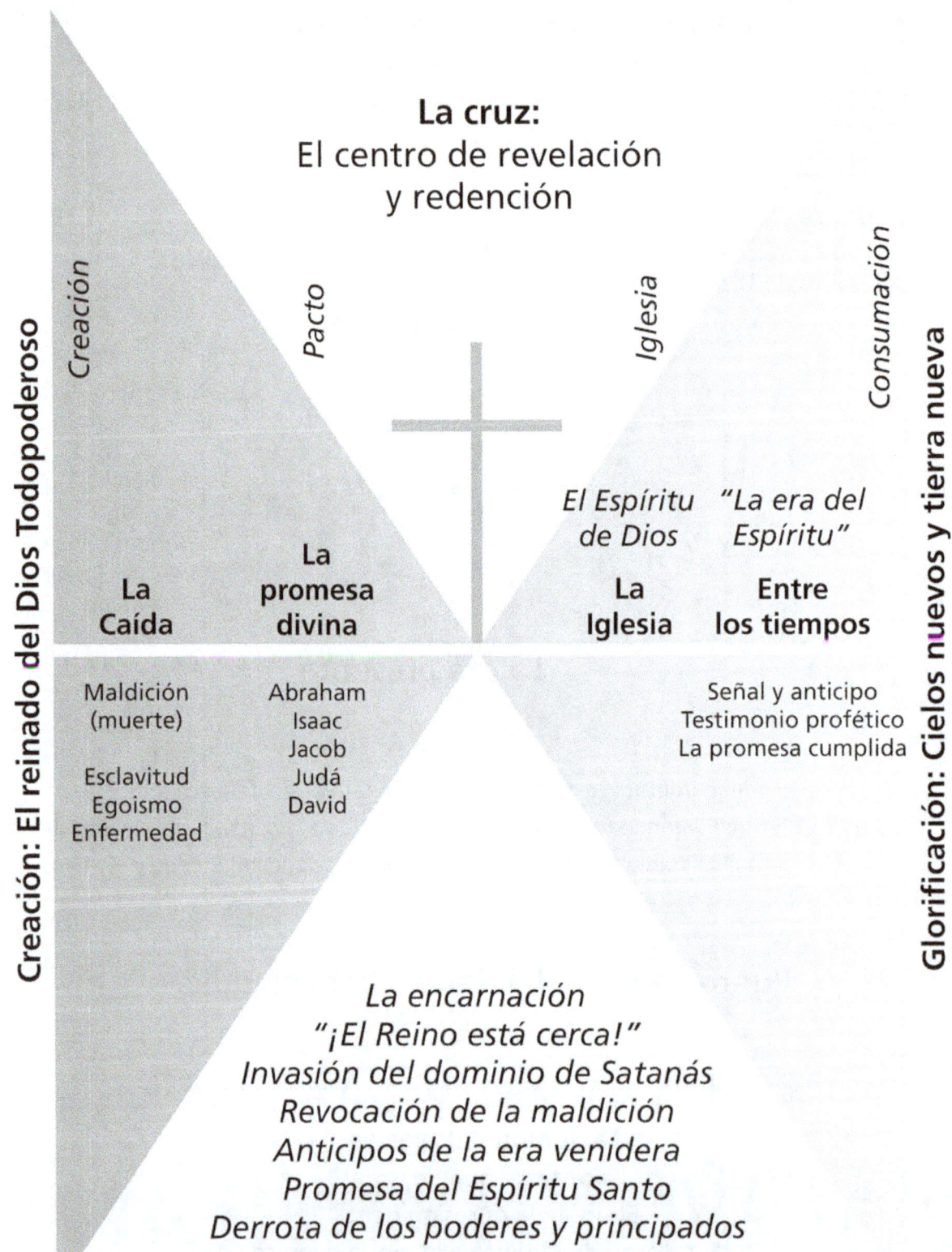

Una teología de la Iglesia acorde a la perspectiva del Reino
Rev. Dr. Don L. Davis

Esquema para una teología del Reino y la Iglesia

The Urban Ministry Institute

El Padre	El Hijo	El Espíritu
Amor - 1 Juan 4.8 Creador del cielo y la tierra y todas las cosas visibles e invisibles	Fe - Heb. 12.2 Profeta, Sacerdote, y Rey	Esperanza - Rom. 15.13 Señor de la Iglesia
Creación Todo lo que existe a través de la acción creadora de Dios.	**Reino** El reino de Dios expresado en el gobierno del Mesías, su Hijo Jesús.	**Iglesia** La comunidad santa y apostólica que sirve como testigo (Hech. 28.31) y anticipo (Col. 1.12; Sant. 1.18; 1 Ped. 2.9; Apoc. 1.6) del reino de Dios.
El eterno Dios, soberano en poder, infinito en sabiduría, perfecto en santidad y amor incondicional, es la fuente y fin de todas las cosas. ¡Oh profundidad de las riquezas de la sabiduría y de la ciencia de Dios! ¡Cuán insondables son sus juicios, e inescrutables sus caminos! Porque ¿quién entendió la mente del Señor? ¿O quién fue su consejero? ¿O quién le dio a él primero, para que le fuese recompensado? Porque de él, y por él, y para él, son todas las cosas. A él sea la gloria por los siglos. Amén. - Rom. 11.33-36 (comparar con 1 Cor. 15.23-28; Apoc. 21:1-5)	**Libertad** (Esclavitud) Jesús les respondió: De cierto, de cierto os digo, que todo aquel que hace pecado, esclavo es del pecado. Y el esclavo no queda en la casa para siempre; el hijo sí queda para siempre. Así que, si el Hijo os libertare, seréis verdaderamente libres. - Juan 8.34-36 **Entereza (física y emocional)** (Enfermedad) Mas él herido fue por nuestras rebeliones, molido por nuestros pecados; el castigo de nuestra paz fue sobre él, y por su llaga fuimos nosotros curados. - Isa. 53.5 **Justicia** (Egoísmo) He aquí mi siervo, a quien he escogido; mi Amado, en quien se agrada mi alma; pondré mi Espíritu sobre él, y a los gentiles anunciará juicio. No contenderá, ni voceará, ni nadie oirá en las calles su voz. La caña cascada no quebrará, y el pábilo que humea no apagará, hasta que saque a victoria el juicio. - Mat. 12.18-20	*La Iglesia es una comunidad apostólica donde la Palabra es predicada correctamente, por consiguiente es una comunidad de:* **Llamado** - Estad, pues, firmes en la libertad con que Cristo nos hizo libres, y no estéis otra vez sujetos al yugo de esclavitud. - Gál. 5.1 (comparar con Rom. 8.28-30; 1 Cor. 1.26-31; Ef. 1.18; 2 Tes. 2.13-14; Jud. 1.1) **Fe** - «Porque si no creéis que yo soy, en vuestros pecados moriréis»... Dijo entonces Jesús a los judíos que habían creído en él: Si vosotros permaneciereis en mi palabra, seréis verdaderamente mis discípulos; y conoceréis la verdad, y la verdad os hará libres. - Juan 8.24b, 31-32 (comparar con Sal. 119.45; Rom. 1.17; 5.1-2; Ef. 2.8-9; 2 Tim. 1.13-14; Hech. 2.14-15; Sant. 1.25) **Testimonio** - El Espíritu del Señor está sobre mi, por cuanto me ha ungido para dar buenas nuevas a los pobres; me ha enviado a sanar a los quebrantados de corazón; a pregonar libertad a los cautivos, y vista a los ciegos; a poner en libertad a los oprimidos; a predicar el año agradable del Señor. - Luc. 4.18-19 (Ver Lev. 25.10; Prov. 31.8; Mat. 4.17; 28.18-20; Mar. 13.10; Hech. 1.8; 8.4, 12; 13.1-3; 25.20; 28.30-31) *La Iglesia es la comunidad donde las ordenanzas son administradas correctamente, por lo tanto es una comunidad de:* **Adoración** - Mas a Jehová vuestro Dios serviréis, y él bendecirá tu pan y tus aguas; y yo quitaré toda enfermedad de en medio de ti. - Ex. 23.25 (comparar con Sal. 147.1-3; Hech. 12.28; Col. 3.16; Apoc. 15.3-4; 19.5) **Pacto** - Y nos atestigua lo mismo el Espíritu Santo; porque después de haber dicho: Este es el pacto que haré con ellos después de aquellos días, dice el Señor: Pondré mis leyes en sus corazones, y en sus mentes las escribiré, añade: Y nunca más me acordaré de sus pecados y transgresiones. - Hech. 10.15-17 (comparar con Isa. 54.10-17; Ezeq. 34.25-31; 37.26-27; Mal. 2.4-5; Luc. 22.20; 2 Cor. 3.6; Col. 3.15; Heb. 8.7-13; 12.22-24; 13.20-21) **Presencia** - En quien vosotros también sois juntamente edificados para morada de Dios en el Espíritu. - Ef. 2.22 (comparar con Ex. 40.34-38; Ezeq. 48.35; Mat. 18.18-20) *La Iglesia es una comunidad santa donde la disciplina es aplicada, por lo tanto es una comunidad de:* **Reconciliación** - Porque él es nuestra paz, que de ambos pueblos hizo uno, derribando la pared intermedia de separación, aboliendo en su carne las enemistades, la ley de los mandamientos expresados en ordenanzas, para crear en sí mismo de los dos un solo y nuevo hombre, haciendo la paz, y mediante la cruz reconciliar con Dios a ambos en un solo cuerpo, matando en ella las enemistades. Y vino y anunció las buenas nuevas de paz a vosotros que estabais lejos, y a los que estaban cerca; porque por medio de él los unos y los otros tenemos entrada por un mismo Espíritu al Padre. - Ef. 2.14-18 (comparar con Ex. 23.4-9; Lev. 19.34; Deut. 10.18-19; Ezeq. 22.29; Miq. 6.8; 2 Cor. 5.16-21) **Padecimientos** - Puesto que Cristo ha padecido por nosotros en la carne, vosotros también armaos del mismo pensamiento; pues quien ha padecido en la carne, terminó con el pecado, para no vivir el tiempo que resta en la carne, conforme a las concupiscencias de los hombres, sino conforme a la voluntad de Dios. - 1 Ped. 4.1-2 (comparar con Luc. 6.22; 10.3; Rom. 8.17; 2 Tim. 2.3; 3.12; 1 Ped. 2.20-24; Heb. 5.8; 13.11-14) **Servicio** - Entonces Jesús, llamándolos, dijo: Sabéis que los gobernantes de las naciones se enseñorean de ellas, y los que son grandes ejercen sobre ellas potestad. Mas entre vosotros no será así, sino que el que quiera hacerse grande entre vosotros será vuestro servidor, y el que quiera ser el primero entre vosotros será vuestro siervo. - Mat. 20.25-27 (comparar con 1 Juan 4.16-18; Gál. 2.10)

¡Que venga Tu Reino!
Lecturas sobre el Reino de Dios

Editado por Terry G. Cornett y Don L. Davis • *El Reino de Dios. Módulo 2, Currículo Piedra Angular*. Wichita: The Urban Ministry Institute, 2005.

Un cuento de dos reinos

Esta es la parábola de un reino, de un príncipe usurpador del reino de este mundo. Por medio de un plan maestro de astutos engaños, ha conseguido que millones de súbditos estén bajo su poderoso gobierno. Por supuesto, él los ha seducido desde el reino de otro monarca, pero que él considera suyo. Después de todo, ya han estado bajo su dominio durante algún tiempo considerable, y el enemigo aún no les ha venido a buscar. Sí, en la mente de este príncipe, estas personas son legalmente su pueblo y esta tierra *su* tierra. La posesión es, según él, las nueve décimas partes de la ley.

De repente, sin mucho aviso, el gobierno de su rival entra en acción. El Hijo del monarca enemigo es enviado al propio territorio del príncipe (bueno, sí, él lo robó, pero . . .) para recuperar quienes volverán a ser parte de su reinado. El plan del monarca es sacar a estas personas de debajo de la autoridad, la filosofía y el estilo de vida del príncipe.

Lo más atroz de todo es que el monarca establece su gobierno en la misma propiedad del príncipe. Y en vez de remover inmediatamente del país a sus súbditos restaurados, los mantiene allí hasta que una enfermedad llamada *muerte* (consecuencia del régimen del príncipe que con el tiempo reclama la vida de todos) produce un cambio en su existencia. Para hacer el asunto aún más grave, el Hijo hasta promete a la gente que los salvará de la muerte, convirtiéndose en las primicias de esa promesa al morir y volver a la vida.

Intranquilo, pero invicto (piensa él), el príncipe lanza un contraataque por todos los frentes. Evidentemente, no es rival para el otro Rey en un mano a mano. Así que pone en marcha un nuevo plan engañador, mintiéndoles a sus ciudadanos sobre el otro gobierno. Eso no siempre funciona, porque el Hijo del monarca sigue recuperando súbditos. Debido a que son criaturas tan débiles, sin embargo, el príncipe no ve ninguna razón para renunciar a la esperanza de que vuelvan. Es entonces que, incluso después de que se convierten en ciudadanos de ese otro reino, él los continúa presionando.

La falsedad es el arma más común del príncipe. Él la utiliza en los puntos más estratégicos. Dado que las personas más comprometidas son las más peligrosas, ataca a los zelotes que hay entre sus antiguos súbditos mediante rumores sobre ellos e intimidándolos con indicios de su poder.

Por lo general, sus éxitos son pocos, sin embargo, estas personas demuestran una relación casi sobrenatural con el monarca enemigo.

Aun así, el príncipe es alentado por una relativamente pequeña, aunque significativa, fuente de ayuda que con la que no contaba.

Hay algunos funcionarios del Hijo del monarca, en su mayoría honestos y bien intencionados, que tergiversan Sus promesas. Estos servidores tienen toda la intención de rescatar gente del reino del príncipe del mal, tanto que dejan fuera de sus mensajes algunos hechos muy importantes relativos a la ciudadanía responsable en ese dominio. Rara vez, si acaso, mencionan la guerra, o los dispositivos subversivos del príncipe, o los efectos residuales de las temibles enfermedades que hay bajo su reinado. Francamente, lo que hacen es mostrar el gobierno del Hijo como una especie de bienestar espiritual, donde hay regalos para todos, con poco trabajo o responsabilidad. Uno adquiere la imagen de una especie de paraíso relajado, con el monarca llevando a cabo un enorme programa de caridad.

Con alegría, el príncipe malvado se aprovecha de este brillo inexplicable en su armadura. Todo lo que tiene que hacer es dejar que prediquen estas omisiones, y luego beneficiarse de las contradicciones que las personas experimentan en sus vidas diarias. Después de todo, su mejor fuente de repatriados puede llegar a ser los oyentes que escuchan decepcionados a estos siervos entusiastas.

~ Peter E. Gillquist. *"The Agony and the Ecstasy"* ("La agonía y el éxtasis"). *Why We Haven't Changed the World* (Por qué no hemos cambiado el mundo). Old Tappan, New Jersey: Fleming H. Revell Company, 1982. Págs. 47-48.

El Reino como una clave para toda la Escritura

Jesús siempre estaba lleno de sorpresas, incluso para sus discípulos. Tal vez la mayor sorpresa fue la noticia acerca del Reino de Dios.

Jesús vino anunciando el Reino, creando un gran revuelo. Por medio de un breve período de ministerio público, siguió mostrándoles a sus discípulos lo que el Reino era en realidad. Entendieron sólo en parte.

Más tarde, habiendo resucitado de los muertos, Jesús pasó seis semanas enseñando más sobre el Reino a sus discípulos (Hechos 1:3). Explicó que su propio sufrimiento, muerte y resurrección eran parte del plan del reino anunciado por los profetas del Antiguo Testamento (Lucas 24:44-47).

Ahora, después de la resurrección, sus discípulos preguntaron: "¿*Finalmente* vas a establecer tu Reino?" (parafraseando Hechos 1:6).

¿Cómo responde Jesús? El dice, en efecto, "El tiempo para el pleno florecimiento de la nueva orden seguirá siendo un misterio para ustedes; está en manos de Dios. Pero... el Espíritu Santo les dará el poder para vivir la vida del reino ahora. Así que serán testigos del Reino y su poder de aquí hasta los confines de la tierra" (Hch. 1:7-8).

Y así fue, y así ha sido. Hoy por fin estamos llegando al cumplimiento de la profecía de Jesús de que "este evangelio del reino se predicará en todo el mundo como testimonio a todas las naciones" (Mateo 24:14 [NVI]).

¡Y así, como nunca antes, ahora mismo es tiempo de hablar del Reino de Dios!

Esto no es un intento de anticiparse a Dios o adelantarse al misterio soberano del Reino. El reino está y siempre estará en las manos de Dios. Así que este libro no es sobre "plazos y fechas" (Hechos 1:7) – un desvío tentador pero desastroso –, sino sobre las simples enseñanzas del reino que se encuentran en toda la Escritura. Mi punto es simplemente este: La Biblia está llena de enseñanzas sobre el Reino de Dios, y la Iglesia las ha perdido en gran medida. Mas en la providencia de Dios, puede que hayamos llegado a un momento en que las buenas nuevas del Reino podrán ser escuchadas y comprendidas como nunca antes. Esto no se debe a una persona, o a sabiduría o conocimiento humanos, sino a la obra de Dios en nuestros días, aportando una nueva conciencia de reino.

Por eso el título de este libro: El Reino de Dios en las Escrituras y su significado para nosotros en la actualidad.

El Reino de Dios es un lazo clave en las Escrituras, el cual une a toda la Biblia. No es el único tema unificador, ni debe sustituir a otros temas que son claramente bíblicos. Sin embargo, es un tema muy importante, sobre todo hoy en día. ¡Y creo que su reciente resurgimiento en la Iglesia es uno de los acontecimientos más significativos de este siglo!

Una vez que comience a buscar en las Escrituras el tema del reinado o Reino de Dios, ¡aparecerá por todas partes! Tomemos un ejemplo que encontré hace poco en mi propio estudio devocional:

> Que te alaben, Señor, todas tus obras; que te bendigan tus fieles. Que hablen de la gloria de tu reino; que proclamen tus proezas, para que todo el mundo conozca tus proezas y la gloria y esplendor de tu reino. Tu reino es un reino eterno; tu dominio permanece por todas las edades.
>
> ~ Salmo 145:10-13 (NVI)

Este salmo, de hecho, contiene una teología fundamental del Reino, haciendo hincapié en el reinado soberano de Dios, sus proezas, su compasión y cercanía con los que le buscan, su rectitud y su justicia.

El Reino es un tema tan crucial de la Escritura que Richard Lovelace declara: "El Reino Mesiánico no sólo es el tema principal de la predicación de Jesús; es la categoría central que unifica la revelación bíblica". Y John Bright comenta, "El concepto del Reino de Dios implica, en un sentido real, todo el mensaje de la Biblia… Para comprender lo que significa el Reino de Dios es preciso acercarse al corazón del evangelio de salvación de la Biblia". Como E. Stanley Jones escribió hace más de cuatro décadas, el mensaje de Jesús "era el Reino de Dios. Era el centro y la circunferencia de todo lo que él enseñó e hizo... El Reino de Dios es la concepción maestra, el plan maestro, con el propósito maestro, la voluntad maestra, que reúne todas las cosas y otorga redención, coherencia, propósito, metas".

Es cierto, ver el Reino de Dios como el único tema unificador de la Escritura puede ser engañoso. Personalmente, creo que la verdad fundamental es la revelación de la naturaleza y el carácter de Dios (no sólo su existencia, lo cual se declara en el orden creado – Romanos 1:20). Aquí el amor, la justicia y la santidad de Dios son el centro – el carácter de la *persona* de Dios en su trinidad. Aun así el reino/gobierno de Dios es un tema clave de la Escritura, pues el Dios amoroso, justo y santo gobierna según su carácter de una manera que refleja su carácter en todos los que están dispuestos a servirle.

Así que el Reino es de hecho un aspecto clave que atraviesa la Biblia. Si parece menos evidente en los escritos de Pablo, es debido a que a menudo él habla del Reino como el *plan* soberano de Dios por medio de Jesucristo (como por ejemplo, en Efesios 1:10), y por muy buenas razones, utiliza menos lenguaje del reino. Pero es incorrecto decir, como algunos han hecho, que el tema del reino "desaparece" en Pablo . . .

La Biblia está llena del Reino de Dios . . . Aprendemos más sobre el Reino cuando vemos toda la Escritura como la historia de la "economía" de Dios o el plan de restauración para una creación caída, llevando todo lo que Dios ha hecho – mujer, hombre y su ambiente – hacia el cumplimiento de sus propósitos bajo su reinado soberano.

Una noche, mi hijo de siete años de edad y yo caminábamos a través de una pequeña parcela de bosque y salimos a un campo abierto. El sol se estaba poniendo; el cielo estaba pintado serenamente con azul y oro. Los pájaros revoloteaban entre los árboles. Hablamos de la paz, del futuro y del Reino de Dios. De alguna manera ambos sentimos, a pesar de nuestras diferencias en edad y entendimiento, que Dios desea la paz y que lo que él desea, él hace. Algún día, dijimos y supimos, todo el mundo será como este momento mágico. Pero no sin un precio y sin pelear.

Jesús exhorta: "Entrad por la puerta angosta". Porque "estrecha es la puerta y angosto el camino que conduce a la vida, y sólo unos pocos la hallan" (Mateo 7:13-14). El Reino de Dios es vida en abundancia (Juan 10:10), pero el camino a la vida es a través de la puerta estrecha de la fe y la obediencia a Jesucristo. Si los cristianos de hoy quieren experimentar el orden pacífico del Reino, deben aprender y vivir la paz a la manera de Dios.

~ Extraído de Howard A Snyder. *A Kingdom Manifesto*
(Un manifiesto de Reino).
"Introducción y Capítulo Uno."
Downers Grove: InterVarsity Press, 1985. Págs. 11-25.

La predicación y enseñanza de Jesús
Resumen de la enseñanza, Vic Gordon

1. Lo más importante en la vida es ser un discípulo de Jesucristo. Para hacer eso tenemos que aprender de él y luego obedecer lo que oímos. Él debe ser nuestro Maestro y Señor (Mateo 7:24-27, 11:29, 28:18-20; Juan 13:13).

2. Obviamente, no podemos seguir a Jesús si no conocemos lo que él enseñó. El tema principal de su predicación y enseñanza era el Reino de Dios. La mayoría de los cristianos no lo saben, ¡sin embargo le llaman Señor y Maestro!

3. Pero nos encontramos con un problema inmediato. Tan pronto como sabemos cuál es el tema principal de su enseñanza, automáticamente lo malinterpretamos. Reino significa algo diferente en el lenguaje bíblico (hebreo, arameo, griego) que en español contemporáneo. Para nosotros "Reino" significa "dominio" (un lugar sobre el cual gobierna un rey) o "un grupo de personas que viven bajo el dominio de un rey" (las personas sobre las que el rey gobierna). En la Biblia, sin embargo, el significado primario de "Reino" es "reinado" o "gobierno". El Reino de Dios entonces significa reinado de Dios o gobierno de Dios. El Reino de Dios no es un lugar ni un pueblo, sino el gobierno activo y dinámico de Dios. El Reino es un hecho de Dios, e.d., algo que él hace.

4. La carga y el propósito de los tres años del ministerio público de Jesús que lo condujo a su muerte y resurrección, era predicar, proclamar y enseñar acerca del Reino de Dios (Marcos 1:14 y sig., Mateo 4:17, 23, 9:35; Lucas 4:42 y sig.; 8:1, 9:2, 6, 11, 10:1, 9; Hechos 1:3, 28:31).

5. Jesús fue el anunciador original del Evangelio, y lo proclamó originalmente como el Reino de Dios (Marcos 1:14 y sig., Mateo 4:23, 9:35, 24:14 y Lucas 20:1). Las buenas nuevas son sobre el reinado de Dios. Por supuesto que esto es una metáfora, una imagen verbal que describe una realidad más profunda.

6. La enseñanza de Jesús sobre el Reino de Dios, como veremos, determina la estructura básica de toda su enseñanza, y de hecho también la estructura de la enseñanza de todo el Nuevo Testamento.

7. ¿Por qué Jesús escogió el término "Reino de Dios" para proclamar las buenas nuevas de Dios para el mundo? Hay dos razones básicas:

   a. *Era bíblico.* Si bien la frase exacta "Reino de Dios" no aparece nunca en el Antiguo Testamento (tal vez una vez en 1 Crónicas 28:5), la idea está presente en todo el Antiguo Testamento. A lo largo del mismo, Dios es rey siempre y en todas partes, especialmente en los profetas. Su reinado no siempre se tiene en cuenta en este mundo pecaminoso. De hecho, el mayor énfasis en el Antiguo Testamento, declarado en cientos de formas e imágenes diferentes, está en el futuro reinado de Dios. La esperanza del Antiguo Testamento es que Dios mismo vendrá y traerá la salvación a su pueblo y de juicio/destrucción de sus enemigos. (Vea 1 Crónicas 29:11; Salmo 22:28, 96:10-13, 103:19, 145:11-13; Isaías 25 y sig.; 65 y sig.; Daniel 2:44 y 4:3, 34, 6:26, 7:13 y sig., 27).

   b. *Era entendido y tenía sentido para los judíos palestinos del primer siglo a los que les proclamaba las Buenas Nuevas.* De hecho, la frase "Reino de Dios" se había desarrollado mucho en los 400 años entre el Antiguo Testamento y la venida de Jesús. ¡El Reino de Dios ahora resumía la esperanza de todo el Antiguo Testamento! Los judíos del primer siglo estaban esperando que Dios viniera como rey y reinara sobre el mundo entero, destruyendo a sus enemigos y dándole todas sus bendiciones a su pueblo, Israel. Este concepto fue especialmente significativo para los judíos que, por una parte, estaban firmemente convencidos de que su Dios Yahvé era el único y verdadero Dios que gobernaba en todo el universo, y por la otra, habiendo experimentado más de 700 años de dominación extranjera en manos de los gobernantes paganos de Asiria, luego Babilonia, luego Persia, luego Grecia y finalmente Roma. Jesús nunca les define el Reino de Dios, porque todos sabían lo que significaba. Este es un gran ejemplo para nosotros en nuestros ministerios. Jesús fue a donde estaban las personas (¡la encarnación!), fue fiel al mensaje bíblico, y les habló en términos que ellos podían entender. (Vea ej. Lucas 1:32 y sig.; 19:11, 23:51; Marcos 11:10, 15:43; Hechos 1:6) El frase Reino de Dios resumía toda la esperanza y la promesa del Antiguo Testamento. "Todo lo que Dios ha dicho y hecho en la historia de Israel se llevó a término en el Reino de Dios" (Dale Patrick).

8. Pero Jesús ofrece una nueva comprensión de un concepto ya entendido. Él vierte su propia autoridad en el Reino de Dios y ofrece una nueva interpretación definitiva de la promesa y enseñanza del Antiguo Testamento. Asegura que el "Reino de Dios" es la clave para interpretar el Antiguo Testamento. Está de acuerdo con los judíos que el Reino es Dios llegando a la historia y reinando al otorgar la salvación a su pueblo y juicio a sus enemigos. Pero Jesús va mucho más allá al proveer una interpretación nueva de su gran reinado.

9. Jesús sorprende y deja perplejos a sus oyentes diciendo que el Reino de Dios que todos habían estado esperando estaba presente (Marcos 1:15). El tiempo del cumplimiento de las promesas del Antiguo Testamento había llegado. Incluso va más allá de esto mediante la enseñanza de que el Reino está presente en su propia persona y ministerio (Mateo 11:1-15, 12:28; Lucas 10:23 y sig.; 17:20 y sig.). La enseñanza de que el Reino de Dios ha llegado o está aquí es radicalmente nueva. Ningún rabino judío había enseñado tal cosa (Lucas 10:23 y sig.).

10. Pero Jesús, al igual que la mayoría de los judíos de su tiempo, también enseñó que el Reino de Dios estaba todavía en el futuro, es decir, que aún estaba por llegar (ej., Mt. 6:10, 8:11 y sig.; 25:31-34; Lc. 21:31, 22:17 y sig.; comp. Mt. 5:3-12; Mc. 9:47).

11. La solución a esta extraña enseñanza es darse cuenta de que la nueva perspectiva de Jesús sobre el Reino de Dios contiene dos elementos: El Reino está presente y también es futuro. Jesús enseñó dos venidas del Reino. En primer lugar, el Reino vino en parte en su propia persona y ministerio. En segundo lugar, Jesús enseñó que habría una futura venida completa de su Reino cuando regresara al final de la historia humana.

12. Ahora podemos entender lo que Jesús quiso decir con "el misterio del Reino" (Marcos 4:10 y sig.). Esta perspectiva nueva y extraña sobre el Reino de Dios enseña que las promesas del Antiguo Testamento podrían cumplirse sin ser consumadas. Entonces, el misterio del Reino es el cumplimiento sin la consumación. *El Reino de Dios ha entrado en la historia en la persona y ministerio de Jesucristo, sin consumación.* Este misterio ha estado oculto hasta ahora, revelado en Cristo.

13. De una forma u otra, todas las parábolas de Jesús sobre el reino ("El Reino de Dios es como". . .) anuncian y/o explican este misterio. Este entendimiento del Reino es radicalmente nuevo. Los judíos palestinos del primer siglo necesitaban escuchar este mensaje, entenderlo y creerlo. Esta es la principal preocupación en la predicación y enseñanza de Jesús.

14. Por lo tanto, podemos entender de la enseñanza de Jesús sobre la venida del Reino de Dios que es presente y futuro a la vez. El Reino es ahora y todavía no. Jesús anuncia la presencia del futuro.

15. Este cuadro del Reino de Dios en la enseñanza de Jesús nos puede ayudar a ver más claramente lo que está diciendo. Es una línea de tiempo desde la creación hasta el futuro eterno (eterno en la Biblia significa tiempo sin fin).

    a. La era del Reino es una era por venir. Ahora vivimos en esta era y la era por venir.

    b. El Reino de Dios tiene dos momentos, cada uno caracterizado por una venida de Jesús como Rey Mesiánico trayendo el Reino de Dios.

16. El Reino de Dios trae las bendiciones de Dios. Como el pueblo del Reino ahora vive en la tensión de la presencia y futuro del Reino, algunas de las bendiciones ya han llegado y algunas esperan la consumación del Reino en el futuro.

    Bendiciones actuales del Reino
    a. El Evangelio es proclamado.
    b. El perdón de los pecados.
    c. El Espíritu Santo habita en el pueblo de Dios.
    d. La santificación ha comenzado.

Bendiciones futuras del Reino
   a. La presencia de Dios
   b. Cuerpos resucitados
   c. Santificación completa
   d. Shalom: paz, justicia, gozo, salud, plenitud
   e. Un cielo nuevo y una tierra nueva
   f. El juicio y la destrucción de todos los enemigos de Dios, incluyendo el pecado, la muerte, el diablo y sus demonios, y todo lo malo.

17. No pasemos por alto el hecho evidente de que para Jesús su predicación sobre el Reino es fundamentalmente una proclamación sobre Dios. Dios presenta su Reino como una búsqueda, una invitación, un amable *Abba* Padre. Aunque también viene como juez a los que niegan su Reino.

18. El Reino de Dios es totalmente obra de Dios. Su gracia entra en la historia humana en la persona de su Hijo Jesucristo para traer su gobierno a la tierra. Por lo tanto, el Reino es algo totalmente sobrenatural y lleno de gracia. Los seres humanos no pueden traer, construir o consumar el Reino. Es totalmente un acto de Dios.

19. Los milagros de Jesús y la expulsión de demonios son señales de que el Reino de Dios está presente en él y en su ministerio (Mateo 11:1-6, 4:23, 9:35, 10:7 y sig., Lucas 9:1, 2, 6, 11).

20. El Reino de Dios invadirá el reino de Satanás cuando Jesús venga trayendo el Reino (Mateo 12:22-29, 25:41; Marcos 1:24, 34; Lucas 10:17 y sig.; 11:17-22).

21. El Reino de Dios es de gran valor, de hecho es la cosa más grande en todo el mundo (Mateo 13:44-46). Por tanto, debemos preguntarnos, "¿Cómo deberíamos responder a este Reino?" o "¿Cómo podemos recibir este regalo del Reino de Dios?"

Hay un río:
Identificando las corrientes del auténtico re-avivamiento de la comunidad cristiana en la ciudad*

Rev. Dr. Don L. Davis

Sal. 46.4 - Del río sus corrientes alegran la ciudad de Dios, El santuario de las moradas del Altísimo.

	Contribuyentes a la historia de la fe bíblica			
Identidad Bíblica reafirmada	**Espiritualidad urbana reavivada**	**Legado Histórico reafirmado**	**Autoridad del Reino re-enfocado**	
La Iglesia es Una	*La Iglesia es Santa*	*La Iglesia es Católica*	*La Iglesia es Apostólica*	
Un llamado a la fidelidad bíblica Reconociendo las Escrituras como el ancla y fundamento de la práctica y fe cristiana	Un llamado a la libertad, poder y plenitud del Espíritu Santo Caminando en santidad, poder, dones y libertad del Espíritu Santo en el cuerpo de Cristo	Un llamado a las raíces históricas y a la continuidad Confesando la identidad histórica común y la continuidad de la fe cristiana auténtica	Un llamado a la fe apostólica Afirmando la tradición apostólica como la base autoritaria de la esperanza cristiana	
Un llamado a una identidad mesiánica del Reino Re-descubriendo la historia del Mesías prometido y Su Reino en Jesús de Nazaret	Un llamado a vivir como peregrinos y extranjeros como Pueblo de Dios Definiendo el auténtico discipulado cristiano como la membresía fiel entre el Pueblo de Dios	Un llamado a afirmar y expresar la comunión global de los santos Expresando cooperación y colaboración tanto local como global con otros creyentes	Un llamado a la autoridad representativa Sometiéndose con gozo a los siervos de Dios dotados en la Iglesia como co-pastores de la fe verdadera	
Un llamado a una afinidad de Credo Adoptando el Credo Niceno como la regla compartida de fe de la ortodoxia histórica	Un llamado a una vitalidad litúrgica, sacramental y doctrinal Experimentando la presencia de Dios mediante la adoración, las ordenanzas y la enseñanza	Un llamado a la hospitalidad radical y las buenas obras Expresando el amor del Reino a todos, y especialmente a los de la familia de la fe	Un llamado al testimonio profético e integral Proclamando a Cristo y Su Reino en palabra y obra a nuestros vecinos y a todas las personas	

* Este esquema es una adaptación y está basado en la introspección de la declaración *El Llamado a Chicago* en mayo de 1977, donde varios líderes académicos evangélicos y pastores se reunieron para discutir la relación entre la iglesia evangélica moderna y la fe del cristianismo histórico.

El papel del sonar de la eclesiología en la misión urbana

Rev. Dr. Don L. Davis • *World Impact's Candidate Assessment Program* (for missionary applicants). [Programa de evaluación de candidatos de *World Impact* (para misioneros solicitantes)]. Wichita: *World Impact*.

Muchas preguntas se preparan sobre la iglesia y su lugar en la espiritualidad y la misión:

- ¿Puede una persona ser salvada aparte de la Iglesia?
- ¿Es posible tener una correcta relación con Dios y su pueblo y aún no ser parte de la asamblea local de cristianos?
- ¿Es la fe en la Iglesia local una esperanza fuera de lugar?

> El punto aquí es simplemente reconocer que si nosotros colocamos toda nuestra esperanza en la iglesia local, es una esperanza perdida. Muchos pastores bien intencionados promueven esta perspectiva proclamando: "La iglesia local es la esperanza del mundo". Al igual que la mayoría de lemas publicitarios, esta noción es emocionalmente atractiva. El problema es, que el sentimiento no es bíblico. Jesús, solo Jesús, es la esperanza del mundo. La iglesia local un mecanismo que puede ser de utilidad para acercarnos a él, y ayudarnos para ser más como él. Pero, como muestran claramente los datos de la investigación, las iglesias no están haciendo el trabajo. Si la iglesia local es la esperanza del mundo, el mundo no tiene esperanza.
>
> ~ George Barna. *Revolution*. [Revolución]. Carol Stream, IL: Tyndale Publishers, 2005, pág. 36.

La esencia del sonar de la eclesiología: La Iglesia de Dios en Jesucristo es central en la comprensión y apreciación de los actos salvadores de Dios en Cristo a través de la historia de la salvación, en el mundo actual, y en la Era Por Venir.

- La Iglesia de Dios en Jesucristo es de vital importancia en la historia de la salvación.
- La Iglesia de Dios en Jesucristo es integral en sus imágenes en la teología trinitaria.
- La Iglesia de Dios en Jesucristo tiene gran implicación para nosotros en las misiones urbanas hoy.

I. La Iglesia de Dios en Jesucristo es de vital importancia en la historia de la salvación.

   A. La Iglesia es central en la comprensión del propósito salvador de Dios para el universo.

   1 Jn. 3:8 – El que practica el pecado es del diablo; porque el diablo peca desde el principio. Para esto apareció el Hijo de Dios, para deshacer las obras del diablo.

   1. El universo está en guerra: el proto-evangelio, Gn. 3:15 (las dos mitades desiguales de las Escrituras canónicas).

      a. Gén. 3:15 – Y pondré enemistad entre ti y la mujer, y entre tu simiente y la simiente suya; ésta te herirá en la cabeza, y tú le herirás en el calcañar.

      b. Mt. 3:7 – Al ver él que muchos de los fariseos y de los saduceos venían a su bautismo, les decía: ¡Generación de víboras! ¿Quién os enseñó a huir de la ira venidera?

      c. Mt. 13:38 – El campo es el mundo; la buena semilla son los hijos del reino, y la cizaña son los hijos del malo.

      d. Jn. 8:44 – Vosotros sois de vuestro padre el diablo, y los deseos de vuestro padre queréis hacer. Él ha sido homicida desde el principio, y no ha permanecido en la verdad, porque no hay verdad en él. Cuando habla mentira, de suyo habla; porque es mentiroso, y padre de mentira.

      e. 1 Jn. 3:8 – El que practica el pecado es del diablo; porque el diablo peca desde el principio. Para esto apareció el Hijo de Dios, para deshacer las obras del diablo.

   2. El reino de Dios por toda la historia: La Piedra Angular de la teología del tiempo

      a. *ANTES DEL TIEMPO* (Eternidad Pasada) 1 Cor. 2:7 – Mas hablamos sabiduría de Dios en misterio, la sabiduría oculta, la cual Dios predestinó antes de los siglos para nuestra gloria (comp. Ti. 1:2).

      b. *AL PRINCIPIO DEL TIEMPO* (Creación y Caída)
         Gén. 1:1 – En el principio creó Dios los cielos y la tierra.

c. ***DESPLIEGUE DEL TIEMPO*** (El plan de Dios revelado a través de Israel) Gál. 3:8 – Y la Escritura, previendo que Dios había de justificar por la fe a los gentiles, dio de antemano la buena nueva a Abraham, diciendo: En ti serán benditas todas las naciones. (comp. Rom. 9:4-5).

d. ***PLENITUD DEL TIEMPO*** (La encarnación del Mesías) Gál. 4:4-5 – Pero cuando vino el cumplimiento del tiempo, Dios envió a su Hijo, nacido de mujer y nacido bajo la ley, para que redimiese a los que estaban bajo la ley, a fin de que recibiésemos la adopción de hijos.

e. ***LOS ÚLTIMOS TIEMPOS*** (La venida del Espíritu Santo) Hch. 2:16-18 – Mas esto es lo dicho por el profeta Joel: Y en los postreros días, dice Dios, derramaré de mi Espíritu sobre toda carne, y vuestros hijos y vuestras hijas profetizarán; vuestros jóvenes verán visiones, y vuestros ancianos soñarán sueños; y de cierto sobre mis siervos y sobre mis siervas en aquellos días Derramaré de mi Espíritu, y profetizarán.

f. ***EL CUMPLIMIENTO DEL TIEMPO*** (La segunda venida) Mt. 13:40-43 – De manera que como se arranca la cizaña, y se quema en el fuego, así será en el fin de este siglo. Enviará el Hijo del Hombre a sus ángeles, y recogerán de su reino a todos los que sirven de tropiezo, y a los que hacen iniquidad, y los echarán en el horno de fuego; allí será el lloro y el crujir de dientes. Entonces los justos resplandecerán como el sol en el reino de su Padre. El que tiene oídos para oír, oiga.

g. ***MÁS ALLÁ DEL TIEMPO*** (Eternidad Futura) 1 Cor. 15:24-28 – Luego el fin, cuando entregue el reino al Dios y Padre, cuando haya suprimido todo dominio, toda autoridad y potencia. Porque preciso es que él reine hasta que haya puesto a todos sus enemigos debajo de sus pies. Y el postrer enemigo que será destruido es la muerte. Porque todas las cosas las sujetó debajo de sus pies. Y cuando dice que todas las cosas han sido sujetadas a él, claramente se exceptúa aquel que sujetó a él todas las cosas. Pero luego que todas las cosas le estén sujetas, entonces también el Hijo mismo se sujetará al que le sujetó a él todas las cosas, para que Dios sea todo en todos.

3. La gloriosa libertad del hijo de Dios: El propósito rendentor de Dios para apartar a las personas para su Hijo por siempre jamás, Rom. 8:19-21 – Porque el anhelo ardiente de la creación es el aguardar la manifestación de los hijos de Dios. Porque la creación fue sujetada a vanidad, no por su propia voluntad, sino por causa del que la sujetó en esperanza; porque también la creación misma será libertada de la esclavitud de corrupción, a la libertad gloriosa de los hijos de Dios.

B. La Iglesia es central en la comprensión del pacto divino de la redención de Dios.

Gál. 3:8-9 – Y la Escritura, previendo que Dios había de justificar por la fe a los gentiles, dio de antemano la buena nueva a Abraham, diciendo: En ti serán benditas todas las naciones. De modo que los de la fe son bendecidos con el creyente Abraham.

1. La promesa de Abraham, Gn. 12:1-3 – Pero Jehová había dicho a Abram: Vete de tu tierra y de tu parentela, y de la casa de tu padre, a la tierra que te mostraré. Y haré de ti una nación grande, y te bendeciré, y engrandeceré tu nombre, y serás bendición. Bendeciré a los que te bendijeren, y a los que te maldijeren maldeciré; y serán benditas en ti todas las familias de la tierra.

2. La promesa y plan en la historia de Israel, Heb. 1:1-3 – Dios, habiendo hablado muchas veces y de muchas maneras en otro tiempo a los padres por los profetas, en estos postreros días nos ha hablado por el Hijo, a quien constituyó heredero de todo, y por quien asimismo hizo el universo; el cual, siendo el resplandor de su gloria, y la imagen misma de su sustancia, y quien sustenta todas las cosas con la palabra de su poder, habiendo efectuado la purificación de nuestros pecados por medio de sí mismo, se sentó a la diestra de la Majestad en las alturas.

3. La encarnación, pasión, muerte, resurrección, y ascensión de Jesús como revelación y redención del universo, Jn. 1:14-18 – Y aquel Verbo fue hecho carne, y habitó entre nosotros (y vimos su gloria, gloria como del unigénito del Padre), lleno de gracia y de verdad. Juan dio testimonio de él, y clamó diciendo: Este es de quien yo decía: El que viene después de mí, es antes de mí; porque era primero que yo. Porque de su plenitud tomamos todos, y gracia sobre gracia. Pues la ley por medio de Moisés fue dada, pero la gracia y la verdad

vinieron por medio de Jesucristo. A Dios nadie le vio jamás; el unigénito Hijo, que está en el seno del Padre, él le ha dado a conocer.

4. La venida del Espíritu y el nacimiento de la Iglesia, Hch. 2:16-21 (comp. Hch. 2:14-21 – Entonces Pedro, poniéndose en pie con los once, alzó la voz y les habló diciendo: Varones judíos, y todos los que habitáis en Jerusalén, esto os sea notorio, y oíd mis palabras. Porque éstos no están ebrios, como vosotros suponéis, puesto que es la hora tercera del día. Mas esto es lo dicho por el profeta Joel:Y en los postreros días, dice Dios, derramaré de mi Espíritu sobre toda carne, y vuestros hijos y vuestras hijas profetizarán; vuestros jóvenes verán visiones, y vuestros ancianos soñarán sueños; y de cierto sobre mis siervos y sobre mis siervas en aquellos días derramaré de mi Espíritu, y profetizarán. Y daré prodigios arriba en el cielo, y señales abajo en la tierra, sangre y fuego y vapor de humo; el sol se convertirá en tinieblas, y la luna en sangre, antes que venga el día del Señor, Grande y manifiesto; y todo aquel que invocare el nombre del Señor, será salvo.)

C. La iglesia está en el corazón del misterio de la revelación final de Dios en Cristo.

Ef. 3:4-5 – leyendo lo cual podéis entender cuál sea mi conocimiento en el misterio de Cristo, misterio que en otras generaciones no se dio a conocer a los hijos de los hombres, como ahora es revelado a sus santos apóstoles y profetas por el Espíritu.

1. Misterio hasta ahora no revelado a la humanidad, Rom. 16:25-27 – Y al que puede confirmaros según mi evangelio y la predicación de Jesucristo, según la revelación del misterio que se ha mantenido oculto desde tiempos eternos, pero que ha sido manifestado ahora, y que por las Escrituras de los profetas, según el mandamiento del Dios eterno, se ha dado a conocer a todas las gentes para que obedezcan a la fe, al único y sabio Dios, sea gloria mediante Jesucristo para siempre. Amén.

2. La revelación del misterio: Los gentiles como coherederos de la misma promesa en la Iglesia, Ef. 3:3-10 – que por revelación me fue declarado el misterio, como antes lo he escrito brevemente, leyendo lo cual podéis entender cuál sea mi conocimiento en el misterio de Cristo, misterio que en otras generaciones no se dio a conocer a los hijos de los hombres,

como ahora es revelado a sus santos apóstoles y profetas por el Espíritu: que los gentiles son coherederos y miembros del mismo cuerpo, y copartícipes de la promesa en Cristo Jesús por medio del evangelio, del cual yo fui hecho ministro por el don de la gracia de Dios que me ha sido dado según la operación de su poder. A mí, que soy menos que el más pequeño de todos los santos, me fue dada esta gracia de anunciar entre los gentiles el evangelio de las inescrutables riquezas de Cristo, y de aclarar a todos cuál sea la dispensación del misterio escondido desde los siglos en Dios, que creó todas las cosas; para que la multiforme sabiduría de Dios sea ahora dada a conocer por medio de la iglesia a los principados y potestades en los lugares celestiales.

3. Cristo en nosotros los gentiles seguidores de Jesús, la esperanza de gloria, Col. 1:24-27 – Ahora me gozo en lo que padezco por vosotros, y cumplo en mi carne lo que falta de las aflicciones de Cristo por su cuerpo, que es la iglesia; de la cual fui hecho ministro, según la administración de Dios que me fue dada para con vosotros, para que anuncie cumplidamente la palabra de Dios, el misterio que había estado oculto desde los siglos y edades, pero que ahora ha sido manifestado a sus santos, a quienes Dios quiso dar a conocer las riquezas de la gloria de este misterio entre los gentiles; que es Cristo en vosotros, la esperanza de gloria.

II. La Iglesia de Dios en Jesucristo es integral en sus imágenes en la teología trinitaria

A. La Iglesia está figurada y tipificada como *la familia de Dios*.

Ef. 2:19 – Así que ya no sois extranjeros ni advenedizos, sino conciudadanos de los santos, y miembros de la familia de Dios.

1. La necesidad de la regeneración, Jn. 1:12-13 – Mas a todos los que le recibieron, a los que creen en su nombre, les dio potestad de ser hechos hijos de Dios; los cuales no son engendrados de sangre, ni de voluntad de carne, ni de voluntad de varón, sino de Dios.

2. La importancia de la adopción, Rom. 8:15-18 – Pues no habéis recibido el espíritu de esclavitud para estar otra vez en temor, sino que habéis recibido el espíritu de adopción, por el cual clamamos: ¡Abba, Padre! El Espíritu mismo da

testimonio a nuestro espíritu, de que somos hijos de Dios. Y si hijos, también herederos; herederos de Dios y coherederos con Cristo, si es que padecemos juntamente con él, para que juntamente con él seamos glorificados. Pues tengo por cierto que las aflicciones del tiempo presente no son comparables con la gloria venidera que en nosotros ha de manifestarse.

3. El privilegio de *oikos*: miembros de la familia de Dios, 1 Jn. 3:1-3 – Mirad cuál amor nos ha dado el Padre, para que seamos llamados hijos de Dios; por esto el mundo no nos conoce, porque no le conoció a él. Amados, ahora somos hijos de Dios, y aún no se ha manifestado lo que hemos de ser; pero sabemos que cuando él se manifieste, seremos semejantes a él, porque le veremos tal como él es. Y todo aquel que tiene esta esperanza en él, se purifica a sí mismo, así como él es puro.

B. La Iglesia está figurada y tipificada como *el cuerpo y la novia de Cristo*.

1 Cor. 12:27 – Vosotros, pues, sois el cuerpo de Cristo, y miembros cada uno en particular.

2 Cor. 11:2 – Porque os celo con celo de Dios; pues os he desposado con un solo esposo, para presentaros como una virgen pura a Cristo.

1. Nuestra unidad organica con Jesús por fe: Nosotros fuimos muertos, sepultados, resucitados, ascendidos, sentados, sufrimos, glorificados, regresaremos, reinaremos con él, ej. Rom. 6:1-10.

2. Interdependencia e interconexión por medio del Espíritu Santo

    a. 1 Cor. 12:12-13 – Porque así como el cuerpo es uno, y tiene muchos miembros, pero todos los miembros del cuerpo, siendo muchos, son un solo cuerpo, así también Cristo. Porque por un solo Espíritu fuimos todos bautizados en un cuerpo, sean judíos o griegos, sean esclavos o libres; y a todos se nos dio a beber de un mismo Espíritu.

    b. Ef. 4:4-7 – un cuerpo, y un Espíritu, como fuisteis también llamados en una misma esperanza de vuestra vocación; un Señor, una fe, un bautismo, un Dios y Padre de todos, el cual es sobre todos, y por todos, y en todos.

Pero a cada uno de nosotros fue dada la gracia conforme a la medida del don de Cristo.

c. 1 Ped. 4:10-11 – Cada uno según el don que ha recibido, minístrelo a los otros, como buenos administradores de la multiforme gracia de Dios. Si alguno habla, hable conforme a las palabras de Dios; si alguno ministra, ministre conforme al poder que Dios da, para que en todo sea Dios glorificado por Jesucristo, a quien pertenecen la gloria y el imperio por los siglos de los siglos. Amén.

3. Destinados para el trono: La Cena de las Bodas del Cordero, Ap. 19:6-8

C. La Iglesia es figurada y tipificada como *el templo del Espíritu Santo*

Ef. 2:20-22 – edificados sobre el fundamento de los apóstoles y profetas, siendo la principal piedra del ángulo Jesucristo mismo, en quien todo el edificio, bien coordinado, va creciendo para ser un templo santo en el Señor; en quien vosotros también sois juntamente edificados para morada de Dios en el Espíritu.

1. La Iglesia como *tipo* del Templo, piedras vivas que forman la morada de Dios en el espíritu, 1 Ped. 2:4-10 (comp. 1 Ped. 2:9-10 – Mas vosotros sois linaje escogido, real sacerdocio, nación santa, pueblo adquirido por Dios, para que anunciéis las virtudes de aquel que os llamó de las tinieblas a su luz admirable; vosotros que en otro tiempo no erais pueblo, pero que ahora sois pueblo de Dios; que en otro tiempo no habíais alcanzado misericordia, pero ahora habéis alcanzado misericordia.)

2. Consagrados y apartados para el placer y propósito de Dios, 1 Cor. 3:16-17 – ¿No sabéis que sois templo de Dios, y que el Espíritu de Dios mora en vosotros?Si alguno destruyere el templo de Dios, Dios le destruirá a él; porque el templo de Dios, el cual sois vosotros, santo es.

3. Una comunidad del Espíritu, la *shekinah* presencia de Dios en medio del pueblo de Dios, Rom. 8:11 – Y si el Espíritu de aquel que levantó de los muertos a Jesús mora en vosotros, el que levantó de los muertos a Cristo Jesús vivificará también vuestros cuerpos mortales por su Espíritu que mora en

vosotros. (comp. Ef. 2:19-22 – Así que ya no sois extranjeros ni advenedizos, sino conciudadanos de los santos, y miembros de la familia de Dios, edificados sobre el fundamento de los apóstoles y profetas, siendo la principal piedra del ángulo Jesucristo mismo, en quien todo el edificio, bien coordinado, va creciendo para ser un templo santo en el Señor; en quien vosotros también sois juntamente edificados para morada de Dios en el Espíritu.)

III. La Iglesia de Dios en Jesucristo tiene gran implicación para nosotros en las misiones urbanas hoy.

A. La Iglesia destaca en la misión urbana como *pilar y defensa de la verdad*.

1 Tim. 3:15 – para que si tardo, sepas cómo debes conducirte en la casa de Dios, que es la iglesia del Dios viviente, columna y baluarte de la verdad.

1. Proteger el canon (las Sagradas Escrituras) como interpretada por la Gran Tradición, 2 Tim. 3:15-17 – y que desde la niñez has sabido las Sagradas Escrituras, las cuales te pueden hacer sabio para la salvación por la fe que es en Cristo Jesús. Toda la Escritura es inspirada por Dios, y útil para enseñar, para redargüir, para corregir, para instruir en justicia, a fin de que el hombre de Dios sea perfecto, enteramente preparado para toda buena obra.

2. Proteger el rebaño de Dios y el Evangelio de Jesucristo, Hch. 20:28-30 – Por tanto, mirad por vosotros, y por todo el rebaño en que el Espíritu Santo os ha puesto por obispos, para apacentar la iglesia del Señor, la cual él ganó por su propia sangre. Porque yo sé que después de mi partida entrarán en medio de vosotros lobos rapaces, que no perdonarán al rebaño. Y de vosotros mismos se levantarán hombres que hablen cosas perversas para arrastrar tras sí a los discípulos.

3. Contender por la fe una vez por todas entregada a los santos, Jud. 3 – Amados, por la gran solicitud que tenía de escribiros acerca de nuestra común salvación, me ha sido necesario escribiros exhortándoos que contendáis ardientemente por la fe que ha sido una vez dada a los santos.

B. La Iglesia se destaca en la misión urbana como *el anticipo y trofeo del Dios de la salvación en Cristo.*

Ef. 3:10 – para que la multiforme sabiduría de Dios sea ahora dada a conocer por medio de la iglesia a los principados y potestades en los lugares celestiales.

1. En la Asamblea de los fieles, hacemos la *Gran Confesión*: Jesucristo es Señor para la gloria de Dios Padre, Flp. 2:5-11. (Comp. Flp. 2:9-11 – Por lo cual Dios también le exaltó hasta lo sumo, y le dio un nombre que es sobre todo nombre, para que en el nombre de Jesús se doble toda rodilla de los que están en los cielos, y en la tierra, y debajo de la tierra; y toda lengua confiese que Jesucristo es el Señor, para gloria de Dios Padre.)

2. En el cuerpo de creyentes, nosotros obedecemos el *Gran Mandamiento*: Amar a Dios con todos nuestros corazones y a nuestros semejantes como a nosotros mismos, Mt. 22:37-40 – Jesús le dijo: Amarás al Señor tu Dios con todo tu corazón, y con toda tu alma, y con toda tu mente. Este es el primero y grande mandamiento. Y el segundo es semejante: Amarás a tu prójimo como a ti mismo. De estos dos mandamientos depende toda la ley y los profetas.

3. En la comunidad de discípulos, nosotros llevamos a cabo la Gran Comisión: Id y haced discípulos en todas las naciones, Mt. 28:18-20 – Y Jesús se acercó y les habló diciendo: Toda potestad me es dada en el cielo y en la tierra. Por tanto, id, y haced discípulos a todas las naciones, bautizándolos en el nombre del Padre, y del Hijo, y del Espíritu Santo; enseñándoles que guarden todas las cosas que os he mandado; y he aquí yo estoy con vosotros todos los días, hasta el fin del mundo. Amén.

C. La Iglesia se destaca en la misión urbana como *agente y embajadora de Cristo y de su Reino.*

2 Cor. 5:20 – Así que, somos embajadores en nombre de Cristo, como si Dios rogase por medio de nosotros; os rogamos en nombre de Cristo: Reconciliaos con Dios.

1. Solo a la Iglesia se le ha dado la responsabilidad de hacer justicia, amar misericordia en el nombre de Cristo, Mi. 6:8; comp. 1 Ped. 2:9-10.

2. Solo a la Iglesia se le ha dado la responsabilidad para evangelizar a los perdidos entre todos los grupos de personas, especialmente entre los pobres, Lc. 4:18 – El Espíritu del Señor está sobre mí, por cuanto me ha ungido para dar buenas nuevas a los pobres; Me ha enviado a sanar a los quebrantados de corazón; a pregonar libertad a los cautivos, y vista a los ciegos; a poner en libertad a los oprimidos.

3. Solo a la Iglesia se le ha dado el papel para catequizar, y discipular a los nuevos convertidos, incorporándolos en la familia, el cuerpo y el templo, 2 Ped. 3:15-18 – Y tened entendido que la paciencia de nuestro Señor es para salvación; como también nuestro amado hermano Pablo, según la sabiduría que le ha sido dada, os ha escrito, casi en todas sus epístolas, hablando en ellas de estas cosas; entre las cuales hay algunas difíciles de entender, las cuales los indoctos e inconstantes tuercen, como también las otras Escrituras, para su propia perdición. Así que vosotros, oh amados, sabiéndolo de antemano, guardaos, no sea que arrastrados por el error de los inicuos, caigáis de vuestra firmeza. Antes bien, creced en la gracia y el conocimiento de nuestro Señor y Salvador Jesucristo. A él sea gloria ahora y hasta el día de la eternidad. Amén.

4. Solo a la Iglesia se le ha dado el privilegio para ir a todas las naciones y avanzar el Reino plantando Iglesias hasta los confines de la tierra, Hch. 1:8 – pero recibiréis poder, cuando haya venido sobre vosotros el Espíritu Santo, y me seréis testigos en Jerusalén, en toda Judea, en Samaria, y hasta lo último de la tierra.

Un sonar de la eclesiología puede responder a nuestras preguntas que afectan a la Iglesia:

- ¡El Señor está añadiendo cada día el número de la Iglesia!
- ¡La presencia del Señor mora en la reunión de su pueblo!
- ¡La Iglesia de Dios en Jesucristo es la colonia de Dios, su ejército avanzando el Reino hasta los confines de la tierra!

> La Iglesia existe hoy como extranjeros residentes, una colonia aventurera en una sociedad de incrédulos. Así como una sociedad de incrédulos, la cultura occidental está desprovista de sentido de viaje, de aventura, porque carece de fe en mucho más que el cultivo de un horizonte cada vez más de instinto de autoconservación y de autoexpresión.
>
> . . . Nuestra historia bíblica demanda una ofensiva más que una postura defensiva de la iglesia. El mundo y todos sus recursos, angustias, regalos, y gimiendo está la creación de Dios, y Dios exige lo que Dios ha creado. Jesucristo es el acto supremo de la intrusión divina en las medidas colocadas del mundo. En Cristo, Dios rechaza "quedarse en su lugar". El mensaje que sostiene la colonia es no para sí misma, pero para el mundo – la colonia solamente tiene importancia como el medio de Dios para salvar el mundo entero. La colonia es el medio de Dios de una ofensiva principal contra el mundo, para el mundo.
>
> ~ Stanley Hauerwas y William H. Willimon.
> *Resident Aliens: Life in the Christian Colony.*
> [Extranjeros Residentes: Vida en la colonia cristiana].
> Nashville: Abingdon Press, 1989, págs. 49, 51.

La esencia del sonar de la eclesiología: La Iglesia de Dios en Jesucristo es central en la comprensión y apreciación los actos salvíficos de Dios en Cristo por toda la historia de la salvación, en el mundo actual, y en la edad por venir.

- La Iglesia de Dios en Cristo es fundamentalmente importante en la historia de la salvación.
- La Iglesia de Dios en Cristo es integral en sus imágenes en la teología trinitaria.
- La Iglesia de Dios en Cristo tiene gran implicación para nuestras misiones urbanas hoy.

> ". . . sobre esta roca edificaré mi iglesia; y las puertas del Hades no prevalecerán contra ella".
>
> ~ Mateo 16:18

La historia de Dios: Nuestras Raíces Sagradas
Rev. Dr. Don L. Davis

El Alfa y el Omega	Christus Victor	Ven, Espíritu Santo	Tu Palabra es Verdad	La Gran Confesión	Su vida en nosotros	Viviendo en el camino	Renacido para servir
El Señor Dios es la fuente, sostén y fin de todas las cosas en los cielos y en la tierra. Porque de él, y por él, y para él, son todas las cosas. A él sea la gloria por los siglos. Amén. Rom. 11:36.							
EL DRAMA DESPLAYADO DEL TRINO DIOS — La auto-revelación de Dios en la creación, Israel y Cristo							
El fundamento objetivo: El amor soberano de Dios — La narración de Dios sobre su obra de salvación en Cristo							
	El Campeón de la historia	El Intérprete de la historia	El Testimonio de la historia	**LA PARTICIPACIÓN DE LA IGLESIA EN EL DRAMA DESPLAYADO DE DIOS** Fidelidad al testimonio apostólico de Cristo y Su Reino			
				La respuesta gozosa de los redimidos por la obra salvadora de Dios en Cristo			
				El Pueblo de la historia	La Re-creación de la historia	La Encarnación de la historia	La Continuación de la historia
El Autor de la historia	Jesús como el Actor Principal	El Espíritu como el Narrador	La Escritura como el Guión	Como santos, Confesores	Como adoradores, Ministros	Como seguidores, Peregrinos	Como siervos, Embajadores
Cosmovisión Cristiana	**Identidad Común**	**Experiencia espiritual**	**Autoridad Bíblica**	**Teología Ortodoxa**	**Adoración Sacerdotal**	**Discipulado Congregacional**	**Testigo del Reino**
Visión teísta y trinitaria	Fundamento Cristo-céntrico	Comunidad habitada y llena del Espíritu	Testimonio canónico apostólico	Afirmación del credo antiguo de fe	Reunión semanal en la asamblea cristiana	Formación espiritual colectiva continua	Agentes activos del Reino de Dios
Voluntad Soberana	Representación mesiánica	Consolador Divino	Testimonio Inspirado	Repetición verdadera	Gozo sobresaliente	Residencia fiel	Esperanza Irresistible
Creador Verdadero hacedor del cosmos	Recapitulación Tipos y cumplimiento del pacto	Dador de vida Regeneración y adopción	Inspiración Divina La Palabra inspirada de Dios	La confesión de fe Unión con Cristo	Canto y celebración Recitación histórica	Supervisión pastoral Pastoreo del rebaño	Unidad explícita Amor para los santos
Dueño Soberano de toda la creación	Revelador Encarnación de la Palabra	Maestro Iluminador de la verdad	Historia sagrada Registro histórico	Bautismo en Cristo Comunión de los santos	Homilías y Enseñanzas Proclamación profética	Espiritualidad compartida Viaje común a través de las disciplinas espirituales	Hospitalidad radical Evidencia del reinado del Reino de Dios
Gobernador Controlador bendito de todas las cosas	Redentor Reconciliador de todas las cosas	Ayudador Dotación y poder	Teología bíblica Comentario divino	La regla de fe El Credo Apostólico y El Credo Niceno	La Cena del Señor Re-creación dramática	Encarnación Anamnesis y Prolepsis a través del año litúrgico	Generosidad excesiva Buenas obras
Cumplidor del pacto Fiel prometedor	Restaurador Cristo, el vencedor sobre los poderes del mal	Guía Presencia Divina y gloria de Dios	Alimento espiritual Sustento para El viaje	El Canon Vicentino Ubicuidad, antigüedad, universalidad	Presagio escatológico El YA y El Todavía No	Discipulado efectivo Formación espiritual en la asamblea de creyentes	Testimonio evangélico Haciendo discípulos a todo grupo de personas

Enfoques sustitutos para una visión Cristo-céntrica
Cosas buenas y efectos que nuestra cultura sustituye como la meta máxima

Rev. Dr. Don L. Davis

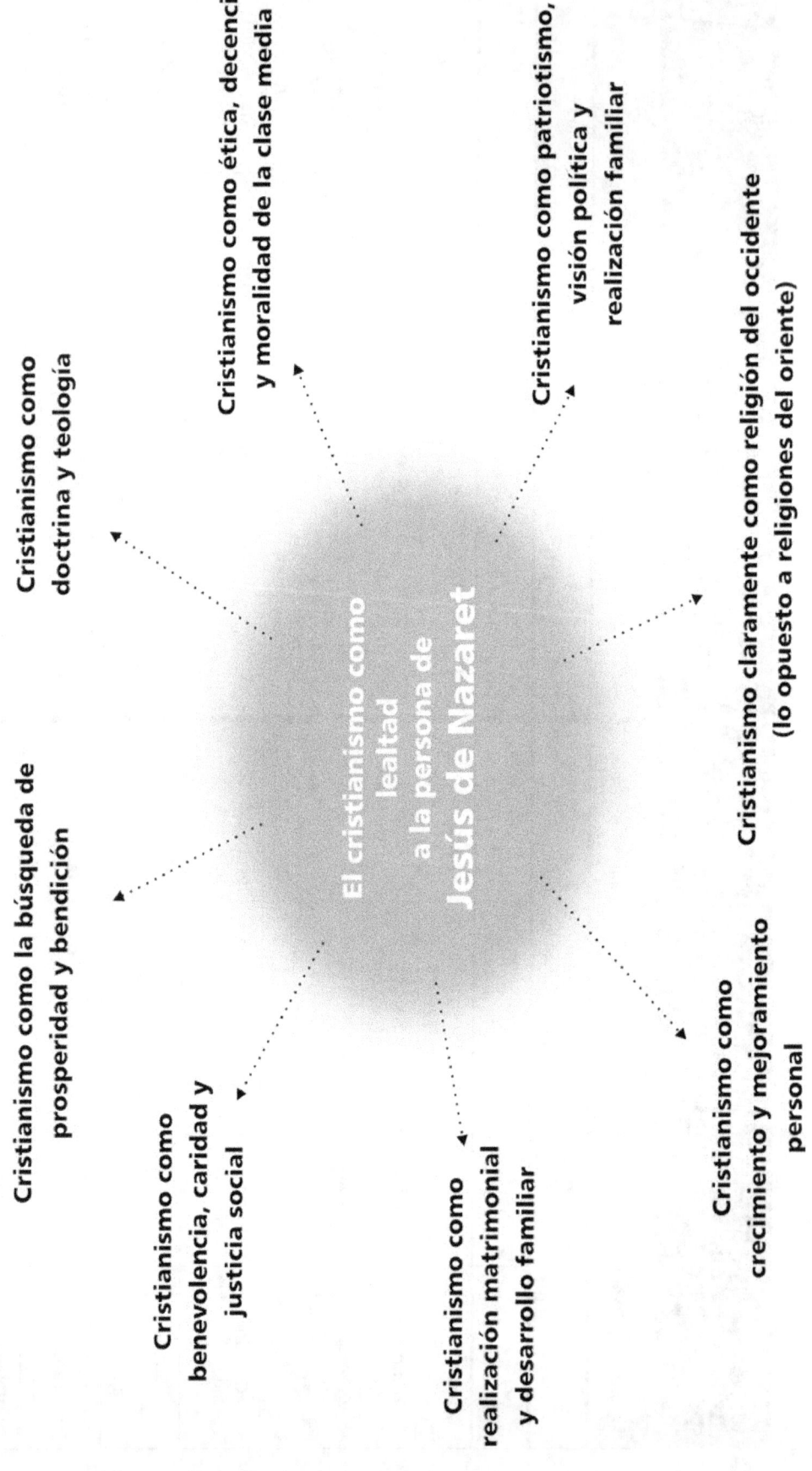

- Cristianismo como doctrina y teología
- Cristianismo como ética, decencia y moralidad de la clase media
- Cristianismo como patriotismo, visión política y realización familiar
- Cristianismo claramente como religión del occidente (lo opuesto a religiones del oriente)
- Cristianismo como crecimiento y mejoramiento personal
- Cristianismo como realización matrimonial y desarrollo familiar
- Cristianismo como benevolencia, caridad y justicia social
- Cristianismo como la búsqueda de prosperidad y bendición

El cristianismo como lealtad a la persona de Jesús de Nazaret

El cuadro y el drama
Imagen e historia en la recuperación del mito bíblico
Rev. Dr. Don L. Davis

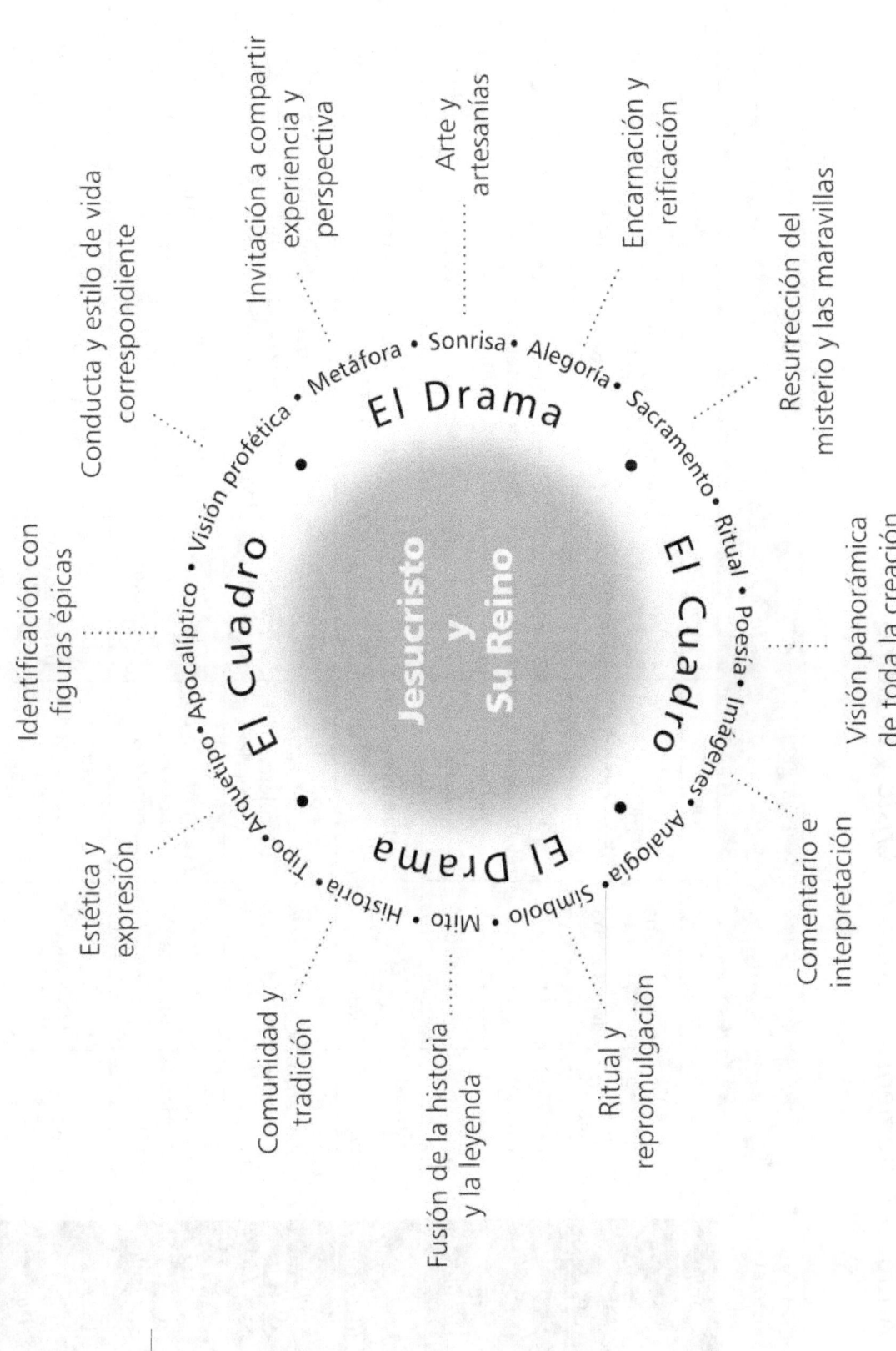

El Antiguo Testamento testifica de Cristo y Su Reino
Rev. Dr. Don L. Davis

Cristo es visto en el AT:	Promesa del pacto y cumplimiento	Ley moral	Cristofanías	Tipología	Tabernáculo, festival, y sacerdocio levítico	Profecía mesiánica	Promesas de salvación
Pasaje	Gn. 12:1-3	Mt. 5:17-18	Jn. 1:18	1 Cor. 15:45	Heb. 8:1-6	Miq. 5:2	Is. 9:6-7
Ejemplo	La simiente prometida del pacto Abrahámico	La ley dada en el Monte Sinaí	Comandante del ejercito del Señor	Jonás y el gran pez	Melquisedec, tanto como Sumo Sacerdote y Rey	El Siervo Sufriente del Señor	Linaje justo de David
Cristo como	La simiente de la mujer	El Profeta de Dios	La actual revelación de Dios	El antitipo del drama de Dios	Nuestro Sumo Sacerdote eterno	El Hijo de Dios que vendrá	El Redentor y Rey de Israel
Ilustrado en	Gálatas	Mateo	Juan	Mateo	Hebreos	Lucas y Hechos	Juan y Apocalipsis
Propósito exegético: Ve a Cristo como	El centro del drama sacro divino	El cumplimiento de la ley	Quien revela a Dios	El antitipo de los *tipos* divinos	En el *cultus* del Templo	El verdadero Mesías	El Rey que viene
Cómo es visto en el NT	Como el cumplimiento del juramento de Dios	Como el *telos* [fin] de la ley	Como la revelación completa, final y superior	Como substancia detrás de la sombra histórica	Como la realidad detrás de las normas y funciones	Como el Reino que está presente	Como el que gobernará sobre el trono de David
Nuestra respuesta en adoración	Veracidad y fidelidad de Dios	La justicia perfecta de Dios	La presencia de Dios entre nosotros	La Escritura inspirada de Dios	La ontología de Dios: su reino como primario y determinativo	El siervo ungido y mediador de Dios	La resolución de Dios de restaurar su autoridad del Reino
Cómo es vindicado Dios	Dios no miente: Él cumple su palabra	Jesús cumple toda justicia	La plenitud de Dios se nos revela en Jesús de Nazaret	El Espíritu habló por los profetas	El Señor ha provisto un mediador para la humanidad	Cada jota y tilde escrita sobre Él se cumplirá	Mal aplastado y creación restaurada bajo Su Reino

La teología de Christus Victor
Un motivo bíblico para integrar y renovar a la iglesia urbana
Rev. Dr. Don L. Davis

	Lo prometido	La Palabra hecha carne	El Hijo del Hombre	El Siervo Sufriente	El Cordero de Dios	El Conquistador victorioso	El reinante Señor en los cielos	El Novio y Rey que viene
Marco bíblico	La esperanza de Israel sobre el ungido de Jehová quien redimiría a su pueblo	En la persona de Jesús de Nazaret, El Señor ha venido al mundo	Como el rey prometido y el divino Hijo del Hombre, Jesús revela la gloria del Padre y la salvación al mundo	Como inaugurador del Reino de Dios, Jesús demuestra el reinado de Dios presente a través de sus palabras, maravillas y obras	Como Sumo Sacerdote y Cordero Pascual, Jesús mismo se ofrece a Dios en nuestro lugar como sacrificio por los pecados	En su resurrección y ascensión a la diestra del Padre, Jesús es proclamado como victorioso sobre el poder del pecado y la muerte	Mientras ahora reina a la diestra del Padre hasta que sus enemigos estén bajo sus pies, Jesús derrama sus beneficios sobre su Iglesia	Pronto el Señor resucitado y ascendido volverá para reunirse con su novia, la Iglesia, para consumar su obra
Referencias bíblicas	Is. 9:6-7 Jer. 23:5-6 Is. 11:1-10	Jn. 1:14-18 Mt. 1:20-23 Flp. 2:6-8	Mt. 2:1-11 Nm. 24:17 Lc. 1:78-79	Mc. 1:14-15 Mt. 12:25-30 Lc. 17:20-21	2 Cor. 5:18-21 Is. 52-53 Jn. 1:29	Ef. 1:16-23 Flp. 2:5-11 Col. 1:15-20	1 Cor. 15:25 Ef. 4:15-16 Hch. 2:32-36	Rom. 14:7-9 Ap. 5:9-13 1 Tes. 4:13-18
La historia de Jesús	El pre-encarnado unigénito Hijo de Dios en gloria	Su concepción por el Espíritu y su nacimiento por María	Su manifestación a los sabios de oriente y al mundo	Sus enseñanzas, expulsión de demonios, milagros y obras portentuosas	Su sufrimiento, crucifixión, muerte y sepultura	Su resurrección, con apariciones a sus testigos y su ascensión al Padre	El envío del Espíritu santo y sus dones, y la reunión celestial de Cristo a la diestra del Padre	Su pronto regreso del cielo a la tierra como Señor y Cristo: La Segunda Venida
Descripción	La promesa bíblica para la simiente de Abraham, El profeta como Moisés, el hijo de David	Mediante la encarnación Dios ha venido a nosotros; Jesús revela la humanidad la gloria del Padre en plenitud	En Jesús, Dios ha mostrado su salvación al mundo entero, incluyendo a los gentiles	En Jesús, el Reino de Dios prometido ha llegado visiblemente a la tierra, demostrando su atadura de Satanás y la anulación de la maldición	Como cordero perfecto de Dios, Jesús se ofrece a sí mismo a Dios como una ofrenda por el pecado en nombre del mundo entero	En su resurrección y ascensión, Jesús destruyó la muerte, desarmó a Satanás, y anuló la maldición	Jesús es colocado a la diestra del Padre como la Cabeza de la Iglesia, como el primogénito de entre los muertos y el supremo Señor en el cielo	Mientras trabajamos en su cosecha en el mundo, esperamos el regreso de Cristo, el cumplimiento de su promesa
Calendario litúrgico	Adviento	Navidad	Después de la epifanía Bautismo y Transfiguración	Cuaresma	Semana Santa Pasión	La pascua La pascua, el día de la ascensión, pentecostés	Después de pentecostés Domingo de la Santísima Trinidad	El día de todos los santos, el reinado de Cristo el Rey
	La venida de Cristo	El nacimiento de Cristo	La manifestación de Cristo	El ministerio de Cristo	El sufrimiento y muerte de Cristo	La resurrección y ascensión de Cristo	La reunión celestial de Cristo	El reinado de Cristo
Formación espiritual	Mientras esperamos su regreso, proclamemos y afirmemos la esperanza de Cristo	Oh Verbo hecho carne, que cada corazón le prepare un lugar para morar	Divino Hijo de Hombre, muestra a las naciones tu salvación y gloria	En la persona de Cristo, el poder del reinado de Dios ha venido a la tierra y a la iglesia	Que los que comparten la muerte del Señor sean resucitados con Él	Participemos por fe en la victoria de Cristo sobre el poder del pecado, Satanás y la muerte	Ven, mora en nosotros Espíritu Santo y facúltanos para avanzar el Reino de Cristo en el mundo	Vivimos y trabajamos en espera de su pronto regreso buscando agradarle en todas las cosas

La teología de la Iglesia para el equipo de líderes

Rev. Dr. Don L. Davis • *The Timothy Conference: Building Church Plant Teams*. [La conferencia Timoteo: Edificando equipos plantadores de iglesias]. Wichita, *The Urban Ministry Institute*, 2005.

> Los cristianos descubren en la Biblia el "marco interpretativo", el sentido de por qué nuestras vidas confluyen – tiene sentido – como un todo unificado. Este marco interpretativo esta ligado con la narrativa bíblica, la historia de Dios en la obra en el mundo desde el inicio de la creación hacia la meta del glorioso futuro. El Espíritu nos dirige a través de esta narrativa. Por medio de ella, él nos invita a vernos a la luz de las obras de Dios. El nos convoca a vincular nuestras historias personales con la historia de Dios y con la historia del pueblo de Dios. A través de la "antigua, antigua, historia", el Espíritu Santo nos llama a la nueva comunidad de Dios. Y el Espíritu nos conduce a ver nuestra vida personal desde la perspectiva de esta antigua narrativa del Evangelio. Desde este punto de vista ventajoso vemos toda la vida y nuestras vidas cobran sentido. Y comenzamos a ver una unidad dentro de la variedad de experiencias que forman los ingredientes de nuestra existencia.
>
> ~ Stanley J. Grenz. *Created for Community*. [Creados para la Comunidad]. Grand Rapids:Baker Books, 1998. pág. 170.

I. **La Iglesia es el *Locus* (el lugar perfecto) donde el Reino de poder y autoridad de Dios se experimentan y exponen.**

La Iglesia de Jesucristo es la arena ungida de Dios donde reside su presencia y poder, y en medio de esta redimida y redentora sociedad, el gobierno del Reino de Dios está siendo experimentado por su pueblo.

A. La Iglesia es el *locus*, el lugar exacto de la revelación y salvación de Dios.

1. La Iglesia es la guardiana del Evangelio y de la Palabra de Dios.

    1 Tim. 3:15-16 – para que si tardo, sepas cómo debes conducirte en la casa de Dios, que es la iglesia del Dios viviente, columna y baluarte de la verdad. E indiscutiblemente, grande es el misterio de la piedad: Dios fue manifestado en carne, justificado en el Espíritu, visto de los ángeles, predicado a los gentiles, creído en el mundo, recibido arriba en gloria.

2. La Iglesia es la comunidad donde el perdón y la sanidad de Dios se experimentan por la sangre y autoridad de Jesucristo.

   Mt. 18:17-20 – Si no los oyere a ellos, dilo a la iglesia; y si no oyere a la iglesia, tenle por gentil y publicano. De cierto os digo que todo lo que atéis en la tierra, será atado en el cielo; y todo lo que desatéis en la tierra, será desatado en el cielo. Otra vez os digo, que si dos de vosotros se pusieren de acuerdo en la tierra acerca de cualquiera cosa que pidieren, les será hecho por mi Padre que está en los cielos. Porque donde están dos o tres congregados en mi nombre, allí estoy yo en medio de ellos.

3. La Iglesia es el encuentro físico del Cuerpo de Cristo; la salvación no es más que la incorporación por fe y el Espíritu dentro de la Iglesia.

   Rom. 12:3-5 (NVI) – Por la gracia que se me ha dado, les digo a todos ustedes: Nadie tenga un concepto de sí más alto que el que debe tener, sino más bien piense de sí mismo con moderación, según la medida de fe que Dios le haya dado. Pues así como cada uno de nosotros tiene un solo cuerpo con muchos miembros, y no todos estos miembros desempeñan la misma función, también nosotros, siendo muchos, formamos un solo cuerpo en Cristo, y cada miembro está unido a todos los demás.

   1 Cor. 12:12-13 – Porque así como el cuerpo es uno, y tiene muchos miembros, pero todos los miembros del cuerpo, siendo muchos, son un solo cuerpo, así también Cristo. Porque por un solo Espíritu fuimos todos bautizados en un cuerpo, sean judíos o griegos, sean esclavos o libres; y a todos se nos dio a beber de un mismo Espíritu.

   1 Cor. 12:27 (NVI) – Ahora bien, ustedes son el cuerpo de Cristo, y cada uno es miembro de ese cuerpo.

B. La Iglesia es el lugar primario perfecto del empoderamiento presente del Espíritu Santo.

1. El Espíritu Santo mora en la Iglesia como la señal suprema del Reino de Dios presente en nuestro siglo.

   Hch. 2:14-21 – Entonces Pedro, poniéndose en pie con los once, alzó la voz y les habló diciendo: Varones judíos, y todos los que habitáis en Jerusalén, esto os sea notorio, y oíd mis palabras. Porque éstos no están ebrios, como vosotros suponéis, puesto que es la hora tercera del día. Mas esto es lo dicho por el profeta Joel: Y en los postreros días, dice Dios, derramaré de mi Espíritu sobre toda carne, y vuestros hijos y vuestras hijas profetizarán; vuestros jóvenes verán visiones, y vuestros ancianos soñarán sueños; y de cierto sobre mis siervos y sobre mis siervas en aquellos días derramaré de mi Espíritu, y profetizarán. Y daré prodigios arriba en el cielo, y señales abajo en la tierra, sangre y fuego y vapor de humo; el sol se convertirá en tinieblas, y la luna en sangre, antes que venga el día del Señor, Grande y manifiesto; y todo aquel que invocare el nombre del Señor, será salvo.

2. El Espíritu Santo como la promesa y *arrabon* del Reino en medio del pueblo de Dios.

Ef. 1:13 (NVI) – En él también ustedes, cuando oyeron el mensaje de la verdad, el evangelio que les trajo la salvación, y lo creyeron, fueron marcados con el sello que es el Espíritu Santo prometido.

2 Cor. 1:20-22 (NVI) – Todas las promesas que ha hecho Dios son «sí» en Cristo. Así que por medio de Cristo respondemos «amén» para la gloria de Dios. Dios es el que nos mantiene firmes en Cristo, tanto a nosotros como a ustedes. Él nos ungió, nos selló como propiedad suya y puso su Espíritu en nuestro corazón, como garantía de sus promesas.

3. La Iglesia es animada y empoderada por el Espíritu Santo como el que provee vida y dirección en el Cuerpo de Cristo.

a. Provee dones y dotes, 1 Cor. 12:3-11

b. Nombra líderes y ancianos, Hch. 13:1-3; comp. 20:28

c. Intercede con gemidos demasiado profundos para decir, Rom. 8:26

C. La Iglesia es el palpable lugar perfecto del auténtico Reino del *Shalom*.

1. En la comunidad de creyentes es el lugar donde a Dios se le puede conocer y experimentar en medio de este mundo-abandonado de Dios.

Ef. 2:19-22 (NVI) – Por lo tanto, ustedes ya no son extraños ni extranjeros, sino conciudadanos de los santos y miembros de la familia de Dios, edificados sobre el fundamento de los apóstoles y los profetas, siendo Cristo Jesús mismo la piedra angular. En él todo el edificio, bien armado, se va levantando para llegar a ser un templo santo en el Señor. En él también ustedes son edificados juntamente para ser morada de Dios por su Espíritu.

2. En la comunidad de creyentes, las vidas son plenamente transformadas en un mundo roto.

1 Cor. 6:9-11 – ¿No sabéis que los injustos no heredarán el reino de Dios? No erréis; ni los fornicarios, ni los idólatras, ni los adúlteros, ni los afeminados, ni los que se echan con varones, ni los ladrones, ni los avaros, ni los borrachos, ni los maldicientes, ni los estafadores, heredarán el reino de Dios. Y esto erais algunos; mas ya habéis sido lavados, ya habéis sido santificados, ya habéis sido justificados en el nombre del Señor Jesús, y por el Espíritu de nuestro Dios.

3. En la comunidad de creyentes, la justicia de Dios puede ser experimentada en medio de un mundo injusto.

Stg. 2:1-5 – Hermanos míos, que vuestra fe en nuestro glorioso Señor Jesucristo sea sin acepción de personas. Porque si en vuestra congregación entra un hombre con anillo de oro y con ropa espléndida, y también entra un pobre con vestido andrajoso, y miráis con agrado al que trae la ropa espléndida y le decís: Siéntate tú aquí en buen lugar; y decís al pobre: Estate tú allí en pie, o siéntate aquí bajo mi estrado; ¿no hacéis distinciones entre vosotros mismos, y venís a ser jueces con malos pensamientos? Hermanos míos amados, oíd: ¿No ha elegido Dios a los pobres de este mundo, para que sean ricos en fe y herederos del reino que ha prometido a los que le aman?

Col. 3:9-11 (NVI) – Dejen de mentirse unos a otros, ahora que se han quitado el ropaje de la vieja naturaleza con sus vicios, y se han puesto el de la nueva naturaleza, que se va renovando en conocimiento a imagen de su Creador. En esta nueva naturaleza no hay griego ni judío, circunciso ni incircunciso, culto ni inculto, esclavo ni libre, sino que Cristo es todo y está en todos.

II. La Iglesia es el Agente (el Representante) donde la autoridad y el poder del Reino de Dios son proclamados y ejecutados.

La Iglesia de Jesucristo es el Agente por medio del cual su reino de autoridad y poder vienen a ejercitarse, y el ejército por medio del cual su guerra es emprendida con sus enemigos. La Iglesia de Jesús es el vehículo por medio del cual el Espíritu de Dios anuncia las Buenas Nuevas del Reino, y muestra su fuerza en medio del campo disputado de la tierra.

A. La Iglesia es el agente del testimonio y palabra apostólica.

1. Nosotros como la Iglesia somos llamados a ser embajadores de Cristo para proclamar la liberación en nombre de Jesús al mundo, 2 Cor. 5:18-21.

2. Nosotros como Iglesia estamos para ser mayordomos de los misterios de Dios para proteger la fe.

   1 Cor. 4:2 – Ahora bien, se requiere de los administradores, que cada uno sea hallado fiel.

   Jud. 3 – Amados, por la gran solicitud que tenía de escribiros acerca de nuestra común salvación, me ha sido necesario escribiros exhortándoos que contendáis ardientemente por la fe que ha sido una vez dada a los santos.

3. En la Iglesia nosotros declaramos y protegemos el testimonio apostólico de Jesucristo.

   1 Cor. 15:1-3 – Además os declaro, hermanos, el evangelio que os he predicado, el cual también recibisteis, en el cual también perseveráis; por el cual asimismo, si retenéis la palabra que os he predicado, sois salvos, si no creísteis en vano. Porque primeramente os he enseñado lo que asimismo recibí: Que Cristo murió por nuestros pecados, conforme a las Escrituras.

   Gál. 1:8 – Mas si aun nosotros, o un ángel del cielo, os anunciare otro evangelio diferente del que os hemos anunciado, sea anatema. Como antes hemos dicho, también ahora lo repito: Si alguno os predica diferente evangelio del que habéis recibido, sea anatema.

1 Jn. 1:1-3 – Lo que era desde el principio, lo que hemos oído, lo que hemos visto con nuestros ojos, lo que hemos contemplado, y palparon nuestras manos tocante al Verbo de vida (porque la vida fue manifestada, y la hemos visto, y testificamos, y os anunciamos la vida eterna, la cual estaba con el Padre, y se nos manifestó); lo que hemos visto y oído, eso os anunciamos, para que también vosotros tengáis comunión con nosotros; y nuestra comunión verdaderamente es con el Padre, y con su Hijo Jesucristo.

4. Dios revela su gracia eternal y misericordia a través de la asamblea local de creyentes.

   Ef. 3:4-10 (BLA) – En vista de lo cual, leyendo, podréis comprender mi discernimiento del misterio de Cristo, que en otras generaciones no se dio a conocer a los hijos de los hombres, como ahora ha sido revelado a sus santos apóstoles y profetas por el Espíritu; *a saber*, que los gentiles son coherederos y miembros del mismo cuerpo, participando igualmente de la promesa en Cristo Jesús mediante el evangelio, del cual fui hecho ministro, conforme al don de la gracia de Dios que se me ha concedido según la eficacia de su poder. A mí, que soy menos que el más pequeño de todos los santos, se me concedió esta gracia: anunciar a los gentiles las inescrutables riquezas de Cristo, y sacar a luz cuál es la dispensación del misterio que por los siglos ha estado oculto en Dios, creador de todas las cosas; a fin de que la infinita sabiduría de Dios sea ahora dada a conocer por medio de la iglesia a los principados y potestades en las *regiones* celestiales.

B. La Iglesia como agente de buenas obras, las cuales testifican la realidad del Reino.

   1. Como los que hacen buenas obras, son celosos de buenas obras.

      Ef. 2:10 (NVI) – Porque somos hechura de Dios, creados en Cristo Jesús para buenas obras, las cuales Dios dispuso de antemano a fin de que las pongamos en práctica.

      Mt. 5:14-16 –Vosotros sois la luz del mundo; una ciudad asentada sobre un monte no se puede esconder. Ni se enciende una luz y se pone debajo de un almud, sino sobre el candelero, y alumbra a todos los que están en casa. Así alumbre vuestra luz delante de los hombres, para que vean vuestras buenas obras, y glorifiquen a vuestro Padre que está en los cielos.

Tito 2:14 (NVI) – Él se entregó por nosotros para rescatarnos de toda maldad y purificar para sí un pueblo elegido, dedicado a hacer el bien.

2. Los ministerios de reconciliaciòn, en palabra y hecho, Dios al hombre, el hombre al hombre.

2 Cor. 5:18-20 (NVI) – Todo esto proviene de Dios, quien por medio de Cristo nos reconcilió consigo mismo y nos dio el ministerio de la reconciliación: esto es, que en Cristo, Dios estaba reconciliando al mundo consigo mismo, no tomándole en cuenta sus pecados y encargándonos a nosotros el mensaje de la reconciliación. Así que somos embajadores de Cristo, como si Dios los exhortara a ustedes por medio de nosotros: «En nombre de Cristo les rogamos que se reconcilien con Dios.»

3. La Iglesia como un agente de libertad, integridad, y justicia.

   a. Como un agente de libertad, nosotros declaramos y mostramos la libertad que hemos recibido en Cristo por medio de la sangre del Nuevo Pacto, Gál. 5:1; Rom. 8:21.

   b. Como un agente de integridad, nosotros declaramos y mostramos como la unión con Cristo nos ha hecho bien, totalmente, completamente, Col. 2:6-10; Mc. 2:17.

   c. Como un agente de justicia, nosotros anunciamos y mostramos la justicia del Reino venir a todas nuestras relaciones, en la Iglesia y con los de afuera, 1 Cor. 6:1-10.

C. La Iglesia es el agente de señales proféticas y maravillas que exponen el poder y gloria del Reino de Dios.

1. Seguir señales al señorío de Cristo son revelados en congregaciones de creyentes llenos del Espìritu.

   Jn. 14:12-14 (BLA) – En verdad, en verdad os digo: el que cree en mí, las obras que yo hago, él las hará también; y aun mayores que éstas hará, porque yo voy al Padre. Y todo lo que pidáis en mi nombre, lo haré, para que el Padre sea glorificado en el Hijo. Si me pedís algo en mi nombre, yo lo haré.

2. Liberaciones, sanidades, y transformación: El Reino invade la esfera demoníaca en la presencia y programa de la Iglesia.

   Mt. 16:18 (BLA) – Yo también te digo que tú eres Pedro, y sobre esta roca edificaré mi iglesia; y las puertas del Hades no prevalecerán contra ella.

   Mc. 16:17-18 (BLA) – Y estas señales acompañarán a los que han creído: en mi nombre echarán fuera demonios, hablarán en nuevas lenguas; tomarán serpientes en las manos, y aunque beban algo mortífero, no les hará daño; sobre los enfermos pondrán las manos, y se pondrán bien.

   Heb. 2:3-4 (BLA) – ¿cómo escaparemos nosotros, si descuidamos una salvación tan grande? La cual, habiendo sido anunciada primeramente por el Señor, nos fue confirmada por los que oyeron, testificando Dios juntamente con ellos, con señales y prodigios y diversos milagros y repartimientos del Espíritu Santo según su voluntad.

3. La poderosa presencia del Espíritu Santo en todo lo que decimos y hacemos.

   a. El poder del Espíritu en el Cuerpo, 1 Cor. 12:3-11

   b. Las maravillas del mundo vienen en la presencia del Espíritu Santo, Heb. 6:4

   c. La llenura y el enriquecimiento del Espíritu en la vida de la comunidad y a través del ministerio de la comunidad, Ef. 5:18 y sig.

D. Implicaciones para los líderes de equipo

1. Dios en esta edad trabaja en y a través de la Iglesia; sin Iglesia, sin palabra del Señor, no avanza el Reino, no hay proclamación del Evangelio.

2. Plantar iglesias sanas, por lo tanto es la más visible señal del reino autoritativo y poderoso de Cristo.

3. La Gran Comisión es sinónimo con plantar congregaciones de discípulos.

4. Una equipo plantador de iglesias es una forma de iglesia que planta otra forma de iglesia.

5. Usted no puede guiar a un equipo plantador de iglesias si usted tiene una pobre perspectiva de la Iglesia de Jesucristo.

6. Crear, fortalecer, y reproducer iglesia es la *raison d'etre* (razón de ser) del ministerio apostólico.

7. El Santo Espíritu suplirá todo lo que sea necesario para cada congregación de creyentes para desarrollar, prosperar y multiplicarse ya que Jesucristo dirige.

Modelos del Reino

Howard A Snyder, Marzo de 2002. • *El Reino de Dios. Módulo 2, Currículo Piedra Angular.* Wichita: The Urban Ministry Institute, 2005.

1. **El Reino como esperanza futura – el Reino Futuro**
   Éste ha sido un modelo dominante en la historia de la Iglesia. Tiene un fuerte énfasis en el futuro: la culminación y reconciliación de todas las cosas que son más que meramente la eterna existencia del alma. El modelo se basa mucho en material del Nuevo Testamento. Mientras que algunos de los modelos siguientes representan esperanza futura, aquí la nota futurista es determinante.

2. **El Reino como experiencia espiritual interna – el Reino Interior**
   Un "reino espiritual" es experimentado en el corazón o el alma; "visión beatífica". Altamente místico, por lo tanto individual; una experiencia que en realidad no puede ser compartida con otros. Por ejemplo: Julián de Noruega, otros místicos; también algunos otros ejemplos protestantes contemporáneos.

3. **El Reino como comunión mística – el Reino Celestial**
   La "comunión de los santos"; el Reino como esencialmente identificado con el cielo. Menos individualista. Con frecuencia se centra especialmente en la adoración y la liturgia. Por ejemplo: Juan de Damasco, Juan Tauler; en maneras algo diferentes, Wesley y el avivamiento del protestantismo evangélico de los siglos XIX y XX. El Reino es principalmente del otro mundo y futuro.

4. **El Reino como Iglesia institucional – el Reino Eclesiástico**
   El punto de vista dominante del cristianismo de la época medieval; dominante en el catolicismo romano hasta el Vaticano II. El Papa como vicario de Cristo gobierna sobre la tierra en lugar de Cristo. La tensión entre la Iglesia y el Reino se disuelve en gran parte. Se traza hasta la Ciudad de Dios de Agustín, pero se desarrolló en forma diferente a la de Agustín. Variantes protestantes aparecen dondequiera que la Iglesia y el Reino están estrechamente identificados. La forma de pensar del moderno "Crecimiento de la iglesia" ha sido criticada en este punto.

5. **El Reino como contra-sistema – el Reino Subversivo**
   Puede ser una protesta contra el punto 4, ve al Reino como una realidad que proféticamente juzga el orden socio-político como también a la Iglesia. Uno de los mejores ejemplo: San Francisco de Asís; también reformadores radicales del siglo XVI; "cristianos

radicales" de la actualidad; la revista Sojourners. Ve a la Iglesia como contra-cultura al incorporar el nuevo orden del Reino.

6. **El Reino como estado político – el Reino Teocrático**
   Ve al Reino como una teocracia política; la Iglesia y la sociedad no necesariamente son organizadas democráticamente. Tiende a elaborar modelos como los del Antiguo Testamento, especialmente el reino davídico. Modelo de acuerdo a Constantino; un buen ejemplo es el cristianismo bizantino. Tal vez Calvino de Génova, en un sentido diferente. El problema del punto de vista de Lutero de los "dos reinos".

7. **El Reino como sociedad cristianizada – el Reino Transformador**
   Aquí el Reino también provee un modelo para la sociedad, pero en términos de valores y principios elaborados en la misma. En su plenitud el Reino estará completamente leudado por los valores cristianos. El post-milenarismo; muchos evangélicos de mitad del siglo XIX; la evangelización social de principios del siglo XX. El Reino manifestado progresivamente en la sociedad, en contraste al premileniarismo.

8. **El Reino como utopía terrenal – el Reino Terrenal**
   Similar al punto 7 pero llevado al extremo. Esta perspectiva del Reino es literalmente utópica. Tiende a negar o a restarle importancia al pecado, o ve al mal como puramente ambiental. El punto de vista de muchas comunidades utópicas (Cohn, *Pursuit of the Millennium* [Persecución del milenio]) incluyendo ejemplos de Estados Unidos e Inglaterra del siglo XIX. En una forma diferente, el punto de vista de muchos de los Padres Fundadores de América. El ejemplo más influyente del siglo XX: el marxismo. La Teología de la Liberación, hasta cierto grado. En una manera rígidamente diferente: el fundamentalismo premilenario de EE. UU., combinado éste modelo con los puntos 1, 2 y 3. El Reino no tiene relevancia contemporánea, sino que será una literal utopía en el futuro. De ahí las similitudes entre el marxismo y el fundamentalismo.

Una teología de Cristo y la cultura

La diferencia que hace diferencia
Cultura, Religión, y diversidad en la sociedad posmoderna

Rev. Dr. Don L. Davis • *Ministry in a Multicultural and Unchurched Society. Foundations for Ministry Series*. [Ministerio en una sociedad multicultura e indiferente a la Iglesia. Serie Fundamentos para el ministerio]. Wichita: *The Urban Ministry Institute*, 2007.

> La teología es una descripción sistemática y exposición de cómo son realmente las cosas. La manera en que Dios las ve, y hablaremos de esto como "Teología" con T mayúscula. En otros tiempos usamos el término cuando hablábamos de descripciones y exposiciones humanas de la realidad que sacábamos de nuestro estudio de la Biblia. Nosotros hablaremos de esto como la "teología" con t minúscula. A veces confundimos las dos. Pensamos que nuestros estudios de la Biblia son imparciales, que nuestras propias interpretaciones de las Escrituras son solamente unas verdades. Lo que nos perturba, entonces, cuando descubrimos que las teologías están influenciadas por la cultura. El mismo hecho que nosotros expresemos nuestra teología en español puede perjudicar nuestra comprensión de la Biblia. No existe lenguaje teológicamente imparcial. El hecho es, todas las teologías desarrolladas por seres humanos están elaboradas por su – particular contexto histórico y cultural – por el lenguaje que ellos utilizan y los cuestionamientos que ellos se preguntan. Todas las teologías humanas son solamente comprensiones parciales de la Teología como Dios lo ve. Nosotros vemos con lentes oscuros. . . . Pero el hecho que nosotros seamos humanos y veamos con lentes oscuros no significa que no veamos en absoluto. Podemos leer las Escrituras y comprenderlas. El mensaje central del evangelio está claro: creación, pecado y redención. De esto nosotros podemos estar seguros. Son los detalles los que no vemos claramente.
>
> ~ Paul Hiebert, *Anthropological Insights for Missionaries*. [Perspectivas antropológicas para los misioneros]. pág. 198.

Encuentre el siguiente argot (modismo) cultural a su equivalente más apropiado en su sentido en español	
"¡Su estilo con facilidad están locos!"	No eres bueno en todo.
"¡Qué hora es!"	¡Que cosa tan maravillosa fue eso!
"¡Eres tan eneldo – sopla!"	Me gusta mucho esa canción.
"¡Esto fue el negocio bomba!"	Está equivocado en ese punto.
"Todos ustedes están en mi parrilla".	No estoy de acuerdo con eso.
"¡Esto está totalmente descontrolado!"	Tengo un montón de dinero.
"Ese ultimo atasco era grasa".	Su ropa parece realmente aguda.
"Estoy dándole patadas a la acera".	¿Hola, cómo le va?
"¡Raro tú!"	Me niego hablar esto con usted e ir más lejos.
"¡Háblable a la mano!"	Está demasiado preocupado con mis asuntos.
"¡Tengo dinero!"	Nuestra relación tiene que terminar ahora.
"¡¿Nada de eso era fresco, sabes lo que te estoy diciendo?!"	Eso no fue particularmente divertido.

Tomando un viaje rápido por el mundo hoy

I. **"¿Qué estamos haciendo nosotros en el mundo?": El mundo de hoy**

   A. Si el mundo fuera de 100 personas . . .

   B. El mundo se está convirtiendo en un ambiente urbano.

   1. Justo ahora, hay 111,000 no-cristianos viniendo a la ciudad cada día (este número se triplicará en los próximos 30 años).

   2. En 1900 hubo solamente 20 ciudades en el mundo entero con poco más de un millón de personas; hoy, hay 360 ciudades con más de un millón de personas.

   3. Para el año 2025, habrá 650 áreas urbanas con más de un millón de personas.

   4. En 1900, aproximadamente 20 millones de personas vivieron en los barrios bajos de la ciudad; hoy, más de 715 millones

están clasificados como habitantes de estos barrios bajos. En el año 2025 más de 2 mil millones de personas vivirán en barrios bajos urbanos y el número total de habitantes urbanos en situación de pobreza será más 3 mil millones de personas.

5. Cuando yo llegue a la edad de mi jubilación (es decir, 2025) uno de cada tres personas en la tierra será parte de los pobres urbanos, y tres cuartas partes del total de la población del mundo vivirá en ciudades.

II. El mundo del futuro: Radicalmente diverso, completamente urbano

A. Más que 360 ciudades de más de un millón de habitantes, 250 podría decirse que son de importancia mundial.

B. Centros de población humana: números predichos en términos de millones de las diez más grandes aglomeraciones del mundo por el año 2000

1. Ciudad de México – 27. 6 millones de personas

2. Sao Pablo – 26 millones

3. Tokio/Yokohama – 24 millones

4. Área de Nueva York – 23 millones

5. Shanghai – 23 millones

6. Beijing – 20 millones

7. Río de Janeiro – 19 millones

8. Gran Bombay – 17 millones

9. Calcuta – 17 millones

10. Yakarta – 17 millones

C. Imposible pensar razonablemente de la moderna civilización sin referirnos a las grandes ciudades del mundo – Washington, Nueva York, Seúl, El Cairo, Brasilia, Estambúl, Moscú, Estocolmo, Londres, Paris, Buenos Aires, Amsterdam, Los Ángeles, y más. Estas ciudades son significativas por su importancia estratégica.

1. Ciudades culturales (liderando el mundo en tiendas, tendencias e ideas) ej., Paris, Oxford, Boston, San Francisco

2. Ciudades políticas y administrativas (centros mundiales de decisiones corporativas o que tienen gobiernos y su burocracia) ej., Washington, Moscú, Nueva Delhi

3. Ciudades industriales (fábricas ruidosas, centros manufactureros y central de montajes) ej., Bombay, San Pablo, Área de Chicago-Gary)

4. Ciudades comerciales (mercados gigantes o bazares donde se intercambian bienes y servicios a nivel mundial) ej., Nueva York, Hong Kong

5. Ciudades simbólicas (ciudades donde hay grandes problemas, se libran y resuelven luchas, símbolos que representan cuestiones de división, opresión, guerra, odio religioso, o de la libertad en sus propios países o en el resto del mundo) ej., Soweto, Belfast, Berlín, Beirut, Jerusalén

6. Ciudades principales (ciudades en las que se combinan todas las características anteriores y pueden decirse que son las más importantes de las grandes ciudades) ej., Bangkok, Ciudad de México, Londres

D. Las ciudades de Estados Unidos son un microcosmos del globo, llenas con todas las complicaciones de la diversidad mundial.

1. Miami es de hecho la capital de América Latina.

2. De acuerdo con las estimaciones conservadoras, por lo menos un millón de hispanos cruzan ilegalmente en las 2400 millas en la frontera de México y de Estados Unidos cada año.

3. Los Ángeles con 4.5 millones de hispanos es la ciudad más grande con personas de origen mexicano, y Houston es la que está creciendo con mayor rapidez.

4. Poblaciones diversas maquillan las ciudades estadounidenses típicas. Más de 100 idiomas que se hablan por los residentes de Los Ángeles, y cuatro quintas partes de todos los niños en edad escolar de Houston son hispanos, de color o asiáticos.

5. Hace 20 años, en mayo de 1982, una encuesta del New York Times en *Chinatown*, dice que se encuentran refugiados procedentes de todas las provincias de China continental en una zona de cuatro bloques en medio de Nueva York.

6. Chicago tiene como muchas ciudades nativos estadounidenses como todos, pero las reservaciones más grandes en el país y más polacos que prácticamente cualquier otro lugar con excepción de Varsovia.

7. Más ciudades estadounidenses de algún tamaño (2 millones o más) albergan diversas culturas y grupos étnicos.

III. El concepto de diferencia: Cultura

"La cultura es lo que se integró, los modelos bien establecidos y comunalmente definidos del comportamiento y cosmovisión que influye en las dimensiones cognoscitivas, afectivas, y evaluativas de su expresión".

- Patrones aprendidos
- Cosmovisión y comportamiento
- Dimensiones cognitivas, afectivas y evaluativas

A. Los peligros y promesas de ministerio en una sociedad multicultural y alejada de la iglesia

   1. Diversidad alucinante

   2. Formidables barreras interpersonales

   3. Dramáticas diferencias en riqueza y realidades socio-económicas

   4. Patrones complejos de relaciones de parentezco

   5. Posesiones y sofisticación tecnológica

   6. Cambiantes, volátiles visiones éticas del bien humano

   7. Nuevos dragones modernos: el surgimiento de la espiritualidad sin Dios

B. "Las dimensiones de la cultura"

   1. La dimensión cognitiva – "El conocimiento compartido por los miembros de un grupo o sociedad" (Hiebert, pág. 30)

      a. Disposición de conocimiento, categorías, sistemas de significado

      b. Qué existe y que no existe

      c. Cosmovisión y marcos conceptuales: culturas como sistemas de relaciones que componen y dictan lo que nosotros consideramos ser posible y real

(1) Ontología – el estudio del ser

(2) Cosmología – el estudio de la creación

(3) Epistemología – el estudio del conocimiento

d. Presunciones y creencias que nosotros hacemos acerca de la realidad, la naturaleza del mundo, y como funciona

e. Almacenamiento

(1) Impreso

(2) Oral

(3) Tecnología

(4) Relato

(5) Arte

2. La dimensión afectiva – "Las personas tienen sentimientos, con sus actitudes, los conceptos de belleza, los gustos en alimentos y vestimenta, gustos y aversiones, y formas de disfrutar o experimentar dolor" (Hiebert, pág. 32)

a. Expresión de emociones

b. Cibersociedad – vista virtual en casi todas las áreas de la vida

c. "Cultura expresiva": arte, literatura, música, danza, drama

3. La dimensión evaluativa – los valores por medio de los cuales [una cultura] juzga las relaciones para ser morales o inmorales"

a. Tres esferas de juicio evaluativo

   (1) Demandas de verdad-falsedad

   (2) Demandas de belleza-fealdad

   (3) Demandas de lo correcto-incorrecto

b. Códigos morales: El poder de la preocupación final, y lo sagrado en la sociedad humana

C. Manifestaciones de cultura

1. Comportamiento – costumbres, productos, e idiomas aprendidos como sistemas de símbolos de formas y significado aprendido

   a. Forma

   b. Significado

   c. Símbolo

2. Productos – objetos materiales, entornos de vida

3. Creencias explícitas y sistemas de valores – todas esas formas que por medio de la práctica, rituales, tradición, y estructura encarnada, que articula, y celebra nuestra cosmovisión

   a. Estética

   b. Política

   c. Religión

d. Relación de parentezco

e. Organizaciones sociales

f. Economía

g. Tecnología

h. Etc.

IV. **Las implicaciones de la diferencia cultural en el ministerio para los alejados de la iglesia y para las poblaciones diversas**

A. Las diferencias entre las personas son importantes (contextos C1, C2, C3).

1. Dios creó las diferencias, Hch. 17.

2. El Reino reflejará las diferencias, Ap. 5:9-10.

B. Las diferencias entre las personas son reales.

1. Lo que nosotros compartimos en común (ej., la *imago Dei*, es decir la imagen de Dios) es más significativo que las diferencias superficiales que nos separa.

2. Nuestras diferencias, sin embargo, son vistas como fundamentales y significativas, para no ser ignoradas o eclipsadas por alguna cultura en particular (comp. Jn. 1:14-18).

C. Las diferencias entre las personas son significativas.

1. Estas diferencias son más que cosméticas.

2. Ellas tienen profundas implicaciones para como piensan las personas, actúan, sienten, y lo que valoran y se esfuerzan. (Ejemplo –diferencias entre blancos y de color en cuanto a la percepción durante el juicio a O. J. Simpsons).

D. Las diferencias entre las personas no son necesariamente malas o equivocadas.

1. Cada cultura tiene elementos que son morales, e.d., consistente con la manera que Dios desea que pensemos o actuemos (ejemplos: castigo por matar, cuidar a los niños, etc.).

2. Cada cultura tiene elementos que son inmorales, e.d., inconsistente con u opuesto a la manera en que Dios desea que pensemos o actuamos (ejemplos: infanticidio de descendencia femenina, búsqueda de riqueza material como valor máximo).

3. Cada cultura tiene elementos que son amorales, e.d., las diferencias resultantes de gustos, costumbres, tradiciones, (ejemplos: comer tacos, llevar sombreros, hablar en inglés, bailar en las bodas).

E. Las diferencias entre las personas tienden a alienar y dividir grupos.

1. Nuestras diferencias tienden a dividir porque nosotros somos etnocéntricos, preferimos nuestra propia cultura y tendemos a juzgar a otros a la luz de lo nuestro.

2. Raíces antropológicas de división

a. El enorme poder de la inculturación

b. La naturaleza oculta de la cultura

c. Nosotros amamos a los que son como nosotros.

d. El choque cultural: Los inquietantes efectos de operar fuera de nuestra propia clase, cultura o subcultura

3. Raíces teológicas de la división

a. Nuestra tendencia a colocarnos a nosotros mismos en el centro del universo.

b. Nosotros olvidamos o ignoramos lo que Dios está haciendo en el mundo con respecto a la construcción de su reino sobre la tierra.

c. No somos capaces de cambiar nuestra lealtad de nuestros propios marcos nacionales, culturales, y trabajo de clases a la visión que Dios tiene de la nueva humanidad en Cristo.

4. Nosotros cerramos nuestros corazones al amor que Dios tiene por todas las personas.

5. Nosotros rechazamos la idea que no es necesaria cambiar la cultura establecida para ser cristiano y ser pueblo de Dios.

F. Nuestras diferencias pueden levantar barreras y nos lleva a tratar diferentemente a las personas.

Cuando permitimos que las diferencias nos dividan, típicamente respondemos a otros en tres maneras inapropiadas.

1. Somos paternalistas: "síndrome de ayuda al nativo pobre".

   Nuestra benevolente expresión de asumir superioridad a veces resulta en un intento a modificar las acciones, valores de un grupo diferente (ejemplo: misioneros mostrando ropa occidental a habitantes del Pacífico Sur).

2. En sospecha, nos aislamos y separamos nosotros mismos de las personas que son diferentes.

   La expresión pasiva de los prejuicios de mi grupo por medio de limitar deliberadamente el contacto entre mi grupo y el pueblo, acciones, y valores del grupo que es diferente (ejemplo: segregación de barrios marginales).

3. En el odio y la malicia, rechazamos la otra cultura como mala, malvada o indigna, y tratar de debilitarla y perseguirla.

   La expresión activa del odio de mi grupo para el pueblo, acciones, y valores del grupo que es diferente (ejemplo: limpieza étnica en Bosnia o Ruanda, el Holocausto en Alemania, etc.).

V. Una teología bíblica de la cultura

   A. La cultura es intrínseca a la creación de Dios.

   1. Dios como el autor de la vida humana (Gn. 1-2).

   2. El mandato de la creación de Dios como una intrínseca bendición de la producción humana creativa cultural.

      a. Ser mayordomos de la tierra: herramientas, tecnología, formación del medio ambiente.

      b. Vayan y multiplíquense: parentezco, organización social, estructura.

B. Las diferencias entre las personas ahora se han reconocido y reconciliado en el ministerio de Cristo.

1. Nuestras diferencias están ahora reconciliadas por medio de la obra de Cristo en la cruz.

    a. Entre judíos y gentiles, esclavos y libres, hombres y mujeres, bárbaros y escitas, Ef. 2; Col. 3:11; Gál. 3:28

    b. Dios es reconciliado con todo pueblo ahora en su Hijo, 2 Cor. 5:18-21.

    c. Nosotros compartimos tanto en la culpa como en la gloria, Rom. 3; 1:16-17.

2. La meta de la redención es la semejanza a Cristo, no la identidad cultural. (La meta es siempre ayudar a las personas a ser como Jesús, no ser como nosotros.)

    a. Col. 3:11 y Gál. 3:28 no abogamos por la destrucción de la identidad cultural, sólo el final de la parcialidad impía.

    b. La cultura ha sido redimida en la encarnación de Jesús, 1 Jn. 1:1-3.

3. Nuestras diferencias son expuestas y celebradas en la única, santa, apostólica, y universal Iglesia de Jesucristo.

    a. Una nueva humanidad en la Iglesia

    b. Diversa, sin embargo una: Aunque somos muchos los miembros de todo linaje, tribu, pueblo y nación, de todas las lenguas y su clan, de toda clase y cultura, sin embargo, no obstante somos un solo cuerpo en Cristo. Vamos a tratar de hacer esta unidad visible en nuestra vida cotidiana y en las relaciones interpersonales.

   c. En la redención Dios no borra, proteje, o destruye nuestras diferencias, sino que las reconoce y se regocija en ellas, Hch. 15.

   d. Mientras mantenemos nuestras diferencias, ahora en Cristo tenemos *koinonía* (comunión) con Dios y unos con otros.

   (1) Nosotros compartimos un parentesco común.

   (2) Nosotros compartimos un llamamiento común.

   (3) Nosotros compartimos un destino común.

4. Nuestras diferencias son superadas en la unidad de Cristo con el fin de ejercer el ministerio de la reconciliación.

   a. Nosotros expresamos el amor de Dios en nuestras relaciones reconciliadas, haciendo el Evangelio atractivo para los no creyentes, Jn. 13:34-35.

   b. Nosotros estamos reconciliados para llamar al mundo a ser reconciliados para Dios en Cristo, 2 Cor. 5:18-21.

   c. Nuestras diferencias nos permiten penetrar en cada cultura y grupo de personas con el Evangelio, y hacer discípulos y plantar iglesias donde Cristo todavía debe ser escuchado y seguido.

C. La primacía de la encarnación del Hijo de Dios

   1. La encarnación de Jesús demuestra la neutralidad moral de la cultura, Jn. 1:14-18.

2. La completa identificación de Jesús con la humanidad en el más íntimo nivel (ej., él pensó en hebreo, Heb. 4:14 y sig.).

3. Jesús tomó sobre su naturaleza humana en su totalidad por el bien de la revelación y la redención.

   a. Jesús como la Perfecta Revelación muestra que la humanidad es un vaso por medio de la cual Dios puede ser perfectamente comprendido, Col. 2:6-10; Jn. 1:18; 2 Cor. 4:6.

   b. Jesús como la Perfecta Redención muestra que la humanidad puede ofrecer a Dios en Cristo lo que Dios demanda, Flp. 2:5-11; 1 Pe. 3:18; 1 Ti. 2:5-6.

4. Jesús eleva el sentido de la cultura humana; por medio de la encarnación, la cultura es abrazada, Jn. 4.

D. La importancia del Concilio de Jerusalén

1. El *faux pas* (vergonzoso error social) Petrino: El grupo de Cornelio y la salvación de los gentiles, Hch. 10-11

2. Réplica del Concilio de Jerusalén, Hch. 15

   a. No hay necesidad de cambiar culturas: Dios habla en y a través de la cultura

   b. Se puede mantener la diversidad cultural, y al mismo tiempo que alguien se parezca a Cristo

   c. Todas las culturas son igualmente viables en la cosmovisión cristiana (la cultura es válida, las culturas son relativas)

> El principio bíblico de la neutralidad cultural, que alentó a la dirigencia nativa en todas las culturas, permitió el Evangelio de Cristo a ser universalmente aplicable. Esto preparó el terreno para el esfuerzo misionero mundial de la Iglesia. Pronto Felipe y Pablo comenzaron a evangelizar y plantar iglesias entre pueblos no judíos que nunca habían oído de Cristo. Su ejemplo es relevante para el interior de nuestra ciudad hoy.
> ~ Keith Phillips, *Out of Ashes* [De las cenizas], pág. 103.

E. La carga apostólica: favorecer todas las cosas para todos los seres humanos

1. La carga está en el mensajero, no aquellos que reciben el mensaje para cambiar, 1 Cor. 9:19-22.

2. Dios está realmente entre los pueblos, habiendo dispuesto providencialmente a los pueblos como él determinó, Hch. 17.

3. Recibir a otros así como Cristo nos ha recibido, Rom. 15:6 y sig.

VI. Descodificación y codificación del mensaje de Dios en una sociedad multicultural y alejada de la Iglesia

Correlacionar el mensaje eterno de Dios con la oportuna tarea de encarnar y proclamar el mensaje de Dios con eficacia en la sociedad contemporánea

A. Descifrar el significado de Dios: Ser un discípulo de Jesús uno mismo.

Aceptar y encarnar el mensaje de Dios a fondo y completamente en su propia vida preparación para enseñar a otros, Lc. 6:40

1. El desafío de la idoneidad de los oyentes y el mensajero: que somos como los discípulos y como congregaciones en la sociedad (e.d., su carácter, su competencia, su compasión, su claridad, su vocación)

a. Ser una carta abierta o viviente, 2 Cor. 3

b. Exponer la gloria, Mt. 5

c. Marcando el ritmo espiritual, 1 Cor. 11

d. Verse a sí mismo y su enseñanza, 1 Tim. 4

2. El desafío de la amplitud del mensaje: lo que enseñamos y proclamamos al mundo en lo que se refiere a Cristo y su Reino

a. La Palabra de Dios en la persona de Jesucristo

b. El Evangelio de la gracia

c. La visión del Reino de Dios

B. Codificar el mensaje de Dios: Ser un embajador de Cristo donde esté.

Comunicando y encarnando la verdad del Reino dentro de una cultura receptora de manera que ellos puedan escuchar la voz de Dios en la manera que usted habla

1. Admita su propio y latente etnocentrismo; conociendo y respetando las diferencias que existen entre nosotros, Hch. 10.

2. Pague el precio por aprender el idioma y los signos del sistema de aquellos a quienes usted sirve y ministra, e.j., Jn. 1:1.

3. Adopte un estilo de vida de oyente y aprendizaje de principiante (e. d. realizar la tarea de aprender de la historia y cultura de las personas a quienes se sirve), 1 Cor. 9:19 y sig.

4. Comience desde el principio. Iniciar en una pequeña escala con espectativas modestas (Conciliar relaciones toman tiempo y esfuerzo). Ef. 4:1-3.

5. No hay que dejarse vencer por la sospecha y rechazo inicial. Los motivos pueden ser cuestionados, así que no hay que rendirse, Gál. 6:7-10.

6. Reconozca que estas relaciones deben ser recíprocras; hay que ganarse el derecho de ser oído y no imponerle la agenda a otros pueblos, 1 Jn. 1:1-4.

7. Separe normas culturales de los mandatos bíblicos, ej., 1 Cor. 12-14.

8. Ejercite prudencia en palabra y acción. Un *faux pas* cultural podría ser de consecuencias desvastadoras, Pr. 22:3.

9. No exija que las personas de otras culturas se unan a la cultura extranjera a fin de ser discípulos de Cristo, Gál. 5:1; 2 Cor. 3:17.

10. Viva en la libertad bíblica: aplicar principios bíblicos, y no elevar al mismo nivel las trivialidades culturales (los principios de 1 Cor. 6, 8, y 10).

11. Reconozca la naturaleza universal del Reino de Dios, y cambiar su lealtad. Para la Iglesia de Jesucristo es ponerse en sintonía con el plan universal, global, e histórico de Dios.

12. Ore que Dios guiará el proceso y permita ser efectivo en la comprensión y el servicio, Mt. 7:7.

Cinco puntos acerca de la relación entre Cristo y la cultura

Basado en *Christ and Culture* (*Cristo y la Cultura*), por H. Richard Niebuhr, New York: Harper and Row, 1951.

Cristo contra la cultura	Cristo y la cultura en paradoja	Cristo el transformador de la cultura	Cristo sobre la cultura	El Cristo de la cultura
Oposición	Tensión	Conversión	Cooperación	Aceptación
Por lo cual, salid de en medio de ellos, y apartaos, dice el Señor, y no toquéis lo inmundo; y yo os recibiré. ~ 2 Co. 6:17 (1 Jn. 2:15)	Dad a César lo que es de César, y a Dios lo que es de Dios. ~ Mt. 22:21 (1 Pe. 2:13-17)	Todo lo sujetaste bajo sus pies. Porque en cuanto le sujetó todas las cosas, nada dejó que no sea sujeto a él; pero todavía no vemos que todas las cosas le sean sujetas. ~ Heb. 2:8 (Col. 1:16-18)	Porque cuando los gentiles que no tienen ley, hacen por naturaleza lo que es de la ley, éstos, aunque no tengan ley, son ley para sí mismos. ~ Ro. 2:14 (Ro. 13:1, 5-6)	Toda buena dádiva y todo don perfecto desciende de lo alto, del Padre de las luces, en el cual no hay mudanza, ni sombra de variación. ~ Stg. 1:17 (Flp. 4:8)
La cultura es radicalmente afectada por el pecado y constantemente se opone a la voluntad de Dios. Separación y oposición es la respuesta natural de la comunidad cristiana, la cual a su vez es una cultura alterna.	La cultura es radicalmente afectada por el pecado, pero no tiene papel que jugar. Es necesaria para delinear entre esferas: La cultura como ley (restringe la maldad), el cristianismo como gracia (da justicia). Los dos son una parte importante de la vida, pero no pueden ser confundidas o mezcladas.	La cultura es radicalmente afectada por el pecado, pero puede ser redimida y tener un papel positivo que jugar en restaurar la justicia. Los cristianos deben esforzarse en que su cultura reconozca el señorío de Cristo y que sea cambiada por ello.	La cultura es un producto de la razón humana y dada en parte por Dios para descubrir la verdad. Aunque puede discernir la verdad, el pecado limita sus capacidades que deben ser ayudadas por la revelación. Utiliza la cultura como primer paso para el entendimiento de Dios y de su revelación.	La cultura es un don de Dios para ayudar al hombre a vencer su servidumbre a la naturaleza y al temor avanzar en conocimiento y bondad. La cultura humana es lo que nos permite conservar la verdad que la humanidad ha aprendido. Ésta es mudada a un nivel más alto por la enseñanza moral de Jesús.
Tertuliano Menno Simons Anabaptistas	Martín Lutero Luteranos	San Agustín Juan Calvino Reformados	Tomás de Aquino Católicos Romanos	Pedro Abelardo Emmanuel Kant Protestantes Liberales

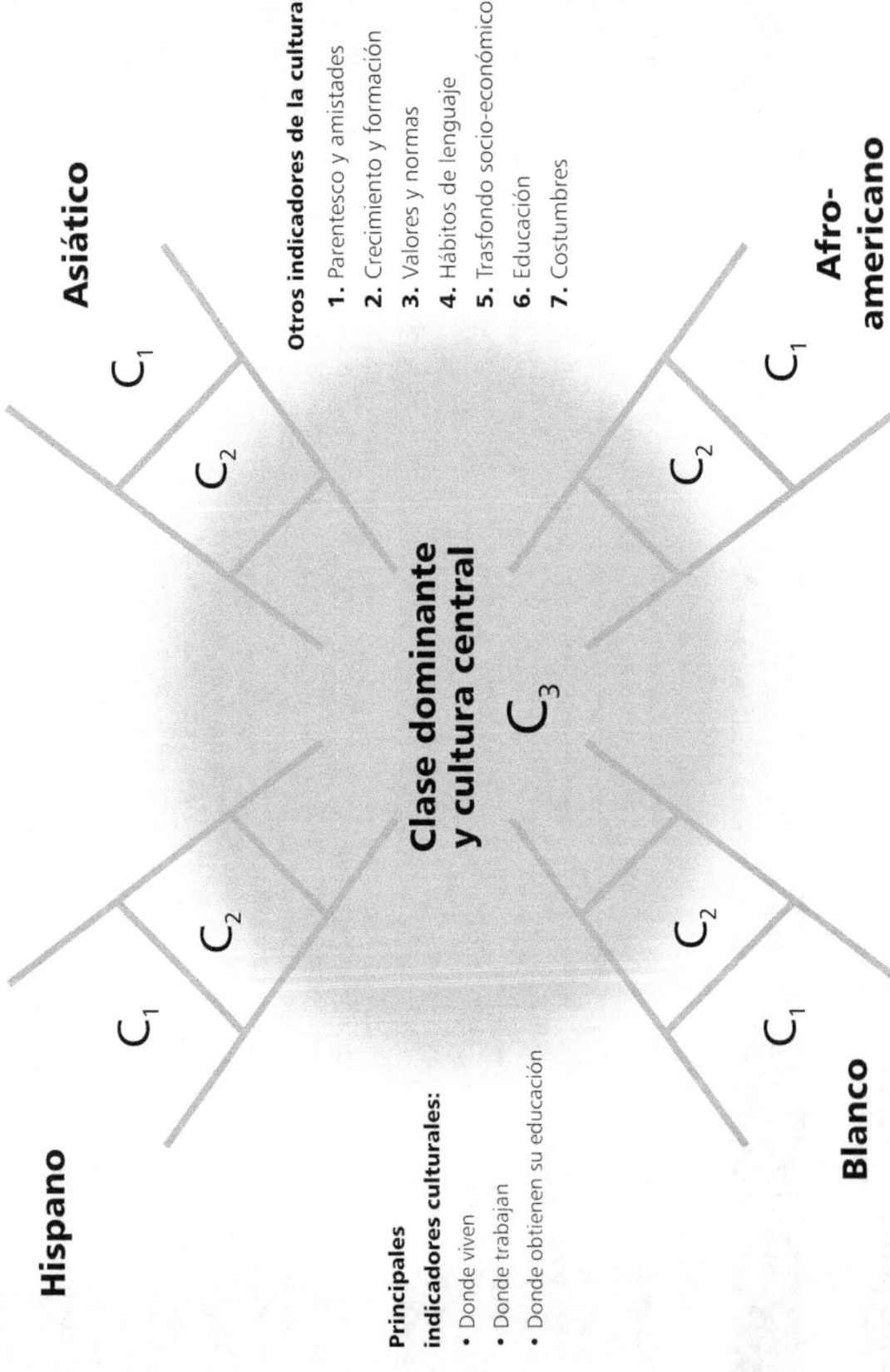

Interacción de clases, cultura y raza
World Impact, Inc.

La complejidad de la diferencia: Raza, cultura, clase
Rev. Dr. Don L. Davis and Rev. Terry G. Cornett

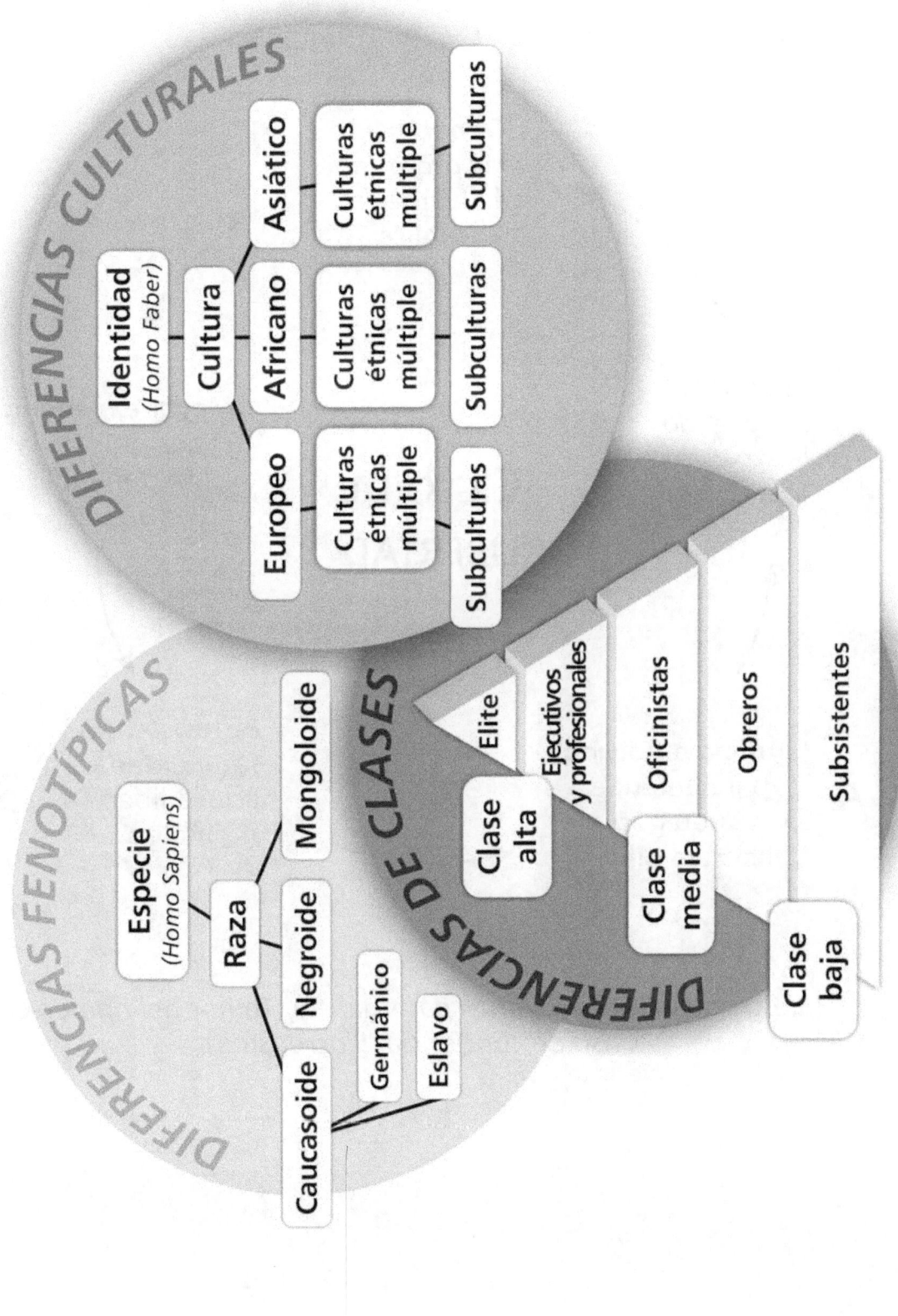

Ciclo de libertad
Rev. Dr. Don L. Davis

Libertad auténtica en Cristo Jesús
Rev. Dr. Don L. Davis

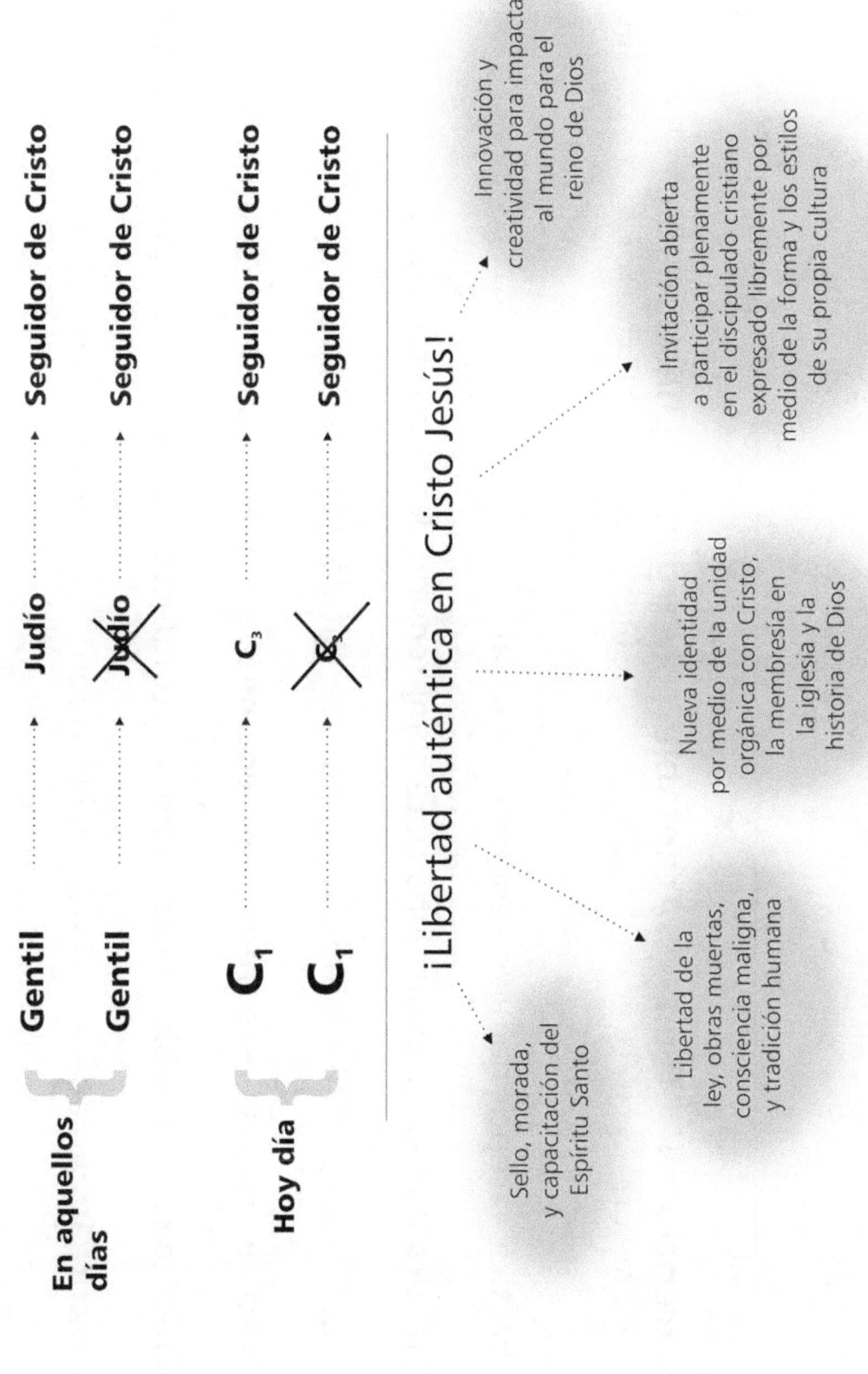

Demasiado legítimo para marcharse: Una continua práctica cultural
Rev. Dr. Don L. Davis

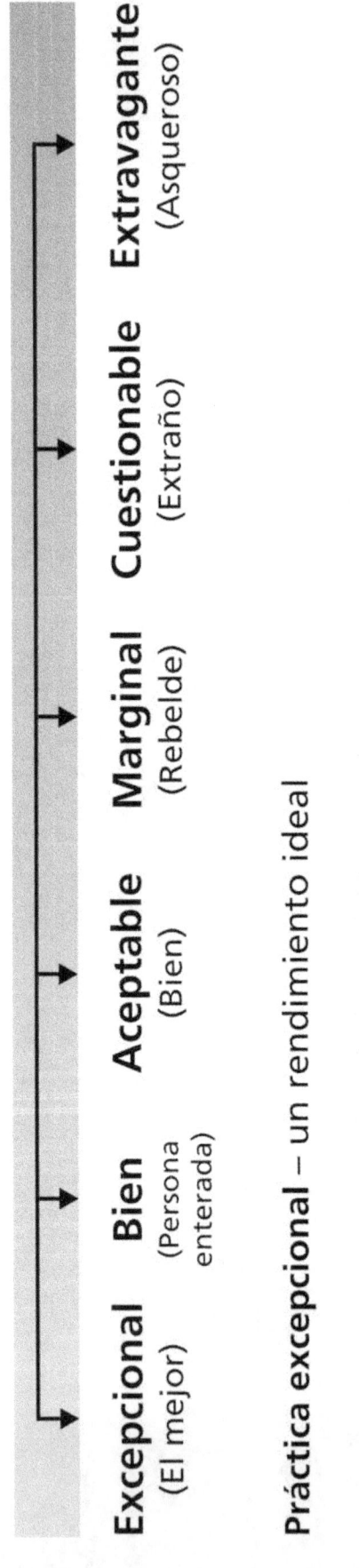

Excepcional	Bien	Aceptable	Marginal	Cuestionable	Extravagante
(El mejor)	(Persona enterada)	(Bien)	(Rebelde)	(Extraño)	(Asqueroso)

Práctica excepcional – un rendimiento ideal

Práctica Buena – muestra una clara comprensión de las normas culturales

Práctica aceptable – dentro del rango permitido de variación

Práctica marginal – representa el rendimiento límite de acciones culturales

Práctica cuestionable – visto como una conducta inaceptable por la mayoría de personas

Práctica irregular – el comportamiento resulta en ser excluído del grupo cultural

Apostolado
El lugar único de los apóstoles en la fe y práctica cristiana
Rev. Dr. Don L. Davis

Gá. 1:8-9 – Mas si aun nosotros, o un ángel del cielo, os anunciare otro evangelio diferente del que os hemos anunciado, sea anatema. [9] Como antes hemos dicho, también ahora lo repito: Si alguno os predica diferente evangelio del que habéis recibido, sea anatema.

2 Ts. 3:6 – Pero os ordenamos, hermanos, en el nombre de nuestro Señor Jesucristo, que os apartéis de todo hermano que ande desordenadamente, y no según la enseñanza que recibisteis de nosotros.

Lucas 1:1-4 – Puesto que ya muchos han tratado de poner en orden la historia de las cosas que entre nosotros han sido ciertísimas, [2] tal como nos lo enseñaron los que desde el principio lo vieron con sus ojos, y fueron ministros de la palabra, [3] me ha parecido también a mí, después de haber investigado con diligencia todas las cosas desde su origen, escribírtelas por orden, oh excelentísimo Teófilo [4] para que conozcas bien la verdad de las cosas en las cuales has sido instruido.

Juan 15:27 – Y vosotros daréis testimonio también, porque habéis estado conmigo desde el principio.

Hch. 1:3 – A quienes también, después de haber padecido, se presentó vivo con muchas pruebas indubitables, apareciéndoseles durante cuarenta días y hablándoles acerca del reino de Dios.

Hch. 1:21-22 – Es necesario, pues, que de estos hombres que han estado juntos con nosotros todo el tiempo que el Señor Jesús entraba y salía entre nosotros, [22] comenzando desde el bautismo de Juan hasta el día en que de entre nosotros fue recibido arriba, uno sea hecho testigo con nosotros, de su resurrección.

1 Juan 1:1-3 – Lo que era desde el principio, lo que hemos oído, lo que hemos visto con nuestros ojos, lo que hemos contemplado, y palparon nuestras manos tocante al Verbo de vida [2] (porque la vida fue manifestada, y la hemos visto, y testificamos, y os anunciamos la vida eterna, la cual estaba con el Padre, y se nos manifestó) [3] lo que hemos visto y oído, eso os anunciamos, para que también vosotros tengáis comunión con nosotros; y nuestra comunión verdaderamente es con el Padre, y con su Hijo Jesucristo.

"Apostolado"

- Enfocado en el Mesías Jesús
- Infalible (autoritativo)
- Reconocido universalmente entre las iglesias
- Estándar para el canon del NT
- Estándar claro para acreditar líderes ordenados

Diversidad teológica

Rev. Dr. Don L. Davis • *World Impact's Candidate Assessment Program* (for missionary applicants). [Programa de evaluación de candidatos de *World Impact* (para misioneros solicitantes)]. Wichita: *World Impact*.

I. **La importancia de la teología**

   A. Es importante para una fe creíble: Rom. 10:17 – La fe es por el oír, el oír de la palabra de Cristo.

   B. Es importante para la comunidad apostólica: Jud. 3-4 – Amados, por la gran solicitud que tenía de escribiros acerca de nuestra común salvación, me ha sido necesario escribiros exhortándoos que contendáis ardientemente por la fe que ha sido una vez dada a los santos. Porque algunos hombres han entrado encubiertamente, los que desde antes habían sido destinados para esta condenación, hombres impíos, que convierten en libertinaje la gracia de nuestro Dios, y niegan a Dios el único soberano, y a nuestro Señor Jesucristo.

   C. Es importante para el liderazgo piadoso: Ti. 1:9 – retenedor de la palabra fiel tal como ha sido enseñada, para que también pueda exhortar con sana enseñanza y convencer a los que contradicen.

II. **La realidad de la diversidad en las tradiciones cristianas**

   A. Somos diversos en nuestros *patrones de autoridad religiosa*: como tomamos decisiones y reconocemos el gobierno

   B. Somos diversos en nuestros *métodos hermenéuticos*: como leemos e interpretamos las Escrituras

   C. Somos diversos en nuestras *tradiciones vividas*: como adoramos y servimos al mismo Señor de todos

III. **La regla esencial de fe: El Credo Niceno**

   A. La Regla Vicentina de Convicción Teológica: "Debe tenerse todo el cuidado posible de tomar esa fe que ha sido creída en todas partes, siempre, y por todos" (Vincent de Lerins, "*A Commonitory*" ["Un Commonitory" (palabra latina que significa "adecuado para recordar")], *Nicene and Post-Nicene Fathers* [Padres Nicenos y Post-nicenos]).

B. La importancia del Credo: Resumen conciso de los puntos básicos

En la historia de la iglesia, el Credo Niceno ha sido la declaración clave de lo que es fundamental a la creencia cristiana.

1. *Agustín de Hipona* [dice acerca de los credos] – Deje que dispute el asunto con el asunto, la causa con la causa, la razón con la razón sobre la autoridad de la Escritura una autoridad no peculiar a cualquiera, pero común a todos. En este sentido, los concilios serían debidamente respetados, y aún darían el lugar más alto a la Escritura, cada cosa traída a ello como una prueba.

2. *Juan Calvino* – Así pues, aquellos antiguos Concilios de Nicea, Constantinopla, el primero de Éfeso, Calcedonia, y otros por el estilo sostenidos para refutar los errores, que nosotros voluntariamente abrazamos, y reverenciamos como sagrados, en tanto que estén relacionados con las doctrinas de la fe, *porque ellos no contienen más que la pura y genuina interpretación de la Escritura*, la que los santos Padres con prudencia espiritual adoptaron para subyugar a los enemigos de la religión que se habían levantado (*Institutes* [Institución de la Religión Cristiana] IV, ix. 8).

3. *Juan Wesley* – Juan Wesley de acuerdo al estado fundamental a los Credos Niceno-Constantinopolitano ambos son "un resumen de la fe bíblica" y como una red interpretativa "para la lectura de las Escrituras" (Sen-King Tan, "*The Doctrine of the Trinity in John Wesley's Prose and Poetic Works*" [La doctrina de la Trinidad en la obra en prosa y poesía de Juan Wesley]).

C. Afirmación de la Declaración de fe de *World Impact*

1. Reconocimiento de los puntos básicos

2. Afirma la "Gran Tradición" (e.d., teología del núcleo de las declaraciones de creencias)

3. Afirma las doctrinas centrales reclamadas por la Reforma

4. Trata temas doctrinales post-Nicea

5. Anclada en una amplia perspectiva evangélica

D. El poder de la interdenominacionalidad: Peter Meiderlin (Rupertus Meldenius), teólogo y pastor luterano del Siglo XVII

1. En lo esencial, *unidad*: sin poner en peligro la Gran Tradición, Flp. 2:3; Jud. 3.

2. En lo no esencial, *libertad*: permite la libertad sobre cuestiones de conciencia, Gál. 5:1.

3. En todos los asuntos, *caridad*: practica el amor y la misericordia en todo, Jn. 13:34-35.

E. El problema del dogmatismo: "Teología fanática"

1. Los dogmáticos sólo determinan lo que son "los asuntos básicos".

2. Los asuntos básicos no existen; *todos los asuntos de sus* creencias son esenciales.

3. Ellos aman solamente a aquellos que están de acuerdo con su punto de vista de "los asuntos básicos".

IV. Tratando con los desacuerdos

A. La inevitabilidad del *Desacuerdo*: se espera conflicto sobre visiones doctrinales

B. La importancia del *Diálogo*: razonar con convicción de principios sobre materias de fe y doctrina

C. El ingrediente de la *Conducta*: Mantener en todos los asuntos un espíritu de caridad y respeto

D. La importacia de la *Deferencia* (*respeto*): ceder a nuestros socios denominacionales sobre asuntos básicos

V. Conclusiones: La importancia de la diversidad teológica

> En lo fundamental, unidad, en lo no fundamental, libertad, en todas las cosas, caridad.
> ~ Peter Meiderlin (Rupertus Meldenius),
> Teólogo luterano y pastor del siglo XVII

Teología relacionada con los credos como un modelo para el discipulado y el liderazgo
Un criterio aprobado para equipar a nuevos creyentes y desarrollar a líderes autóctonos

Rev. Dr. Don L. Davis • *The Timothy Conference: Building Church Plant Teams*. [La conferencia Timoteo: Construyendo equipos de plantación de iglesias]. Wichita: *The Urban Ministry Institute*, 2005.

> "Credo" se deriva del latín *credo*, "yo creo". La forma es activa, denota no sólo un cuerpo de creencias, sino una confesión de fe. Esta fe es verdadera: no "creo que" (aunque esto esté incluido), pero "yo creo en". También es individual; los credos pueden tomar la forma plural de "nosotros creemos", pero el término en sí mismo viene de la primera persona singular del latín: "Yo creo".
>
> ~ G. W. Bromiley. *"Creed."* ["Credo"].
> *Elwell's Evangelical Dictionary Software*
> [Software del Diccionario Evangélico de Elwell], 1998-99.

I. ¿Cuál es la base bíblica para la teología de los credos?

   A. Los credos en un sentido técnico no están presentes en la Biblia, pero los credos hacen sentido para expresar las bases bíblicas de datos y la verdad.

   B. Formas de credos en la Escritura

   1. El *Shemá* (Escucha Israel) del Antiguo Testamento, Deuteronomio 6:4-9

   2. Pequeño credo en Deuteronomio 26:5-9

   Deuteronomio 26:5-9 – Entonces hablarás y dirás delante de Jehová tu Dios: Un arameo a punto de perecer fue mi padre, el cual descendió a Egipto y habitó allí con pocos hombres, y allí creció y llegó a ser una nación grande, fuerte y numerosa; y los egipcios nos maltrataron y nos afligieron, y pusieron sobre nosotros dura servidumbre. Y clamamos a Jehová el Dios de nuestros padres; y Jehová oyó nuestra voz, y vio nuestra aflicción, nuestro trabajo y nuestra opresión; y Jehová nos sacó de Egipto con mano fuerte, con brazo extendido, con grande espanto, y con señales y con milagros; y nos trajo a este lugar, y nos dio esta tierra, tierra que fluye leche y miel.

3. Referencia y ocurrencias para el material del credo en el Nuevo Testamento

    a. Fuentes para el material del cuerpo de creencias

        (1) Las tradiciones, 1 Tes. 2:15

        (2) La Palabra del Señor, Gál. 6:6

        (3) La Predicación, Rom. 16:25 (En el sentido técnico, los credos no están presente en la Biblia, sin embargo, expresan la esencia de los datos bíblicos y la verdad.)

    b. Las confesiones del credo del bautismo, Hch. 8:37; Mt. 28:19; Rom. 10:9-10

    c. La confesión cristológica, Flp. 2:5-11

II. **¿Cuál es la base instruccional para la teología de los credos?**

   A. Sirve como *un sumario para la enseñanza catéquica* en la creencia y doctrina cristiana en orden para el campo de nuevos creyentes en la fe

      1. El credo permite la variación (de "la simple exposición a la presentación teológica avanzada")

      2. Ej., de la recitación del credo mismo al tratamiento de la Teología Sistemática de Langdon Gilkey basada en el credo (comp. La Catequesis de Cirilo de Jerusalén en el siglo IV)

      3. Las fuentes muestran que los candidatos para el bautismo tuvieron que mostrar cierta comprensión de la profesión que hicieron en el bautismo (e.d., comprensión intelectual exigida así como el compromiso de corazón sincero).

   B. Sirve como *una base para la educación doctrinal y teológica* para la comunidad cristiana en general, independiente de su nivel de madurez

      1. Los credos se forjaron a partir de la controversia teológica, la polémica de las herejías, y la necesidad de proteger la confesión apostólica de mezclas y la falsedad

2. Los ministros de la herejía: permitieron a los primeros pastores cristianos ampliar sus primeras confesiones no pulidas en fórmulas más elaboradas

3. Ejemplos de defensa relacionada con los credos

    a. "Creador del cielo y de la tierra": probablemente para luchar contra la idea gnóstica de separación del Dios verdadero del creador

    b. Enseñanza sobre el nacimiento virginal y la muerte de Jesús: Combate contra las reclamaciones gnósticas de la auténtica naturaleza humana de Jesús

    c. La idea arriana de Jesús como menos divino agregó la afirmación de la divinidad absoluta de Cristo

4. El Credo creció lentamente en función de la apropiada comprensión de la historia bíblica, así como la prueba de la ortodoxia del clero.

C. Sirve como *un importante ingrediente de la adoración (liturgia)* de la comunidad de creyentes (enseñanza en y a través de nuestra adoración)

1. Confesión de fe, en el canto y el sermón, es una parte esencial de toda la verdadera adoración cristiana.

2. El Credo Niceno fue incorporado en la secuencia eucarística (e.d., el Servicio de la Cena del Señor), primero en el Este, después en España, finalmente en Roma

3. A veces fue colocado después de la lectura de la Escritura como una respuesta congregacional de fe a la Palabra de Dios

III. ¿Cuáles han sido los credos reconocidos como importantes y significativos en la Iglesia?

A. En la historia Cristiana, tres Credos ha tomado superior colocación: El Credo de los Apóstoles, el Credo Niceno, y el Credo de Atanasio.

1. El Credo de los Apóstoles

Creo en Dios Padre Todopoderoso, Creador del Cielo y de la tierra, y en Jesucristo su Único Hijo, Nuestro Señor, que fue concebido por obra y gracia del Espíritu Santo; nació de Santa María Virgen, padeció bajo el poder de Poncio Pilato, fue crucificado, muerto y sepultado, descendió a los infiernos, al tercer día resucitó de entre los muertos; subió a los cielos, está sentado a la diestra de Dios Padre Todopoderoso; desde allí ha de venir a juzgar a los vivos y a los muertos. Creo en el Espíritu Santo, en la Santa Iglesia Católica, en la Comunión de los Santos, en el perdón de los pecados, en la resurrección de la carne, y en la vida eterna. Amén.

a. Supuestamente escrito por los apóstoles bajo inspiración, y por lo mismo vino a ser llamado Símbolo o Credo de los Apóstoles (Sínodo de Milán, 390 d.c.)

b. Lorenzo Valla refutó el origen apostólico (lo que el Este nunca aceptó).

c. Los eruditos atribuyen su origen al antiguo Credo Romano (explicado por Rufinius en 404).

d. La forma presente originado desde el Siglo VIII, y se hizo de uso regular en el Oeste, especialmente por los Reformadores en liturgias, confesiones, y catecismos.

2. El Credo Niceno

Creo en un solo Dios Padre Todopoderoso, Creador del cielo y de la tierra, y de todas las cosas visibles e invisibles;

Y en un solo Señor Jesucristo, Hijo Unigénito de Dios, engendrado del Padre antes de todos los siglos, Dios de Dios, Luz de Luz, verdadero Dios de Dios verdadero, Engendrado, no hecho, consubstancial con el Padre; por el cual todas las cosas fueron hechas,

El cual por amor a nosotros y por nuestra salud descendió del cielo, y tomando nuestra carne de la virgen María, por el Espíritu Santo, fue hecho hombre, y fue crucificado por nosotros bajo el poder de Poncio Pilato, padeció, y fue sepultado; y al tercer dia resucitó sugún las Escrituras, subió a los cielos y está sentado a la diestra de Dios Padre. Y vendrá otra vez con gloria a juzgar a los vivos y a los muertos; y su reino no tendrá fin.

Y creo en el Espíritu Santo, Señor y Dador de vida, procedente del Padre y del Hijo, el cual con el Padre y el Hijo juntamente es adorado y glorificado; que habló por los profetas.

Y creo en una santa Iglesia católica y apostólica.

Confieso un bautismo para remisión de pecados, y espero la resurrección de los muertos, y la vida del siglo venidero. Amén.

> Nota: La palabra "católica" aquí utilizada en el credo significa "universal". Es importante porque recuerda a los creyentes que hay muchas congregaciones, pero una sola Iglesia. La congregación no es un fin en sí misma, mejor dicho, está orgánicamente conectada a la Iglesia entera, y debe comprender que está unida con otros creyentes tanto localmente como alrededor del mundo.

a. A pesar de su nombre, debe ser distinguido del credo de Nicea (325 d.c.), se ha debatido si era reconocido en Constantinopla I (381 d.c.), pero fue reconocido por el concilio de Calcedonia en 451, y en Constantinopla II en 553.

b. El Oeste ha añadido una cláusula latina llamada la "cláusula *filioque*" (e.d., y del Hijo) así a la declaración acerca del Espíritu Santo, pero el Este nunca concedió ortodoxia a los proyectos originales.

c. Esta es la indisputada primaria confesión de la Iglesia tanto en el Este y el Oeste; es el Credo primario usado en los contextos eucarísticos y catequéticos.

d. Una concisa, elegante, y bella declaración de la que los primeros pastores, teólogos, y líderes de la Iglesia considerada de tener los elementos básicos de la ortodoxia cristiana.

e. La prueba más crucial de la ortodoxia histórica de TUMI (*The Urban Ministry Institute*): fidelidad a las enseñanzas del Credo Niceno.

¿Qué es el Credo Niceno?

El original credo Niceno salió de la primera reunión de líderes cristianos en Nicea, Bitinia (lo que ahora es Insnik, Turquía) en el año 325. Fue llamado a hacer frente a una herejía llamada arrianismo que negaba que Jesús era Dios y enseñó que en lugar de eso fue el mayor ser creado. El concilio en Nicea fue martillado en el lenguaje que los obispos pudieron usar para enseñar a sus iglesias quien era Jesús.

> Un poco más de cincuenta años más tarde, nuevos desafíos se presentaron. Una modificada forma de herejía arriana reaparecía de regreso. Un nuevo problema surgía también. Algunos obispos y pastores habían comenzado a enseñar que el Espíritu Santo no era Dios (no era de la misma sustancia que el Padre) y no era realmente hasta una criatura. Pensaron de él como una especie de poder, pero no como una persona de la divinidad.
>
> Para resolver este problema, un concilio de 150 obispos de la Iglesia de Oriente se reunieron en el año 381 en Constantinopla (hoy la moderna Estambúl, Turquía). Este concilio reafirmó de hecho que Jesús era completamente Dios y entonces volvió su atención a la cuestión del Espíritu Santo, que el concilio de Nicea había dejado intacto (el original Credo de Nicea decía simplemente: "Creemos en el Espíritu Santo". El concilio convirtió esta simple declaración en un párrafo que explicó más completamente la persona y la obra del Espíritu Santo.
>
> Esta versión ampliada del original Credo Niceno es lo que más comúnmente se conoce como "El Credo Niceno" hoy, (aunque es más técnicamente correcto llamarlo el "Credo Niceno-Constantinopolitano" o el "Credo de los 150 Padres"). Es universalmente reconocido por los cristianos de todas las denominaciones. Y es usado como una parte del servicio de adoración en muchas tradiciones, además.
>
> ~ Terry Cornett, *"What Is the Nicene Creed?"* [¿Qué es el Credo Niceno?].
> *T2-105 Christian Theology: God the Holy Spirit*.
> [La teología cristiana: Dios el Espíritu Santo].
> *The Urban Ministry Institute*, 1997.

3. El Credo de Atanasio

> *(A inicios del siglo V) Todo el que quiera salvarse, debe ante todo mantener la fe universal. El que no guardare ésta fe íntegra y pura, sin duda perecerá eternamente. Y la fe universal es ésta: que adoramos a un solo Dios en Trinidad, y Trinidad en unidad, sin confundir las personas, ni dividir la sustancia. Porque es una la Persona del Padre, otra la del Hijo y otra la del Espíritu Santo; mas la divinidad del Padre, del Hijo y del Espíritu es toda una, igual la gloria, coeterna la Majestad. Así como es el Padre, así el Hijo, así el Espíritu Santo. Increado es el Padre, increado el Hijo, increado el Espíritu Santo. Incomprensible es el Padre, incomprensible el Hijo, incomprensible el Espíritu Santo. Eterno es el Padre, eterno el Hijo, eterno el Espíritu Santo. Y, sin*

embargo, no son tres eternos, sino un solo eterno; como también no son tres incomprensibles, ni tres increados, sino un solo increado y un solo incomprensible. Asimismo, el Padre es Dios, el Hijo es Dios, el Espíritu Santo es Dios. Y sin embargo, no son tres Dioses, sino un solo Dios. Así también, Señor es el Padre, Señor es el Hijo, Señor es el Espíritu Santo. Y sin embargo, no son tres Señores, sino un solo Señor. Porque así como la verdad cristiana nos obliga a reconocer que cada una de las Personas de por sí es Dios y Señor, así la religión cristiana nos prohibe decir que hay tres Dioses o tres Señores. El Padre por nadie es hecho, ni creado, ni engendrado. El Hijo es sólo del Padre, no hecho, ni creado, sino engendrado. El Espíritu Santo es del Padre y del Hijo, no hecho, ni creado, ni engendrado, sino procedente. Hay, pues, un Padre, no tres Padres; un Hijo, no tres Hijos; un Espíritu Santo, no tres Espíritus Santos. Y en ésta Trinidad nadie es primero ni postrero, ni nadie mayor ni menor; sino que todas las tres Personas son coeternas juntamente y coiguales.

a. Credo a menudo atribuido a Atanasio alrededor de la Cuarta o Quinta centuria

b. Declaración directa sobre la naturaleza de la Trinidad, más profunda

c. Se convirtió en una prueba de la ortodoxia y competencia del clero en Occidente desde la Séptima centuria

d. Diferencias entre el Credo de los Apóstoles y el Niceno

   (1) Carácter doctrinal más complejo

   (2) Más prosaico, menos poético

   (3) Más como una línea de plomada de la ortodoxia, menos como un credo de fe

e. Altamente aceptado entre los reformadores, usado un poco entre los anglicanos, pero el Este no lo reconoció; considerablemente menos importante en la catequesis y la liturgia.

> Los peligros de hacer-credos era obvio. Los credos pueden convertirse en formales, complejos, y abstractos. Ellos pueden ser ilimitadamente ampliados. Pueden ser superpuestos a la Escritura. Correctamente manejados, sin embargo, facilitan la confesión pública, forman una base sucinta de la enseñanza, salvaguardan la doctrina pura y constituyen un foco apropiado para la comunión de la iglesia en la fe.
>
> ~ G. W. Bromiley. *"Creed."* ["El Credo"]
> *Elwell's Evangelical Dictionary Software*
> [Software del Diccionario Evangélico de Elwell], 1998-99.

IV. **¿Por qué puede una teología de los credos ser importante para establecer nuevos creyentes y desarrollar auténticos líderes cristianos urbanos?**

Ningún compromiso a cualquier credo puede llevar alguna vez nuestra responsabilidad de buscar las Escrituras diariamente a fin de nutrir y construir nuestra fe, sin embargo, un compromiso de usar el credo como una salvaguardia para la ortodoxia histórica tiene la gran importancia en desarrollar creyentes que dan buenos conocimientos en la fe, así como la formación de líderes para la iglesia urbana.

A. Representa *un histórico, un resumen bosquejado claramente definido* del punto de vista doctrinal de los Apóstoles de los líderes cristianos primitivos.

 1. Es histórico: El Niceno es casi diesiete siglos viejo.

 2. Es universalmente respetado entre las tradiciones y un resumen autoritativo del corazón de la enseñanza de los Apóstoles.

 3. Ha sido usado satisfactoriamente a través de la historia de la Iglesia como la currícula para el desarrollo de nuevos cristianos y como prueba de líderes que surgen como discípulos fieles de Jesucristo.

B. Puede proveer *una simple, memorable, y concisa declaración* del contenido de la histórica creencia cristiana.

 1. Simple: Sin muchas palabras, suministra el estracto esencial

 2. Memorable: Viene a ser un intrumento fácil para servir como núcleo del compromiso ortodoxo de alguien

3. Conciso: aunque condensado, es extremadamente compacto en su estilo, pero significativo en su peso y concepto

C. Establece *una base para la determinación de un ecumenismo evangélico*, una línea de plomada por el que podemos juzgar lo que es esencial para el servicio y compañerismo mutuo.

1. El Niceno es un tipo de declaración universal de lo que los cristianos han creído sobre cuestiones básicas desde el principio.

2. Probablemente sea el documento más celebrado que es reconocido virtualmente por cada tradición de la fe cristiana

3. Trata con las verdades esenciales que los cristianos han contado históricamente para ser sólidas verdades de la fe.

D. Define *el depósito apostólico que representa la defensa del Evangelio* y completa explicación de teología del Reino.

1. Se centra sobre las principales enseñanzas de los apóstoles acerca de Dios y Cristo

2. Redactadas deliberadamente contra las herejías del Anticristo de hoy

3. Resalta las enseñanzas fundamentales de la Iglesia, especialmente frente a sus antecedentes fundamentales centrados en Cristo

E. Provee *el contenido de multiplicación y reproducción cristiana*, lo indispensable para equipar a nuevos líderes y proporciona catequesis para nuevos miembros en la Iglesia.

1. Una prueba de la convicción bíblica básica, accesible para cada uno; la médula del credo niceno es fácilmente contextualizado para la liturgia, confesión de fe y la Cena del Señor

2. Puede ser adaptado fácilmente como una norma para la ortodoxia (opinión correcta) de obreros cristianos, ministros, pastores, y misioneros

3. Nos permite usar un tiempo de prueba, la Iglesia hace suya la regla para determinar la acreditación doctrinal y teológica para el desarrollo y surgimiento de líderes

V. ¿Cuáles son las implicaciones para el equipo de líderes que plantan iglesias?

A. Abrazar el Credo como una especie de taquigrafía para la historia bíblica; no es un sustituto de la historia, pero sí es un resumen conciso y brillante destacando sus puntos más sobresalientes.

1 Tim. 3:14-16 – Esto te escribo, aunque tengo la esperanza de ir pronto a verte, para que si tardo, sepas cómo debes conducirte en la casa de Dios, que es la iglesia del Dios viviente, columna y baluarte de la verdad. E indiscutiblemente, grande es el misterio de la piedad: Dios fue manifestado en carne, Justificado en el Espíritu, Visto de los ángeles, Predicado a los gentiles, Creído en el mundo, Recibido arriba en gloria.

1. El Credo es *esencial*; provee un resumen de la narrativa cristiana en relieve atrevido.

2. El Credo es *Cristo-centrico*: la historia de Jesús de Nazaret es la clave para la entera consciencia misma del cristianismo, y la clave para comprender la esperanza de todos discípulos de los veintiún siglos hasta hoy.

3. El Credo es *confesional*: el Credo está destinado a convertirse en parte de nuestra consciencia y esperanza, una declaración de nuestras convicciones más profundas sobre como entendemos la naturaleza del mundo, Dios, la vida, y la vida futura.

4. El Credo es *celebración*: afirma en lenguaje conciso lo que nosotros creemos acerca de Dios y Jesús, el Espíritu, la Iglesia, el Siglo Venidero colocándonos nosotros mismos en la corriente de hombres y mujeres que a través de la historia han desangrado, sufrido, y muerto en nombre de la historia bíblica.

B. Reconocer *la sofisticación de la enseñanza del Credo*: puede fácilmente ser adaptado al terreno del nuevo creyente para convertirlo en un teólogo sofisticado, pastor o anciano.

1. Conozca a su audiencia y su necesidad.

2. Relacione la enseñanza a su contexto.

3. Vincule su presentación a la disposición y resistencia de los corazones y las vidas de la gente.

   a. Muéstreles por qué la teología hace toda la diferencia.

   b. Relacione la doctrina a la actitud y a la perspectiva.

   c. Utilice casos de estudio para enseñar como la perspectiva teológica corre en sangre viva por nuestros tejidos psicológicos y sociales.

C. Permitir que el Credo sea escolta para que ayude a defender el testimonio de los Apóstoles de Jesucristo contra la falsedad: el Credo no es igual a la Escritura, pero sirve como una declaración histórica de lo que la Iglesia ha afirmado y ha defendido por siglos.

Jud. 3-4 – Amados, por la gran solicitud que tenía de escribiros acerca de nuestra común salvación, me ha sido necesario escribiros exhortándoos que contendáis ardientemente por la fe que ha sido una vez dada a los santos. Porque algunos hombres han entrado encubiertamente, los que desde antes habían sido destinados para esta condenación, hombres impíos, que convierten en libertinaje la gracia de nuestro Dios, y niegan a Dios el único soberano, y a nuestro Señor Jesucristo.

1. Conecte los problemas de la gente con los problemas de los cristianos a nivel mundial, y a través de la historia.

2. Relacione la enseñanza del Credo dentro de su gran visión panorámica a lo que está ocurriendo hoy.

3. Fundamente a la gente en el movimiento histórico, mundial, transcultural, multiétnico y multinacional de Jesús.

D. Ser diligente *para ensayar consistentemente la ortodoxia* con el equipo plantador de Iglesias, con la incipiente comunidad, y con el desarrollo de líderes por medio del Credo.

2 Tim. 4:1-5 – Te encarezco delante de Dios y del Señor Jesucristo, que juzgará a los vivos y a los muertos en su manifestación y en su reino, que prediques la palabra; que instes a tiempo y fuera de tiempo; redarguye, reprende, exhorta con toda paciencia y doctrina. Porque vendrá tiempo cuando no sufrirán la sana doctrina, sino que teniendo comezón de oír, se amontonarán maestros conforme a sus propias concupiscencias, y apartarán de la verdad el oído y

se volverán a las fábulas. Pero tú sé sobrio en todo, soporta las aflicciones, haz obra de evangelista, cumple tu ministerio.

1. No dude en enfatizar del papel de lo crítico, vida y cuerpo en el papel formativo de la teología; muestre como la perspectiva teológica determina al final el resultado de la vida.

2. Desafíe a los mentores siempre a conectar detalles y asuntos específicos a la gran narrativa bíblica, que el credo resume y describe.

3. Utilice el credo para conectar la fe y las obras de las personas a los hechos históricos de fe de los Apóstoles en adelante.

   Ef. 4:4-6 – un cuerpo, y un Espíritu, como fuisteis también llamados en una misma esperanza de vuestra vocación; un Señor, una fe, un bautismo, un Dios y Padre de todos, el cual es sobre todos, y por todos, y en todos.

4. Narre las historias que respiran vida en el credo y permitir que el credo pueda convertirse en un medio por el cual el campo fértil del nuevo creyente, anime al discípulo y enriquezca al soldado aprobado.

E. Finalmente, haga *el estudio, recitación, y discusión del credo* una parte importante de la vida de la iglesia plantada.

1. Utilece el credo en los devocionales y adoración de grupo.

2. Predique sobre los tópicos incluidos en el credo a la comunidad de creyentes, y enfatícelos dentro de la educación Cristiana.

3. Desarrolle estudios y curricula para el crecimiento de discípulos y líderes emergentes sobre el credo como un criterio doctrinal y necesidad teológica.

Transmitiendo la *historia de Dios*
Rev. Dr. Don L. Davis

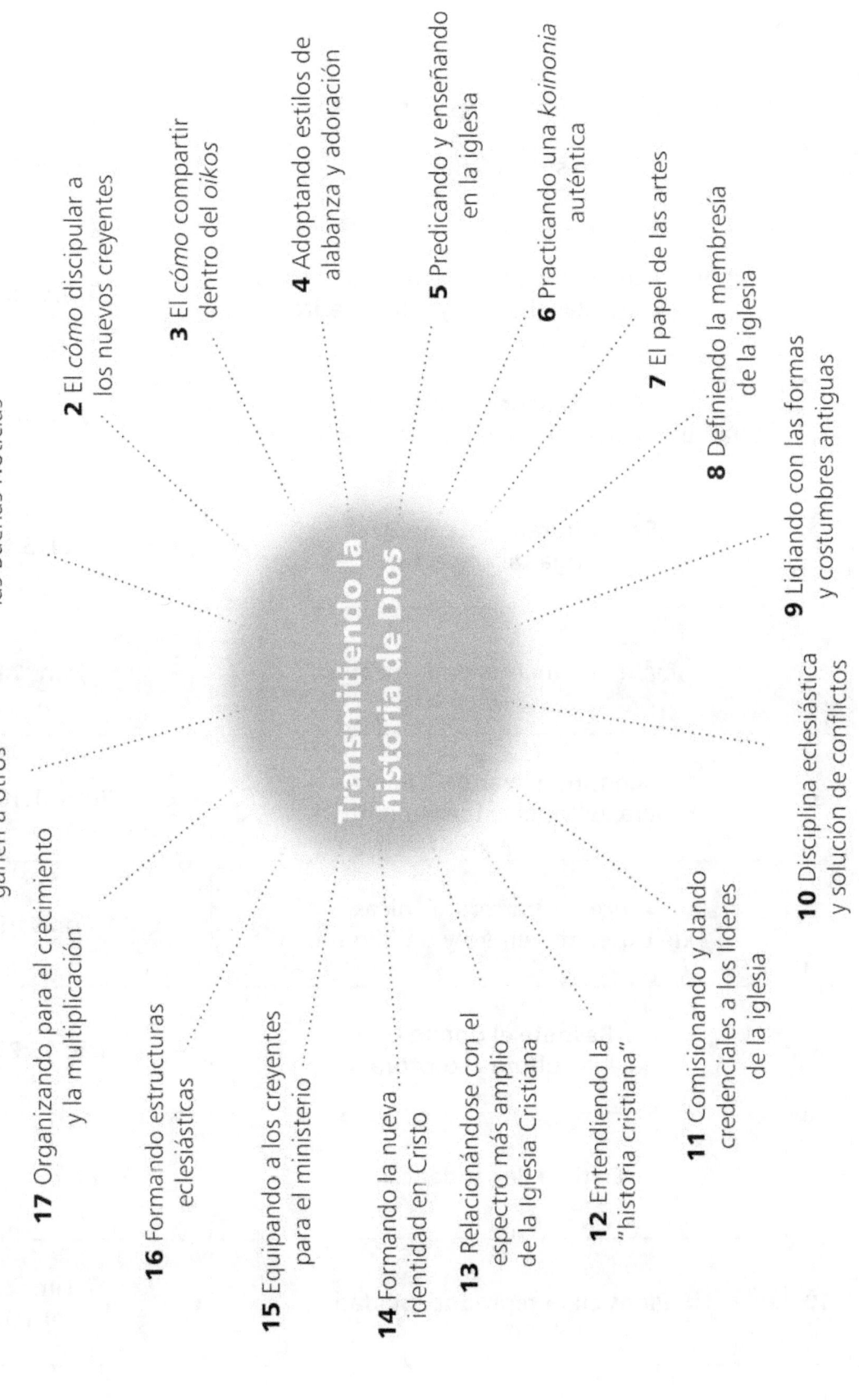

Transmitiendo la historia de Dios

1. El *cómo* compartir las Buenas Noticias
2. El *cómo* discipular a los nuevos creyentes
3. El *cómo* compartir dentro del *oikos*
4. Adoptando estilos de alabanza y adoración
5. Predicando y enseñando en la iglesia
6. Practicando una *koinonia* auténtica
7. El papel de las artes
8. Definiendo la membresía de la iglesia
9. Lidiando con las formas y costumbres antiguas
10. Disciplina eclesiástica y solución de conflictos
11. Comisionando y dando credenciales a los líderes de la iglesia
12. Entendiendo la "historia cristiana"
13. Relacionándose con el espectro más amplio de la Iglesia Cristiana
14. Formando la nueva identidad en Cristo
15. Equipando a los creyentes para el ministerio
16. Formando estructuras eclesiásticas
17. Organizando para el crecimiento y la multiplicación
18. Entrenándolos para que ganen a otros

Principios de plantación para una iglesia transcultural
World Impact

1	Jesús es Señor.	Mt. 9:37-38
2	Evangelize, equipe, y capacite a personas no alcanzadas para llegar a la gente.	1 Tes 1:6-8
3	Sea inclusivo: Cualquiera que tenga voluntad puede venir.	Rom. 10:12
4	Sea culturalmente neutral: Venga tal como es.	Col. 3:11
5	Evite una mentalidad cerrada.	Hch. 1:8
6	Continue evangelizando para evitar el estancamiento.	Rom. 1:16-17
7	Cruce las barreras étnicas, de clase, de género y de idioma.	1 Cor. 9:19-22
8	Respete el dominio de la cultura receptora.	Hch. 15:23-29
9	Evite la dependencia.	Ef. 4:11-16
10	Piens en la reproductibilidad.	2 Tim. 2:2; Flp. 1:18

La vocación misionera: Evaluando la capacidad a la adaptación cultural
Rev. Dr. Don L. Davis

¿Cómo formar misioneros que encajen culturas recibidas con el Evangelio de Cristo?

Supremacía

Negación etnocéntrica de antiguas maneras culturales
(Descartar sin sentido crítico)

↓

El Evangelio percibido como entidad extranjera
El Evangelio rechazado como negación de la cultura recibida

↓

Lo viejo pasa a la clandestinidad
Sincretismo

Descodificar/codificar

Empalmar críticamente las antiguas maneras culturales
(Contextualización crítica)

↓

1) Reunir información sobre lo antiguo →
2) Estudio de enseñanzas bíblicas →
3) Evaluar lo antiguo a la luz de la Teología →
4) Nueva prática cristiana contextualizada

Acomodación

Aceptar acríticamente antiguas maneras culturales
(Endoso falto de sentido crítico)

↓

Cultura adoptada sin crítica o reflexión
El Evangelio es denigrado o modificado para acomodarlo a la cultura

↓

Antiguos eclipses de la visión bíblica
Sincretismo

Alcanzando a grupos no afectados dentro de vecindarios con iglesias

Mission Frontiers

Muchas personas: Diferentes culturas, costumbres y lenguajes

Muchas congregaciones homogéneas

Lo Extenso de la evangelización "normal": Incorporando y reuniendo gente sólo de

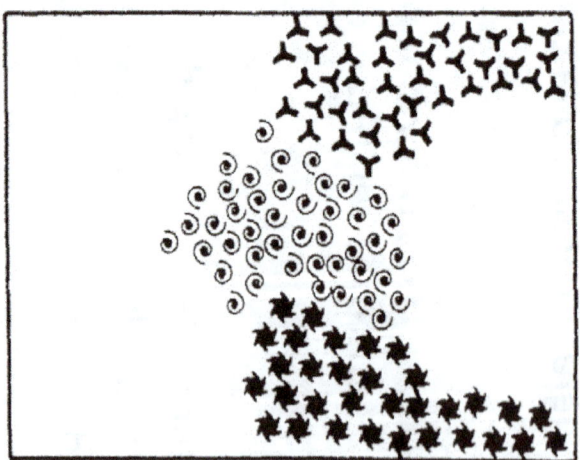

"Tan cerca, sin embargo tan lejos": Los vecinos no alcanzados y no afectados

Diferentes tradiciones de la respuesta afro-americana
Interpretando un legado, formando una identidad, persiguiendo un destino como persona de una minoría cultural

Rev. Dr. Don L. Davis, adaptado e informado por Cornell West, en la *Prophesy Deliverance*.

I. **Excepcionalismo – afro-centrismo y superioridad – "por encima"**

   A. Definición: tendencia a responder manifestando una perspectiva superior e incluso romántica sobre las raíces raciales y culturales propias.

   B. Ejemplos: Louis Farrakhan, W.E.B. DuBois

   C. Temas

   1. Balanceo del péndulo: misma intolerancia que el grupo opresor, sólo que a la inversa ("Mismo perro pero diferente collar")

   2. Aislamiento y separación; no tiene interés en relacionarse con la gente de la cultura y/o raza mayoritaria

   3. Considera la separación y la segregación como un paso esencial en el camino hacia una personalidad completa como grupo minoritario

   4. Obtener la identidad propia es la principal meta, no el relacionarse con gente de otra cultura

II. **Asimilacionismo: adoptar la cultura predominante como la única cultura principal – "por detrás"**

   A. Definición: tendencia a ignorar o pasar por alto las raíces culturales propias para identificarse con una identidad cultural mayoritaria y más aceptada

   B. Ejemplos: Shelby Steele, Alan Keys

   C. Temas

1. Aboga a favor de una total adopción de la identidad cultural predominante (ej., "No soy negro, sino estadounidense")

2. Tiende a ignorar lo especiales que nos hacen las diferencias

3. No necesita eliminar su cultura, sólo ignora las diferencias para poder mezclarse en una misma olla

4. Perpetuamente difiere debido a las exigencias o hábitos culturales de la cultura dominante

III. **Marginalismo: inferioridad, vergüenza y odio, negación – "por fuera"**

A. Definición: tendencia a negar, pasar por alto, o incluso rechazar el legado cultural propio, considerándolo patológico, insignificante y negativo para el crecimiento y la prosperidad personal

B. Ejemplos: Joseph Washington, E. Franklin Frazier

C. Temas

1. Alimenta la lucha contra sí mismo, el autodesprecio no es visto como algo negativo en referencia a la inferioridad general de la cultura

2. Ignora el papel de Dios en darle forma a la cultura

3. Simplifica al grado extremo el legado cultural propio como algo insignificante o inmoral

IV. **Integracionismo: multi-culturalismo en la actualidad – "en medio"**

A. Definición: tendencia a luchar por una integracion multi-cultural de pueblos dentro de la sociedad, lo cual garantiza los derechos y privilegios de los ciudadanos, su igualdad y justicia.

B. Ejemplos: Jesse Jackson, Thurgood Marshall, visión tradicional de los derechos civiles

C. Temas

1. Enfoque en obtener la justicia social entre todos los grupos dentro de la misma ("trato igualitario bajo la ley", y "cortar la torta social en partes iguales")

2. Procura un bien limitado dentro de la sociedad, de igualdad y justicia bajo la ley, y no se enfoca (en general) en amistades, sino en un trato igualitario

3. Apela principalmente a temas relacionados con asuntos económicos, distribución de riquezas y beneficios generales de la sociedad

4. Puede enfocarse en establecer coaliciones de gente de diferentes culturas para poder forzar la mano del gobierno y la sociedad a favor de un trato justo e igualitario

5. Legisla su agenda, no enfatiza las relaciones

V. Celebracionismo: reconocimiento, satisfacción, crítica y relación – "al costado"

A. Definición: tendencia a ver todas las culturas como significativas y únicas, e intencionalmente celebra las diferencias entre las mismas mientras a la vez 1) critica sus elementos inmorales según una visión bíblica y 2) argumenta en contra de la exclusión y la intolerancia basadas en las diferencias.

B. Ejemplo: Martin Luther King, Jr.

C. Temas

1. Arraigado en una visión cristiana de la creación de Dios

2. Ética de una comunidad cristiana y su mensaje profético

3. Afirma la cultura como un fenómeno distintivo de la humanidad

4. No adjunta connotaciones peyorativas a la identidad o preferencia cultural

Los miembros del equipo de Pablo
Compañeros, obreros, y compañeros de trabajo
Rev. Dr. Don L. Davis

Acaico, una persona de Corinto que visitó a Pablo en Filipos, 1 Co. 16:17.

Arquipo, discípulo colosense a quien Pablo exhortó a cumplir su ministerio, Col. 4:17; Filem. 2.

Aquila, discípulo judío que Pablo encontró en Corinto, Hch. 18:2, 18, 26; Ro. 16:3; 1 Co. 16:19; 2 Ti. 4:19.

Aristarco, con Pablo en su 3er viaje, Hch. 19:29; 20:4; 27:2; Col. 4:10; Filem. 24.

Artemos, compañero de Pablo en Nicópolis, Tito 3:12.

Bernabé, un levita, primo de Juan Marcos, y compañero de Pablo en varios de sus viajes, Hch. 4:36, 9:27; 11:22, 25, 30; 12:25; caps. 13, 14, 15; 1 Co. 9:6; Gal. 2:1, 9, 13; Col. 4:13.

Carpio, discípulo de Troas, 2 Ti. 4:13.

Claudia, discípula mujer de Roma, 2 Ti. 4:21.

Clemente, colaborador-trabajador en Filipos, Fil. 4:3.

Crescente, un discípulo en Roma, 2 Ti. 4:10.

Demas, un trabajador de Pablo en Roma, Col. 4:14; Filem. 24; 2 Ti. 4:10.

Epafras, compañero trabajador y prisionero, Col. 1:7, 4:12; Filem. 23.

Epafrodito, un mensajero entre Pablo y las iglesias, Fil. 2:25, 4:18.

Eubulu, discípulo de Roma, 2 Ti. 4:21.

Evodia, mujer cristiana de Filipos, Fil. 4:2

Fortunato, parte del equipo de corintios, 1 Co. 16:17.

Gayo, 1) Un compañero de Macedonia, Hechos 19:29; 2) Un discípulo/compañero en Derbe, Hch. 20:4.

Jesús (Justo), un discípulo judío en Colosas, Col. 4:11.

Juan Marcos, compañero de Pablo y primo de Bernabé, Hch. 12:12, 15; 15:37, 39; Col. 4:10; 2 Ti. 4:11; Filem. 24.

Lino, un compañero romano de Pablo, 2 Ti. 4:21.

Lucas, doctor y compañero de viajes con Pablo, Col. 4:14; 2 Ti. 4:11; Filem. 24.

Onésimo, nativo de Colosas y esclavo de Filemón que sirvió a Pablo, Col. 4:9; Filem. 10.

Hermógenes, un miembro del equipo que abandonó a Pablo en prisión, 2 Ti. 1:15.

Figelo, uno que con Hermógenes abandonó a Pablo en Asia, 2 Ti. 1:15.

Priscila (Prisca), esposa de Aquila de Poncio y compañera-trabajadora en el evangelio, Hch. 18:2, 18, 26; Ro. 16:3; 1 Co. 16:19.

Pudente, una compañía romana de Pablo, 2 Ti. 4:21.

Segundo, compañía de Pablo en su camino de Grecia a Siria, Hch. 20:4.

Silas, discípulo, compañero trabajador, un prisionero con Pablo, Hch. 15:22, 27, 32, 34, 40; 16:19, 25, 29; 17:4, 10, etc.

Sópater, acompañó a Pablo a Siria, Hch. 20:4.

Sosipater, pariente de Pablo, Ro. 16:21.

Silvano, probablemente igual a Silas, 2 Co. 1:19; 1 Ts. 1:1; 2 Ts. 1:1.

Sóstenes, jefe gobernador de la sinagoga de Corinto, trabajador con Pablo allí, Hch. 18:17.

Estéfanas, uno de los primeros creyentes de Acaya y visita de Pablo, 1 Co. 1:16; 16:15; 16:17.

Síntique, una de las "colaboradoras trabajadora" en Filipos, Fil. 4:2.

Tercio, esclavo y persona que escribió la Epístola a los Romanos, Ro. 16:22.

Timoteo, un joven de Listra con una madre judía y un padre griego quien trabajó con Pablo en su ministerio, Hch. 16:1;17:14, 15; 18:5; 19:22; 20:4; Ro. 16:21; 1 Co. 4:17; 16:10; 2 Co. 1:1, 19; Fil. 1:1; 2:19; Col. 1:1; 1 Ts. 1:1; 3:2, 6; 2 Ts. 1:1; 1 Ti. 1:2, 18; 6:20; 2 Ti. 1:2; Filem. 1; Heb. 13:23.

Tito, discípulo griego y colaborador de Pablo, 2 Co. 2:13; 7:6, 13, 14; 8:6, 16, 23; 12:18; Gal. 2:1, 3; 2 Ti. 4:10; Tito 1:4.

Trófimo, un discípulo efesio que acompañó a Pablo a Jerusalén desde Grecia, Hch. 20:4; 21:29; 2 Ti. 4:20.

Trifena y *Trifosa*, discípulas, mujeres de Roma, probablemente gemelas, a las que Pablo llama colaboradoras en el Señor, Ro. 16:12.

Tíquico, un discípulo de Asia Menor que acompañó a Pablo en varios de sus viajes, Hch. 20:4; Ef. 6:21; Col. 4:7; 2 Ti. 4:12; Tito 3:12.

Urbano, discípulo romano y ayudante de Pablo, Ro. 16:9.

Práctica de silencio y soledad de Jesús
Dr. Hank Voss

Evento	Tipo	Referencias
Los años de preparación de Jesús no eran necesariamente la soledad, pero vale la pena reflexionar sobre ello. ¿Qué estaba haciendo Jesús durante este tiempo?	Jesús pasó treinta años en quietud. Considere también su práctica sabática semanal durante este tiempo. Pasó más de cuatro años de descanso. (¡1560 días de reposo!)	(#27) Lucas 3:23
Mes en el desierto	Jesús pasó cuarenta días en soledad, oración y ayunando en el desierto	(#28) Mateo 4:1-11 Marcos 1:12-13 Lucas 4:1-13
Horas solitario	Jesús pasó un bloque de tiempo (¿3-4 horas?) en soledad y oración. Tenía lugares habituales adonde iba.	(#50) Marcos 1:35-39 Lucas 4:42-44 (cf. Lucas 11:1)
Medio día habitual	Jesús "a menudo se apartaba al desierto y oraba".	(#52) Luke 5.16
Vigilia completa	"Se fue a la montaña. . . pasó toda la noche en oración a Dios" (antes de una decisión importante).	(#63) Lucas 6:12-16
Retiro con el equipo ejecutivo	"Venid también vosotros aparte, a un lugar desierto, y descansad un poco".	(#104) Marcos 6:31-34
Medio día/noche habitual	"Se fue al monte a solas para orar; y cuando llegó la noche, estaba allí solo".	(#106) Mateo 14:22-23 Marcos 6:45-46 Lucas 6:14-15
Retiro con amigo	"Él les hizo subir a un monte alto".	(#121) Mateo 17:1-8 Marcos 9:2-8 Lucas 9:28-36a
Vigilia completa	"Y él se apartó de ellos como a un tiro de piedra, y se puso de rodillas y empezó a orar".	(#226) Mateo 26:36-46 Marcos 14:32-42 Lucas 22:40b-46 Juan 18:1

#xx = Número del episodio en *A Harmony of the Gospels* [Una armonía de los evangelios], por Gundry y Thomas (1978)

Jesús tomó un tiempo de "soledad" por lo menos tres veces al año (ocho veces en el período de tres años).

Siete prácticas esenciales para el sacerdocio de todos los creyentes
Dr. Hank Voss

Práctica	Descripción	Textos clave
Bautismo	Una celebración de alianza pública de la unión del creyente con Cristo. Destaca no sólo la identificación del creyente con la muerte de Cristo, sino también la nueva vida ahora vivida en Cristo. Al igual que el bautismo de Cristo, el bautismo de un creyente es una comisión pública para compartir en el ministerio y la misión del sacerdocio real.	Mt. 3:13-17; 28:19-20; Rom. 6:1-14
Oración	El sacerdocio real tiene el privilegio y la responsabilidad de clamar a nuestro Padre en el cielo. Nuestra oración se une a la intercesión de Cristo a la diestra del Padre y nuestra alabanza se une con la adoración de los cielos.	Mt. 6:5-15; Salmos; Lc. 18:1-15; 1 Tes. 5:17
Lectura divina (Del latín Lectio Divina)	El sacerdocio real descubre el poder del Espíritu Santo en la Palabra de Dios. El sacerdocio real se aproxima a la Palabra de Dios con el temor del Señor, la humildad, la alegría, y costosa obediencia. Todos los días escuchamos la voz del Espíritu que habla a través de las Escrituras.	Mt. 4:1-11; Sal. 119
Ministerio	Los líderes han sido dados a la iglesia para equipar a los miembros de la iglesia para hacer la obra del ministerio. Como cada miembro utiliza sus dones en el amor para edificar el cuerpo, el cuerpo crece hacia la madurez, en la plenitud de Cristo.	Jn. 13; Ef. 4:11-16; Rom. 12; 1 Cor. 12; 1 Pe. 4:10-11
Disciplina eclesiástica	La novia de Cristo es santa, pero sus miembros están quebrantados por el pecado. La iglesia instruye a sus miembros sobre el engaño del pecado, la necesidad de decir la verdad en amor (confrontación), la confesión de los pecados, el dar y recibir el perdón y la restauración gozosa de los arrepentidos.	Mt. 6:14-15; 18:15-20; 2 Cor. 2:1-11; 2 Tes. 3:13-15; Gal. 6:1
Proclamación	Todos los miembros del sacerdocio real testifican en palabra y obra de Cristo y su Reino en el poder del Espíritu Santo para la gloria del Padre. A través del poder del Espíritu Santo, la Iglesia tiene el poder de ser testigo fiel de Cristo en el mundo.	Mt. 4:23; 1 Pe. 2:9; Flp. 2:15-16; Hch. 1:8
La Santa Cena	Una celebración pública del nuevo pacto inaugurada por Cristo en la última cena que será consumada en última instancia, en la fiesta de las bodas del Cordero. Es una práctica con el significado del llamado del pasado, el presente y el futuro para el recuerdo, el perdón, la acción de gracias, la renovación del pacto, el compañerismo, la alimentación, y la anticipación	Mt. 22:2-14; 26:26-31; 1 Cor. 11:17-34; Ap. 19:6-9

"Capacitando a los pobres urbanos" de World Impact

Rev. Dr. Don L. Davis

Desde nuestra fundación hace más de cuarenta años, *World Impact* proféticamente ha hablado sobre la elección de los pobres de parte de Dios, el abandono benigno de la iglesia a los barrios pobres de las ciudades de los Estados Unidos, y la necesidad de evangelización, discipulado y plantación de iglesias en las comunidades pobres urbanas no alcanzadas. Creemos que la misión urbana creíble debe mostrar el Evangelio, testificando tanto en la proclamación de la Palabra y en la acción concreta. A la luz de esto, hemos enfatizado la vida en las comunidades que servimos, ministrando las necesidades de la persona total, así como a los miembros de la familia urbana completa. Hemos buscado este testimonio con la meta de ver comunidades alcanzadas y transformadas por Cristo, creyendo que los que viven en la ciudad y son pobres puedan ser capacitados para vivir en la libertad, integridad, y justicia del Reino de Dios desarrollado en las iglesias locales y viables en la iglesia urbana que plantan movimientos. Toda nuestra visión, oración, y esfuerzos están concentrados sobre un grupo social en particular, los "pobres de la ciudad", y nuestro compromiso a "capacitarlos" a través de las facetas de nuestro trabajo.

Mientras que la frase "los pobres de la ciudad" puede ser mal comprendida o mal utilizada, nosotros hemos optado emplear con nuestros propios significados estipulados, bien fundamentados por la teología bíblica, así como la sociología urbana. Empleamos el término para identificar a aquellos a quienes Dios nos ha comisionado servir, así como representar el llamado profético de Dios para proclamar las buenas nuevas a los pobres, tanto a la iglesia y la sociedad en general.

Hay que admitir, por supuesto, que el término "pobres de la ciudad" puede ser de fácil aplicación y utilización indebida. La ciudad estadounidense es enormemente diversa, profundamente compleja en sus mezclas de clases, culturas y etnias. En medio de tanta diversidad, una frase como "pobres de la ciudad", a primera vista, parece ser demasiado denotativo para ser adecuado como una designación resumida de aquellos a quienes servimos, es un poco seco y académico. Sin estipular claramente lo que se quiere decir cuando se usa, puede convertirse fácilmente en una simple etiqueta, que tiende a reforzar estereotipos, fomentar generalizaciones sobre los habitantes de la ciudad que son demasiado vagos o genéricos para ser útiles.

Además, algunos incluso podrían sugerir que este lenguaje se utiliza para su impacto sensacionalista, para el efecto llamado "el tirón sacude", utilizado principalmente a la respuesta del donante ilegal sin ofrecer una información clara sobre comunidades específicas o grupos particulares. Se argumenta que el lenguaje como "pobres de la ciudad", insta a generalización y, utilizando tales términos para describir miles, hasta millones de culturas discretas y comunidades, es denigrante, pensamiento descuidado y generalmente menosprecia al folclore urbano. Otros sugieren que términos tales como "pobres de la ciudad" deben ser sustituidos por otros términos menos peyorativos a las zonas urbanas, sugiriendo frases alternativas, tales como "los marginados" o "los económicamente oprimidos". Algunos incluso sugieren que con cualquier lenguaje que afirma las diferencias entre los habitantes de las zonas urbanas sobre la base de las clases, es inadecuado, e innecesariamente crea división entre aquellos por los que Cristo murió.

Si bien éstos y otros argumentos tienen cierta validez, especialmente para aquellos que usan frases como ésta de una manera insensible y sin pensar, ninguno de ellos, ya sea separados o juntos, descalifica el uso legítimo del término. Por más de cuatro décadas como una organización de misiones nacionales, *World Impact* con audacia identificó a su población objetivo como aquellos que residen en la ciudad que son socio-económicamente pobres. Nosotros utilizamos el lenguaje de "los pobres de la ciudad" en esta luz, informados por los datos demográficos en la ciudad y la enseñanza de las Escrituras en cuanto a la responsabilidad de Dios ante los pobres.

La pobreza en los Estados Unidos sigue aumentando. En datos recopilados a finales del 2010, la tasa de pobreza ha ido en aumento a 15.1 por ciento en el 2010 de 14.3 por ciento en el 2009 y 13.2 por ciento en el 2008. Según el grupo de expertos de investigación, el Instituto Urbano, había 46.2 millones de personas pobres en 2010 comparado con 43.2 millones en 2009, con el indicador de la pobreza se avecina más de lo que ha sido desde 1993 (Instituto Urbano, El desempleo y el proyecto de recuperación, del 13 de septiembre, 2011). Los mercados laborales bajos, el alto desempleo y los índices de pobreza crecientes han afectado dramáticamente a las comunidades urbanas, literalmente con miles de familias sin los ingresos y sin el acceso a los recursos básicos para vivir y sobrevivir. *World Impact* sin reparos enfocó su tiempo y atención a la evangelización, entrenamiento, y capacitación de las personas en las comunidades más afectadas por nuestra recesión, plaga económica y todos los subproductos de violencia, delito, familias rotas y la desesperación total que la pobreza y la desesperación traen.

Nosotros no utilizamos el término "pobres de la ciudad" sólo para identificar claramente a la población a la que hemos sido llamados históricamente. También utilizamos el término por el significado profético que tienen los pobres en las Escrituras. Muchas docenas de textos en el Antiguo y Nuevo Testamento revelan una consistente perspectiva con respecto a Dios y los que son pobres. Ellos muestran que Dios siempre ha tenido una carga por aquellos que carecen de poder, recursos, dinero, o las necesidades de la vida. Las normas que Dios dio a su pueblo del pacto con respecto al pobre revelan su compromiso para el destituido, y todos los grupos y clases asociados con ellos. Es claro que el Antiguo Testamento incluye un número de grupos muy cercano a los pobres, incluyendo los huérfanos, viudas, esclavos, y los oprimidos (ej. , Dt. 15; Rut, Is. 1). Las personas que explotan y se aprovechan de los más vulnerables debido a su situación de pobreza y debilidad serían juzgadas, y la misericordia y la bondad se han instado como la norma universal del pueblo de Dios en nombre de los pobres. La ley ordenó numerosos mandamientos sobre el trato justo y amable a los pobres y los necesitados, de la demanda para proporcionar a los hambrientos e indigentes con alimentos y para el tratamiento generoso para con los pobres (Dt. 15:11).

El Nuevo Testamento revela el corazón de Dios para los pobres concretizado en la encarnación de Jesús. Jesús proclamó en su sermón inaugural que el fue ungido con el Espíritu de Dios para proclamar las Buenas Nuevas del Reino a los pobres (Lc. 4:18; 6:20), y confirmó su identidad Mesiánica a Juan el Bautista con la predicación a los pobres, junto con sanidades y milagros (Lc. 7:18-23). El Señor declaró la justicia a los pobres de Zaqueo y la señal de su salvación (Lc. 19:8-10), y él se identificó así mismo inequívocamente con los que estaban enfermos, presos, extranjeros, hambrientos, sedientos y desnudos (Mt. 25:31-45). Cada faceta de la vida y ministerio de Jesús se entrecruzó con las necesidades de los que carecen de recursos y dinero, y por lo mismo podrían fácilmente ser explotados, oprimidos y toman ventaja de ellos.

En las acciones y escritos de los Apóstoles, nosotros también vemos claramente declaraciones en cuanto a la elección de Dios y cuidado para los que son económicamente pobres. Santiago 2:5 dice que Dios ha escogido al pobre en este mundo para ser rico en fe y para heredar el Reino que prometió a los que le aman. Pablo dijo a los corintios que Dios ha escogido antes lo necio del mundo para avergonzar a los sabios, lo débil del mundo para avergonzar a los fuertes, las cosas humildes y despreciadas de este mundo para anular las cosas que son, a fin de que nadie se pudiera jactar en su presencia (1 Cor. 1:27-29). Este texto y otros nublan nuestra vista acerca de los pobres como simplemente aquellos que les faltan bienes, servicios, y recursos: más que eso, los pobres son aquellos que necesitan hacerlos vulnerables al efecto de su necesidad y el mundo de la explotación, y están lo suficientemente desesperados como para confiar solamente en la fuerza de Dios.

Al usar el término "los pobres de la ciudad" dejamos claro tanto la población objetivo que guía las decisiones y alcances de nuestro ministerio, así como testificar sin reparo a la perspectiva bíblica de la elección y el compromiso de Dios para los más vulnerables, necesitados, y pueblo expuesto dentro de nuestra sociedad. Los residentes urbanos superan a otras poblaciones hoy en día, y nuestras ciudades han sido imanes para migraciones masivas de pueblos urbanos en busca de mejoras económicas. Nosotros creemos que "capacitar a los pobres de la ciudad" es en consecuencia misionalmente estratégico y proféticamente potente. Misionalmente, la frase es estratégica porque correctamente denota el vasto número de personas que permanecen marginados con el Evangelio de Cristo que habitan en nuestras ciudades. Proféticamente, es potente porque revela nuestro llamado valiente y sin vergüenza para seguir en los pasos de Jesús, nuestro respeto por los pobres de los pobres, nuestra creencia que Dios está llamando a los pobres para ser miembros de su iglesia, y nuestra confianza que los pobres de la ciudad tienen un lugar preponderante en levantar líderes que vayan a las ciudades de nuestro país y más allá.

¿Qué del uso del término "pobres de la ciudad" y la oración de socios y donadores de *World Impact*, y nuestros amigos y vecinos en la ciudad? Para iniciar, nosotros hemos utilizado el término claramente y con seriedad para ayudar a cualquier persona interesada en nuestra agencia misionera precisamente a aquellos a los que Dios nos ha llamado a alcanzar. Nosotros amamos a las familias e individuos a quienes nosotros servimos en la ciudad y nunca debemos usar lenguaje (esta frase o alguna otra) para avergonzar o explotar nuestro compañerismo con ellos. Nosotros no usamos este término como una etiqueta para estereotipar, algo como una estampa peyorativa para limitar el potencial de las comunidades donde nosotros vivimos y trabajamos. Mejor dicho, nosotros usamos la frase en nuestros materiales en orden para comunicar claramente, enfáticamente, y persuasivamente argumentar la prioridad de este amplio campo descuidado en la misión evangélica. Desde el inicio nosotros nos hemos comprometido, sin reparos, nuestras vidas y recursos para hacer discípulos y plantar iglesias entre los pobres de las ciudades de Estados Unidos. Esta es una mayordomía, el trabajo de campo individual y corporativo llamados como misioneros de Cristo. Dios prohíbe que cualquiera de nosotros use cada lenguaje para denigrar a aquellos mismos por los que Cristo murió, aquellos para los que fuimos llamados, a los que creemos que son la clave para la futura misión en Estados Unidos, y ¡más allá! Hablando claramente respecto que nuestro llamado es nuestro deber, que nunca incluye avergonzar o menospreciar a cualquier persona a la que estamos llamados. Por el bien de nuestra misión, nuestros donantes y aquellos a quienes servimos, debemos ser inequívocos con respecto a nuestra población objetivo; asimismo, nunca debemos avergonzar ni denigrar en el uso de cualquier comunicación, siempre.

"Capacitar a los pobres de la ciudad" por lo tanto, como nuestra lengua adoptada, no es sólo una línea de etiqueta ni un lema pegadizo. Por el contrario, para nosotros funciona como una representación de nuestra visión, la misión integradora de nuestro trabajo como un ministerio interdenominacional en la ciudad. Creemos que el empoderamiento no es sólo satisfacer las necesidades, sólo tratar los síntomas simples de las estructuras subyacentes de la pobreza, ni es mostrar patrones de superioridad hacia los pobres, haciendo que siempre dependa de nuestra caridad y servicio. Como misioneros de Cristo, creemos que el pobre, así como a otras personas, él envió su Espíritu Santo sobre la empresa apostólica y formó una comunidad a la que confió la vida de Dios y la palabra de vida. La respuesta de Dios a la probreza sistemática y a la desatención fue formar un pueblo que encarne la buena vida del Reino donde reside la libertad, la integridad, y la justicia. A estas comunidades se les ha encargado la misión de reunir a los elegidos de entre los más pobres, más gente quebrantada en la tierra, a través del poder del Espíritu y de la comunidad cristiana, ver el Reino venir a la tierra en nuevas relaciones de hospitalidad, generosidad y justicia, directo a donde ellos viven. Cada Iglesia sana funcionando es un puesto de avanzada del Reino de Dios, y puede ser un lugar en donde la verdadera transformación toma lugar. ¡Ninguna cosa "confiere poderes" a los pobres como un simple conjunto de creyentes, obedientes al señorío de Cristo!

Equipados con esta perspectiva, nosotros creemos sinceramente que ninguna organización en la historia del mundo puede reconocer la dignidad y el valor de los pobres así como la Iglesia de Jesucristo. A la luz de esta convicción, *World Impact*, se esfuerza en plantar muchas iglesias tan rápido como sea posible entre las diversas culturas representadas por los pobres de las zonas urbanas, en todas nuestras ciudades y más allá. Estamos convencidos que no es otra organización social la que tiene el respaldo de Dios, la autoridad de Cristo, y el poder del Espíritu para que una iglesia local funcione saludablemente. Y nada permite a una comunidad como facilitar movimientos para plantar iglesias entre los pobres urbanos, donde la vida y el poder del Evangelio de Cristo pueden alcanzar y transformar comunidades enteras como puestos de avanzada del Reino. Todo lo que hacemos en la misión y en el ámbito de la justicia (de nuestros campamentos, nuestras escuelas, nuestros negocios, clínicas médicas y dentales, nuestro trabajo en las cárceles y las prisiones, y lo más importante de todo, nuestra iglesia misionera siembra y desarrolla esfuerzos de liderazgo) contribuyen a este trabajo de capacitación. En lugar de simplemente satisfacer necesidades o servir como patronos a los pobres, creemos que el Espíritu de Dios puede ganarlos, levantar líderes, potenciarlos para enviarlos como obreros en sus propias comunidades como embajadores de Cristo. Más que ser receptores de los cuidados, creemos que pueden recibir la investidura para ser líderes-siervos de Dios, transformadores de sus comunidades y colaboradores en el Reino de Dios.

En conclusion, mientras que la frase "capacitando a los pobres de la ciudad" puede ser sujeto de abuso y mal aplicado, nosotros en *World Impact* plenamente abrazamos la frase no solamente porque aclara el grupo objetivo de nuestra misión, sino porque también expresa en forma inequívoca nuestro llamado profético de representar al Dios inmutable, nuestro compromiso con los más vulnerables y de menos recursos entre nosotros. Dejemos que el desafío de Jesús dado hace muchos siglos atrás continúe siendo nuestro modelo y visión de ministerio hoy, tal como queremos cumplir la Gran Comisión entre los pobres del mundo urbano:

> Entonces el Rey dirá a los de su derecha: Venid, benditos de mi Padre, heredad el reino preparado para vosotros desde la fundación del mundo. Porque tuve hambre, y me disteis de comer; tuve sed, y me disteis de beber; fui forastero, y me recogisteis; estuve desnudo, y me cubristeis; enfermo, y me visitasteis; en la cárcel, y vinisteis a mí. Entonces los justos le responderán diciendo: Señor, ¿cuándo te vimos hambriento, y te sustentamos, o sediento, y te dimos de beber?¿Y cuándo te vimos forastero, y te recogimos, o desnudo, y te cubrimos?¿O cuándo te vimos enfermo, o en la cárcel, y vinimos a ti?Y respondiendo el Rey, les dirá: De cierto os digo que en cuanto lo hicisteis a uno de estos mis hermanos más pequeños, a mí lo hicisteis.
>
> ~ Mateo 25:34-40

Respondiendo al llamado de Dios a los pobres
World Impact

"A la verdad la mies es mucha, más los obreros pocos". – Mt. 9:37

World Impact está buscando personas altamente comprometidas que tengan un llamado de Dios para evangelizar, equipar y capacitar a los pobres de la ciudad, no alcanzados transculturalmente. Nutrimos y capacitamos a los misioneros que junto a otros puedan formar un equipo plantador de iglesias que pretenda establecer una iglesia reproducible conducida por líderes autóctonos.

Aquellos que se unan a nuestros equipos plantadores de iglesias lo hacen con un compromiso de "hacer lo que sea necesario" para obtener la iglesia plantada, a pesar de la experiencia particular o credenciales de la persona. Creemos que "quién es usted" (carácter cristiano) es más importante que "lo que hace" (qué calificaciones traiga).

Una vez que se haya creado el equipo, Dios dotará a los miembros del equipo con los dones y de las cargas necesarias para establecer esa iglesia en particular, al igual que la Iglesia misma (Rom. 12:5-8). Solamente el Espíritu Santo conoce cuales dones y funciones serán necesitados en ese contexto. Por ejemplo, una iglesia podría tener un fuerte énfasis en el ministerio de adicciones del adulto, mientras el otro podría comenzar a través de clubes bíblicos para niños que se crean en las relaciones entre adultos.

Debido a la naturaleza dinámica de cada esfuerzo misionero, no es importante para que usted venga con un determinado papel, dones o énfasis. Lo que se necesita es un llamado de Dios y un deseo de servir en cualquier forma necesaria para penetrar a familias enteras, discipularlas, y entregarles el liderazgo de la iglesia (1 Cor. 9:23-27). Lo que más importa es el compromiso de contribuir a la visión de establecer nuevas iglesias.

Una vez que el grupo de personas está formado en un equipo, entonces la tarea de asignar papeles inicia (sabiendo que la asignación inicial tiende a cambiar). Algunas funciones comunes que surgen en muchas iglesias plantadas (esta lista no es exhaustiva) incluyen: ministerio de adultos (hombres, mujeres, matrimonio y familia), ministerio para niños y adolescentes, culto principal, organizar (proyectos y desarrollo de sistemas), y administración (sistemas que mantienen el funcionamiento). Las funciones más importantes son la evangelización, pastorear recién convertidos, y comunicar la Palabra de Dios (enseñanza y predicación).

Por supuesto, el líder del equipo debe asumir ciertas funciones que no están para ser delegadas a otro miembro del equipo, tal como el liderazgo espiritual del equipo y el reparto de la visión. El líder del equipo debe también servir como el modelo para la iglesia emergente en las funciones fundamentales (evangelización, pastorear, y comunicar la Palabra de Dios).

Algunas tareas, especialmente la evangelización, requiere el involucramiento de todos los miembros de vez en cuando. De hecho, el equipo necesita ser lo suficientemente flexible para la superposición en muchas áreas, si no en todas las áreas. Ya que no todos están igualmente dotados u obligados en todas las áreas, el equipo deber tener un espíritu de servicio y apertura hacia los que asumen varias funciones para llevar a cabo la tarea.

En áreas donde un equipo constantemente carece de conocimientos, un miembro del equipo de apoyo puede ser alistado para ayudar en esa tarea. Por ejemplo, si una persona puede conducir bien la adoración, un miembro del equipo de apoyo le podría pedir conducir la música hasta que alguien dentro de la iglesia lo asuma.

La Biblia en orden cronológico
Una narrativa literaria contando la historia de Dios en ambos testamentos
Adaptación del arreglo de la Biblia de Stanley M. Horton

Génesis 1-22	Salmos 64, 70	Isaías 1-5	Marcos
Job	2 Samuel 21-22	2 Crónicas 26.9-23	Mateo
Génesis 23-50	Salmos 18	Isaías 6	Lucas
Éxodo	2 Samuel 23-24	2 Crónicas 27-32	Juan
Salmos 90	Salmos 4-9; 11-17, 19-22; 24-29; 31, 35-41; 53, 55, 58, 61, 62, 65, 68, 72, 86, 101, 103, 108-110; 138-141; 143-145	Isaías 7-66	Hechos 1-14
Levítico		Oseas	Santiago
Números		Miqueas	Hechos 11
Deuteronomio		Nahúm	Gálatas
Salmos 91		2 Crónicas 33-34	Hechos 16
Josué		Sofonías	Filipenses
Jueces	1 Reyes 1-4	2 Crónicas 35	Hechos 17.1-10
Rut	Proverbios	Habacuc	1 Tesalonicenses
1 Samuel 1-16.13	Cantares	Jeremías 1-6, 11-12, 26.7-10, 14-20, 35-36, 45, 25, 46-49, 13, 22-24, 27-29, 50, 51, 30-33, 21, 34, 37-39, 52, 40-44	2 Tesalonicenses
Salmos 23	1 Reyes 5-11		Hechos 17.11-12.11
1 Samuel 16.14-19.11	Eclesiastés		1 Corintios
Salmos 59	1 Reyes 12-22		2 Corintios
1 Samuel 19.12-21.15	2 Reyes 1-14.25		Hechos 18.12-20.1
Salmos 34, 56	Jonás	Lamentaciones	Efesios
1 Samuel 22.1-2	2 Reyes 14.26-29	2 Crónicas 36.1-8	Romanos
Salmos 57, 142	Amós	Daniel	Hechos 20.2-28.30
1 Samuel 22.3-23	2 Reyes 15-25	2 Crónicas 36.9-21	Colosenses
Salmos 52	Salmos 1-2, 10, 33, 43, 66, 67, 71, 89, 92-100; 102, 104-106; 111-125; 127-136; 146-150	Salmos 137	Hebreos
1 Samuel 23		Ezequiel	Tito
Salmos 54, 63		2 Crónicas 36.22-23	Filemón
1 Samuel 24-31		Esdras 1-5.1	1 Timoteo
2 Samuel 1-7	1 Crónicas 1-16	Hageo	2 Timoteo
Salmos 30	Salmos 42, 44-50; 73-85, 87,88	Zacarías	1 Pedro
2 Samuel 8.1-14		Salmos 107	2 Pedro
Salmos 60	1 Crónicas 17-29	Esdras 5.2-6	1 Juan
2 Samuel 8.15-12.14	2 Crónicas 1-21	Ester	2 Juan
Salmos 51, 32	Abdías	Esdras 7-10	3 Juan
2 Samuel 12.15-15.37	2 Crónicas 22	Nehemías	Judas
Salmos 3, 69	Joel	Malaquías	Apocalipsis
2 Samuel 16-20	2 Crónicas 23-26.8		

Desde antes hasta después del tiempo
El plan de Dios y la historia humana

Adaptado por Suzanne de Dietrich. *God's Unfolding Purpose* (*Desplayando el propósito de Dios*) Philadelphia: Westminster Press, 1976.

I. **Antes de los tiempos (El pasado eterno) 1 Cor. 2:7**
   A. El eterno Dios trino
   B. El propósito eterno de Dios
   C. El misterio de la iniquidad
   D. Los principados y los poderes

II. **El comienzo de los tiempos (Creación y caída) Gén. 1:1**
   A. Palabra creativa
   B. Humanidad
   C. Caída
   D. Reino de muerte y primeras señales de la gracia

III. **Desarrollo de los tiempos (El plan de de Dios revelado por medio de Israel) Gál. 3:8**
   A. Promesa (Patriarcas)
   B. El éxodo y el pacto en Sinaí
   C. Tierra Prometida
   D. La ciudad, el templo, y el trono (Profeta, Sacerdote, y Rey)
   E. El exilio
   F. El remanente

IV. **El cumplimiento de los tiempos (La encarnación del Mesías) Gál. 4:4-5**
   A. El Rey viene a Su Reino
   B. La realidad actual de Su reino
   C. El secreto del Reino: el Ya y el Todavía no
   D. El Rey crucificado
   E. El Señor resucitado

V. **Los últimos tiempos (El descenso del Espíritu Santo) Hch. 2:16-18**
   A. Entre los tiempos: La Iglesia como anticipo del Reino
   B. La iglesia como agente del Reino
   C. El conflicto entre los Reinos de las tinieblas y de la luz

VI. **El cumplimiento de los tiempos (La segunda venida) Mt. 13:40-43**
   A. El regreso de Cristo
   B. El Juicio
   C. La consumación de Su Reino

VII. **Más allá de los tiempos (Futuro eterno) 1 Cor. 15:24-28**
   A. Entrega del Reino a Dios Padre
   B. Dios como el Todo en Todo

Desde antes hasta después del tiempo
Desde antes hasta después del tiempo

I. Antes de los tiempos (El pasado eterno)
1 Cor. 2:7 - Mas hablamos sabiduría de Dios en misterio, la sabiduría oculta, la cual Dios predestinó antes de los siglos para nuestra gloria (comp. Tito 1:2).

II. El comienzo de los tiempos (Creación y caída)
Gén. 1:1 – En el principio creó Dios los cielos y la tierra.

III. Desarrollo de los tiempos (El plan de de Dios revelado por medio de Israel)
Gál. 3:8 – Y la Escritura, previendo que Dios había de justificar por la fe a los gentiles, dio de antemano la buena nueva a Abraham, diciendo: En ti serán benditas todas las naciones (comp. Rom. 9:4-5).

IV. El cumplimiento de los tiempos (La encarnación del Mesías)
Gál. 4:4-5 – Pero cuando vino el cumplimiento del tiempo, Dios envió a su Hijo, nacido de mujer y nacido bajo la ley, para que redimiese a los que estaban bajo la ley, a fin de que recibiésemos la adopción de hijos.

V. Los últimos tiempos (El descenso del Espíritu Santo)
Hch. 2:16-18 – Mas esto es lo dicho por el profeta Joel: Y en los postreros días, dice Dios, derramaré de mi Espíritu sobre toda carne, y vuestros hijos y vuestras hijas profetizarán; vuestros jóvenes verán visiones, y vuestros ancianos soñarán sueños; y de cierto sobre mis siervos y sobre mis siervas en aquellos días derramaré de mi Espíritu, y profetizarán.

VI. El cumplimiento de los tiempos (La segunda venida)
Mt. 13:40-43 – De manera que como se arranca la cizaña, y se quema en el fuego, así será en el fin de este siglo. Enviará el Hijo del Hombre a sus ángeles, y recogerán de su reino a todos los que sirven de tropiezo, y a los que hacen iniquidad, y los echarán en el horno de fuego; allí será el lloro y el crujir de dientes. Entonces los justos resplandecerán como el sol en el reino de su Padre. El que tiene oídos para oír, oiga.

VII. Más allá de los tiempos (Futuro eterno)
1 Cor. 15:24-28 – Luego el fin, cuando entregue el reino al Dios y Padre, cuando haya suprimido todo dominio, toda autoridad y potencia. Porque preciso es que él reine hasta que haya puesto a todos sus enemigos debajo de sus pies. Y el postrer enemigo que será destruido es la muerte. Porque todas las cosas las sujetó debajo de sus pies. Y cuando dice que todas las cosas han sido sujetadas a él, claramente se exceptúa aquel que sujetó a él todas las cosas. Pero luego que todas las cosas le estén sujetas, entonces también el Hijo mismo se sujetará al que le sujetó a él todas las cosas, para que Dios sea todo en todos.

Parte III
Plantando iglesias urbanas:
Recursos para plantadores de iglesias

Los recursos en la Parte III abordan cuatro áreas distintas correspondientes a los equipos principales como el plantador de iglesias. En primer lugar, se proporcionan materiales para dar una visión general del proceso de plantación de iglesias, seguido por el llamado particular y el carácter necesario para plantar una iglesia, junto con sus funciones y responsabilidades primarias. Estos materiales son seguidos por una sección que proporciona un vistazo a algunos de los diversos modelos asociados a la plantación de iglesias, y una colección de herramientas útiles que se pueden utilizar al involucrarse como líder y equipo a la comunidad en la evangelización, la justicia, y la demostración del evangelio.

Debido a que la visión de plantar iglesias del *World Impact* no está simplemente conectado a la plantación de iglesias individuales en la ciudad, sino también en facilitar los movimientos de plantación de iglesias entre los pobres, la primera sección se debe leer cuidadosamente y se reflexionar en ella. La necesidad de ver la plantación de congregaciones individuales en relación con otras en la vida y en la misión de ideas afines es esencial para la misión efectiva entre los pobres de la ciudad. Plantar congregaciones individuales que no tienen ningún vínculo o lazo a los demás ha demostrado ser ineficaz para lograr el tipo de transformación que tanto se necesita entre las comunidades insuficientemente atendidas.

Nota: En esta antología verá múltiples referencias al "Líder de equipo" o "Líder del equipo plantador de iglesias". Todas las citas que incluyen estas frases (en todos sus variados usos) del líder del equipo ahora debe entenderse como el "plantador de iglesias". Además, todas las referencias al "líder de equipo múltiple" deben entenderse en nuestro lenguaje actualizado como "entrenador".

Esta parte incluye las siguientes secciones:

- Los movimientos de plantación de iglesias en general / pág. 273
- El plantador de iglesias y el equipo plantador de iglesias / pág. 321
- Modelos de plantación de iglesias / pág. 371
- La participación de la comunidad / pág. 391
- La vida corporal y formación espiritual / pág. 419

Los movimientos de plantación de iglesias en general

Descripción general de plantación de iglesias
Rev. Terry G. Cornett

> En efecto, mi propósito ha sido predicar el evangelio donde Cristo no sea conocido, para no edificar sobre fundamento ajeno. Más bien, como está escrito: «Los que nunca habían recibido noticia de él, lo verán; y entenderán los que no habían oído hablar de él.»
> ~ Romanos 15:20-21 (NVI)

I. ¿Cuál es el modelo bíblico?

A. ¿Existe un patrón?

"¿Da la Biblia principios o patrones de plantación de iglesias para ir junto con la orden de plantar iglesias?"

El misiólogo David J. Hesselgrave responde afirmativamente con razón:

> Y dónde podríamos encontrar un patrón para estas actividades que es menos probable que nos lleven a callejones sin salida que a la obra misionera del apóstol Pablo. Como escribe A. R. Hay, "el ministerio de Pablo y el de sus compañeros se registra en detalle porque él y proporcionan un ejemplo típico del ministerio permanente de extrema importante de la plantación de iglesias".
> ~ David J. Hesselgrave.
> *Planting Churches Cross-Culturally: North America and Beyond*, 2a ed. [Plantando iglesias transculturalmente: América del Norte y más allá]. Grand Rapids: Baker Book House, 2000. pág. 46

B. ¿Cómo describimos este patrón?

1. El Ciclo Paulino

La terminología "El Ciclo Paulino", etapas, y el diagrama se toman de David J. Hesselgrave, Planting Churches Cross-Culturally: North America and Beyond *[Plantando iglesias transculturalmente: América del Norte y más allá], 2a ed. (Grand Rapids: Baker Book House, 2000).*

- Los misioneros comisionados - Hechos 13:1-4; 15:39-40; Gál. 1:15-16
- La audiencia contactada - Hechos 13:14-16; 14:1; 16:13-15; 17:16-19
- El evangelio comunicado - Hechos 13:17-41; 16:31; Rom. 10:9-14; 2 Tim. 2:8
- Oyentes convertidos - Hechos 13:48; 16:14-15; 20:21; 26:20; 1 Tes. 1:9-10
- Creyentes congregados - Hechos 13:43; 19:9; Rom. 16:4-5; 1 Cor. 14:26
- Fe confirmada - Hechos 14:21-22; 15:41; Rom. 16:17; Col. 1:28; 2 Tes. 2:15; 1 Tim. 1:3
- Liderazgo consagrado - Hechos 14:23; 2 Tim. 2:2; Tito 1:5
- Creyentes encomendados - Hechos 14:23; 16:40; 21:32; (2 Tim. 4:9 y Tito 3:12 por implicación)
- Relaciones continuadas - Hechos 15:36; 18:23; 1 Cor. 16:5; Ef. 6:21-22; Col. 4:7-8
- Iglesias enviadoras convocadas - Hechos 14:26-27; 15:1-4

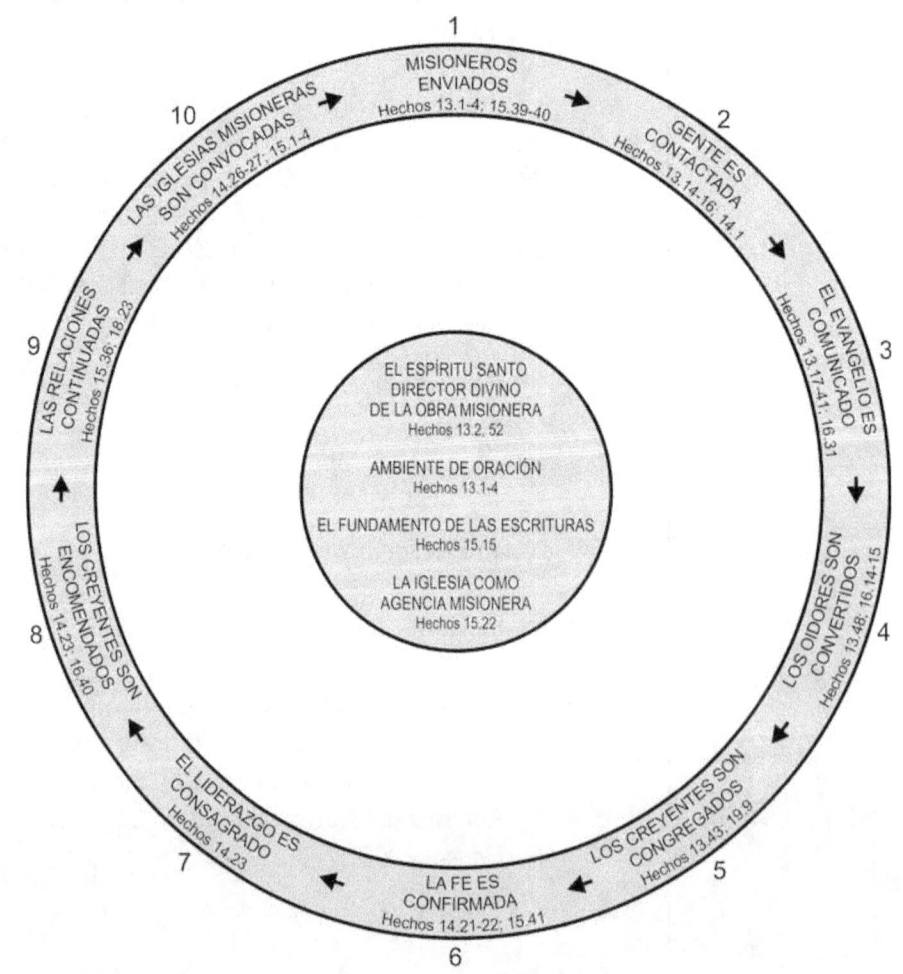

2. PLANT - Las etapas de la actividad misionera

Cómo PLANTAR una iglesia a través de las barreras culturales

PREPARAR
- Forme un equipo plantador de la iglesia
- Ore
- Seleccione un área objetivo y población
- Haga estudios demográficos y etnográficos

LANZAR
- Reclute y entrene voluntarios
- Haga contacto con la población objetivo
- Comparta el evangelio (eventos evangelísticos, evangelización puerta a puerta, evangelización relacional, los medios de comunicación, etc.)

AGRUPAR
- Forme grupos celulares, estudios bíblicos, etc., para el seguimiento de los nuevos creyentes, para continuar con la evangelización, e identificar y capacitar a los líderes emergentes
- Anuncie el nacimiento de una nueva iglesia en el barrio y reúnase regularmente para el servicio público, la instrucción y el compañerismo

NUTRIR
- Desarrolle discipulado individual y de grupo
- Llene los papeles clave en la iglesia; identifique y utilice los dones espirituales

TRANSICIÓN
- Transfiera liderazgo a los líderes autóctonos para que sean autónomos, auto-sostenibles y auto-reproducibles (nombre ancianos y pastores)
- Fije las decisiones acerca de las denominaciones u otras afiliaciones religiosas
- Comisione a la iglesia
- Fomente la asociación con *World Impact* y otras iglesias urbanas para el compañerismo, apoyo y ministerio misionero

Nuestra acróstico PLANT es una forma de organizar el material encontrado en Hechos a los que Hesselgrave se refiere como el Ciclo Paulino. Es fácil de recordar, fácil de comunicar y da a todos los plantadores de iglesias de *World Impact* un lenguaje común para utilizar en la discusión de lo que puede ser muy diferentes en los tipos de plantación de iglesias.

El punto más esencial sobre el modelo de PLANT es el siguiente: Es una forma de organizar el modelo bíblico. En otras palabras, esto no es "la forma de hacer plantación de iglesias de *World Impact*", sino más bien la forma de *World Impact* de describir cómo la plantación de iglesias transculturales paulina se hizo.

Observe que, si bien la naturaleza de la tarea se define por el acróstico PLANT, la forma de lograr estos objetivos se deja abierta . . .

No hay un modelo, ya sea circular o lineal, la realidad nunca será totalmente aproximada. Nos ayuda en nuestro pensamiento y la planificación pero tiene sus limitaciones. Algunas cosas para recordar al utilizar el modelo de plantación incluyen . . .

II. Asuntos clave a supervisar para los líderes de equipo

Una de las principales responsabilidades de un líder de equipo de plantación de iglesias es saber qué preguntar acerca de su equipo en cada etapa del proceso de plantación de iglesias.

¿Hemos logrado los requisitos básicos en PREPARAR?

- ¿Se ha reclutado el equipo y un líder de equipo identificado?
- ¿Se ha elegido un área blanco o un grupo de personas?
- ¿El equipo de plantación de la iglesia estará involucrado en cualquier asociación para la plantación de esta iglesia? Si es así, ¿cuál es el modelo de asociación (uno, dos, tres ó cuatro) serán seguidos? Ver *Modelos de asociaciones de World Impact: Rango de respuestas de asociación*.
- Si se utiliza un modelo de asociación, ¿se ha escrito un acuerdo de asociación y aceptado por ambas partes?
- ¿Se ha asignado un MTL (Siglas en inglés para Líder de Equipo Múltiple) para supervisar al equipo?
- ¿Ha tenido el equipo de la formación necesaria y ha recibido la certificación?
- ¿Los miembros del equipo entienden sus papeles (núcleo, el apoyo o voluntarios) y cuáles son sus tareas principales son?

- ¿Tenemos un plan para el aprendizaje de las personas y la cultura entre los que estamos llamados a servir?
- ¿Tenemos un plan para la vida del servicio de nuestro equipo de plantación de iglesia?

¿Estamos listos para LANZAR?

- ¿Cada miembro del equipo entiende el núcleo esencial del mensaje del Evangelio y se siente en confianza de compartir con los demás?
- ¿Hemos contextualizado el mensaje y los métodos de evangelización por lo que somos más propensos a ganar una audiencia y hemos entendido el evangelio?
- ¿Hemos identificado a los miembros más receptivos de nuestro grupo objetivo?
- ¿Hemos acordado sobre qué métodos y alcances iniciales vamos a utilizar para hacer contacto y empezar a compartir el evangelio?
- ¿Tenemos un plan para el seguimiento de los que aceptan a Cristo como Señor y Salvador?

¿Estamos listos para AGRUPARNOS/REUNIRNOS para el culto público?

- ¿Tenemos un núcleo de conversos genuinos que han hecho una ruptura con su antigua forma de vida confirmados por:
    ~ Confesión verbal de Cristo como Señor, Hechos 2:21; 22:16.
    ~ Confesión simbólica por medio del bautismo, Hechos 16:15, 33; 18:8.
    ~ Confesión por medio del comportamiento a través de buenas obras y un cambio de vida, Hechos 26:20.
- ¿Están esos conversos evangelizando a otros y llevándolos a los grupos celulares?
- ¿Hay líderes novatos que ya han tomado responsabilidad y que pueden seguir siendo aprendices a medida que avanzamos hacia el servicio público?

¿Nos hemos centrado en NUTRIR?

- ¿Tenemos un plan para la predicación y enseñanza de los fundamentos de la fe?
- ¿Estamos identificando y discipulando (aprendices) líderes emergentes de modo que están tomando el incremento de los niveles de responsabilidad?
- ¿Entendemos disciplina de la iglesia y estamos responsabilizando a las personas a obedecer lo que han aprendido?
- ¿Estamos identificando los dones de cada miembro y estamos incluyendo a todos en la obra del ministerio?

- ¿Estamos enseñando a la gente a escuchar la Palabra y al Espíritu?
- ¿Estamos reconociendo y celebrando lo que Dios está haciendo entre la gente?

¿Estamos preparados para TRANSICIONAR?
- ¿Se ha invertido en los líderes llamados y dotados en su discipulado formal e informal?
- ¿Se ha desarrollado una estructura de gobierno de la iglesia para que la iglesia tenga una manera de tomar las decisiones y los líderes del futuro?
- ¿Está la iglesia doctrinalmente sana en lo esencial?
- ¿Se han tomado decisiones acerca de su afiliación a una denominación o asociación?
- ¿Han los misioneros planeado una manera de continuar las relaciones después de la retirada?

III. ¿Qué pasa con las diferencias culturales?

> Una organización cristiana misionera:
> - Cruza barreras de clase y culturales
> - Para llegar a los no alcanzados con el evangelio de Jesucristo
> - Y formar iglesias culturalmente conducentes entre ellos.
>
> ~ *Missionary Orientation and Training Course: A Guide for New Missionaries with World Impact.* [Curso de entrenamiento y orientación misionera: Una guía para los nuevos misioneros con World Impact]. Los Angeles/Wichita: World Impact Press, 1996. pág. 4

A. Principios autóctonos y el objetivo final.

El objetivo final es crear una iglesia que está en su propia casa en la cultura de un grupo de personas y que es capaz de funcionar y reproducirse sin los misioneros.

El principio misionológico más importante que *World Impact* abrazó en sus primeros días como un ministerio fue el principio de Hechos 15: La gente no tiene que cambiar las culturas con el fin de llegar a ser cristianos.

Algunas implicaciones:

Los misiólogos se refieren a esto como el principio de lo autoctonía. Ver *Iglesias autóctonas*.

La idea de utilizar un enfoque autóctono es fundamental para la comprensión de World Impact de cómo llevar las asuntos de clase y cultura en serio en la ciudad.

Respete el predominio de la cultura receptora

- Trate de descubrir cómo se hacen las cosas en la cultura.
- Deje los deseos de los pueblos autóctonos en lo que se refiere a los métodos (qué y por qué son principios inmutables, cómo es una aplicación determinada culturalmente).

Modelo paulino: La circuncisión de Timoteo por Pablo, Hechos 16:1-3

Evite la dependencia

- Dígale a la gente que tienen dones de liderazgo y potencial.
- Dígale a la gente que usted no va a estar siempre a cargo.
- Planee ausencias.
- Lleve a la gente a la Palabra y el Espíritu.

Modelo paulino: Ancianos de Éfeso, Hechos 20:24-32

Piense reproduciblemente

- No utilice las cosas simplemente porque están ahí. Pregúntese: *"¿Es probable que esto continúe cuando el equipo misionero se haya ido?"*
- Siempre pregúntese *"¿Qué persona puede trabajar conmigo en esto?"*
- *Haga las cosas de la misma manera siempre que sea posible* (establezca hábitos), ya que será más fácil entrenar a la gente cuando esto es cierto.
- *Lo estructurado es más reproducible que lo no estructurado* (suponiendo que la estructura no es excesivamente complejo y que es culturalmente propicio).

Modelo paulino: Todo para todas las personas, 1 Cor. 9:19-23.

Este tipo de plantación de iglesias exige ciertas cosas de un líder de equipo:

- Evangelístico
- Pastoral
- Flexible
- Llamado por Dios

Estrategia de plantación de iglesias de World Impact
Rev. Efrem Smith

"Coronas de belleza: la iniciativa de plantación de iglesias autóctonas y urbana de World Impact".

Propósito de la plantación de iglesias
Tratar de plantar tantas iglesias como sea posible entre las diversas culturas representadas por los urbanos pobres, en todas nuestras ciudades y más allá.

1. **La credibilidad**
    - No somos una organización para-eclesiastica o una iglesia suburbana entrando en la ciudad. Somos una organización misionera urbana con más de 40 años de experiencia de ministerio transcultural y de encarnación.
    - Personal múltiple, que tiene más de 20 años de experiencia de plantación de iglesias.
    - Presidente y CEO, que tiene una amplia plantación de iglesias, formación en plantación de iglesias, y experiencia en el diseño de plantación de iglesias.
    - Investigación significativa se ha hecho en la plantación de iglesias urbanas a través de TUMI
    - Somos evangélicos sin reparos (Evangelio, Cristo y centrado en la Palabra)
    - Somos una organización inter-denominacional.

2. **Teología y fundamentos bíblicos**
    - Utiliza Isaías y Ezequiel para levantar el significado de "coronas de belleza."
    - Abraza la epopeya completa de la Biblia "el pueblo de la historia"
    - Abraza la dinámica multiétnica, multicultural, urbana, y liberadora de la Biblia.
    - Participante del Reino de Dios y Christus Victor.
    - Estamos informados por la Gran Tradición.
    - Planta iglesias urbanas que funcionan como comunidades de la teología, la adoración, el discipulado y el testimonio.

3. **El diseño de misión del movimiento**
   - El movimiento global de plantación de iglesias será uno que refleja un diseño de misión "tripartito" (auto-sostenible, auto-reproducible y autónomo).
   - Ambos plantamos iglesias con el personal de *World Impact* que transicionan al liderazgo autóctono y las iglesias que comienzan con liderazgo autóctono.
   - *La dinámica de nuestros movimientos de plantación de iglesias serán conocidos por la espiritualidad compartida, la capacidad de contextualizar, y de crear y mantener las prácticas y estructuras estandarizadas.*

4. **Valores**
   - "La mejor manera de restaurar a los cristianos a la teología vibrante, la adoración, el discipulado y el alcance es recuperar la identidad de la Iglesia como Pueblo de la historia, a través de una re-conexión con las raíces sagradas de la Iglesia". (Pág. 151 – *Jesús recortado de la imagen* por Allsman)
   - *Conectando la Gran Tradición, los urbanos pobres, y la plantación de iglesias urbanas*
   - Plantamos asociaciones de iglesias, facilitamos movimientos y participamos con socios colaboradores.

5. **Principios**
   - Acróstico PLANT
   - Compromiso del líder urbano autóctono
   - Compromiso histórico con los urbanos pobres y con las ciudades
   - Un enfoque misional (encarnación)
   - Honrando los enfoques multiétnicos, multiculturales, étnias específicas, e inmigrantes de primera generación
   - Plantación de iglesias con la iglesia urbana existente

6. **Iniciativas suplementarias**
   - Asociaciones de iglesia urbanas (UCA siglas en inglés)
   - Asociados de *World Impact* (WIA siglas en inglés)
   - *The Urban Ministry Institute* (El Instituto Ministerial Urbano; TUMI siglas en inglés)
   - *SIAFU* (capítulos y casas de liderazgo)

7. **Tres expresiones (todas incluyen la evaluación, formación, tabla de plan de acción, y dotación de recursos)**
   - Iglesia en casas (20-50 personas)

     Puede ser entendida como una pequeña tienda en un centro comercial. Necesitan conexiones con otras iglesias pequeñas tanto para sobrevivir y prosperar. Puede reunirse prácticamente en cualquier lugar y puede funcionar con una pequeña huella con poco o nada de cargas financieras. Puede centrarse en un bloque específico, la construcción de viviendas, o la red de familias. Un fuerte enfoque en el discipulado de desarrollo de liderazgo autóctono puede tener lugar en este grupo conectado más pequeño.

   - Iglesia Comunitaria (60-150 personas)

     Puede ser entendida como una tienda de comestibles o de conveniencia. Se centra en una identidad geográfica particular y proximidad, destacando tanto la afinidad, la conexión y el contexto único de la congregación y la comunidad circundante. Desarrollada en torno a una vocación profunda y la conexión a un barrio en particular. Necesitará un lugar semi-estable para reunirse (parque, un centro comunitario o escuela). Asociación con otras iglesias de la comunidad es importante.

   - Iglesia Madre (más de 200 personas)

     Puede ser entendida como una Supertienda Walmart o Super Target. Una congregación dirigida misionalmente que aprovecha sus capacidades y dones que se deben a . . .

     - Centro de ministerios de compasión, misericordia y justicia,
     - Fomenta la sede para la plantación de nuevas iglesias, y
     - Encuba otros ministerios eficaces entre los urbanos pobres no alcanzados.
     - Tiene en cuenta que sería necesaria una instalación más arraigada dentro de esta expresión.

8. **Marco de plantación de iglesias**
   - Escuela de plantación de Iglesias (Eventos, formación, recursos)
   - Una evaluación, capacitación, asignación de recursos, y estrategia de normalización unificada.
   - Formación del personal de *World Impact* como entrenadores, mentores y co-pastores.

- La evaluación del llamado y dones del personal de *World Impact*/ Líderes autóctonos. (Escuela, evaluación, cartilla)
- Asociaciones (iglesias locales, denominaciones y organizaciones)

9. **Entrega y soporte**
    - Cartilla de presupuesto- $ 15,000- $ 75,000 por iglesia por más de 3 años y basado en la ubicación/expresión
    - Historia y estado actual – 72 iglesias plantadas y 45 activas
    - Objetivo: Plantar 300 iglesias en los próximos 7 años (Costo: $15 millones, la inyección inicial de $1 millón)
    - Dirigido hacia los líderes C-1 y C-2.
    - *La división de recursos de iglesias proporcionará la supervisión general y las regiones las implementarán.*
    - *Necesidades del personal - Comience con el Director Nacional, reportando a Don Davis y proveyendo apoyo para la dotación de recursos de los RVP y EDM.*
    - Estrategia de desarrollo de fondos - Fondo Nacional de Plantación - divida porcentajes entre las regiones con lo administrativo, los presupuestos de iglesias socias regionales, y las opereaciones regionales
    - Factor en los costos de la capacitación, plantación de iglesia en una caja ($ 100), formación, etc.
    - Incluya cuidado de los miembros, según sea necesario.
    - Herramientas de orientación y tutoría (Preparar, Trabajar y Revisar)
    - Herramienta de gestión de metas potenciales (Lapso de la meta- Jeff Hunt)
    - *Establecer objetivos de plan de acción en las áreas de teología, adoración, discipulado y testimonio.*

La movilización de las ciudades de norteamérica para los movimientos de plantación de iglesias
Asuntos y preocupaciones

Rev. Dr. Don L. Davis, de *Winning the World: Facilitating Urban Church Planting Movements* [Ganando al mundo: Facilitando un movimiento de plantación de iglesias urbanas].

> **Mantengo seis hombres de servicio honestos**
>
> Mantengo seis hombres de servicio honestos, (me enseñaron todo lo que sé);
> Sus nombres son qué y por qué y cuándo, y cómo y dónde y quién.
> Los envío por tierra y mar, los envío al este y al oeste;
> Pero después de que han trabajado para mí, les daré todo un descanso.
>
> Dejo que descansen de nueve a cinco, porque yo estoy ocupado entonces,
> Así como el desayuno, el almuerzo y el té, porque son hombres hambrientos.
> Pero los diferentes pueblos tienen diferentes puntos de vista.
>   Conozco a una persona pequeña -
> ¡Ella mantiene diez millones de hombres servidores, que no tienen descanso en lo absoluto!
>
> Ella los envía al extranjero sobre sus propios asuntos, desde el segundo que abre los ojos -
> Un millón de cómos, dos millones de dóndes, y siete millones de porqués!
>
> ~ Rudyard Kipling, tomado de *The Elephant's Child*. [El niño del elefante].

I. **¿POR QUÉ deberíamos considerar el poder de los movimientos de iglesias para el ministerio y la misión en los contextos de las ciudades interinas estadounidenses?**

Un caso convincente e irresistible puede hacer que la iglesia norteamericana y los líderes de misiones deben tomar seriamente la responsabilidad de iniciar la movilización de su iglesia y los esfuerzos de la plantación de iglesias dentro de sus propias Jerusalenes y Judeas, en lugar de pensar en las Samarias de otros lugares: Hechos 1:8 – "pero recibiréis poder, cuando haya venido sobre vosotros el Espíritu Santo, y me seréis testigos en Jerusalén, en toda Judea, en Samaria, y hasta lo último de la tierra".

Mt. 28:18-20 (LBLA) – Y acercándose Jesús, les habló, diciendo: "Toda autoridad me ha sido dada en el cielo y en la tierra. Id, pues, y haced discípulos de todas las naciones, bautizándolos en el nombre del Padre y del Hijo y del Espíritu Santo, enseñándoles a guardar todo lo que os he mandado; y he aquí, yo estoy con vosotros todos los días, hasta el fin del mundo".

A. La ciudad interinas norteamericanas representan un campo duro y difícil: *40 millones de personas.*

Stg. 2:5 (LBLA) – Hermanos míos amados, escuchad: ¿No escogió Dios a los pobres de este mundo para ser ricos en fe y herederos del reino que El prometió a los que le aman?

1. Las ciudades del interior de los Estados Unidos no son homogéneas, sino dramáticas en su diversidad de adormecer la mente y los niveles de diferencias culturales y de clase.

   a. Nueva inmigración masiva (legal e ilegal)

   b. Teoría empujar-halar de la migración afroamericana

      (1) Primera migración: entre la primera y segunda guerra mundial, donde casi 4 millones de negros salieron del sur "empujados" por el racismo y el ostracismo

      (2) Segunda migración: después de la Ley de derechos civiles de 1965, el más grave abandono de las ciudades interinas por las empresas, profesionales, educadores, etc.

   c. Divisiones históricas bien usadas entre las culturas y grupos: coreanos, negros, hispanos, blancos pobres, etc.

   d. Diferencia lingüística y étnica: ¡23 idiomas en Los Ángeles para obtener la licencia de conducir!

2. Alienación de clase dramática en la ciudades estadounidenses, lo que impacta y afecta la vida en los barrios pobres de las ciudades en todo el país

   a. El desempleo y la falta de educación

   b. Niveles dramáticos de no involucramiento en los procesos políticos y de gobierno de la comunidad

c. La separación económica entre los que viven en la ciudad y los que viven en los suburbios

d. La falta de atención y cuidado del gobierno: una visión social seria "culpar a la víctima" desarrollada en los años 80 y 90

3. El aumento de los niveles de violencia y la participación en el sistema de jurisprudencia (es decir, la policía, los tribunales y los sistemas penitenciarios – muy ponderado en las necesidades y los problemas urbanos)

a. Algunas estadísticas tan altas como casi uno de cada tres hogares de afroamericanos son tocados por la participación en el sistema de jurisprudencia

b. Más hombres de AA (Alcohólicos Anónimos) en la cárcel que en la universidad; cerca de 600.000 hombres de color solos hoy en prisión (Nota: El Centro de Control de Enfermedades de hecho recientemente colocó a los hombres de color en peligro en la lista de extinción).

4. El abandono y la negligencia benigna de la iglesia

a. Dificultad de muchas iglesias étnicas para alcanzar a sus propios vecinos transculturalmente

b. La concentración de la iglesia evangélica en los campos extranjeros: Ventana 10/40

c. Estimaciones realizadas por grupos misioneros es que Estados Unidos está básicamente "alcanzada", y que los escasos dólares y los misioneros deben desplegarse a campos más necesitados

d. La falta de unidad y estrategia entre la iglesia norteamericana de unir fuerzas para encender nuevos movimientos en las comunidades urbanas pobres de norteamérica

B. El corazón de Dios por los pobres y los mandatos bíblicos para cuidar de ellos

1. El AT deja una clara señal de la carga de Dios por los pobres

a. Is. 58:5-7 (LBLA) – ¿Es ése el ayuno que yo escogí para que un día se humille el hombre? ¿Es acaso para que incline su cabeza como un junco, y para que se acueste en cilicio y ceniza? ¿Llamaréis a esto ayuno y día acepto al Señor? ¿No es éste el ayuno que yo escogí: desatar las ligaduras de impiedad, soltar las coyundas del yugo, dejar ir libres a los oprimidos, y romper todo yugo? ¿No es para que partas tu pan con el hambriento, y recibas en casa a los pobres sin hogar; para que cuando veas al desnudo lo cubras, y no te escondas de tu semejante?

b. Sal. 41:1-3 (LBLA) – Bienaventurado el que piensa en el pobre; en el día del mal el Señor lo librará. El Señor lo protegerá y lo mantendrá con vida, y será bienaventurado sobre la tierra; y no lo entregarás a la voluntad de sus enemigos. El Señor lo sostendrá en su lecho de enfermo; en su enfermedad, restaurarás su salud.

c. Prov. 19:17 (NVI) – Servir al pobre es hacerle un préstamo al Señor; Dios pagará esas buenas acciones.

2. Identificación única de Jesús con los pobres

a. Mt. 25:35-40 – Porque tuve hambre, y me disteis de comer; tuve sed, y me disteis de beber; fui forastero, y me recogisteis; estuve desnudo, y me cubristeis; enfermo, y me visitasteis; en la cárcel, y vinisteis a mí. Entonces los justos le responderán diciendo: Señor, ¿cuándo te vimos hambriento, y te sustentamos, o sediento, y te dimos de beber? ¿Y cuándo te vimos forastero, y te recogimos, o desnudo, y te cubrimos? ¿O cuándo te vimos enfermo, o en la cárcel, y vinimos a ti? Y respondiendo el Rey, les dirá: De cierto os digo que en cuanto lo hicisteis a uno de estos mis hermanos más pequeños, a mí lo hicisteis

b. Lc. 18:22 – Jesús, oyendo esto, le dijo: Aún te falta una cosa: vende todo lo que tienes, y dalo a los pobres, y tendrás tesoro en el cielo; y ven, sígueme

3. El compromiso transparente de la iglesia primitiva a la ciudad, a los pobres y los marginados

a. He. 13:16 (LBLA) – Y no os olvidéis de hacer el bien y de la ayuda mutua, porque de tales sacrificios se agrada Dios.

b. Rom. 12:13 (LBLA) – Contribuyendo para las necesidades de los santos, practicando la hospitalidad.

c. 2 Cor. 9:12 (LBLA) – Porque la ministración de este servicio no sólo suple con plenitud lo que falta a los santos, sino que también sobreabunda a través de muchas acciones de gracias a Dios.

d. Gál. 6:10 (LBLA) – Así que entonces, hagamos bien a todos según tengamos oportunidad, y especialmente a los de la familia de la fe.

C. La creciente sensación de desesperanza, el nihilismo (rechazo de todos los principio religiosos y morales) y la desesperación de los pobres urbanos de los Estados Unidos (es decir, aquellos que están privados de sus derechos, alienados, y sin voz)

1. Falla en los proyectos sociales para los pobres de norteamérica

    a. El movimiento de derechos civiles

    b. La Gran Sociedad

    c. Economía de goteo

    d. Promesas de ningún-niño-dejado atrás

2. Hoy en día, hay claros ejemplos de la brecha entre los que tienen y los que no tienen: El huracán Katrina

3. Desglose de las infraestructuras, las instituciones

    a. Vivienda y desarrollo urbano

    b. Cuidado de la salud y calidad de vida

    c. La falta de inversión: el deterioro de los barrios

    d. Sistemas públicos fracturados: la educación, la asistencia médica, la corrupción política, etc.

    e. Profunda animosidad creciente, entre la ciudad y el ayuntamiento: Los disturbios de Los Ángeles

4. Los problemas de la familia urbana: destrozos, fracturas, abandono, en descomposición

    a. La alienación: Los maridos de las esposas, los padres de los niños, las familias de los vecinos, los vecinos de la comunidad

    b. 70% de los nacidos fuera del matrimonio

    c. La inmensa mayoría de la población carcelaria de norteamérica proviene de las comunidades urbanas pobres

    d. La participación de la jurisprudencia como una forma de vida: Pocas familias urbanas no están afectadas por la policía, los tribunales y el sistema penitenciario.

D. Implicaciones y conclusiones

    1. El campo de urbanos pobres de los Estados Unidos es uno de los campos más grandes, más duros y más alcanzables en la tierra: No se alinean o se comparan con muchos otros campos urbanos.

    2. Las extremas dificultades que plantea la diversidad, la violencia, las familias destrozadas, y la alienación espiritual hacen las ciudades norteamericanas formidables e intimidantes.

    3. Los movimientos de plantación de iglesias dirigidos a alcanzar a los perdidos del mundo deben tomar en serio las ventajas de los desafíos representados por los pobres urbanos de norteamérica.

II. **¿CUÁLES son los distintivos centrales de los contextos de las ciudades del interior de norteamérica, y cómo podrían afectar nuestra comprensión de los movimientos de plantación de la iglesias para ellos?**

Discernir los elementos particulares y específicos en los barrios urbanos de Estados Unidos puede afectar en gran medida la forma en que interpretamos y aplicamos los distintos puntos de vista aprendidos acerca de la naturaleza de la espiritualidad, las misiones, la plantación de iglesias, el crecimiento de la iglesia, y el ministerio urbano.

1 Cr. 12:32 (LBLA) – De los hijos de Isacar, expertos en discernir los tiempos, con conocimiento de lo que Israel debía hacer, sus jefes eran doscientos; y todos sus parientes estaban bajo sus órdenes.

Ef. 5:15-17 (LBLA) – Por tanto, tened cuidado cómo andáis; no como insensatos, sino como sabios, aprovechando bien el tiempo, porque los días son malos. Así pues, no seáis necios, sino entended cuál es la voluntad del Señor.

A. La norteamérica urbana está plagada por la alienación y negligencia espiritual profundamente arraigadas.

   1. "La causa fundamental de toda alienación – de Dios y el uno del otro – es el pecado. El antídoto para el pecado es una relación personal con Dios a través de Cristo. Esto conduce a la esperanza, reconciliación y sanación. Dios suele iniciar una relación personal con un individuo, y luego la alimenta, a través de su Iglesia" (Keith Phillips, *Out of Ashes* [De las cenizas], pág. 60).

   2. Estados Unidos no es una nación cristiana (cf. *Out of Ashes* [De las cenizas], pág. 61).

      a. Menos del 20% de la población se reune para adorar en cualquier domingo.

      b. Por ejemplo, en Miami sólo el 7.9% de la población asiste a la iglesia, ya sea católica o protestante.

      c. La inmigración durante la década de los 80 estalló, con un 90% de la población no europea, y el 15% siendo musulmanes.

      d. Uno de cada siete personas en los EE.UU. (aproximadamente 32 millones) hablan un idioma distinto del inglés en casa.

      e. La diversidad de norteamérica es indicativo de la misma clase de diversidad en los lugares menos alcanzados en la tierra, es decir, la Ventana 10/40.

   3. Este abandono no es una conspiración contra la norteamérica urbana: A partir del 2000, 419.000 obreros cristianos están sirviendo a Dios afuera de sus países de origen (este número incluye a los misioneros de todas las tradiciones, católicos, ortodoxos, protestantes, anglicanos, independientes, y cristianos marginales). Los EE.UU. es el país de la tierra con el

mayor número de envío y recepción de misioneros, enviando 118.200 misioneros a otros países y recibiendo 33.200.

4. La mayoría de los obreros van a los campos menos necesitados, aunque más del 60% de todas las personas viven en las ciudades.

> Lo real, las prioridades de envío demostradas aparentemente hacen hincapié en ayudar a los cristianos a ser mejores cristianos en lugar de ayudar a los no cristianos a considerar a Cristo, o ayudar a los cristianos de un tipo (esencialmente católico u ortodoxo) a que se conviertan en cristianos de otro tipo (evangélico o católico o carismático, y así sucesivamente) en lugar de ayudar a aquellos que no han escuchado el evangelio a escucharlo.
>
> ~ Michael Jaffarian. *"The Statistical State of the Missionary Enterprise."* ["El estado estadístico de la empresa misionera"] *Missiology: An International Review.* [Misionología: Una revisión internacional]. Vol. XXX. No. 1, enero del 2002, pág. 28.

5. El levantamiento del espiritismo, el relativismo, el secularismo, y las religiones de la nueva era en la cultura popular estadounidense

B. La diversidad radical de la norteamérica urbana está conectada directamente a lo racial, cultural y sospecha étnica, los conflictos.

1. El dramático crecimiento de la población en el mundo: Más de seis mil millones de personas; en 1900 sólo había alrededor de 1.6 millones, y en fecha reciente como 1970, eran sólo 3.7 mil millones. Casi cuatro veces más personas en el año 2000 que en 1900 (*World Christian Encyclopedia*, 2ª edición, 2002, 1:4). El continente más poblado es Asia 3,683 millones, África, 784 millones, Europa, 729 millones, América Latina 519 millones, América del Norte 310 millones y Oceanía 30 millones. (¡Asia, África, y América Latina comprenden el 82% de la población mundial!)

2. La complejidad, la diversidad étnica en norteamérica: cientos de lenguas distintas habladas, que suman más de 60 millones de personas que han sido atraídos a las zonas urbanas, por razones económicas y sociales

3. Los asuntos de raza siguen siendo importantes: Tome en cuenta las secuelas del huracán Katrina

4. Las viejas heridas aún permanecen; sin cicatrizar, supurantes, listas para ser encendidas con la menor cantidad de esfuerzo.

5. Las interconexiones de odio genuino de raza y conflicto de clases son complejos y punzantes en los Estados Unidos (e.j., entre los blancos pobres, hispanos, asiáticos, negros, etc.).

C. La norteamérica urbana está plagada de relaciones de parentesco fracturadas y redes sociales en descomposición entre muchos de sus grupos étnicos diferentes.

1. Las diferencias entre la gente tiende a enajenar y los grupos se dividen.

2. Nuestras diferencias tienden a dividirnos porque somos etnocéntricos, preferimos nuestra propia cultura y la tendencia a juzgar a los demás a la luz de la misma.

    a. Raíces antropológicas de división

        (1) El enorme poder de enculturación

        (2) La naturaleza oculta de la cultura

        (3) Nos encanta los que son como nosotros.

        (4) Choque cultural: los efectos perturbadores de operar fuera de nuestra propia clase, cultura o subcultura

    b. Raíces teológicas de división

        (1) Tenemos la tendencia a situarnos en el centro del universo.

        (2) Nos olvidamos o ignoramos lo que Dios está haciendo en el mundo con respecto a la construcción de su Reino en la tierra.

        (3) No logramos cambiar nuestra lealtad desde nuestro marco nacional, cultural de clase a la visión de la nueva humanidad de Dios en Cristo.

(4) Cerramos nuestros corazones al amor de Dios por todas las personas.

(5) Rechazamos la idea de que no es necesario cambiar la cultura con el fin de llegar a ser cristiano y ser el pueblo de Cristo.

3. Nuestras diferencias pueden levantar barreras y hacernos tratar a las personas de manera diferente.

   a. Cuando se permite que las diferencias dividan, por lo general responden a otros en tres formas inapropiadas.

   b. Llegamos a ser paternalistas: "ayudar al síndrome pobre nativo": *Nuestra expresión benévola de supuesta superioridad a menudo resulta en un intento de modificar las acciones y los valores de un grupo diferente. (Ejemplo – los misioneros tratando el asunto de la ropa occidental con la de las islas del Pacífico Sur.)*

   c. En sospecha, nos aislamos y separamos de las personas que son diferentes: *La expresión pasiva de los prejuicios de mi grupo a través de la limitación deliberada de contacto entre mi grupo y las personas, acciones y valores del grupo que es diferente. (Ejemplo – barrios segregados.)*

   d. En odio y malicia, rechazamos la otra cultura como mala o perversa o que no merece, y tratamos de socavar y perseguirla: *La expresión activa del odio de mi grupo para las personas, acciones y valores del grupo que es diferente. (Ejemplo – la limpieza étnica en Bosnia o Ruanda, el holocausto en Alemania, etc.)*

4. Dramático aumento de los nacimientos fuera del matrimonio, las familias fracturadas alienadas son una norma

5. La estabilidad de las familias en muchos de los países que estudiamos hacen que sea difícil conectar fácilmente la investigación y las demandas de Garrison a un contexto de las ciudades del interior estadounidense.

6. El individualismo (uno de los principales "ismos" de Estados Unidos, junto con el secularismo y el relativismo) ha creado barrios enteros de familias de ancianos, pobres y con problemas que están esencialmente solas, y vulnerables a cualquier

influencia social de su comunidad que se levante (e.j., la proliferación de pandillas: 100 por ciento de las ciudades con una población superior a 250.000 reportaron actividad pandilleril en el 2001; había casi 800.000 personas en las pandillas en los EE.UU. en 2001, y en una reciente encuesta, el 31 por ciento dijeron que sus comunidades se negaron a reconocer el problema de las pandillas. Muchos sólo lo hicieron después de incidentes de alto perfil de pandillas).

D. La pobreza, la privación de derechos y una polarización de clases profundamente desarrollada

1. La pobreza lleva profundos significados raciales y étnicos en norteamérica que no están presentes en muchas sociedades que, en conjunto, de hecho, son aún más pobres que la población urbana pobre de norteamérica.

2. Ellos trabajan con personas que dan prioridad a su fe; Tienen hambre de cambio, pág. 57.

3. Son una fuente para la construcción de relaciones, pág. 58.

4. Crean una "sensación de euforia durante la transformación", pág. 58.

5. La pobreza ha aumentado la sensación general de la alienación, el aislamiento y la desconexión de la sociedad en general: un caso cultural en punto, las culturas subterráneas de la américa urbana (e.j., el punk, rap, emo, metal, etc.).

6. Cada vez se incrementa más la realidad de la desesperación, lo que lleva a niveles fuera de control de la violencia en la ciudad del interior de los Estados Unidos (¡casi la mitad del número de personas muertas en el conflicto de Vietnam son asesinadas en las calles estadounidenses cada año!)

E. Implicaciones y conclusiones

1. Los elementos de la ciudad del interior de los Estados Unidos deben tenerse en cuenta en todas las discusiones de la plantación de iglesias, el crecimiento y la movilización, especialmente en la aplicación de modelos y acercamientos que se han utilizado con eficacia en otros lugares.

2. Un acercamiento eficaz a los modelos de plantación de iglesias en la ciudad interior de Estados Unidos debe intentar abordar y cumplir con lo principal sobre todos los elementos de ese contexto, si se quiere ser eficaz.

3. La aplicación no crítica de modelos de plantación de iglesias que no hayan tomado en cuenta estos factores sólo invitan al fracaso real en los misioneros y pastores, y el fracaso real en las comunidades seleccionadas y servidas por ellos.

4. Las ideas del movimiento de plantación de iglesias, con el fin de ser eficaces, deben ser contextualizadas tanto por los pastores que sirven como por los misioneros que evangelizan y plantan iglesias.

III. ¿QUIÉNES serán los actores centrales en encender, sostener, y multiplicar movimientos vitales de plantación de iglesias en los contextos de las ciudades interinas de norteamérica?

En sincronización con todo lo que hemos aprendido de los movimientos de plantación de iglesias en el extranjero, todos los esfuerzos hacia la creación, el mantenimiento y la multiplicación vital, los movimientos de plantación de iglesias saludables en zonas urbanas de Estados Unidos deben comenzar y terminar con el desarrollo del liderazgo autóctono. La evangelización más efectiva, el seguimiento, el discipulado, y plantación de iglesias se llevará a cabo por gente de la ciudad en nombre de la gente de la ciudad a través de los recursos de la gente de la ciudad. Toda nuestra atención, planificación, y esfuerzo debe concentrarse, por lo tanto, en levantar hombres y mujeres urbanos, familias urbanas, y jóvenes urbanos que llegarán a sus propios vecinos y redes con el evangelio de Jesucristo.

Hch. 14:21-23 (LBLA) – Y después de anunciar el evangelio a aquella ciudad y de hacer muchos discípulos, volvieron a Listra, a Iconio y a Antioquía, fortaleciendo los ánimos de los discípulos, exhortándolos a que perseveraran en la fe, y diciendo: Es necesario que a través de muchas tribulaciones entremos en el reino de Dios. Después que les designaron ancianos en cada iglesia, habiendo orado con ayunos, los encomendaron al Señor en quien habían creído.

A. El misionero transcultural llamado por Dios: El ministerio apostólico

1. Dios el Espíritu Santo llama a hombres y mujeres que cruzan las barreras y declaran las buenas nuevas a los perdidos, Hch. 13:1-3 (LBLA) – En la iglesia que estaba en Antioquía había profetas y maestros: Bernabé, Simón llamado Niger, Lucio de Cirene, Manaén, que se había criado con Herodes el tetrarca, y Saulo. Mientras ministraban al Señor y ayunaban, el Espíritu Santo dijo: Apartadme a Bernabé y a Saulo para la obra a la que los he llamado. Entonces, después de ayunar, orar y haber impuesto las manos sobre ellos, los enviaron.

2. Estas personas, en particular los llamados especialmente dotados son dones del Señor a la Iglesia con el fin de equipar a los santos para la obra del ministerio, Ef. 4:11-12 (LBLA) – Y Él dio a algunos el ser apóstoles, a otros profetas, a otros evangelistas, a otros pastores y maestros, a fin de capacitar a los santos para la obra del ministerio, para la edificación del cuerpo de Cristo.

3. El papel de los hombres y mujeres a quiénes se les encomienda las buenas nuevas a obreros fieles dotados nunca puede ser subestimado o sustituido por cualquier tecnología, modelo o esfuerzo.

    a. Hch. 20:24 (LBLA) – Pero en ninguna manera estimo mi vida como valiosa para mí mismo, a fin de poder terminar mi carrera y el ministerio que recibí del Señor Jesús, para dar testimonio solemnemente del evangelio de la gracia de Dios.

    b. 1 Cor. 4:1-2 (LBLA) – Que todo hombre nos considere de esta manera: como servidores de Cristo y administradores de los misterios de Dios. Ahora bien, además se requiere de[a]los administradores que cada uno sea hallado fiel.

    c. 2 Cor. 5:18 (LBLA) – Y todo esto procede de Dios, quien nos reconcilió consigo mismo por medio de Cristo, y nos dio el ministerio de la reconciliación.

    d. 2 Tim. 4:5 (LBLA) – Pero tú, sé sobrio en todas las cosas, sufre penalidades, haz el trabajo de un evangelista, cumple tu ministerio.

B. El autóctono ("cosecha propia") líder: anciano/pastor/obispo

1. Los ancianos tenían que ser seleccionados para poner el fundamento en los nuevos creyentes en la fe, Tito 1:5 – Por esta causa te dejé en Creta, para que corrigieses lo deficiente, y establecieses ancianos en cada ciudad, así como yo te mandé.

2. Los líderes autóctonos han de ser nombrados y confirmados por los que recibieron la autoridad para establecer las iglesias, Hch. 14:23 – Y constituyeron ancianos en cada iglesia, y habiendo orado con ayunos, los encomendaron al Señor en quien habían creído.

3. En última instancia, los líderes autóctonos han de ser los que deben asumir la responsabilidad de mantener tanto el movimiento, así como multiplicar el movimiento en contextos naturales y autóctonos, 2 Tim. 2:2 – Lo que has oído de mí ante muchos testigos, esto encarga a hombres fieles que sean idóneos para enseñar también a otros.

4. Gran parte de nuestro entrenamiento tiene poco o nada que ver con los contextos urbanos: "Pocos negarán que Estados Unidos es una nación "urbana" cuyos problemas más profundos se exponen a diario en sus áreas metropolitanas. Sin embargo, sólo un tercio de los seminarios acreditados por la Asociación de Escuelas Teológica en este país ofrecen (y mucho menos exigen) cursos que se ocupen del "ministerio urbano". (Robert V. Kemper, "*Theological Education for Urban Ministry: A Survey of U.S. Seminaries*" [Educación teológica para el ministerio urbano: Una encuesta de los seminarios de Estados Unidos"], *Theological Education* [Educación teológica], Vol 34, Número 1 [1997]: 51-72)

C. Las redes "*oikos*" de discípulos autóctonos de Cristo serán el medio a través del cual se crean y se desarrollan los movimientos.

1. Las dimensiones de nuestras redes de relaciones

a. Las relaciones de parentesco común (inmediato, extendido, y familias adoptadas)

b. Amistades comunes (amigos, vecinos, intereses especiales)

c. Asociados comunes (las relaciones de trabajo, intereses especiales, la recreación, alianzas étnicas o culturales, las lealtades nacionales)

2. Por qué la evangelización *oikos* (hogar) a través de redes de relaciones son eficaces

    a. La evangelización *oikos* es bíblica - Jesús y los apóstoles ministraron de esta manera.

    b. *Oikos* es nuestra red más natural y menos amenazante de las relaciones existentes (no hay llamadas en frío, o la forma más verdadera de estilo de vida y evangelización por amistad).

    c. Los individuos de *oikos* suelen ser receptivos a otros miembros (se basa en la historia compartida, la experiencia y preocupaciones).

    d. Las relaciones *oikos* están "construidas" o en campos de misiones residentes.

    e. Las relaciones *oikos* hacen un seguimiento menos tenso e impersonal.

    f. *Oikos* permite que los grupos familiares enteros sean su objetivo.

    g. Las relaciones *oikos* constantemente re-siembran nuevas bases de contacto.

D. La iglesia autóctona vital sana (cualquiera que sea su forma – comunidad, mega, o casa red de iglesias)

    1. La iglesia será fundamental en todas las dimensiones de la plantación de iglesias urbanas, independientemente de la forma que adopte: la comunidad, la mega-iglesia, o una red de iglesias en casas.

    2. Ningún movimiento de plantación de iglesias hará un impacto duradero a menos que sus actividades y estructuras hagan posible que las iglesias locales vitales sean sal y luz en sus comunidades, demostrando y haciendo avanzar el Reino de manera que la comunidad autóctona pueda entender y respetar tanto, Mt. 5:14-16 – Vosotros sois la luz del mundo; una ciudad asentada sobre un monte no se puede esconder. Ni se enciende una luz y se pone debajo de un almud, sino sobre el candelero, y alumbra a todos los que están en casa. Así alumbre

vuestra luz delante de los hombres, para que vean vuestras buenas obras, y glorifiquen a vuestro Padre que está en los cielos.

3. La relación entre las iglesias vitales y los líderes de Dios es indiscutible, por lo tanto, todos los esfuerzos misioneros deben encajar en última instancia, en los esfuerzos para identificar y capacitar a líderes para que continúen el trabajo, 2 Tim. 2:2.

E. La red de asociación de iglesias de apoyo: denominación, regional o vision/valores compartidos

1. Asociación confesional: "iglesias con un sentido histórico distinto de identidad y pertenencia"

2. Iglesia local o regional: e.j., "las iglesias de Dios en Cristo en Judea", 1 Tes. 2:14 – Porque vosotros, hermanos, vinisteis a ser imitadores de las iglesias de Dios en Cristo Jesús que están en Judea; pues habéis padecido de los de vuestra propia nación las mismas cosas que ellas padecieron de los judíos.

3. Las iglesias de visión/valores compartidos: "iglesias aliadas en el Espíritu"

4. Redes regionales de la iglesia son la clave para asegurar la viabilidad a largo plazo para el comienzo de la iglesia urbana y plantaciones.

F. Implicaciones y conclusiones

1. Los movimientos de plantación de iglesia en la norteamérica urbana exigirán a los que son eclesiásticos y eclesiásticas liderar el camino en todos los aspectos.

2. El papel del misionero transcultural es esencial en los movimientos de plantación de iglesias de ignición, pero, en última instancia, todas las incursiones en la cultura (y su *oikia*) necesariamente será realizado por los obreros autóctonos y trabajadores.

3. Sin trabajadores autóctonos, ningún grupo de personas podrá ser ganado.

IV. **¿CÓMO puede un movimiento tal de plantación de Iglesias vital ser inteligente y encendido exitosamente en los contextos de las ciudades interinas estadounidenses?**

Nuestra investigación ha demostrado que las iglesias se multiplican y crecen cuando se plantan y se movilizan dentro de una lingüística en particular, étnica, e identidad cultural (es decir, una unidad homogénea) que abarcan en conjunto su propia espiritualidad compartida y la visión (identidad), y se estructuran ellas mismas de una de manera conectada e integrada (conectividad).

Hechos 15:19-21 (LBLA) – Por tanto, yo opino que no molestemos a los que de entre los gentiles se convierten a Dios, sino que les escribamos que se abstengan de cosas contaminadas por los ídolos, de fornicación, de lo estrangulado y de sangre. Porque Moisés desde generaciones antiguas tiene en cada ciudad quienes lo prediquen, pues todos los días de reposo es leído en las sinagogas.

Hechos 15:28, 29 (LBLA) – Porque pareció bien al Espíritu Santo y a nosotros no imponeros mayor carga que estas cosas esenciales: que os abstengáis de cosas sacrificadas a los ídolos, de sangre, de lo estrangulado y de fornicación. Si os guardáis de tales cosas, bien haréis. Pasadlo bien.

A. Plantar, crecer y sostener iglesias dentro de una identidad lingüística, étnica y cultural particular: El principio de la unidad homogénea.

1. La cultura es intrínseca a la creación de Dios.

2. Dios como el autor de la vida humana (Gn. 1-2)

3. El mandato de la creación de Dios como una bendición intrínseca de la producción cultural creativa humana

    a. Ser administradores de la tierra: herramientas, tecnología, configurar el medio ambiente.

    b. Ir y multiplicarse: el parentesco, organización social, estructura.

4. Las diferencias entre los pueblos han sido reconocidas y reconciliadas en el ministerio de Cristo.

    a. Nuestras diferencias están ahora reconciliadas a través de la obra de Cristo en la cruz.

b. Entre judíos y gentiles, esclavos y libres, hombres y mujeres, bárbaro y escitas, Ef. 2; Col. 3:11; Gál. 3:28

c. Dios se reconcilia con todas las personas ahora en su Hijo, 2 Cor. 5:18-21.

d. Compartimos tanto en la culpa y la gloria, Rom. 3; 1:16-17.

5. La meta de la redención es la semejanza de Cristo, no la uniformidad cultural. (El objetivo es siempre ayudar a la gente a ser más como Jesús, no más como nosotros).

    a. Colosenses 3:11 y Gálatas 3:28 no aboga por la destrucción de la identidad cultural, sólo el final de la parcialidad impía.

    b. La cultura ha sido redimida en la encarnación de Jesús, 1 Jn. 1:1-3.

6. Nuestras diferencias se muestran y se celebran en la iglesia de Jesucristo que es una, santa, apostólica y universal.

    a. Una nueva humanidad en la Iglesia, Ef. 2:13-14 (LBLA) – Pero ahora en Cristo Jesús, vosotros, que en otro tiempo estabais lejos, habéis sido acercados por la sangre de Cristo. Porque Él mismo es nuestra paz, quien de ambos *pueblos* hizo uno, derribando la pared intermedia de separación.

    b. Diversa, sin embargo, una: Aunque somos muchos miembros formados por gente de toda raza, tribu, pueblo y nación, de todas las lenguas y clanes, de todas las clases y culturas, que, sin embargo, somos un cuerpo en Cristo. Hemos de tratar de hacer esta unidad visible en nuestra vidas diarias y relaciones.

    c. En la redención Dios no borra, escuda, o arrasa nuestras diferencias, sino que las reconoce y se regocija en ellas (Hch. 15).

    d. Mientras mantenemos nuestras diferencias, en Cristo a través de la *koinonía* (comunión) que tenemos con Dios y entre unos y otros:

        (1) Compartimos un linaje común.

(2) Compartimos una vocación común.

(3) Compartimos un destino común.

7. Nuestras diferencias son superadas en la unidad de Cristo con el propósito del ministerio de la reconciliación.

   a. Expresamos el amor de Dios en nuestras relaciones reconciliadas, haciendo el evangelio atractivo para los no creyentes, Juan 13:34-35.

   b. Somos reconciliados para hacer un llamado al mundo a reconciliarse con Dios en Cristo, 2 Cor. 5:18-21.

   c. Nuestras diferencias nos permiten penetrar en toda cultura y grupos de gente con el evangelio, y hacer discípulos y plantar iglesias donde Cristo todavía no ha sido escuchado y seguido.

B. Cultivar una espiritualidad comunitaria compartida donde un sentido de pertenencia, propiedad, identidad y la responsabilidad de responder por las acciones son destacados y subrayados.

   1. Una espiritualidad comunitaria compartida

      a. Gál. 3:28, 29 (LBLA) – No hay judío ni griego; no hay esclavo ni libre; no hay hombre ni[a] mujer; porque todos sois uno en Cristo Jesús. Y si sois de Cristo, entonces sois descendencia de Abraham, herederos según la promesa.

      b. Col. 3:11 (LBLA) – una renovación en la cual no hay distinción entre griego y judío, circunciso e incircunciso, bárbaro, escita, esclavo o libre, sino que Cristo es todo, y en todos.

   2. Hemos de cultivar nuestra "adopción", es decir, nuestra pertenencia a la familia de Dios.

      a. Ef. 1:5 (LBLA) – . . . nos predestinó para adopción como hijos para sí mediante Jesucristo, conforme al beneplácito de su voluntad.

      b. 1 Juan 3:1 (LBLA) – Mirad cuán gran amor nos ha otorgado el Padre, para que seamos llamados hijos de Dios; y eso somos. Por esto el mundo no nos conoce, porque no le conoció a Él.

3. Propiedad: Estructuras y patrones autóctonos "de propiedad y operación"

   a. Tenemos herencia espiritual, Ef. 1:11 (LBLA) – También hemos obtenido herencia, habiendo sido predestinados según el propósito de aquel que obra todas las cosas conforme al consejo de su voluntad.

   b. Incluso los corintios están llamados a ser santos del Dios Altísimo, 1 Cor. 1:2 (LBLA) – A la iglesia de Dios que está en Corinto, a los que han sido santificados en Cristo Jesús, llamados a ser santos, con todos los que en cualquier parte invocan el nombre de nuestro Señor Jesucristo, Señor de ellos y nuestro.

   c. No hay movimientos de segunda clase del Espíritu, Stg. 2:5 (LBLA) – Hermanos míos amados, escuchad: ¿No escogió Dios a los pobres de este mundo para ser ricos en fe y herederos del reino que Él prometió a los que le aman?

4. Identidad: Las iglesias del NT compartieron una unidad fundamental en la fe apostólica y la práctica (es decir, compartieron los mismos colores, códigos de conducta y características).

   a. 1 Cor. 4:17 – Por esto mismo os he enviado a Timoteo, que es mi hijo amado y fiel en el Señor, el cual os recordará mi proceder en Cristo, de la manera que enseño en todas partes y en todas las iglesias.

   b. 1 Cor. 7:17 – Pero cada uno como el Señor le repartió, y como Dios llamó a cada uno, así haga; esto ordeno en todas las iglesias.

   c. 1 Cor. 11:2 – Os alabo, hermanos, porque en todo os acordáis de mí, y retenéis las instrucciones tal como os las entregué.

   d. 1 Cor. 11:16 – Con todo eso, si alguno quiere ser contencioso, nosotros no tenemos tal costumbre, ni las iglesias de Dios.

   e. 1 Cor. 14:33 – pues Dios no es Dios de confusión, sino de paz. Como en todas las iglesias de los santos.

f. 1 Cor. 16:1 – En cuanto a la ofrenda para los santos, haced vosotros también de la manera que ordené en las iglesias de Galacia.

5. Explicación para explicar o justificar las acciones: incorporación, membresía, promoción, degradación y excomunión

C. Desarrollar estructuras que se conectan entre sí de una manera sistémica e integrada.

1. Los movimientos implican *una pluralidad de líderes, congregaciones y asociaciones.*

2. Las estructuras compartidas de la organización: Se mantuvieron constantes en la *enseñanza de los apóstoles (es decir, su instrucción sobre el orden y estructura)*, vea Hechos 2:41-47.

3. Los protocolos compartidos de identificación y certificación de liderazgo: *La confirmación apostólica de la selección del Espíritu Santo*

    a. 2 Tim. 1:6 – Por lo cual te aconsejo que avives el fuego del don de Dios que está en ti por la imposición de mis manos.

    b. Hch. 20:28 – Por tanto, mirad por vosotros, y por todo el rebaño en que el Espíritu Santo os ha puesto por obispos, para apacentar la iglesia del Señor, la cual él ganó por su propia sangre.

D. Consecuencias: ¿Por qué tienen que esforzarse para conectar e integrar todos nuestros esfuerzos en el cultivo, la movilización, y la plantación de iglesias?

1. Para invertir en empresas comunes diseñadas para permitir y capacitar a todas las iglesias miembros

2. Para proporcionar responsabilidad de responder y apoyar al novato y a las iglesias en crecimiento

3. Para unir fuerzas en proyectos y acciones concretas destinadas a avanzar el Reino de Dios en la evangelización, alcance, y misión

4. Para dar atención y edificación a los líderes, miembros y congregaciones en las operaciones y asuntos de necesidad significativos (por ejemplo, mejora del liderazgo, enriquecimiento familiar, acampar, asuntos de justicia, etc.)

V. **¿DONDE debemos comenzar tales esfuerzos, y de qué lugares es probable que encontremos campeones para estimular en tales movimientos de plantación de iglesias a contextos de las ciudades interinas estadounidenses?**

Hacer de la iglesia el lugar de toda espiritualidad, la autoridad y el gobierno elimina la necesidad de burocracias innecesarias y graves, y asegura que los movimientos serán eclesiales y con orientación bíblica. Por otra parte, a diferencia de muchos de los actuales minimovimientos sugeridos como lugares alternativos para la revolución espiritual, mantener a la iglesia como el centro de la vitalidad y la misión espiritual permite una nueva reanimación del lenguaje bíblico, una aplicación estridente de la tradición apostólica, y un nuevo redescubrimiento de las ideas de la iglesia a lo largo de su historia.

1 Tim. 3:15-16 – Para que si tardo, sepas cómo debes conducirte en la casa de Dios, que es la iglesia del Dios viviente, columna y baluarte de la verdad. E indiscutiblemente, grande es el misterio de la piedad: Dios fue manifestado en carne, justificado en el Espíritu, visto de los ángeles, predicado a los gentiles, creído en el mundo, recibido arriba en gloria.

1 Pe. 2:4-5 – Acercándoos a él, piedra viva, desechada ciertamente por los hombres, mas para Dios escogida y preciosa, vosotros también, como piedras vivas, sed edificados como casa espiritual y sacerdocio santo, para ofrecer sacrificios espirituales aceptables a Dios por medio de Jesucristo.

A. La Iglesia como el lugar en donde la auténtica espiritualidad del reino y dirigida por el Espíritu crece: Doce razones bíblicas para el inicio de una nueva iglesia (del libro de los Hechos) [Marlin Mull, p. 19]

1. Una nueva iglesia *trae el Reino de Dios a la tierra* (Hch. 1:3; 8:12; 14:22; 19:8; 20:25; 28:23; 28:31).

2. Una nueva iglesia *ayuda a cumplir la Gran Comisión* (Hch. 1:8; Mt. 28:18-20; Mr. 16:15-16; Lc. 24:46-49; Jn. 20:19-22).

3. Una nueva iglesia *ofrece un lugar de oración para encontrarse con Dios, con los demás* (Hch. 1:14; 4:31; 12:5).

4. Una nueva iglesia *ofrece otro lugar de predicación pública* (Hch. 9:20; 10:42; 14:7; 16:10; 20:20).

5. Una nueva iglesia *es la herramienta más eficaz de evangelización* (Hch. 2:38-39; 14:21).

6. Una nueva iglesia *enseña la Biblia* (Hch. 4:2; 5:19-21; 5:42; 8:4; 11:25-26; 18:11; 20:20; 28:31).

7. Una nueva iglesia *ofrece otro lugar para el servicio cristiano* (Hch. 6:3; 9:36; 11:25-26; 11:29-30; 17:15).

8. Una nueva iglesia *entrena a los líderes laicos para convertirse en predicadores* (Hch. 6:10; 14:23).

9. Una nueva iglesia *cruza barreras culturales* (Hch. 8:35; 10:1-48; 16:9; 22:21).

10. Una nueva iglesia *da mentoría a los nuevos creyentes* (Hch. 9:26-28; 20:20; 20:31, 36; 20:34-36; 20:27).

11. Una nueva iglesia *apoya la actividad misionera alrededor del mundo* (Hch. 13:2-3; 16:9-10).

12. Una nueva iglesia *comienza otras iglesias* (Hch. 13:2-3; 16:9-10).

B. La Iglesia como el distrito y la cooperación de la iglesia local y de apoyo

1. El concepto de la Iglesia Local: "La presencia y la asociación de todas las congregaciones que honran a Cristo en una zona geográfica determinada, independientemente de su forma, denominación, o estructura (ya sea tradicional, comunitaria, mega-iglesia o iglesias celulares o en casas) que en conjunto representan el cuerpo de Cristo y testimonio del reino en una región".

2. En el NT, las iglesias en el Asia Menor y el Imperio Romano estaban conectadas y edificadas sobre el testimonio apostólico, relativo a la persona y obra de Jesucristo; en todos los sentidos, la Iglesia primitiva era una iglesia universal unida (es decir, no se percibió en el lenguaje abstracto, sino en términos reales, concretos y visibles).

3. ¡Los marcadores de Nicea estaban allí en la iglesia primitiva!

a. Una: Ef. 4:4-6 – un cuerpo, y un Espíritu, como fuisteis también llamados en una misma esperanza de vuestra vocación; un Señor, una fe, un bautismo, un Dios y Padre de todos, el cual es sobre todos, y por todos, y en todos.

    b. Santa: 1 Pe. 2:9 – Mas vosotros sois linaje escogido, real sacerdocio, nación santa, pueblo adquirido por Dios, para que anunciéis las virtudes de aquel que os llamó de las tinieblas a su luz admirable.

    c. Católica: (universal): Tito 2:14 – quien se dio a sí mismo por nosotros para redimirnos de toda iniquidad y purificar para sí un pueblo propio, celoso de buenas obras.

    d. Apostólica: Ef. 2:19-20 – Así que ya no sois extranjeros ni advenedizos, sino conciudadanos de los santos, y miembros de la familia de Dios, edificados sobre el fundamento de los apóstoles y profetas, siendo la principal piedra del ángulo Jesucristo mismo.

4. Tenga en cuenta las diferencias en cómo se identificaban las iglesias en el NT.

    a. De acuerdo a su ubicación geográfica, 1 Tes. 2:14 – Porque vosotros, hermanos, vinisteis a ser imitadores de *las iglesias de Dios en Cristo Jesús que están en Judea*; pues habéis padecido de los de vuestra propia nación las mismas cosas que ellas padecieron de los judíos.

    b. De acuerdo a su trasfondo cultural, lingüístico y social, Rom. 16:3-4 – Saludad a Priscila y a Aquila, mis colaboradores en Cristo Jesús, que expusieron su vida por mí; a los cuales no sólo yo doy gracias, sino también todas las iglesias de los gentiles.

    c. De acuerdo a su lugar como asambleas del Mesías bajo la dirección de los apóstoles, Hch. 15:41 – y pasó por Siria y Cilicia, confirmando a las iglesias.

C. La Iglesia como *lugar de encuentro regional y nacional*

1. Algunas veces las iglesias estaban consideradas a la luz de sus condiciones y experiencias compartidas, como buenas o malas, ej. 2 Cor. 8:1 – Asimismo, hermanos, os hacemos saber la gracia de Dios que se ha dado a las iglesias de Macedonia

2. Algunos marcadores vistos para coincidir con nuestras propias descripciones de los límites y el lugar de las iglesias, Ap. 1:4 – Juan, a las siete iglesias que están en Asia: Gracia y paz a vosotros, del que es y que era y que ha de venir, y de los siete espíritus que están delante de su trono.

3. Nota de plantillas y documentos: *Hacia una estructura de dirección por un movimiento de plantación de iglesia urbana*

D. La Iglesia como el *lugar de la interconexión internacional, apoyo, y crecimiento*

E. Implicaciones y conclusión: La Iglesia es el elemento esencial, la estructura y la realidad de Dios, bajo la acción del Espíritu Santo, que Dios ha elegido para que su gloria sea vista, y el poder de Su reino se demuestre. La Iglesia es a la vez el lugar y el agente del Reino de Dios.

VI. **CUANDO estarán por comenzar lo más probable tales movimientos – ¿Cuáles son las condiciones y requisitos para encender nuevos movimientos agresivos de plantación de iglesias en la norteamérica urbana?**

Para robustecer los movimientos de plantación de iglesias urbanas dinámicas que se producen en la norteamérica urbana, será necesario que se cumplan ciertas condiciones. Estas condiciones se refieren a ciertas dinámicas espirituales, estructurales y misionales que deben ser informadas por los principios de la Escritura, así como por la experiencia de los movimientos en el extranjero. El principio de la analogía de la fe entra en juego aquí. Mientras que Dios no puede estar supeditado a hacer la misma cosa de la misma manera, sin embargo podemos depender de Dios que sea fiel a sus verdades en las Escrituras, y podemos aprender de la experiencia de la historia. Cuando estas verdades son reconocidas y seguidas, podemos esperar su bendición y ayuda en nuestros esfuerzos de crecimiento de la iglesia y la plantación de iglesias.

Jn. 8:31-32 – Dijo entonces Jesús a los judíos que habían creído en él: Si vosotros permaneciereis en mi palabra, seréis verdaderamente mis discípulos; y conoceréis la verdad, y la verdad os hará libres.

Os. 6:3 – Y conoceremos, y proseguiremos en conocer a Jehová; como el alba está dispuesta su salida, y vendrá a nosotros como la lluvia, como la lluvia tardía y temprana a la tierra.

Mt. 13:11-12 – El respondiendo, les dijo: Porque a vosotros os es dado saber los misterios del reino de los cielos; mas a ellos no les es dado. Porque a cualquiera que tiene, se le dará, y tendrá más; pero al que no tiene, aun lo que tiene le será quitado.

Jn. 7:17 – El que quiera hacer la voluntad de Dios, conocerá si la doctrina es de Dios, o si yo hablo por mi propia cuenta.

A. Los movimientos de plantación de iglesias vitales en la norteamérica urbana se encenderán cuando un auténtico dinamismo espiritual se hace sentir en los corazones y las vidas de aquellos que tienen una carga por ministrar dentro de ella.

1. La necesidad de una oración dinámica, centrada, y comprometida (en todas las notas de investigación de Garrison este elemento es importante en cada movimiento vital)

2. El poder del Espíritu Santo de Dios, Zac. 4:6 – Entonces respondió y me habló diciendo: Esta es palabra de Jehová a Zorobabel, que dice: No con ejército, ni con fuerza, sino con mi Espíritu, ha dicho Jehová de los ejércitos.

3. El redescubrimiento de la tradición apostólica, 2 Tes. 2:15 – Así que, hermanos, estad firmes, y retened la doctrina que habéis aprendido, sea por palabra, o por carta nuestra.

4. La disposición de una nueva compañía de misiones transculturales, Hch. 13:2 – Ministrando éstos al Señor, y ayunando, dijo el Espíritu Santo: Apartadme a Bernabé y a Saulo para la obra a que los he llamado.

5. La realización de un nuevo nivel de guerra espiritual y combate, incluso en medio de la persecución y el rechazo

B. Los movimientos de plantación de iglesias vitales en la norteamérica urbana se encenderán cuando reafirmemos la primacía y centralidad de la Iglesia en el crecimiento espiritual y la misión.

1. "La Iglesia es como el arca de Noé. Si no fuera por la tormenta afuera, simplemente no podía soportar el hedor en el *interior*".

2. Dios ha levantado a la Iglesia con el fin de demostrar su gloria a los principados y poderes.

3. Simplemente no podemos pretender ser fieles a la Iglesia con "I" mayúscula si estamos dispuestos a pasar por alto a la iglesia con "i" pequeña.

4. Hay que reconocer que no seremos eficaces en la plantación de iglesias si mantenemos en nuestros corazones tanto desprecio y disgusto por la Iglesia.

5. Todas las estrategias para la espiritualidad vital y ministerio dinámico deben interconectarse y cruzarse con la iglesia con el fin de ser a la vez bíblicamente creíble y espiritualmente vital.

C. Los movimientos de plantación de iglesias vitales en la norteamérica urbana se encenderán cuando los esfuerzos misioneros cambien de buscar hacer todo el trabajo para convertirse en "iniciadores del fuego", "facilitadores" y "tábanos" para un impulso espiritual auténtico.

1. El axioma de misiones: Los misioneros no ganan las naciones; los misioneros ganan y discipulan al grupo de gente campeones quienes ganan a sus comunidades, su gente, y sus naciones para el Señor.

2. La actividad misionera debe pasar de hacer el trabajo a la formación de personas autóctonas para hacer el trabajo.

3. Toda transformación auténtica de las comunidades autóctonas debe dejarse en manos del Espíritu Santo, el único que puede y debe levantar una nueva generación de creyentes para identificar sus dones, y hacer el trabajo del ministerio.

4. La actividad misionera en la norteamérica urbana debe determinar aprender y emular la actividad misionera en contextos extranjeros: *Los misioneros coordinan estrategias con los obreros autóctonos con el fin de maximizar su capacidad de avanzar el evangelio en sus comunidades y ciudades.*

D. Los movimientos de plantación de iglesias vitales en la norteamérica urbana se encenderán cuando las iglesias que se plantan son auténticamente autóctonas, con plena autoridad, supervisión y administración transferido a los líderes autóctonos que toman las decisiones y determinan las direcciones.

1. El equipamiento de los líderes es el asunto más importante que participa en la creación y sostenimiento de los movimientos vitales de plantación de iglesias entre los pobres de las ciudades de Estados Unidos.

2. Debemos redescubrir nuevas formas, más bíblicas, menos enculturados para elevar y liberar a los líderes urbanos para el trabajo de dirigir a la iglesia, y el avance del Reino en la misión.

3. Si bien hay que tener cuidado de no poner las manos sobre una persona demasiado rápido, también hay que tener cuidado de reconocer que a menos que los líderes autóctonos reciban plenamente la autoridad y responsabilidad para hacer la tarea, el evangelio no penetrará en la cultura receptora.

VII. Conclusión

¿De qué manera estos puntos de vista anteriormente coinciden con la definición del Nuevo Testamento del cuerpo de Cristo, así como la teología nicena de la Iglesia encarnada en el credo, es decir, aquello que define a la iglesia como una (identidad bíblica), santa (espiritualidad compartida), católico (raíces históricas y conectividad), y apostólica (representante de la autoridad)?

1 Tes. 5:21 – Examinadlo todo; retened lo bueno.

A. Aclaración entre los *hechos* y las *pretensiones*

B. Evaluación de la *evidencia* que respalda las reclamaciones

1. Los hechos del asunto

2. Las enseñanzas de la Escritura

C. *Re-evaluación de las reclamaciones* basada en nuestra comprensión de la evidencia

D. Conclusiones que se pueden sacar

Conclusión y revisión de los conceptos principales

- La norteamérica urbana puede aprender mucho de la experiencia de los vitales MPI (Siglas en inglés – CPM) que tienen lugar en todo el mundo hoy en día.

- Debido a sus elementos únicos, sin embargo, la norteamérica urbana exigirá su propia y única "marca" del compromiso, crítica, y apertura de sabiduría de plantación de iglesias críticas y aplicaciones, tomando en serio esos elementos de la norteamérica urbana que requieren *un nuevo tipo de trabajo para nuestro tiempo y lugar.*

Movimientos de plantación de iglesias, barrios C1, y ventanas 80%
La importancia de la visión

Rev. Dr. Don L. Davis • *Winning the World: Facilitating Urban Church Planting Movements. Foundations for Ministry Series*. [Ganando al mundo: Facilitando movimientos de plantación de iglesias urbanas. Serie Fundamentos para el ministerio].Wichita: The Urban Ministry Institute, 2007.

> Viniendo Jesús a la región de Cesarea de Filipo, preguntó a sus discípulos, diciendo: ¿Quién dicen los hombres que es el Hijo del Hombre? Ellos dijeron: Unos, Juan el Bautista; otros, Elías; y otros, Jeremías, o alguno de los profetas. Él les dijo: Y vosotros, ¿quién decís que soy yo? Respondiendo Simón Pedro, dijo: Tú eres el Cristo, el Hijo del Dios viviente. Entonces le respondió Jesús: Bienaventurado eres, Simón, hijo de Jonás, porque no te lo reveló carne ni sangre, sino mi Padre que está en los cielos. Y yo también te digo, que tú eres Pedro, y sobre esta roca edificaré mi iglesia; y las puertas del Hades no prevalecerán contra ella. Y a ti te daré las llaves del reino de los cielos; y todo lo que atares en la tierra será atado en los cielos; y todo lo que desatares en la tierra será desatado en los cielos. Entonces mandó a sus discípulos que a nadie dijesen que él era Jesús el Cristo.
>
> ~ Mateo 16:13-20

"Facilitar ser pioneros en los movimientos de plantación de iglesias entre los menos alcanzados de las comunidades C1 de los Estados Unidos"
Como ministerio de *World Impact*, TUMI se dedica generar y facilitar estratégicamente movimientos dinámicos, autóctonos de los movimientos de plantación de iglesias C1 cuyo objetivo es alcanzar la ventana 80% de las ciudades del interior de los Estados Unidos.

I. La siempre-interrogada identidad de Jesús

Mt. 16:13-15 – Viniendo Jesús a la región de Cesarea de Filipo, preguntó a sus discípulos, diciendo: ¿Quién dicen los hombres que es el Hijo del Hombre? Ellos dijeron: Unos, Juan el Bautista; otros, Elías; y otros, Jeremías, o alguno de los profetas. Él les dijo: Y vosotros, ¿quién decís que soy yo?

A. Primera pregunta: "¿Quién dicen que es el Hijo del hombre?"

B. Segunda pregunta: "Pero, ¿quién decís que soy yo?"

II. La revelación de Pedro: "¡Tú eres el Cristo!"

Mt. 16:16 – Simón Pedro respondió: "Tú eres el Cristo, el Hijo del Dios viviente".

A. Afirmación uno: "Tú eres el Cristo" (es decir, el Siervo ungido de Jehová anunciado por los profetas que solo tendrá autoridad sobre el Reino de Dios para siempre).

B. Afirmación dos: ". . . el Hijo del Dios viviente! "(es decir, el divino Hijo de Dios que revela la gloria de Dios para nosotros, y nos redime de la maldición del pecado y de la muerte)

III. Sobre esta roca: La centralidad de la iglesia en la lucha cósmica para la humanidad

Mt. 16:17-19 – Y Jesús le dijo: "Bienaventurado eres, Simón, hijo de Jonás! Para la carne y la sangre no ha revelado esto, sino mi Padre que está en los cielos. Y yo te digo que tú eres Pedro, y sobre esta piedra edificaré mi iglesia, y las puertas del infierno no prevalecerán contra ella. Yo te daré las llaves del reino de los cielos, y lo que ates en la tierra quedará atado en el cielo, y lo que desates en la tierra quedará desatado en el cielo".

A. La identidad mesiánica de Cristo ocurre a través de la revelación divina.

1 Cor. 12.3 – Por lo tanto, quiero que entienda que nadie que hable por el Espíritu de Dios, dice "Jesús es anatema!" Y nadie puede decir: "Jesús es Señor" sino por el Espíritu Santo.

B. La afirmación de Cristo "sobre esta roca"

1. Sobre la roca de la confesión de que Jesús de Nazaret es el Mesías y Señor de todo

    Rom. 10:8-9 – Pero ¿qué dice? "La palabra está cerca de ti, en tu boca y en tu corazón" (es decir, la palabra de fe que predicamos); porque, si confiesas con tu boca que Jesús es el Señor y crees en tu corazón que Dios le levantó de los muertos, serás salvo.

2. Sobre esta confesión se construyó la Iglesia de Jesucristo.

1 Cor. 3:10-11 – Conforme a la gracia de Dios que me ha dado, como un maestro constructor experto, puse el fundamento, y otro edifica sobre él. Que cada uno toma el cuidado de cómo construye sobre ella. Pues nadie puede poner otro fundamento que el que está puesto, el cual es Jesucristo.

3. Ni siquiera las puertas del infierno pueden resistir la embestida de avance del Reino a través de la Iglesia de Jesucristo.

   a. Nuestra estación y seguridad son inamovibles.

   Sal. 125:1 – Los que confían en el Señor son como el monte de Sion, que no se puede mover, pero permanece para siempre.

   b. Ninguna arma forjada contra nosotros quedará.

   Is. 54:17 – . . . Ninguna arma forjada contra ti prosperará, y condenarás toda lengua que se levante contra ti en juicio. Esta es la herencia de los siervos de Jehová, y su salvación de mí vendrá, dijo Jehová.

   c. Nada puede separar a la iglesia del amor de Dios.

   Rom. 8:33-39 – ¿Quién acusará a los escogidos de Dios? Dios es el que justifica. ¿Quién es el que condenará? Cristo Jesús es el que murió - más que eso, que se crió - que está a la diestra de Dios, el que también intercede por nosotros. ¿Quién nos separará del amor de Cristo? ¿La tribulación, la angustia, la persecución, el hambre, la desnudez, el peligro, la espada? Como está escrito, "Por tu causa somos muertos todo el tiempo; nos tratan como a ovejas para el matadero. "Antes, en todas estas cosas somos más que vencedores por medio de aquel que nos amó. Por lo cual estoy seguro de que ni la muerte ni la vida, ni los ángeles ni los demonios, ni lo presente ni lo por venir, ni los poderes, ni lo alto ni lo profundo, ni cosa alguna en toda la creación, podrá apartarnos del amor de Dios en Cristo Jesús, nuestro Señor.

4. Las "llaves del reino" se dan a la Iglesia: para atar y desatar.

   Mt. 18:18 – En verdad os digo que todo lo que ates en la tierra quedará atado en el cielo, y lo que desates en la tierra quedará desatado en el cielo.

IV. Aplicación de la visión:

"Facilitar ser pioneros en los movimientos de plantación de iglesias entre los menos alcanzados de las comunidades C1 de los Estados Unidos. Como ministerio de World Impact, TUMI se dedica generar y facilitar estratégicamente movimientos dinámicos, autóctonos de los movimientos de plantación de iglesias C1 cuyo objetivo es alcanzar la ventana 80% de las ciudades del interior de los Estados Unidos."

A. TUMI busca generar y facilitar estratégicamente los *movimientos de plantación de iglesias autóctonas C1* (un despertar espiritual dinámico y avance del Reino entre los más pobres de los pobres en las ciudades de los Estados Unidos y el mundo).

B. TUMI dirige sus actividades en la *ventana 80% (aquellas comunidades y zonas urbanas en las que el ochenta por ciento de todos los residentes urbanos pobres habitan en norteamérica).*

C. La razón de ser: Cuatro razones por las que TUMI se centra en la plantación de iglesias entre las poblaciones C1

1. La Iglesia de Jesucristo es el lugar y el agente del Reino de Dios en la tierra durante esta era, 2 Cor. 5:20.

2. Los urbanos pobres (es decir, los barrios C1) representan uno de los campos más dinámicos y estratégicos en toda la tierra, Stg. 2:5 compárese con Lc. 4:18.

3. Facilitar los movimientos que plantan iglesias saludables en los barrios C1 es quizás uno de los mayores esfuerzos que cualquier persona puede hacer para cumplir la Gran Comisión en nuestra generación.

4. Elegir como blanco la ventana 80% podría muy bien ser el enfoque más estratégico en la misión que cualquier ministerio urbano podría tener.

V. El poder de la visión para dar forma a la cultura y los logros: Conectando los puntos de la visión de TUMI y su vida operativa en curso y misión

A. El poder de la visión

Pr. 29:18 – Sin profecía el pueblo se desenfrena; mas el que guarda la ley es bienaventurado.

1. Para dar sentido a nuestra empresa y dirección

2. Para guiar nuestras decisiones y determinaciones

3. Para determinar nuestras inversiones

4. Para coordinar nuestros esfuerzos

B. Principios de la visión: nuestra responsabilidad de "correr con la visión"

1. Debemos articular claramente a nosotros mismos y a otros lo que Dios nos ha llamado a ser y a hacer.

2. Tenemos que reclutar personas adecuadas en el momento adecuado para llevar a cabo las tareas adecuadas junto a nuestro equipo a medida que tratamos de lograr nuestra visión.

3. Debemos constantemente dialogar acerca de la naturaleza de la visión y significado.

4. Debemos aplicar a nosotros mismos de la forma más disciplinada para llevar a cabo nuestras iniciativas estratégicas y planes para lograr nuestra visión.

5. Debemos medir todo lo que hacemos de acuerdo a la visión, y dar retroalimentación mutua en la forma en que nuestros esfuerzos están ayudando y/o dificultando el logro de nuestra visión.

6. Debemos desarrollar el coraje de rechazar, eliminar o cambiar todo lo que hemos estado haciendo en lo que se refiere a la visión.

7. Tenemos que invertir todo nuestro tiempo, dinero y energía en las cosas que nos ayudarán a lograr nuestra visión.

8. Hay que reconocer la contribución de todos los que dieron para la realización de nuestra visión, y asegurarse de que son recompensados por sus esfuerzos.

La comprensión de las implicaciones de nuestra visión

- La visión
- Lo que la visión requiere
- Cómo nuestra gente actual puede contribuir a la visión
- Dónde se encuentran nuestras lagunas
- Lo que tenemos que confiar en Dios

La última palabra

Y Jehová me respondió, y dijo: Escribe la visión, y declárala en tablas, para que corra el que leyere en ella. Aunque la visión tardará aún por un tiempo, mas se apresura hacia el fin, y no mentirá; aunque tardare, espéralo, porque sin duda vendrá, no tardará. He aquí que aquel cuya alma no es recta, se enorgullece; mas el justo por su fe vivirá.

~ Habacuc 2:2-4

Discerniendo los movimientos válidos de plantación de iglesias urbanas
Elementos de la comunidad cristiana urbana auténtica

Rev. Dr. Don L. Davis

La convicción evangélica núcleo
"¿Cuál es nuestra confesión?"

Este círculo representa las convicciones de un movimiento más fundamentales y compromisos, es decir, su afirmación de fe, su compromiso con el Evangelio y las verdades contenidas en los credos cristianos tempranos (es decir, el Credo de Nicea). Estas convicciones están ancladas en las enseñanzas doctrinales de la Palabra de Dios, y representan el compromiso inequívoco de un movimiento a la ortodoxia histórica.

Como miembros de una Iglesia, santa, católica (universal), y apostólica, los movimientos válidos deben estar listos y dispuestos a morir por las convicciones evangélicas centrales de la fe ortodoxa histórica. Estas convicciones sirven como conexión del movimiento de la confesión cristiana histórica. Como tal, nunca puede ser comprometida o alterada.

Estructuras organizativas comunes
"¿Cuál es nuestro 'camino de la sabiduría'?"

Este círculo representa las formas en que los movimientos de plantación de iglesias urbanas válidos expresan sus convicciones y su identidad *a través de sus propias estructuras organizativas distintas y programas ministeriales*. Las estructuras y programas deberían ser diseñados y ejecutados a la luz de los desafíos y oportunidades particulares representados en un contexto de misiones en particular. Deben, por definición, estar sujetos a cambios bajo constante búsqueda del movimiento para encontrar formas mejores y más eficaces para gestionar y organizar para el ministerio. Tales estructuras son, por tanto, sujetos a procesos auto-definidos del movimiento para aplicar su sabiduría acumulada de la mejor manera de lograr nuestros propósitos en la ciudad.

A medida que las comunidades de fe en Cristo, los movimientos cristianos urbanos deben ser *animados a dialogar sobre sus estructuras con el fin de descubrir y aplicar los mejores métodos posibles que puedan para contextualizar el Evangelio, edificar a los miembros de sus iglesias, y hacer avanzar el Reino de Dios entre sus vecinos*.

Distintivos contextualizados convincentes
"¿Cuál es nuestra identidad"

Este círculo representa distintivos convincentes de un movimiento, es decir, aquellas características particulares culturales, étnicas y espirituales representadas en el entorno en el que un movimiento se arraiga. Un ejemplo simple de un distintivo tal es el lenguaje. La evangelización y el discipulado deben hacerse en el idioma de las personas que oyen y reciben el Evangelio. En consecuencia, los movimientos de plantación de iglesias urbanas se verán afectados por los rasgos distintivos espirituales y culturales que el Espíritu utiliza para recoger la iglesia del Señor juntos (es decir, tenga en cuenta el poder de los movimientos pentecostales y carismáticos entre las culturas con un fuerte sentido de los poderes y cómo impactan y afectan la vida cotidiana). Tales distintivos a menudo se realizan y son defendidos por los líderes que representan estas identidades con especial claridad y fuerza (e.j., Aimee Semple McPherson, Richard Allen, C. H. Mason, John Wesley, Martin Luther, Chuck Smith, John Wimber).

Las tradiciones específicas convincentes tratan de expresar y vivir esta fidelidad a la sede apostólica y de grandes tradiciones a través de su culto, enseñanza, y servicio. Tratan de hacer el Evangelio claro dentro de las nuevas culturas o subculturas, hablar y modelar la esperanza de Cristo en nuevas situaciones moldeadas por su propio conjunto único de problemas, preocupaciones, preguntas y experiencias. Estos movimientos, por lo tanto, son una forma de *contextualización* de la tradición apostólica, haciendo de la tradición real una manera tal que los nuevos grupos de personas puedan llegar a la fe en Jesucristo, y ser incorporados en la comunidad de fe — obedeciendo a las enseñanzas de Jesús y dando testimonio de su Reino a sus vecinos.

Los movimientos de plantación de iglesias urbanas deben estar listos y dispuestos para *articular y defender sus distintivos únicos como comunidad del reino de Dios en la ciudad*.

El plantador de iglesias y el equipo plantador de la iglesia

Como PLANTAR una iglesia
Don L. Davis

Evangelizar

> Mc. 16:15-18 – Y les dijo: Id por todo el mundo y predicad el evangelio a toda criatura. El que creyere y fuere bautizado, será salvo; mas el que no creyere, será condenado. Y estas señales seguirán a los que creen: En mi nombre echarán fuera demonios; hablarán nuevas lenguas; tomarán en las manos serpientes, y si bebieren cosa mortífera, no les hará daño; sobre los enfermos pondrán sus manos, y sanarán.

I. Preparar

Lc. 24:46-49 – y les dijo: "Así está escrito, y así fue necesario que el Cristo padeciese, y resucitase de los muertos al tercer día; y que se predicase en su nombre el arrepentimiento y el perdón de pecados en todas las naciones, comenzando desde Jerusalén. Y vosotros sois testigos de estas cosas. He aquí, yo enviaré la promesa de mi Padre sobre vosotros; pero quedaos vosotros en la ciudad de Jerusalén, hasta que seáis investidos de poder desde lo alto".

A. Forme un equipo de plantación de iglesia.

B. Ore.

C. Seleccione un área y población objetivo.

D. Haga estudios demográficos y etnográficos.

II. Lanzar

Gál. 2:7-10 – Antes por el contrario, como vieron que me había sido encomendado el evangelio de la incircuncisión, como a Pedro el de la circuncisión (pues el que actuó en Pedro para el apostolado de la circuncisión, actuó también en mí para con los gentiles), y reconociendo la gracia que me había sido dada, Jacobo, Cefas y Juan, que eran considerados como columnas, nos dieron a mí y a Bernabé la diestra en señal de compañerismo, para que nosotros fuésemos a los gentiles, y ellos a la circuncisión. Solamente nos pidieron que nos acordásemos de los pobres; lo cual también procuré con diligencia hacer.

A. Reclute y entrene voluntarios.

B. Lleve a cabo eventos evangelísticos y evangelización puerta a puerta.

Equipar

> Ef. 4:11-16 – Y él mismo constituyó a unos, apóstoles; a otros, profetas; a otros, evangelistas; a otros, pastores y maestros, a fin de perfeccionar a los santos para la obra del ministerio, para la edificación del cuerpo de Cristo, hasta que todos lleguemos a la unidad de la fe y del conocimiento del Hijo de Dios, a un varón perfecto, a la medida de la estatura de la plenitud de Cristo; para que ya no seamos niños fluctuantes, llevados por doquiera de todo viento de doctrina, por estratagema de hombres que para engañar emplean con astucia las artimañas del error, sino que siguiendo la verdad en amor, crezcamos en todo en aquel que es la cabeza, esto es, Cristo, de quien todo el cuerpo, bien concertado y unido entre sí por todas las coyunturas que se ayudan mutuamente, según la actividad propia de cada miembro, recibe su crecimiento para ir edificándose en amor.

III. Agrupar

Hch. 2:41-47 – Así que, los que recibieron su palabra fueron bautizados; y se añadieron aquel día como tres mil personas. Y perseveraban en la doctrina de los apóstoles, en la comunión unos con otros, en el partimiento del pan y en las oraciones. Y sobrevino temor a toda persona; y muchas maravillas y señales eran hechas por los apóstoles. Todos los que habían creído estaban juntos, y tenían en común todas las cosas; y vendían sus propiedades y sus bienes, y lo repartían a todos según la necesidad de cada uno. Y perseverando unánimes cada día en el templo, y partiendo el pan en las casas, comían juntos con alegría y sencillez de corazón, alabando a Dios, y teniendo favor con todo el pueblo. Y el Señor añadía cada día a la iglesia los que habían de ser salvos.

A. Forme grupos celulares, estudios bíblicos, etc. para dar seguimiento a los nuevos creyentes, para continuar con la evangelización, y para identificar y capacitar a los líderes emergentes.

B. Anuncie el nacimiento de una nueva iglesia al barrio y reúnase con regularidad para el culto público, la instrucción y compañerismo.

IV. Nutrir

1 Tes. 2:5-9 – Porque nunca usamos de palabras lisonjeras, como sabéis, ni encubrimos avaricia; Dios es testigo; ni buscamos gloria de los hombres; ni de vosotros, ni de otros, aunque podíamos seros carga como apóstoles de Cristo. Antes fuimos tiernos entre vosotros, como la nodriza que cuida con ternura a sus propios hijos. Tan grande es nuestro afecto por vosotros, que hubiéramos querido entregaros no sólo el evangelio de Dios, sino también nuestras propias vidas; porque habéis llegado a sernos muy queridos. Porque os acordáis, hermanos, de nuestro trabajo y fatiga; cómo trabajando de noche y de día, para no ser gravosos a ninguno de vosotros, os predicamos el evangelio de Dios.

A. Desarrolle discipulado individual y de grupo.

B. Llene papeles clave en la iglesia; identifique y utilice los dones espirituales.

Capacitar

Hch. 20:28 – Por tanto, mirad por vosotros, y por todo el rebaño en que el Espíritu Santo os ha puesto por obispos, para apacentar la iglesia del Señor, la cual él ganó por su propia sangre.

Hch. 20:32 – Y ahora, hermanos, os encomiendo a Dios, y a la palabra de su gracia, que tiene poder para sobreedificaros y daros herencia con todos los santificados.

V. Transición

Tito 1:4-5 – A Tito, verdadero hijo en la común fe: Gracia, misericordia y paz, de Dios Padre y del Señor Jesucristo nuestro Salvador. Por esta causa te dejé en Creta, para que corrigieses lo deficiente, y establecieses ancianos en cada ciudad, así como yo te mandé . . .

A. Transfiera liderazgo a los líderes autóctonos para que sean autónomos, auto-sostenibles y auto-reproducibles (nombre ancianos y pastores).

B. Fije decisiones acerca de las afiliaciones religiosas o de otro tipo.

C. Comisione a la iglesia.

D. Fomente la asociación con *World Impact* y otras iglesias urbanas para el compañerismo, el apoyo, y misión ministerial.

Cómo PLANTAR una iglesia

Evangelizar

PREPARAR
- Forme un equipo plantador de la iglesia.
- Ore.
- Seleccione un área y población objetivo.
- Haga estudios demográficos y etnográficos.

LANZAR
- Reclute y entrene voluntarios.
- Lleve a cabo eventos evangelísticos y evangelización puerta a puerta.

Equipar

AGRUPAR
- Forme grupos celulares, estudios bíblicos, etc. para dar seguimiento a los nuevos creyentes, para continuar con la evangelización, y para identificar y capacitar a los líderes emergentes.
- Anuncie el nacimiento de una nueva iglesia al barrio y reúnase con regularidad para el culto público, la instrucción y compañerismo.

NUTRIR
- Desarrolle discipulado individual y de grupo.
- Llene papeles clave en la iglesia; identifique y utilice los dones espirituales.

Capacitar

TRANSICIÓN
- Transfiera liderazgo a los líderes autóctonos para que sean autónomos, auto-sostenibles y auto-reproducibles (nombre ancianos y pastores).
- Fije decisiones acerca de las afiliaciones religiosas o de otro tipo.
- Comisione a la iglesia.
- Fomente la asociación con *World Impact* y otras iglesias urbanas para el compañerismo, el apoyo, y misión ministerial.

Precedentes paulinos en el libro de Hechos: El ciclo paulino

1. Misioneros comisionados: Hch. 13:1-4; 15:39-40; Gál. 1:15-16.
2. Audiencia contactada: Hch. 13:14-16; 14:1; 16:13-15; 17:16-19.
3. Evangelio comunicado: Hch. 13:17-41; 16:31; Rom. 10:9-14; 2 Tim. 2:8.

4. Oyentes convertidos: Hch. 13:48; 16:14-15; 20:21; 26:20; 1 Tes. 1:9-10.
5. Creyentes congregados: Hch. 13:43; 19:9; Rom. 16:4-5; 1 Cor. 14:26.
6. Fe confirmada: Hch. 14:21-22; 15:41; Rom. 16:17; Col. 1:28; 2 Tes. 2:15; 1 Tim. 1:3.
7. Liderazgo consagrado; Hch. 14:23; 2 Tim. 2:2; Tito 1:5.
8. Creyentes encomendados; Hch. 14:23; 16:40; 21:32 (2 Tim. 4:9 y Tito 3:12 por implicación).
9. Relaciones continuadas: Hch. 15:36; 18:23; 1 Cor. 16:5; Ef. 6:21-22; Col. 4:7-8.
10. Envío de iglesias convocadas: Hch. 14:26-27; 15:1-4.

La terminología, etapas, y el diagrama del "ciclo paulino" son tomados de David J. Hesselgrave, *Planting Churches Cross-Culturally* [Plantando iglesias transculturalmente], 2a ed. Grand Rapids: Baker Book House, 2000.

Los esquemas "Evangelizar, capacitar y dar autoridad" y de "P.L.A.N.T." para la plantación de iglesias son tomados de *Crowns of Beauty: Planting Urban Churches Conference Binder* [Coronas de belleza: Cuaderno de Conferencia de plantando iglesias urbanas]. Los Angeles: *World Impact Press*, 1999.

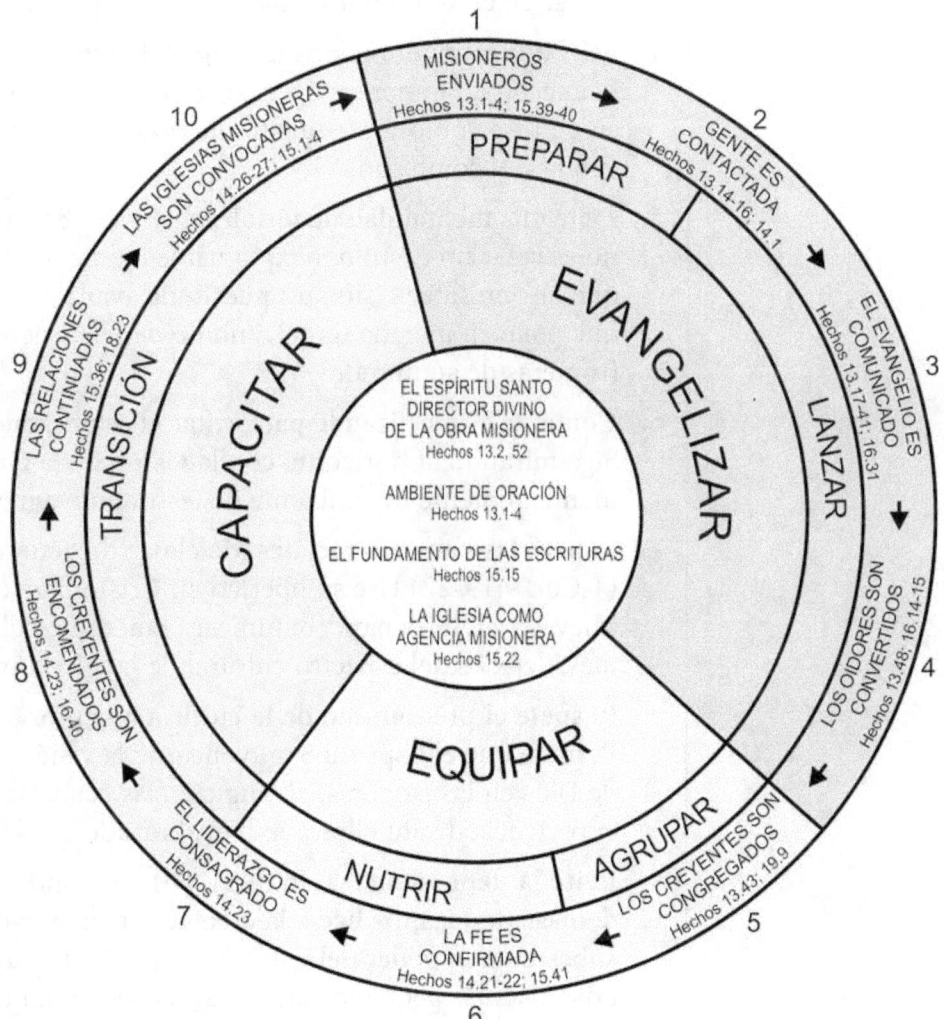

Diez principios de plantación de iglesias

1. **Jesús es el Señor.** (Mt. 9:37-38) Toda la actividad de plantación de iglesias se hace efectiva y fructífera bajo el cuidado y el poder del Señor Jesús, quien él mismo es el Señor de la cosecha.

2. **Evangelize, equipe y capacite a las personas no alcanzadas para alcanzar a la gente.** (1 Tes. 1:6-8) Nuestro objetivo en alcanzar a otros para Cristo no es sólo para una conversión sólida, sino también para la multiplicación dinámica; aquellos que son alcanzados deben ser capacitados para alcanzar a otros también.

3. **Sea inclusivo: Todo aquel que quiera puede venir.** (Rom. 10:12) Ninguna estrategia debería prohibir a cualquier persona o grupo entrar en el Reino por medio de Jesucristo por la fe.

4. **Sea culturalmente neutral: Venga tal como es.** (Col. 3:11) El Evangelio no impone exigencias en cualquier buscador para cambiar su cultura como un requisito previo para venir a Jesús; pueden venir tal y como son.

5. **Evite una mentalidad de fortaleza.** (Hch. 1:8) La meta de las misiones no es crear un castillo inexpugnable en medio de una comunidad que no son salvos, sino un puesto de avanzada dinámica del Reino, que pone en marcha un testimonio de Jesús dentro y a las mismas fronteras de su mundo.

6. **Continúe evangelizando para evitar el estancamiento.** (Rom 1:16-17.) Siga mirando al horizonte con la visión de la Gran Comisión en mente; fomente un ambiente de testimonio agresivo para Cristo.

7. **Supere las barreras raciales, de clase, de género y de lenguaje.** (1 Cor. 9:19-22) Use su libertad en Cristo para encontrar formas nuevas y creíbles para comunicar el mensaje del reino para los más alejados del espectro cultural de la iglesia tradicional.

8. **Respete el predominio de la cultura receptora.** (Hch. 15:23-29) Permita que el Espíritu Santo encarne la visión y la ética del Reino de Dios en las palabras, el lenguaje, las costumbres, estilos, y la experiencia de aquellos que han abrazado a Jesús como su Señor.

9. **Evite la dependencia.** (Ef. 4:11-16). Ni condescendencia ni ser demasiado tacaños hacia la creciente congregación; no hay que subestimar el poder del Espíritu en medio incluso de la comunidad cristiana más pequeña para llevar a cabo la obra de Dios en su comunidad.

10. **Piense reproductivamente.** (2 Tim. 2:2; Fil. 1:18) En toda actividad y proyecto que inicie, piense en términos de equipar a otros a hacer lo mismo, manteniendo una mente abierta con respecto a los medios y los fines de sus esfuerzos misioneros.

Recursos para estudio adicional

Cornett, Terry G. y James D. Parker. *"Developing Urban Congregations: A Framework for World Impact Church Planters."* ["Desarrollando congregaciones urbanas: Una estructura para los plantadores de iglesias de World Impact"].*World Impact Ministry Resources*. Los Angeles: World Impact Press, 1991.

Davis, Don L. y Terry G. Cornett. *"An Outline for a Theology of the Church."* *Crowns of Beauty: Planting Urban Churches* (Training Manual). ["Un esquema para una teología de la Iglesia." *Coronas de gloria: Establecimiento de iglesias urbanas* (Manual de formación)]. Los Angeles: World Impact Press, 1999.

Hesselgrave, David J. *Planting Churches Cross Culturally: A Biblical Guide*. [Plantar iglesias transculturalmente: Una guía bíblica]. Grand Rapids: Baker Book House, 2000.

Hodges, Melvin L. *The Indigenous Church: A Handbook on How to Grow Young Churches*. [La iglesia autóctona: un manual sobre cómo hacer crecer las iglesias jóvenes]. Springfield, MO: Gospel Publishing House, 1976.

Shenk, David W. y Ervin R. Stutzman. *Creating Communities of the Kingdom: New Testament Models of Church Planting*. [Creando comunidades del Reino: Modelos de plantación de Iglesias. del Nuevo Testamento]. Scottsdale, PA: Herald Press, 1988.

Responsabilidades de un líder de equipo de plantación de iglesias
World Impact

- *Interceder fielmente* por uno mismo, uno de los miembros y voluntarios, la comunidad, y todo el esfuerzo durante el período de la cartilla
- *Relacionarse y comunicarse regularmente* con el Líder del Equipo Múltiple (MTL siglas en inglés) y su Director y/o autoridad de la iglesia sobre el estado de la plantación
- Iniciar el *John Mark Curriculum* [Plan de estudios Juan Marcos] y sus cursos prescritos para el desarrollo del Líder del Equipo
- Asistir a la *Escuela de plantación de iglesias urbanas de World Impact* con los miembros del equipo central y el MTL para desarrollar una cartilla de equipo
- Supervisar *la formación e implementación de la estrategia de la plantación de iglesias del equipo*
- Asegurar que cada miembro del equipo ha recibido *la orientación y la formación adecuada* para su papel
- Para *cuidar el bienestar espiritual y emocional del equipo,* tanto como individuos, y en conjunto
- *Dirigir las reuniones del equipo, y sus procesos* de planificación, preparación, evaluación, y hacer los ajustes a la cartilla
- Ayudar a los miembros del equipo a *resolver conflictos interpersonales*
- *Asegurar los recursos, el personal y el asesoramiento* para los desafíos y oportunidades contínuos del equipo
- *Dar un ejemplo* de servicio y espiritualidad *para el equipo*

El latido del corazón de un plantador de iglesias
El discernimiento de una identidad pastoral/apostólica

Rev. Dr. Don L. Davis • *The Timothy Conference: Building Church Plant Teams*. [Conferencia Timoteo: Construyendo equipos de plantación de iglesias]. Wichita: The Urban Ministry Institute, 2005.

> Gál. 1:1-5 – Pablo, apóstol (no de hombres ni por hombre, sino por Jesucristo y por Dios el Padre que lo resucitó de los muertos), y todos los hermanos que están conmigo, a las iglesias de Galacia: Gracia y paz sean a vosotros, de Dios el Padre y de nuestro Señor Jesucristo, el cual se dio a sí mismo por nuestros pecados para librarnos del presente siglo malo, conforme a la voluntad de nuestro Dios y Padre, a quien sea la gloria por los siglos de los siglos. Amén.

I. **Definiciones y distinciones del apostolado**

  A. Consideraciones lingüísticas de *apostolos*: (el significado literal "uno que es enviado", un enviado, mensajero)

   1. Griego clásico: distinción entre *aggelos* (mensajero) y *apostolos* (un delegado o representante de la persona que lo envió)

   2. El judaísmo posterior: *apostoloi* mensajeros enviados por los ancianos en Jerusalén para recoger los diezmos y tributos de los judíos de la dispersión

> **Significados del apostolado del Nuevo Testamento**
> El término designa *apóstoles* a tres grupos diferentes de personas. Inicialmente, sólo los discípulos originales (que significa "estudiantes, alumnos") de Jesús fueron llamados apóstoles (que significa "los que son enviados con una misión"). Más tarde, el nombre fue dado a los misioneros que participaban en la plantación de iglesias que también fueron testigos de la resurrección de Cristo, como el mismo Pablo (1 Cor. 9:1-18) y un grupo de seguidores de Jesús distintos de los Doce (1 Cor. 15:5, 7). Por último, la designación se extendió a las personas que nunca habían visto a Cristo, sino que participaron con los apóstoles en los esfuerzos misioneros pioneros - Apolos (1 Cor. 4:6, 9.); Epafrodito (Fil. 2:25.); Silvano y Timoteo (1 Tes. 1:1; cf. 2:6). La definición de "apóstoles" como uno de los dones más altos deseados es una demostración de la accesibilidad continua a este ministerio para las personas calificadas (1 Cor. 12:28, cf. 31). Los cristianos de Corinto podían aspirar a convertirse en apóstoles, profetas, o maestros. El término *apóstol* todavía se utiliza en este

> sentido amplio en los escritos post-apostólicos de la *Didaché*. En sus escritos Pablo también se refiere a algunos de sus asociados como sus "compañeros de trabajo" o sus "socios de trabajo". Bajo su pluma, estos términos parecen haberse convertido en una etiqueta técnica para designar a las personas que se identificaron estrechamente con él en sus esfuerzos de plantación de iglesias de primera línea, como misioneros pioneros. Curiosamente, las mismas personas a las que Pablo llama "apóstoles" también se conocen como sus "compañeros de trabajo" – Bernabé (1 Cor. 9:5-6; cf. Hch. 14:14; Col. 4:10-11), Epafrodito (Fil. 2:25), Timoteo (Rom. 16:21). En 2 Corintios 8:23, Tito es un compañero de trabajo y sus compañeros menores son apóstoles. Por tanto, podemos deducir que existe cierta capacidad de intercambio entre los términos *apóstoles* y *compañeros de trabajo*.
>
> ~ Gilbert Bilezikian.
> *Beyond Sex Roles: What the Bible says about a Woman's Place in Church and Family*. [Más allá de los papeles por género: ¿Qué dice la Biblia acerca del lugar de la mujer en la Iglesia y la familia]. Grand Rapids: Baker Book House, 1986. Págs. 197-98.

B. Los conceptos erróneos sobre el pastor apostólico (es decir, misionero).

1. Debe ser un él (e.d. hombre).

   a. Refutación bíblica: Fil. 4:2-3 – Ruego a Evodia y a Síntique, que sean de un mismo sentir en el Señor. Asimismo te ruego también a ti, compañero fiel, que ayudes a éstas que combatieron juntamente conmigo en el evangelio, con Clemente también y los demás colaboradores míos, cuyos nombres están en el libro de la vida.

   b. La verdad del asunto: Dios ha llamado, ungido, y utiliza tanto para ser pastores misioneros en el campo de la misión que él ha dirigido.

2. Ella/él deben estar dotados de todos los dones que poseían los apóstoles bíblicos con el fin de ser competentes para dirigir el esfuerzo.

   a. Refutación bíblica: 2 Cor. 3:4-6 – Y tal confianza tenemos mediante Cristo para con Dios; no que seamos competentes por nosotros mismos para pensar algo como de nosotros mismos, sino que nuestra competencia proviene de Dios, el cual asimismo nos hizo ministros competentes de un nuevo pacto, no de la letra, sino del espíritu; porque la letra mata, mas el espíritu vivifica.

b. La verdad del asunto: Ningún pastor misionero es competente en y por sí mismo, independientemente de sus dones o su formación; somos hechos ministros competentes a través de la gracia y provisión de Dios solamente.

3. Ella/él debe percibir el papel de la plantación de iglesias como una especie de actividad ministerial o énfasis de programación, no como un llamando en la vida o compromiso.

    a. Refutación bíblica: Col. 1:24-27 – Ahora me gozo en lo que padezco por vosotros, y cumplo en mi carne lo que falta de las aflicciones de Cristo por su cuerpo, que es la iglesia; de la cual fui hecho ministro, según la administración de Dios que me fue dada para con vosotros, para que anuncie cumplidamente la palabra de Dios, el misterio que había estado oculto desde los siglos y edades, pero que ahora ha sido manifestado a sus santos, a quienes Dios quiso dar a conocer las riquezas de la gloria de este misterio entre los gentiles; que es Cristo en vosotros, la esperanza de gloria.

    b. La verdad del asunto: La plantación de iglesias no es meramente un tipo de programa o ministerio; más bien, plantar la iglesia de Jesucristo es el corazón de la Gran Comisión y el centro del ministerio apostólico.

4. Ella/él ha de ser extrovertido/a, sociable y en su totalidad dinámico/a en personalidad y estilo.

    a. Refutación bíblica: 2 Cor. 10:7-10 – Miráis las cosas según la apariencia. Si alguno está persuadido en sí mismo que es de Cristo, esto también piense por sí mismo, que como él es de Cristo, así también nosotros somos de Cristo. Porque aunque me gloríe algo más todavía de nuestra autoridad, la cual el Señor nos dio para edificación y no para vuestra destrucción, no me avergonzaré; para que no parezca como que os quiero amedrentar por cartas. Porque a la verdad, dicen, las cartas son duras y fuertes; mas la presencia corporal débil, y la palabra menospreciable.

    b. La verdad del asunto: El pastor misionero se basa en el auténtico llamado de Dios y la unción de su Espíritu, no en las características del exterior de apariencia y expresión de la personalidad.

5. Ella/él debe asumir toda la responsabilidad por la productividad (o su ausencia) de un esfuerzo de plantar iglesias.

    a. Refutación bíblica: 1 Cor. 3:4-10 – Porque diciendo el uno: Yo ciertamente soy de Pablo; y el otro: Yo soy de Apolos, ¿no sois carnales?¿Qué, pues, es Pablo, y qué es Apolos? Servidores por medio de los cuales habéis creído; y eso según lo que a cada uno concedió el Señor. Yo planté, Apolos regó; pero el crecimiento lo ha dado Dios. Así que ni el que planta es algo, ni el que riega, sino Dios, que da el crecimiento. Y el que planta y el que riega son una misma cosa; aunque cada uno recibirá su recompensa conforme a su labor. Porque nosotros somos colaboradores de Dios, y vosotros sois labranza de Dios, edificio de Dios. Conforme a la gracia de Dios que me ha sido dada, yo como perito arquitecto puse el fundamento, y otro edifique encima; pero cada uno mire cómo sobreedifica.

    b. La verdad del asunto: En última instancia, sólo Dios da el crecimiento en el ministerio; los que somos llamados usamos nuestros dones en la forma y en el momento que él lo dicte. No tenemos ningún control final sobre el número o la sincronización de los que van a responder al Evangelio.

6. Ella/él deben haber recibido entrenamiento de una academia de formación profesional, un colegio bíblico, seminario, o al menos tener la credencial de una institución académica acreditada de educación superior.

    a. Refutación bíblica: Hch. 4:13-14 – Entonces viendo el denuedo de Pedro y de Juan, y sabiendo que eran hombres sin letras y del vulgo, se maravillaban; y les reconocían que habían estado con Jesús. Y viendo al hombre que había sido sanado, que estaba en pie con ellos, no podían decir nada en contra.

    b. La verdad del asunto: La situación social, el entorno socioeconómico, o la educación pulida no significan nada para el pastor misionero como hacer el llamado auténtico y el poder espiritual de lo alto.

7. Ella/él debe ser elocuente y bien dotado o entrenado en el arte de hablar en público.

    a. Refutación bíblica: 1 Cor. 2:1-5 – Así que, hermanos, cuando fui a vosotros para anunciaros el testimonio de

Dios, no fui con excelencia de palabras o de sabiduría. Pues me propuse no saber entre vosotros cosa alguna sino a Jesucristo, y a éste crucificado. Y estuve entre vosotros con debilidad, y mucho temor y temblor; y ni mi palabra ni mi predicación fue con palabras persuasivas de humana sabiduría, sino con demostración del Espíritu y de poder, para que vuestra fe no esté fundada en la sabiduría de los hombres, sino en el poder de Dios.

   b. La verdad del asunto: Dios usa tanto a hombres y mujeres cuyos ministerios no son principalmente públicos en términos de hablar, pero eficaces en términos de testimonio personal.

8. Ella/él no tiene que ser una persona propensa a la debilidad, inseguridad o necesidad.

   a. Refutación bíblica: 2 Cor. 12:9-10 – Pero él me dijo: "Mi gracia te basta, pues mi poder se perfecciona en la debilidad." Por lo tanto me gloriaré más con mucho gusto de mis debilidades, para que el poder de Cristo repose sobre mí. Por el bien de Cristo, entonces, estoy en las debilidades, insultos, privaciones, persecuciones y calamidades. Porque cuando soy débil, entonces soy fuerte.

   b. La verdad del asunto: Los pastores misioneros están familiarizados con sus propias debilidades internas y sus dificultades, y Dios muestra su poder a través de ellos, a pesar de estas debilidades y dificultades.

9. Ella/él siempre debe ser percibida por todos en el liderazgo como algo valioso, útil y creíble.

   a. Refutación bíblica: Hch. 15:35-40 – Y Pablo y Bernabé continuaron en Antioquía, enseñando la palabra del Señor y anunciando el evangelio con otros muchos. Después de algunos días, Pablo dijo a Bernabé: Volvamos a visitar a los hermanos en todas las ciudades en que hemos anunciado la palabra del Señor, para ver cómo están. Y Bernabé quería que llevasen consigo a Juan, el que tenía por sobrenombre Marcos; pero a Pablo no le parecía bien llevar consigo al que se había apartado de ellos desde Panfilia, y no había ido con ellos a la obra. Y hubo tal desacuerdo entre ellos, que se separaron el uno del otro; Bernabé, tomando a Marcos, navegó a Chipre, y Pablo, escogiendo a Silas, salió encomendado por los hermanos a la gracia del Señor.

b. La verdad del asunto: A veces, el mismo que parece menos propenso a ser usado por Dios como pastor misionero puede llegar a ser aquel que el Señor llama a llevar mucho fruto para el Reino.

II. El perfil de un líder de equipo plantador de iglesia

A. El perfil del pastor apostólico

1. Ella/él mantiene *un caminar maduro con Jesucristo quién es digno de ser imitado*.

   Fil. 4:8-9 – Por lo demás, hermanos, todo lo que es verdadero, todo lo honesto, todo lo justo, todo lo puro, todo lo amable, todo lo que es de buen nombre; si hay virtud alguna, si algo digno de alabanza, en esto pensad. Lo que aprendisteis y recibisteis y oísteis y visteis en mí, esto haced; y el Dios de paz estará con vosotros.

2. Ella/él representa al Señor a través *de un testimonio personal convincente y una sólida reputación entre los de afuera y entre los creyentes.*

   2 Cor. 6:3-11 – No damos a nadie ninguna ocasión de tropiezo, para que nuestro ministerio no sea vituperado; antes bien, nos recomendamos en todo como ministros de Dios, en mucha paciencia, en tribulaciones, en necesidades, en angustias; en azotes, en cárceles, en tumultos, en trabajos, en desvelos, en ayunos; en pureza, en ciencia, en longanimidad, en bondad, en el Espíritu Santo, en amor sincero, en palabra de verdad, en poder de Dios, con armas de justicia a diestra y a siniestra; por honra y por deshonra, por mala fama y por buena fama; como engañadores, pero veraces; como desconocidos, pero bien conocidos; como moribundos, mas he aquí vivimos; como castigados, mas no muertos; como entristecidos, mas siempre gozosos; como pobres, mas enriqueciendo a muchos; como no teniendo nada, mas poseyéndolo todo. Nuestra boca se ha abierto a vosotros, oh corintios; nuestro corazón se ha ensanchado.

3. Ella/él afirma con confianza *el llamado de Dios para que lo represente* en la plantación de iglesias pioneras.

   Gál 1:1 – Pablo, apóstol (no de hombres ni por hombre, sino por Jesucristo y por Dios el Padre que lo resucitó de los muertos).

4. Ella/él *se somete alegremente a sus líderes* bajo la autoridad de Jesucristo.

   1 Tim. 1:18-19 – Este mandamiento, hijo Timoteo, te encargo, para que conforme a las profecías que se hicieron antes en cuanto a ti, milites por ellas la buena milicia, manteniendo la fe y buena conciencia, desechando la cual naufragaron en cuanto a la fe algunos.

5. Ella/él que posee *una rica vista teológica de la Iglesia, con un amor aún más profundo para el cuerpo de Cristo*.

   2 Cor. 11:2 – Porque os celo con celo de Dios; pues os he desposado con un solo esposo, para presentaros como una virgen pura a Cristo.

   Col. 1:24-27 – Ahora me gozo en lo que padezco por vosotros, y cumplo en mi carne lo que falta de las aflicciones de Cristo por su cuerpo, que es la iglesia; de la cual fui hecho ministro, según la administración de Dios que me fue dada para con vosotros, para que anuncie cumplidamente la palabra de Dios, el misterio que había estado oculto desde los siglos y edades, pero que ahora ha sido manifestado a sus santos, a quienes Dios quiso dar a conocer las riquezas de la gloria de este misterio entre los gentiles; que es Cristo en vosotros, la esperanza de gloria.

6. Ella/el *se identifica plenamente y pastorea con sensibilidad (nutren) a los miembros* de su equipo plantador de iglesia (grupo apostólico).

   Fil. 2:19-24 – Espero en el Señor Jesús enviaros pronto a Timoteo, para que yo también esté de buen ánimo al saber de vuestro estado; pues a ninguno tengo del mismo ánimo, y que tan sinceramente se interese por vosotros. Porque todos buscan lo suyo propio, no lo que es de Cristo Jesús. Pero ya conocéis los méritos de él, que como hijo a padre ha servido conmigo en el evangelio. Así que a éste espero enviaros, luego que yo vea cómo van mis asuntos; y confío en el Señor que yo también iré pronto a vosotros.

7. Ella/él *coordina a los hombres y mujeres dotados bajo su cuidado*, permitiendo a los diversos miembros hacer la contribución máxima posible para la tarea de plantar iglesias.

   Col. 4:10-17 – Aristarco, mi compañero de prisiones, os saluda, y Marcos el sobrino de Bernabé, acerca del cual habéis recibido mandamientos; si fuere a vosotros, recibidle; y Jesús, llamado

Justo; que son los únicos de la circuncisión que me ayudan en el reino de Dios, y han sido para mí un consuelo. Os saluda Epafras, el cual es uno de vosotros, siervo de Cristo, siempre rogando encarecidamente por vosotros en sus oraciones, para que estéis firmes, perfectos y completos en todo lo que Dios quiere. Porque de él doy testimonio de que tiene gran solicitud por vosotros, y por los que están en Laodicea, y los que están en Hierápolis. Os saluda Lucas el médico amado, y Demas. Saludad a los hermanos que están en Laodicea, y a Ninfas y a la iglesia que está en su casa. Cuando esta carta haya sido leída entre vosotros, haced que también se lea en la iglesia de los laodicenses, y que la de Laodicea la leáis también vosotros. Decid a Arquipo: Mira que cumplas el ministerio que recibiste en el Señor.

8. Ella/él *tiene una carga por los perdidos, y busca constantemente formas creativas para compartir las buenas noticias del Evangelio con aquellos que no han escuchado*, con una pasión para incorporar a todos aquellos que responden en una asamblea local de creyentes.

    Rom. 15:18-22 – Porque no osaría hablar sino de lo que Cristo ha hecho por medio de mí para la obediencia de los gentiles, con la palabra y con las obras, con potencia de señales y prodigios, en el poder del Espíritu de Dios; de manera que desde Jerusalén, y por los alrededores hasta Ilírico, todo lo he llenado del evangelio de Cristo. Y de esta manera me esforcé a predicar el evangelio, no donde Cristo ya hubiese sido nombrado, para no edificar sobre fundamento ajeno, sino, como está escrito: Aquellos a quienes nunca les fue anunciado acerca de él, verán; Y los que nunca han oído de él, entenderán. Por esta causa me he visto impedido muchas veces de ir a vosotros.

9. Ella/él *equipa a la comunidad cristiana a funcionar como una congregación de creyentes*, la capacitación de líderes y miembros para que crezcan en la gracia de Jesucristo.

    Gál. 4:12-19 – Os ruego, hermanos, que os hagáis como yo, porque yo también me hice como vosotros. Ningún agravio me habéis hecho. Pues vosotros sabéis que a causa de una enfermedad del cuerpo os anuncié el evangelio al principio; y no me despreciasteis ni desechasteis por la prueba que tenía en mi cuerpo, antes bien me recibisteis como a un ángel de Dios, como a Cristo Jesús. ¿Dónde, pues, está esa satisfacción que experimentabais? Porque os doy testimonio de que si hubieseis podido, os hubierais sacado vuestros propios ojos para dármelos. ¿Me he hecho, pues, vuestro enemigo, por deciros la verdad? Tienen celo por vosotros, pero no para bien, sino que quieren apartaros de nosotros para que vosotros tengáis celo por ellos. Bueno es mostrar celo en lo bueno siempre, y no solamente cuando estoy presente con vosotros. Hijitos míos, por quienes vuelvo a sufrir dolores de parto, hasta que Cristo sea formado en vosotros.

10. Ella/él permite que *la iglesia emergente desarrolle su propia identidad y destino bajo la dirección del Espíritu Santo*.

    Hch. 20:25-32 – Y ahora, he aquí, yo sé que ninguno de todos vosotros, entre quienes he pasado predicando el reino de Dios, verá más mi rostro. Por tanto, yo os protesto en el día de hoy, que estoy limpio de la sangre de todos; porque no he rehuido anunciaros todo el consejo de Dios. Por tanto, mirad por vosotros, y por todo el rebaño en que el Espíritu Santo os ha puesto por obispos, para apacentar la iglesia del Señor, la cual él ganó por su propia sangre. Porque yo sé que después de mi partida entrarán en medio de vosotros lobos rapaces, que no perdonarán al rebaño. Y de vosotros mismos se levantarán hombres que hablen cosas perversas para arrastrar tras sí a los discípulos. Por tanto, velad, acordándoos que por tres años, de noche y de día, no he cesado de amonestar con lágrimas a cada uno. Y ahora, hermanos, os encomiendo a Dios, y a la palabra de su gracia, que tiene poder para sobreedificaros y daros herencia con todos los santificados.

B. Implicaciones para el líder del equipo plantador de iglesia apostólica

   1. De todas las cosas mencionadas anteriormente, nada es tan importante como el *reconocimiento del propio llamado a plantar iglesias*. ¿Por qué?

      a. Si usted es llamado, *se le proporcionará*.

      b. Si usted es llamado, *las oportunidades vendrán*.

      c. Si usted es llamado, *Dios asegurará sus dones y del tiempo*.

   2. De todos los dones deseados anteriormente, tal vez ninguno es tan importante como los siguientes:

      a. Carga por la *evangelización*

      b. El compromiso de *amar y nutrir al equipo* como iglesia

      c. *Capacidad para coordinar los dones y esfuerzos de los miembros del equipo* para lograr la máxima contribución en nuestra misión de alcance

III. Los temas relacionados con el apostolado misionero

A. ¿Qué nivel de *preparación y formación* son necesarios para que alguien sea el líder del equipo misionero plantador de la iglesia?

1. Idealmente, el apóstol misionero **ha hecho discípulos dentro de su propio entorno cultural** antes de que se haya desplazado a hacer lo mismo transculturalmente en la misión pionera.

   2 Cor. 8:18-22 – Y enviamos juntamente con él al hermano cuya alabanza en el evangelio se oye por todas las iglesias; y no sólo esto, sino que también fue designado por las iglesias como compañero de nuestra peregrinación para llevar este donativo, que es administrado por nosotros para gloria del Señor mismo, y para demostrar vuestra buena voluntad; evitando que nadie nos censure en cuanto a esta ofrenda abundante que administramos, procurando hacer las cosas honradamente, no sólo delante del Señor sino también delante de los hombres. Enviamos también con ellos a nuestro hermano, cuya diligencia hemos comprobado repetidas veces en muchas cosas, y ahora mucho más diligente por la mucha confianza que tiene en vosotros.

2. Más que cualquier otra cosa, el apóstol misionero (el líder del equipo plantador de la iglesia) debe entender *su identidad como persona llamada por Dios* para dirigir un esfuerzo de misión pionera.

   Hch. 20:24 – Pero de ninguna cosa hago caso, ni estimo preciosa mi vida para mí mismo, con tal que acabe mi carrera con gozo, y el ministerio que recibí del Señor Jesús, para dar testimonio del evangelio de la gracia de Dios.

3. *El dominio de y ser capaz de equipar a otros con la Palabra de Dios* es el activo más importante que se necesita para ser poseído por un líder de equipo plantador de la iglesia.

   2 Tim. 3:16-17 – Toda la Escritura es inspirada por Dios, y útil para enseñar, para redargüir, para corregir, para instruir en justicia, a fin de que el hombre de Dios sea perfecto, enteramente preparado para toda buena obra.

B. ¿Cuál es la relación de un apóstol misionero llamado y *socios legítimos* con los demás?

1. OMR (RMO – siglas para *Religious Missionary Order*) es una *clase apostólica misionera* dedicada a la misión pionera.

2. No hay asociaciones que puedan jamás eclipsar o tomar *el lugar del llamado del apóstol misionero para ir a los sin iglesia, anunciar las buenas nuevas, y establecer congregaciones de discípulos entre ellos.*

3. Como apóstoles misioneros, *vamos a los sin iglesia por la compulsión del llamado del Señor en nuestras vidas*, ante todo, no debido a la disposición de cualquier otro grupo, sino legítimos de ir con nosotros.

4. Debemos colaborar con los demás, no por la pérdida de nuestra identidad, sino por la *unión de fuerzas para un máximo impacto.*

   Gál. 2:6-10 – Pero de los que tenían reputación de ser algo (lo que hayan sido en otro tiempo nada me importa; Dios no hace acepción de personas , a mí, pues, los de reputación nada nuevo me comunicaron. Antes por el contrario, como vieron que me había sido encomendado el evangelio de la incircuncisión, como a Pedro el de la circuncisión (pues el que actuó en Pedro para el apostolado de la circuncisión, actuó también en mí para con los gentiles), y reconociendo la gracia que me había sido dada, Jacobo, Cefas y Juan, que eran considerados como columnas, nos dieron a mí y a Bernabé la diestra en señal de compañerismo, para que nosotros fuésemos a los gentiles, y ellos a la circuncisión. Solamente nos pidieron que nos acordásemos de los pobres; lo cual también procuré con diligencia hacer.

C. ¿Cuál es la relación entre *asumir el liderazgo y la creación de un consenso* en la dirección de un equipo plantador de la iglesia?

   1. El líder del equipo plantador de la iglesia *desafía a su equipo y a otros a seguirlo como ella/él sigue a Cristo.*

      1 Cor. 11:1 – Sed imitadores de mí, así como yo de Cristo.

   2. El líder del equipo plantador de la iglesia debe vivir *por su convicción bajo la dirección del Señor Jesús*, y no por las opiniones, caprichos, y amenazas de los demás.

      Gál. 1:10-12 – Pues, ¿busco ahora el favor de los hombres, o el de Dios? ¿O trato de agradar a los hombres? Pues si todavía agradara a los hombres, no sería siervo de Cristo. Mas os hago saber, hermanos, que el evangelio anunciado por mí, no es según hombre; pues yo ni lo recibí ni lo aprendí de hombre alguno, sino por revelación de Jesucristo.

3. Como creador de la comunidad, sin embargo, el líder del equipo plantador de la iglesia apostólica *trata de ayudar a cada miembro a identificar sus dones, descubre sus cargas, y aprovecha sus recursos para contribuir a la plantación de un conjunto saludable de discípulos.*

Ef. 4:11-16 – Y él mismo constituyó a unos, apóstoles; a otros, profetas; a otros, evangelistas; a otros, pastores y maestros, a fin de perfeccionar a los santos para la obra del ministerio, para la edificación del cuerpo de Cristo, hasta que todos lleguemos a la unidad de la fe y del conocimiento del Hijo de Dios, a un varón perfecto, a la medida de la estatura de la plenitud de Cristo; para que ya no seamos niños fluctuantes, llevados por doquiera de todo viento de doctrina, por estratagema de hombres que para engañar emplean con astucia las artimañas del error, sino que siguiendo la verdad en amor, crezcamos en todo en aquel que es la cabeza, esto es, Cristo, de quien todo el cuerpo, bien concertado y unido entre sí por todas las coyunturas que se ayudan mutuamente, según la actividad propia de cada miembro, recibe su crecimiento para ir edificándose en amor.

Rom. 12:4-8 – Porque de la manera que en un cuerpo tenemos muchos miembros, pero no todos los miembros tienen la misma función, así nosotros, siendo muchos, somos un cuerpo en Cristo, y todos miembros los unos de los otros. De manera que, teniendo diferentes dones, según la gracia que nos es dada, si el de profecía, úsese conforme a la medida de la fe; o si de servicio, en servir; o el que enseña, en la enseñanza; el que exhorta, en la exhortación; el que reparte, con liberalidad; el que preside, con solicitud; el que hace misericordia, con alegría.

¡En un sentido real, un miembro del equipo plantador de iglesia está jugando el papel de un apóstol!

La designación de los Doce como "los apóstoles", que ocurre sólo aquí en el Evangelio de Marcos, tiene una referencia específica a la misión que acababan de realizar. En este contexto, el término es descriptivo de la función del discípulo en lugar de un título oficial y podría traducirse 'misioneros'. Fue como consecuencia de su misión de predicar y de echar fuera demonios en Galilea que los Doce fueron designados 'apóstoles', es decir, aquellos que habían sido enviados, y facultados por Jesús.

~ William L. Lane. *"The Gospel of Mark."* ["El evangelio de Marcos"]. *The New International Commentary on the New Testament.* [El Nuevo Comentario Internacional sobre el Nuevo Testamento]. Grand Rapids: William B. Eerdmans, 1974. pág. 224.

Pasos prácticos en la plantación de iglesias
Conociendo su llamado y su comunidad
Rev. Dr. Don L. Davis

Abstracto

El primer paso en la plantación efectiva de iglesias transculturales está cada vez más claro con respecto a su llamado personal de Cristo para participar en este esfuerzo, discerniendo cuales han de asociarse con, y el aprendizaje de las personas y de la comunidad a la que Dios le ha dado para llegar. Nadie puede ser eficaz en las etapas iniciales de la misión urbana a menos que tomen tiempo para reafirmar su llamada, y el estudio de las personas y el lugar al que Dios les ha llamado. En esta sesión se dan pautas para saber con seguridad su llamada y su comunidad.

I. **Conozca su llamado personal.**

   A. Comience por familiarizarse con la visión bíblica y la justificación de la plantación iglesias.

      1. La teología de la Iglesia

      2. El papel del Espíritu Santo

      3. La vitalidad de la banda apostólica

   B. Renueve su compromiso personal con la visión misionera, y para las misiones urbanas.

      1. Recuerde su propia experiencia "el camino a Damasco": la salvación, dones, y el ministerio que le ha asignado Cristo.

      2. Reconsidere la naturaleza del llamado de Cristo en su vida.

      3. Evalúe su vida ministerial en este momento, y discierna si Dios todavía está llamándole a este tipo de ministerio.

      4. Reafirme su llamado al ministerio del evangelio: ¿Es este llamado particular de Dios para usted en este momento?

   C. Circuncide su corazón en dependencia de Dios.

      1. Reconozca ante el Señor su impotencia ante él.

2. Reconozca ante sus colegas su impotencia ante ellos.

3. Ciña su mente para pagar el precio para ver una iglesia naciente en la comunidad a la que Cristo le ha llamado a servir.

D. Comprométase a jugar su posición en el equipo plantador de la iglesia.

1. Compre de lleno la visión de la plantación de iglesias.

2. Tenga el valor de tomar en cuenta el costo antes de unirse al equipo.

3. Únase al equipo - no se siente en el banquillo. (Recuerde a Juan Marcos).

4. Esté disponible para estar tan involucrado en la plantación de la iglesia tanto como le sea posible.

5. Comprométase a cumplir con los estatutos del equipo plantador de la iglesia.

E. Reconozca y sométase a la autoridad de Cristo en su ministerio.

1. A pesar de que el equipo debe ser semi-autónomo, también ha de dar cuentas plenamente.

   a. Libres para innovar en el método evangélico

   b. Unido al mandato de Cristo y a la visión de nuestro ministerio

2. Identifique con quienes usted es responsable (dar cuentas): El líder de su equipo plantador de la iglesia, o su director de ciudad o el pastor.

3. Identifique por quien es usted responsable: Aquellos en el equipo y en la comunidad.

4. Identifique de qué es usted responsable (dar cuentas): responsabilidades y funciones en el equipo.

II. Conozca su llamado como un equipo de plantación de iglesias.

A. Desde el inicio, la confirmación tiempo suficiente para vivir y el aprendizaje como una comunidad de servidores.

1. Para crecer juntos espiritual, social, e interpersonalmente

2. Para discernir entre sí de los dones, cargas, y habilidades

3. Para permitir que se desarrolle la identidad del equipo y la "química"

4. Desarrolle un claro *"modus operandi"* como equipo en su planificación en curso, hacer y revisar juntos

B. Planee horarios especiales para la alimentación espiritual y amistad (retiro, oración, estudio bíblico, reuniones sociales).

C. Pase tiempo ante el Señor en oración y súplica.

1. Por ustedes mismos

2. Por la comunidad

3. Por la dirección del Espíritu

D. Pase tiempo como equipo en preparación para el ministerio (tiempo de formación, conferencias, estudio de idiomas, capacitación bíblica, etc.).

1. Necesidad de formación continua

2. Importante no hacer ninguna suposición; sobre el aprendizaje puede ser una bendición

3. Permitir las "batallas en el pizarrón" que se pierdan sin sangre: juegue el papel y la simulación.

4. Permita la oportunidad de practicar las habilidades y proyectos.

5. Determine los planes de estudio en forma global basados en las necesidades particulares de cada equipo individual.

III. Sepa a quiénes ha sido llamado: Su comunidad.

> Me he hecho de todo para todos con el fin de que pudiera ganar algo.
>
> ~ El apóstol Pablo

A. Haga su tarea antes de llegar a la comunidad.

1. Utilice fuentes de referencia estandarizadas (volúmenes demográficos y estadísticos).

2. Población, los principales periódicos, industria y comercio, museos, lugares de interés, universidades, galerías de arte, museos, etc.

3. Haga su trabajo de biblioteca para desenterrar los datos en su ciudad.

    a. Historia y antecedentes

    b. Distintivos culturales

    c. Personajes locales y leyendas

    d. Asuntos en curso del vecindario y preocupaciones

    e. Lugares de importancia

B. Introdúzcase a la escena como un aprendiz.

1. Adopte la mentalidad de un estudiante de la comunidad.

2. Mantenga un registro de su experiencia y conocimientos.

3. Formule preguntas y trate de responderlas.

4. Pase tiempo suficiente aprendiendo sobre la ciudad en general, y la historia de la comunidad a la que está llamado.

5. Judith Lingenfelter, Biola – deje de lado los primeros 3-6 meses para el aprendizaje de la etnografía de la comunidad.

C. Desde el principio adopte el papel de "observador participante".

1. Recopile datos y analizarlos es un trabajo duro.

2. "¿Qué se supone que debo estar viendo?" – Consulta común durante la primera etapa del trabajo etnográfico

3. James Spradley, *Ethnographic Interviewing* [Entrevistando lo etnográfico] (1980)

    a. Tres partes: actor, actividad, lugar

    b. Nueve preguntas básicas de observación en cualquier contexto: espacio, objeto, acto, actividad, evento, tiempo, actor, meta, y sentimiento

4. Anote todo en detalle – plantee las hipótesis – pruébelas

D. El aprendizaje del territorio: la cartografía

1. "La determinación de lo que es dónde y por qué": ¿su propósito?

    a. Nos ayuda a aprender cómo la gente usa el espacio

    b. Crea relaciones haciendo preguntas no amenazantes

    c. Se aprenden términos autóctonos, categorías y puntos de interés e importancia

2. Los mapas de arquitectura – Lo que está situado dónde y por qué

3. Las áreas geográficas - Caminos, señales, bordes, distritos, ayudan a determinar las áreas de seguridad y el peligro para personas determinadas

E. Obtención del pulso: entrevistando a los miembros clave de la comunidad

1. La importancia de las relaciones para información: una relación vale la pena una docena de encuestas.

    a. Se dirige a los miembros clave de influencia

b. Gana la oportunidad de conseguir la interpretación directa de alguien que es a parte de la cultura

c. Permite demostrar el interés y el respeto a las personas de la comunidad

2. Importancia: El respeto es absolutamente crítico.

3. La entrevista formal: (asociaciones, grupos, individuos) encuesta de la comunidad

   a. Preguntas descriptivas – "Preguntas *Gran Tour*"

   b. Preguntas estructurales – que tratan de determinar qué y dónde viven los grupos étnicos, y las diferencias entre ellos

4. La entrevista informal: amistad y aprendizaje

5. La importancia de grabar y reflexionar sobre todas las respuestas, y tratar de utilizar la información para mejorar su ministerio

6. El acto de permanecer abierto a nueva información es tan importante como el proceso de la entrevista, formal o no.

7. En todas las circunstancias custodie la dignidad de las personas a las que está investigando; ellas no son insectos o microbios, sino personas por quienes Cristo murió

F. Espigando el campo: pasar tiempo para analizar sus datos.

1. Nunca reúna datos sin programar también algún tipo de retroalimentación o fijar una evaluación.

2. Hablen juntos como un equipo sobre lo que están aprendiendo.

3. Pregunte constantemente cómo sus ideas pueden servir a su evangelización, compasión y actividades para hacer amigos.

4. Haga sugerencias sobre cómo la información puede ayudar a sus esfuerzos de CPT en el ministerio de la comunidad.

G. Empiece a caminar con prudencia: Conviértase en un buen vecino.

1. Aprecie la singularidad de la comunidad donde se encuentra.

2. Sea discreto y respetuoso; no se convierta en un chismoso.

3. Permita que el Espíritu use su investigación para modificar los métodos y estrategias de evangelización y justicia.

4. Reconozca que mientras se encuentra en la comunidad, usted es una parte de la comunidad – Cuidado con la mentalidad "observador distante".

Tradiciones
(Gr. Paradosis)
Rev. Dr. Don L. Davis y Rev. Terry G. Cornett

> Acuérdate de los tiempos antiguos, considera los años de muchas generaciones; pregunta a tu padre, y él te declarará; a tus ancianos, y ellos te dirán.
> ~ Deuteronomio 32:7

Definición de la concordancia de Strong
Paradosis. Transmisión de un precepto; específicamente, la ley tradicional judía. Se refiere a una ordenanza o tradición

Explicación del diccionario Vine
Denota "una tradición", y he allí, por atributo específico de palabras, (a) "las enseñanzas de los rabinos", . . . (b) "enseñanza apostólica", . . . de instrucciones concernientes a la asamblea de creyentes, de doctrina cristiana en general . . . de instrucciones concernientes a la conducta diaria.

I. **El concepto de tradición en la Escritura está enraizado en el recuerdo, celebración, promulgación y proclamación de la historia de la promesa de Dios de redimir y salvar a un pueblo para sí mismo.**

   Cada época del testimonio cristiano ha dado testimonio de su profunda fe y esperanza en la promesa de la salvación del Dios trino de redimir a un pueblo del mundo para su propia posesión y servicio. La historia de la fe judeocristiana está anclada en una esperanza que se renueva diariamente, semanalmente, mensualmente y anualmente en la adoración y servicio del pueblo de Dios. Esta esperanza está arraigada en la obra de Jesús de Nazaret, demostrada en su vida perfecta, expresada en su muerte en la cruz, y reivindicada por su resurrección de los muertos y ascensión a la mano derecha del Padre. Enraizada en el viaje histórico del pueblo de Dios, Israel, y hecho real en la vida y servicio de la Iglesia, la tradición involucra aquellos actos, comportamientos, costumbres y prácticas que articulan, celebran, promulgan, reconocen, defienden y encarnan la historia de la salvación de Dios en Jesús, esas doctrinas y prácticas por medio de las cuales santificamos el presente recordando el pasado para que podamos vivir mejor a la luz del futuro, nuestra verdadera esperanza de gloria en Cristo.

Ex. 12:24-27 – Guardaréis esto por estatuto para vosotros y para vuestros hijos para siempre. Y cuando entréis en la tierra que Jehová os dará, como prometió, guardaréis este rito. Y cuando os dijeren vuestros hijos: ¿Qué es este rito vuestro?, vosotros responderéis: Es la víctima de la pascua de Jehová, el cual pasó por encima de las casas de los hijos de Israel en Egipto, cuando hirió a los egipcios, y libró nuestras casas. Entonces el pueblo se inclinó y adoró.

Jer. 6:16 (LBLA) – Así dice el SEÑOR: Paraos en los caminos y mirad, y preguntad por los senderos antiguos cuál es el buen camino, y andad por él; y hallaréis descanso para vuestras almas. Pero dijeron: "No andaremos en él" (compare con Ex. 3.15; Je. 2.17; 1 Re. 8.57-58; Sal. 78.1-6).

Deut. 26:5-11 – Entonces hablarás y dirás delante de Jehová tu Dios: Un arameo a punto de perecer fue mi padre, el cual descendió a Egipto y habitó allí con pocos hombres, y allí creció y llegó a ser una nación grande, fuerte y numerosa; y los egipcios nos maltrataron y nos afligieron, y pusieron sobre nosotros dura servidumbre. Y clamamos a Jehová el Dios de nuestros padres; y Jehová oyó nuestra voz, y vio nuestra aflicción, nuestro trabajo y nuestra opresión; y Jehová nos sacó de Egipto con mano fuerte, con brazo extendido, con grande espanto, y con señales y con milagros; y nos trajo a este lugar, y nos dio esta tierra, tierra que fluye leche y miel. Y ahora, he aquí he traído las primicias del fruto de la tierra que me diste, oh Jehová. Y lo dejarás delante de Jehová tu Dios, y adorarás delante de Jehová tu Dios. Y te alegrarás en todo el bien que Jehová tu Dios te haya dado a ti y a tu casa, así tú como el levita y el extranjero que está en medio de ti.

Ex. 13:8-9 – Y lo contarás en aquel día a tu hijo, diciendo: Se hace esto con motivo de lo que Jehová hizo conmigo cuando me sacó de Egipto. Y te será como una señal sobre tu mano, y como un memorial delante de tus ojos, para que la ley de Jehová esté en tu boca; por cuanto con mano fuerte te sacó Jehová de Egipto.

2 Cr. 35:25 – Y Jeremías endechó en memoria de Josías. Todos los cantores y cantoras recitan esas lamentaciones sobre Josías hasta hoy; y las tomaron por norma para endechar en Israel, las cuales están escritas en el libro de Lamentaciones (compare con Gn. 32.32; Jer. 11.38-40).

II. **La tradición piadosa edifica, fundamenta y refuerza la verdad y la historia de Dios en nuestras vidas. Sin embargo, debido a los hábitos pecaminosos y a la ortodoxia muerta, no toda tradición es piadosa.**

Cualquier tradición debe ser juzgada individualmente por su fidelidad a la Palabra de Dios y su eficacia en ayudarnos a mantener la obediencia al ejemplo de Cristo y sus enseñanzas.* En los Evangelios, Jesús frecuentemente reprendía a los fariseos por establecer tradiciones que anulaban, en lugar de afirmar, los mandamientos de Dios.

Mc. 7:8 – Porque dejando el mandamiento de Dios, os aferráis a la tradición de los hombres. (Compare con Mt. 15.2-6; Mc. 7.13).

Col. 2:8 – Mirad que nadie os engañe por medio de filosofías y huecas sutilezas, según las tradiciones de los hombres, conforme a los rudimentos del mundo, y no según Cristo.

III. **Sin la plenitud del Espíritu Santo entre el pueblo de Dios, la constante edificación de la Escritura y el apasionado recuerdo y celebración de las obras de Dios en la historia, la tradición conducirá inevitablemente al formalismo muerto.**

Todos los que somos espirituales, de igual manera, debemos ser llenos del Espíritu Santo: Del poder y guía del único que provee a toda congregación e individuo un sentido de libertad y vitalidad en todo lo que practicamos y creemos. Sin embargo, cuando las prácticas y enseñanzas de una tradición dejan de ser inyectadas por el poder del Espíritu Santo y la Palabra de Dios, la tradición pierde su efectividad; y podría llegar a ser contraproducente a nuestro discipulado en Jesucristo.

Ef. 5:18 – No os embriaguéis con vino, en lo cual hay disolución; antes bien sed llenos del Espíritu.

Gál. 5:22-25 – Mas el fruto del Espíritu es amor, gozo, paz, paciencia, benignidad, bondad, fe, mansedumbre, templanza; contra tales cosas no hay ley. Pero los que son de Cristo han crucificado la carne con sus pasiones y deseos. Si vivimos por el Espíritu, andemos también por el Espíritu.

2 Co. 3:5-6 (NVI) – No es que nos consideremos competentes en nosotros mismos. Nuestra capacidad viene de Dios. Él nos ha

capacitado para ser servidores de un nuevo pacto, no el de la letra sino el del Espíritu; porque la letra mata, pero el Espíritu da vida.

IV. La fidelidad y la reproducción a la tradición apostólica (es decir, el testimonio, la enseñanza y la visión ética de Cristo y su reino) es la esencia de la madurez cristiana.

La tradición para la Iglesia no es equivocada ni arbitraria. Más bien, extraemos nuestro sentido de identidad e historia de la historia de Jesús de Nazaret basada en el testimonio de los testigos de los apóstoles, y su comentario y explicación del significado del evento de Cristo por nuestras vidas. La Iglesia es una *comunidad hermenéutica mesiánica*, sacando su vida de su convicción, proclamación, celebración y demostración del significado de la persona y la obra de Jesús encarnada en la historia de Israel, como lo demuestra su encarnación y pasión, Su resurrección y ascensión a la diestra de Dios. Su audaz y clara proclamación de su regreso para completar su obra sobre la Cruz y establecer el reino de Dios en este mundo es la esperanza y el amor de la Iglesia. Como se dice con tanta frecuencia en las comunidades afroamericanas de adoración cristiana, la tradición hace que esta historia y su esperanza sean "claras", diciendo a todos en adoración, ritual, celebración y estilo de vida que Jesús de Nazaret es el Elegido de Dios, siendo testificado por los apóstoles. Abrazar y defender su testimonio es el corazón de la madurez cristiana y el discipulado.

2 Ti. 2:2 – Lo que has oído de mí ante muchos testigos, esto encarga a hombres fieles que sean idóneos para enseñar también a otros.

1 Co. 11:1-2 (LBLA) – Sed imitadores de mí, como también yo lo soy de Cristo. Os alabo porque en todo os acordáis de mí y guardáis las tradiciones con firmeza, tal como yo os las entregué. (Compare con 1 Co. 4.16-17, 2 Ti. 1.13-14, 2 Te. 3.7-9, Flp. 4.9).

1 Co. 15:3-8 (LBLA) – Porque yo os entregué en primer lugar lo mismo que recibí: que Cristo murió por nuestros pecados, conforme a las Escrituras; que fue sepultado y que resucitó al tercer día, conforme a las Escrituras; que se apareció a Cefas y después a los doce; luego se apareció a más de quinientos hermanos a la vez, la mayoría de los cuales viven aún, pero algunos ya duermen; después se apareció a Jacobo, luego a todos los apóstoles, y al último de todos, como a uno nacido fuera de tiempo, se me apareció también a mí.

V. El apóstol Pablo a menudo incluye a las iglesias un llamamiento a la tradición para apoyo tanto en las prácticas doctrinales y éticas.

La tradición apostólica era el criterio y la plomada de la fe auténtica, el genuino amor cristiano y la auténtica demostración de la esperanza cristiana en la fe y la práctica de la iglesia.

1 Co. 11.16 - Con todo eso, si alguno quiere ser contencioso, nosotros no tenemos tal costumbre, ni las iglesias de Dios (compare con 1 Co. 1.2, 7.17, 15.3).

1 Co. 14.33-34 (LBLA) - Porque Dios no es Dios de confusión, sino de paz, como en todas las iglesias de los santos. Las mujeres guarden silencio en las iglesias, porque no les es permitido hablar, antes bien, que se sujeten como dice también la ley.

VI. Cuando una congregación usa la tradición recibida para mantenerse fiel a la "Palabra de Dios", ellos son felicitados por los apóstoles.

Los apóstoles no sólo esperaban que las iglesias recibieran las tradiciones de fe y de práctica que habían dado al pueblo de Dios, sino que se les instruyó a mantenerlas y defenderlas, aferrarse a lo que se les había sido dado y a permanecer firmes en ellas por lo que realmente eran, la palabra autorizada de Dios.

1 Co. 11.2 (LBLA) – Os alabo porque en todo os acordáis de mí y guardáis las tradiciones con firmeza, tal como yo os las entregué.

2 Ts. 2.15 – Así que, hermanos, estad firmes, y retened la doctrina que habéis aprendido, sea por palabra, o por carta nuestra.

2 Ts. 3.6 (BLS) – Hermanos míos, con la autoridad que nuestro Señor Jesucristo nos da, les ordenamos que se alejen de cualquier miembro de la iglesia que no quiera trabajar ni viva de acuerdo con la enseñanza que les dimos.

Los fundadores de la tradición: Tres niveles de autoridad cristiana

Ex. 3:15 – Además dijo Dios a Moisés: Así dirás a los hijos de Israel: Jehová, el Dios de vuestros padres, el Dios de Abraham, Dios de Isaac y Dios de Jacob, me ha enviado a vosotros. Este es mi nombre para siempre; con él se me recordará por todos los siglos.

I. La tradición Autoritativa: Los apóstoles y los profetas (las Santas Escrituras)

> Así que ya no sois extranjeros ni advenedizos, sino conciudadanos de los santos, y miembros de la familia de Dios, edificados sobre el fundamento de los apóstoles y profetas, siendo la principal piedra del ángulo Jesucristo mismo, en quien todo el edificio, bien coordinado, va creciendo para ser un templo santo en el Señor.
> ~ El Apóstol Pablo (Efesios 2:19-21)

El testimonio ocular de la revelación y hechos salvadores de Jehová, primero en Israel, y últimamente en Jesucristo el Mesías, une a toda persona, en todo tiempo, y en todo lugar. Es la tradición autoritativa por la que toda tradición posterior es juzgada.

II. La Gran Tradición: Los concilios colectivos y sus credos*

* Ver más adelante el Apéndice B: "Definiendo la Gran Tradición".

> Lo que ha sido creído en todo lugar, siempre y por todos.
> ~ Vicente de Lérins

"La Gran Tradición" es la doctrina central (el dogma) de la Iglesia. Representa la enseñanza de la Iglesia, tal como la ha entendido la Tradición Autoritativa (las Sagradas Escrituras), y resume aquellas verdades esenciales que los cristianos de todos los siglos han confesado y creído. La Iglesia (Católica, Ortodoxa, y Protestante)** se une a estas proclamaciones doctrinales. La adoración y teología de la Iglesia, reflejan este dogma central, el cual encuentra su conclusión y cumplimiento en la persona y obra del Señor Jesucristo. Desde los primeros siglos, los cristianos hemos expresado esta devoción a Dios en el calendario de la Iglesia; un patrón anual de adoración que resume y da un nuevo reconocimiento a los eventos en la vida de Cristo.

**Aun los Protestantes más radicales de la reformación (los Anabautistas) quienes fueron los más renuentes en abrazar los credos, como instrumentos dogmáticos de fe, no estuvieron en desacuerdo con el contenido esencial que se hallaban en estos. "Ellos estrecharon el Credo Apostólico – lo llamaban 'La Fe,' Der Glaube, tal como lo hizo la mayoría de gente". Lea John Howard Yoder, *Preface to Theology: Christology and Theological Method*, (Grand Rapids: Brazos Press, 2002), pág. 222-223.

III. En tradiciones eclesiásticas específicas: Los fundadores de denominaciones y órdenes religiosas

> La Iglesia Presbiteriana (U.S.A.) tiene aproximadamente 2.5 millones de miembros, 11,200 congregaciones y 21,000 ministros ordenados. Los presbiterianos trazan su historia desde el siglo 16 y la Reforma Protestante. Nuestra herencia, y mucho de lo que creemos, se inició con el Abogado francés Juan Calvino (1509-1564), quien cristalizó en sus escritos mucho del pensamiento reformado que se había iniciado antes de él.
>
> ~ La Iglesia Presbiteriana, U.S.A.

Los cristianos han expresado su fe en Jesucristo, a través de movimientos y tradiciones que elijen y expresan la Tradición Autoritativa y la Gran Tradición de manera única. Por ejemplo, los movimientos católicos han desarrollado a personajes como Benedicto, Francisco, o Dominico; y entre los protestantes, personajes como Martín Lutero, Juan Calvino, Ulrich Zwinglio, y Juan Wesley. Algunas mujeres han fundado movimientos vitales de la fe cristiana (por ejemplo, Aimee Semple McPherson de la Iglesia Cuadrangular); también algunas minorías (por ejemplo, Richard Allen de la Iglesia Metodista Episcopal; o Carlos H. Masón de la Iglesia de Dios en Cristo, quien ayudó al crecimiento de las Asambleas de Dios); todos ellos intentaron expresar la Tradición Autoritativa y la Gran Tradición de manera consistente, de acuerdo a su tiempo y expresión.

La aparición de movimientos vitales y dinámicos de fe, en diferentes épocas, entre diferentes personas, revela la nueva obra del Espíritu Santo a través de la historia. Por esta razón, dentro del catolicismo se han levantado nuevas comunidades como los Benedictinos, Franciscanos, y Dominicanos; y fuera del catolicismo, han nacido denominaciones nuevas (Luteranos, Presbiterianos, Metodistas, Iglesia de Dios en Cristo, etc.). Cada una de estas tradiciones específicas tiene "fundadores", líderes claves, de quienes su energía y visión ayudan a establecer expresiones y prácticas de la fe cristiana. Por supuesto, para ser legítimos, estos movimientos tienen que agregarse fielmente a la Tradición Autoritativa y a la Gran Tradición, y expresar su significado. Los miembros de estas tradiciones específicas, abrazan sus propias prácticas y patrones de espiritualidad; pero estas características, no necesariamente dirigen a la Iglesia en su totalidad. Ellas representan las expresiones singulares del entendimiento de esa comunidad, a la fidelidad de la Autoritativa y Gran Tradición.

Ciertas tradiciones buscan expresar y vivir fielmente la Autoritativa y Gran Tradición a través de su adoración, enseñanza, y servicio. Buscan comunicar el evangelio claramente, en nuevas culturas y sub-culturas, hablando y modelando la esperanza de Cristo en medio de situaciones nacidas de sus propias preguntas, a la luz de sus propias circunstancias. Estos movimientos, por lo tanto, buscan contextualizar la Tradición Autoritativa, de manera que lleven fiel y efectivamente a nuevos grupos de personas a la fe en Jesucristo; de esta manera, incorporan a los creyentes a la comunidad de fe, la cual obedece sus enseñanzas y da testimonio de Dios a otros.

Definiendo la "Gran Tradición"

La Gran Tradición (algunas veces llamada "Tradición Clásica Cristiana") es definida por Robert E. Webber de la siguiente manera:

> [Es] el bosquejo amplio de las creencias y prácticas cristianas desarrolladas a través de las Escrituras, entre el tiempo de Cristo y mediados del siglo quinto.
> ~ Robert E. Webber. *The Majestic Tapestry*.
> Nashville: Thomas Nelson Publishers, 1986, pág. 10.

Esta tradición es afirmada ampliamente por teólogos protestantes clásicos y modernos.

> Por esta razón, los concilios de Nicea, Constantinopla, el primero de Efeso, Calcedonia, y similares (los cuales fueron sostenidos para refutar errores), nosotros voluntariamente los adoptamos, y reverenciamos como sagrados, en cuanto a su relación a doctrinas de fe, porque lo único que contienen es interpretación pura y genuina de la Escritura, la cual, los Padres de la fe, con prudencia espiritual, adoptaron para destrozar a los enemigos de la religión [pura] que se habían levantado en esos tiempos.
> ~ Juan Calvino. *Institutes*. IV, ix. 8

> . . . la mayoría de lo valioso que ha prevalecido en la exégesis bíblica contemporánea, fue descubierto antes de terminarse el siglo quinto.
> ~Thomas C. Oden. *The Word of Life*.
> San Francisco: HarperSanFrancisco, 1989, pág. xi

> Los primeros cuatro Concilios son los más importantes, pues establecieron la fe ortodoxa sobre la trinidad y la encarnación de Cristo.
>
> ~ Philip Schaff. *The Creeds of Christendom, v. 1.*
> Grand Rapids: Baker Book House, 1996, pág. 44.

Nuestra referencia a los concilios ecuménicos y credos, por lo tanto, se enfoca en esos cuatro Concilios, los cuales retienen un amplio acuerdo de la Iglesia Católica, Ortodoxa, y Protestante. Mientras que los Católicos y Ortodoxos comparten un acuerdo común de los primeros siete concilios, los Protestantes usamos las afirmaciones solamente de los primeros cuatro; por esta razón, los concilios adoptados por toda la Iglesia fueron completados con el Concilio de Calcedonia en el año 451 D.C.

Vale notar que cada uno de estos concilios ecuménicos, tomaron lugar en un contexto cultural pre-europeo y ni uno sólo se llevó a cabo en Europa. Fueron concilios de la iglesia en su totalidad, y reflejan una época cuando el cristianismo era practicado mayormente y geográficamente por los del Este. Catalogados en esta era moderna, los participantes fueron africanos, asiáticos y europeos. Estos concilios reflejaron una iglesia que ". . . tenía raíces culturales muy distintas de las europeas y precedieron al desarrollo de la identidad europea moderna, y [de tales raíces] algunos de sus genios más ilustres han sido africanos". (Oden, *The Living God*, San Francisco: Harper San Francisco, 1987, pág. 9).

Quizás el más importante logro de los concilios, fue la creación de lo que es comúnmente conocido como El Credo Niceno. Sirve como una declaración sinóptica de la fe cristiana acordada por católicos, ortodoxos y cristianos protestantes.

Los primeros cuatro concilios ecuménicos, están recapitulados en el siguiente diagrama.

Nombre/Fecha/Localidad	Propósito	
Primer Concilio Ecuménico 325 D.C. Nicea, Asia Menor	Defendiendo en contra de: Pregunta contestada: Acción:	*El Arrianismo* *¿Jesús era Dios?* *La forma inicial del Credo Niceno fue desarrollada, y consecuentemente, sirvió cómo resumen de la fe cristiana.*
Segundo Concilio Ecuménico 381 D.C. Constantinopla, Asia Menor	Defendiendo en contra de: Pregunta contestada: Acción:	*El Macedonianismo* *¿Es el Espíritu Santo una parte personal e igual a la Deidad?* *El Credo Niceno fue finalizado, al ampliarse el artículo que trata con el Espíritu Santo.*
Tercer Concilio Ecuménico 431 D.C. Éfeso, Asia Menor	Defendiendo en contra de: Pregunta contestada: Acción:	*El Nestorianismo* *¿Es Jesucristo tanto Dios como hombre en una misma persona?* *Definió a Cristo como la Palabra de Dios encarnada, y afirmó a su madre María como* **theotokos** *(portadora de Dios).*
Cuarto Concilio Ecuménico 451 D.C. Calcedonia, Asia Menor	Defendiendo en contra de: Pregunta contestada: Acción:	*El Monofisismo* *¿Cómo puede Jesús ser a la vez, Dios y hombre?* *Explicó la relación entre las dos naturalezas de Jesús (humano y Divino).*

IV. Conclusión

> Es en el poder de todos, por lo tanto, en cada iglesia, que desee ver la verdad, contemplar claramente la tradición de los apóstoles manifestada en todo el mundo. Y estamos en posición de contar a los que fueron instituidos obispos por los apóstoles en las iglesias, y la sucesión de estos hombres a nuestros propios tiempos. . . . Porque si los apóstoles habrían conocido los misterios ocultos. . . los habrían entregado especialmente a aquellos a quienes ellos también estaban comprometiendo a las mismas iglesias. Porque ellos deseaban que estos hombres fueran perfectos e irreprensibles en todas las cosas, a quienes también ellos dejaban atrás como sus sucesores, entregando su propio lugar de gobierno a estos hombres.
>
> ~ Ireneo (alrededor del 180, E/W), 1.415.

- La tradición apostólica era el criterio y la línea de plomo de la fe auténtica, el genuino amor cristiano y la auténtica demostración de la esperanza cristiana en la fe y la práctica de la iglesia.

- Los movimientos de plantación de iglesias válidos se basarán en, reconocerán y defenderán la tradición apostólica, expresada en la Gran Tradición, y encarnada en varias comunidades de adoración que se aferran a la enseñanza de Cristo fiel y fuertemente, 2 Tes. 2:15 [BLA] – Así que, hermanos, estad firmes y conservad las doctrinas [tradiciones] que os fueron enseñadas, ya de palabra, ya por carta nuestra.

- La fe cristiana válida no puede ser totalmente individualizada; El cristianismo es una esperanza comunitaria.

¿Qué voy a predicar, Cómo hemos de crecer?
El dilema del pastor urbano
Rev. Dr. Don L. Davis • www.tumi.org/churchplanting

Recientemente, me encontré con un pastor urbano precioso que estaba luchando con uno de sus mayores retos de cualquier pastor – qué estrategia debe que utilizar para dirigir la iglesia hacia la madurez espiritual. Luchó con los tipos de moda, temas impares utilizados en las iglesias de hoy en día, y se preguntó si existía una alternativa más bíblica. No es el único; muchos pastores de la iglesia urbana y sus congregaciones no tienen un plan claro para hacer discípulos, y se confunden a menudo sobre el contenido, es decir, cuáles son los temas y verdades vitales que debería enfocarse una congregación creciente para madurar en Cristo. Para muchos, la elección de qué cubrir es una decisión de semana a semana, una historia de éxito y error que a menudo deja tanto la predicación y los temas de discipulado a los caprichos de las últimas tendencias y curiosidades, sin profundidad o enfoque.

Con el fin de resolver este problema, TUMI ha animado a los pastores a seguir el año litúrgico, un enfoque bíblico centrado en Cristo para la formación espiritual y la educación cristiana. También conocido como el Año Cristiano, el Año de la Iglesia es una estrategia utilizada por los cristianos de todo el mundo para ayudar a las congregaciones a que se concentren en la vida y ministerio de Jesús a través de estaciones específicas que se corresponden con el drama bíblico: *Adviento* (su venida), *Navidad* (su nacimiento) *Epifanía* (su manifestación al mundo), la *Cuaresma* (su pequeñez y ministerio), *la pasión* (su muerte), *Pascua* (su resurrección), y *Pentecostés* (el envío del Espíritu y liderazgo sobre la Iglesia). Cuando se entiende desde una perspectiva evangélica, el Año de la Iglesia anima a los cristianos a practicar las disciplinas espirituales durante todo el año, y a integrar toda predicación y actividades por el hecho de participar en la vida de Cristo, de acuerdo a la historia de la Biblia!

Tema anual de TUMI
Como cada año aquí en TUMI Nacional, estamos animando a las iglesias urbanas a seguir a Cristo en la promesa de su viaje desde la encarnación, su pasión, su resurrección y la ascensión a través del año cristiano. En nuestra página en la red estamos haciendo una gran cantidad de recursos disponibles (por ejemplo, un calendario cristiano, obras de arte originales, una guía de meditaciones diarias, lecturas de libros, información sobre sermones, retiros, y meditaciones, etc.) para animar a los pastores y sus iglesias a explorar el significado de la cruz al seguir a través de las estaciones del año litúrgico. A través de nuestras clases, talleres, y consultas esperamos ayudar a los pastores urbanos a

descubrir el poder de un enfoque centrado en Cristo en el Año de la Iglesia, filtrado a través del lente del poder y maravilla de la Cruz.

Aquí hay algunos consejos sobre el equipamiento de los plantadores de iglesias y discípulos en la historia de Jesús a través del Año de la Iglesia.

Entienda el propósito del Año de la Iglesia
Durante siglos, la iglesia cristiana ha empleado las estaciones del Año de la Iglesia como medio para centrarse en la promesa, la encarnación, la pasión y resurrección de Jesucristo. Siguiendo la tradición judía de celebración y fiestas arraigadas en la adoración en el Antiguo Testamento, los cristianos han utilizado estas estaciones como medio para marcar el tiempo, establecer momentos para el recuerdo, festivales y feriados, como una forma de adorar a Dios a través de la historia de la Escritura, la esperanza de gloria en nuestro Señor Jesucristo.

Utilizada al menos en parte, por parte de las tradiciones de la Iglesia (incluyendo católicos, ortodoxos, anglicanos, tradiciones protestantes), los aspectos más destacados del año de la Iglesia cristiana y siguiendo la profecía, la manifestación, y el ministerio de Jesús. Los acontecimientos que se desarrollan en el calendario se convierten en una oportunidad para que los fieles escuchen a los profetas anunciar su venida, a arrodillarse en el pesebre, a adorar a Cristo con los magos, y a escuchar sus enseñanzas a las multitudes. A través de estos eventos vemos a nuestro Señor triunfante venir a Jerusalén, acusado en una farsa de juicio delante de sus enemigos, ser crucificado con ladrones en el Gólgota, ¡y resucitar de los muertos al tercer día! Desde su ascensión a la venida del Espíritu Santo, desde su exaltación a la misión de su Iglesia en el mundo, el Año de la Iglesia nos recuerda la que la historia que de hecho es la historia más grande jamás contada – la esperanza de salvación en Cristo para el mundo.

El propósito del Año de la Iglesia, entonces, desde la antigüedad hasta el presente, ha sido para recordar, recrear, y para ser transformado por los principales acontecimientos de la vida de Jesús. En el curso de nuestra vida cotidiana, definimos de nuevo y revivimos el camino de Jesús en tiempo real, la localización de su nacimiento, muerte, resurrección, ascensión, sesión y retorno a través del curso del año. Nuestro calendario del Año de la Iglesia es una notable presentación visual del Año Cristiano, e incluye textos semanales del leccionario, los principales servicios cristianos y días festivos, y los comentarios sobre su significado. Está diseñado específicamente para ayudar a los pastores y sus congregaciones urbanas a evitar las trampas de tipo idiosincráticas de los énfasis que se apartan de la persona de Cristo, quién es nuestra vida y la clave para la formación espiritual (Col. 3:1-4).

Discipline su atención y práctica
La clave del carácter y la disciplina es centrar la atención, esfuerzo y energía. Lo que los temas o instrucciones sobre los cuales concentramos nuestras energías y esfuerzos de una manera deliberada y disciplinada, que crezca y se profundice. Para usar una analogía, la miel es recogida por las abejas, que se extrae de una sola flor de todos los néctares dulces que tiene que ofrecer. La mariposa, sin embargo, que revolotea alrededor de arbusto en arbusto y de una planta a otra, puede cubrir terreno, pero no reúne nada dulce. ¡En todas las cosas espirituales, debemos tratar de ser como la abeja y no como la mariposa!

En toda su consejería, oración y planificación, esfuércese por ayudar a su equipo plantador de la iglesia a integrar la totalidad de sus devocionales, predicaciones, liturgias de adoración, lecturas de libros y ejercicios espirituales en torno a los temas del Año de la Iglesia (y, si se siente tan inclinado!) nuestro tema anual TUMI. A través del tema, que mejor puede girar en todas sus búsquedas espirituales compartidas del Señor, y animar a cada discípulo o congregación para seleccionar proyectos misionales específicos y eventos consistentes con esos temas. que patrocinamos y servimos de anfitrión. Cada año TUMI crea una guía completa formación espiritual que llamamos nuestro "Anuario de TUMI". Es un tesoro de lecturas devocionales, oraciones, sugerencias de disciplinas espirituales, lecturas de la Biblia cronológicas y otras cosas ricas todas ancladas en las estaciones del año litúrgico. Es conveniente para individuos, grupos y congregaciones que utilizan y comparten un camino espiritual que debe ser informado por el año de la Iglesia, y el tema de este año, la Cruz.

Ayude a su equipo plantador de la iglesia a mantenerse enfocado, a "mantener lo principal como lo principal" al establecerse día a día en el concepto general anclado, bíblico que puede dar forma, dirección, y sustancia de su práctica personal y corporativa de las disciplinas espirituales.

Enfocado en Cristo
Por último, una apropiación evangélica del Año de la Iglesia sin vergüenza se centra en Cristo. Como Pablo pudo decir a los corintios: "Mas por él estáis vosotros en Cristo Jesús, el cual nos ha sido hecho por Dios sabiduría, justificación, santificación y redención". (1 Cor. 1:30). En la historia de la Iglesia cristiana, hay otra historia, ningún otro evento, ningún otro símbolo ha sido tan integral y definitiva a nuestra fe, devoción y culto, como la Cruz. A través de los siglos, esta representación visual del árbol en el que nuestro Salvador murió por los pecados del mundo se ha convertido sin duda la imagen principal

de la firma y el cristianismo. Este año, vamos a explorar no sólo los hechos desnudos (como se indica anteriormente), sino también explorar el sentido más amplio de lo que significa para los redimidos a ser identificado con Jesús en su sufrimiento y muerte y en su resurrección y la nueva vida. De hecho, tanto el inicio y la continuación del seguimiento de Cristo (de nuestra profesión de fe y el bautismo, para llevar nuestra cruz cada día y seguir a nuestro Maestro), dependerá de nuestra comprensión y apropiación del poder de la cruz en nuestras vidas. Esta es la razón por la que Pablo el apóstol puede centrar su ministerio Evangelio es el anuncio de la Cruz a sus diferentes públicos: "Pues me propuse no saber entre vosotros cosa alguna sino a Jesucristo, y a éste crucificado" (1 Cor. 2:2).

El Año de la Iglesia: Invitación a un viaje espiritual compartido
¡No tenga miedo, sobre todo si este énfasis en el Año de la Iglesia parece abrumador! Se practica como base de la formación espiritual de cientos de miles de congregaciones en todos los continentes donde la iglesia rinde culto a Cristo. Comience en pequeño; visite nuestro sitio en la red y explore los abundantes recursos que tenemos sobre este tema, y vea lo útil que una formación espiritual centrada en Cristo, basada en la Biblia informada por el Año de la Iglesia puede ser la eliminación de la distracción y confusión, tanto en el púlpito y en la banca hoy en tantas de nuestras congregaciones urbanas y familias cristianas.

La formación del equipo plantador de la iglesia y la descripción de las funciones

Texto tomado de *The Nehemiah Team Training Materials* [Los materiales de capacitación del Equipo Nehemías].

I. El equipo (cuatro tipos de miembros)

   A. Núcleo de miembros (el trabajo principal del núcleo de miembros es la plantación de iglesias): De cuatro a seis personas

   1. Reunirse para la planificación, alcance, y el culto al menos dos noches por semana y algún tiempo de fin de semana

   2. Manténgase en servicio activo con el equipo durante un mínimo de dos años

   3. Llamado por Dios y dispuesto a participar en la evangelización transcultural

   4. El líder del equipo debe ser un miembro de núcleo de miembros

   B. Los miembros del equipo de apoyo

   1. Manténgase en servicio activo durante un mínimo de 3 meses

   2. Reúnase semanalmente con el equipo para la planificación y la oración

   3. Dé al menos una noche por semana y/o un tiempo de fin de semana para servir a la plantación de la iglesia

   C. Voluntarios: Individuos o grupos

   1. Servir como sea necesario sobre una base de proyecto por proyecto

   2. Están invitados a las reuniones de planificación y proyectos que pertenecen a ellos, pero no funcionan como miembros del equipo semana tras semana

D. Los líderes autóctonos

1. El objetivo de todos los miembros del núcleo de miembros, los miembros del equipo de apoyo y voluntarios es que serán reemplazados por el liderazgo autóctono.

2. La función del equipo se mueve de hacer a equipar.

3. A medida que la plantación de la iglesia avanza, cada vez más el equipo se convierte en personas ganadas para Cristo durante el proceso de plantación de iglesias.

   a. Evite la dependencia.

   b. Piense reproductivamente.

II. El liderazgo del equipo

A. El líder del equipo plantador de iglesia es nombrado por el liderazgo de la iglesia enviadora.

1. Él o ella es co-líder con los miembros del personal de *World Impact* asignado para dirigir al equipo a través del proceso de plantación de iglesias. Juntos:

   a. Dirigen el equipo en la oración, la formulación de estrategias, la ejecución de los planes, y la evaluación del progreso

   b. Capacitan al equipo

   c. Informan periódicamente a la iglesia enviadora y World Impact de los avances y necesidades

2. Responsabilidades específicas de líder del equipo:

   a. Facilitar las reuniones

   b. Asegúrarse de que existe una excelente comunicación entre el equipo

c. Mantener una excelente comunicación con el liderazgo de la iglesia enviadora con respecto al progreso y las necesidades

d. Reunirse periódicamente con el entrenador de *World Impact* (separado del equipo)

e. Proporcionar atención pastoral a los miembros del equipo

f. Mantener la unidad del equipo

g. Proporcionar liderazgo para la iglesia que se planta (asumir el papel como pastor) hasta que el reemplazo está entrenado

B. Responsabilidades específicas del entrenador de *World Impact*:

1. Capacitar al equipo en los principios de la plantación de iglesias urbanas

2. Proporcionar orientación práctica permanente de cómo llevar a cabo cada paso del proceso de plantación de iglesias

3. Reunirse regularmente con el líder del equipo

4. Proveer consejo experto al equipo en las reuniones de planificación

5. Ayudar al equipo a ejecutar los planes

6. Ayudar al equipo a evaluar los programas y hacer los ajustes

7. Ayudar al equipo de a utilizar los ministerios de apoyo de *World Impact* para mejorar sus esfuerzos de plantación de iglesias

C. La iglesia enviadora es en última instancia, responsable de la rendición espiritual de cuentas y la supervisión de sus líderes designados y miembros de la plantación de iglesia.

D. Se espera que los miembros principales, los miembros de apoyo, miembros voluntarios y líderes autóctonos se sometan a la autoridad del líder del equipo y el entrenador de *World Impact*.

III. Actividades iniciales para crear la cohesión del equipo

  A. Conózcanse entre sí.

   1. Coman juntos.

   2. Comparta testimonios.

   3. Comparta visiones individuales.

   4. Oren unos por otros.

   5. Vayan de retiro juntos.

  B. Trabaje en forjar una visión común y una estrategia para este proyecto y la formación de cada miembro del equipo para articularlo.

  C. Oren juntos por la comunidad objetivo.

   1. Ore por el establecimiento de la Iglesia de Dios y su Reino.

   2. Ore contra las fortalezas del mal.

  D. Adore a Dios corporativamente.

Discipulando a los fieles
Estableciendo líderes para la Iglesia
Rev. Dr. Don L. Davis

	Comisión	Carácter	Competencia	Comunidad
Definición	Reconoce el llamado de Dios y responde con pronta obediencia a su señorío y dirección	Refleja el carácter de Cristo en sus convicciones personales, conducta, y manera de vivir	Responde con excelencia en el poder del Espíritu en llevar a cabo la obra y ministerio asignado	Tiene en cuenta la multiplicación de los discípulos en el cuerpo de Cristo como lo más importante en el ministerio
Escritura clave	2 Ti. 1:6-14; 1 Ti. 4:14; Hch. 1:8; Mt. 28:18-20	Jn. 15:4-5; 2 Ti. 2:2; 1 Co. 4:2; Gal. 5:16-23	2 Ti. 2:15; 3:16-17; Ro. 15:14; 1 Co. 12	Ef. 4:9-15; 1 Co. 12:1-27
Concepto crucial	La autoridad de Dios: El líder de Dios actúa en el reconocido llamado y autoridad de Dios, reconocido por los líderes de Dios	La humildad de Cristo: El líder de Dios muestra los pensamientos y manera de vivir de Cristo en sus acciones y relaciones	El poder del Espíritu: El líder de Dios opera con los dones y la unción del Espíritu Santo	El crecimiento de la iglesia: El líder de Dios usa todos sus recursos para equipar y autorizar el cuerpo de Cristo para su meta y obra
Elementos centrales	Un llamado claro de Dios. Un testimonio auténtico delante de Dios y otras personas. Un profundo sentido de convicción personal basada en las Escrituras. Una carga personal por personas u obra en particular. Confirmación por los líderes y el cuerpo	Pasión por ser como Cristo. Un estilo de vida radical para el Reino. Una búsqueda seria de la santidad. Disciplinado en su vida personal. Lleva el papel de esclavo de Cristo en sus relaciones. Provee un modelo atractivo para otros en su forma de hablar, conducta y estilo de vida (el fruto del Espíritu)	Dotes y dones del Espíritu. Recibe un discipulado correcto de un mentor capaz. Hábil en las disciplinas espirituales. Habilidad en la Palabra. Hábil para evangelizar y continuar con el discipulado de los nuevos convertidos. Es estratégico en usar los recursos y las personas para hacer la obra de Dios	Un amor y deseo genuino de servir al pueblo de Dios. Discipula a individuos fieles. Facilita el crecimiento de grupos pequeños. Pastorea y equipa a los creyentes en la congregación. Alimenta las asociaciones y uniones entre los cristianos y las iglesias. Adelanta nuevos movimientos locales en medio del pueblo de Dios
Estrategias satánicas a evitar	Opera en base a la personalidad y posición en lugar del llamado de Dios y la autoridad existente	Sustituye la santidad y el vivir como Cristo por actividad en el ministerio, el trabajo duro y la laboriosidad	En lugar de ser guiado por el Espíritu y los dones funciona según los dones naturales e ingenuidad personal	Exalta las obras y actividades por encima de equipar los santos y desarrollar la comunidad cristiana
Pasos claves	Identifica el llamado de Dios. Descubre su carga. Confirmado por los líderes	Permanece en Cristo. Se disciplina para ser más santo. Desea santidad en todo	Descubre los dones del Espíritu. Recibe un excelente entrenamiento. Mejora su función	Está unido a la Iglesia. Aprende los contextos del liderazgo. Concentrado en equipar
Resultados	Confianza en Dios que surge del llamado	Poderoso ejemplo para que otros lo sigan	Trabajo dinámico del Espíritu Santo	Multiplicación de discípulos en la Iglesia

Lista de comprobación de un servicio espiritual
Rev. Dr. Don L. Davis

1. *Salvación*: ¿Han creído en el evangelio, confesado a Jesús como su Señor y Salvador, han sido bautizados y unidos formalmente a nuestra iglesia como miembros?

2. *Integridad personal*: ¿Están caminando con Dios, creciendo en su vida personal, y demostrando amor y fidelidad en su familia, trabajo y en la comunidad?

3. *Equipado en la Palabra*: ¿Cuán entrenadas están estas personas en la Palabra de Dios para compartir y enseñar a otros?

4. *Apoyo para la iglesia*: ¿Apoyan estas personas a la iglesia con su presencia, con su oración por el liderazgo y los miembros, y dan su apoyo financiero?

5. *Sumisión a la autoridad*: ¿Se someten gozosamente a la autoridad espiritual de la congregación?

6. *Identificación de dones espirituales*: ¿Qué dones, talentos, habilidades y recursos especiales tienen y ofrecen estos miembros para el servicio, y cuál es su carga particular por el ministerio ahora?

7. *Disponibilidad de su presencia*: ¿Están disponibles para ser asignados a tareas o proyectos, específicamente donde podamos usar su servicio para contribuir voluntariamente al cuerpo de Cristo?

8. *Reputación entre líderes*: ¿Cómo se sienten los otros líderes con respecto a la prontitud de estas personas para enfrentar un nuevo papel en el liderazgo?

9. *Recursos necesarios para realizar su papel*: Si son designados para este papel, ¿qué entrenamiento en particular, dinero, recursos y/o aportes necesitarán para cumplir su tarea?

10. *Notificación formal de su comisión a otros líderes*: ¿Cuándo y cómo avisaremos a otros líderes que hemos designado a estas personas para una tarea o proyecto?

11. *Fecha de comisión y período de servicio*: También, si decidimos comisionar a estas personas a su papel/tarea, ¿cuándo estarán listos para comenzar, cuánto tiempo deben servir en esa tarea antes de evaluar su rendimiento?

12. *Fecha de evaluación y re-comisión*: ¿En qué fecha vamos a evaluar el desempeño de las personas, y determinar los pasos que debemos tomar si los re-comisionamos a su papel de liderazgo en la iglesia?

Modelos de plantación de iglesias

Vistazo general de PLANT para concebir modelos
Rev. Dr. Don L. Davis

Modelo de World Impact	Etapas de plantación de iglesias comparadas con el nacimiento de un bebé	Énfasis durante una etapa particular de la maternidad
Preparar	Compromiso hacia la paternidad	Compromiso a dar a luz y a una paternidad segura de padres calificados
Preparar	Concepción	Equipo núcleo, voluntarios reunidos/preparados, iglesia madre involucrada, población y comunidad seleccionada, estudiada e investigada
Lanzar	Cuidado prenatal	Evangelización continua, comunidad de grupos pequeños, estructurada al alcance del núcleo
Agrupar	Nacimiento	Anuncio de reuniones públicas, celebración de grupos que se reúnen
Nutrir	Crecimiento hacia la madurez	Construcción de fundamentos, desarrollo de ministerios vitales, sistemas de formación, se logra autonomía del liderazgo
Transición (amistad y recursos)	Reproducción	"Adultez" congregacional, nueva iglesia como puesto de avanzada del Reino: ADN espiritual para plantar nuevas congregaciones

Tres niveles de inversión ministerial
Rev. Dr. Don L. Davis

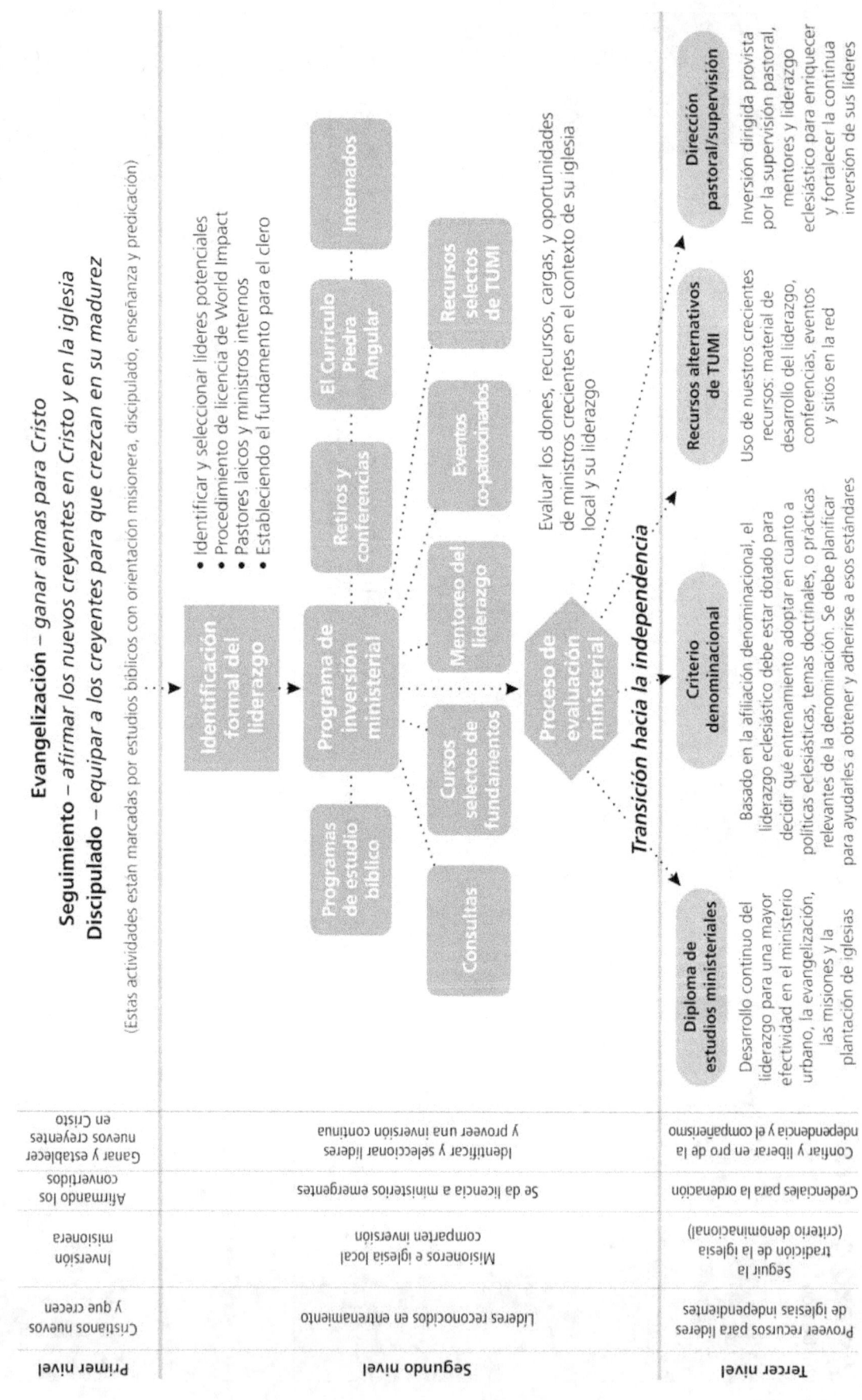

Seis tipos de barrios

Warren y Warren. 1977. *The Neighborhood Organizer's Handbook*. [Manual el organizador del barrio]. Notre Dame, Indiana: University of Notre Dame Press, págs. 96-97

Integral

Un cosmopolita, así como un centro local. Las personas que están en contacto cercano. Ellos comparten muchas preocupaciones. Participan en las actividades de la comunidad en general.

Parroquial

Un barrio que tiene una fuerte identidad étnica o de carácter homogéneo. Autónomo, independiente de la comunidad en general. Tiene formas de detectar lo que no se ajuste a sus propias normas.

Difuso

A menudo una configuración homogénea que va desde una nueva subdivisión a un proyecto de vivienda del interior de la ciudad. Tiene muchas cosas en común. Sin embargo, no hay vida interna activa. Poca participación local con los vecinos.

Trampolín

Un barrio activo. Un juego de "sillas musicales". La gente participa en las actividades del barrio porque se identifican con el vecindario, pero a menudo a "salir adelante" en una carrera o algún otro punto de destino no local.

Transitorio

Un barrio donde el cambio de población ha estado o está ocurriendo. A menudo se rompe en pequeños grupos de personas – con frecuencia "los viejos" y los recién llegados están separados. Poca acción colectiva o la organización se lleva a cabo.

Anómico (desorganizada)

Es realmente un no-barrio. Altamente atomizado; sin cohesión. Gran distancia social entre las personas. No hay barreras de protección a las influencias externas por lo que es sensible a un cambio exterior. Carece de la capacidad de movilización para las acciones comunes desde dentro.

Avanzando el Reino en la Ciudad
La multiplicación de congregaciones con una identidad común

Rev. Dr. Don L. Davis • *Winning the World: Facilitating Urban Church Planting Movements. Foundations for Ministry Series*. [Ganando al mundo: Facilitando movimientos de plantación de Iglesias urbanas. Fundamentos para la Serie Ministerio]. Wichita: The Urban Ministry Institute, 2007.

> Hch. 2:41-47 – Así que, los que recibieron su palabra fueron bautizados; y se añadieron aquel día como tres mil personas. Y perseveraban en la doctrina de los apóstoles, en la comunión unos con otros, en el partimiento del pan y en las oraciones. Y sobrevino temor a toda persona; y muchas maravillas y señales eran hechas por los apóstoles. Todos los que habían creído estaban juntos, y tenían en común todas las cosas; y vendían sus propiedades y sus bienes, y lo repartían a todos según la necesidad de cada uno. Y perseverando unánimes cada día en el templo, y partiendo el pan en las casas, comían juntos con alegría y sencillez de corazón, alabando a Dios, y teniendo favor con todo el pueblo. Y el Señor añadía cada día a la iglesia los que habían de ser salvos.

koinonia (pronunciación: [ko-i-no-ní'-ah])

Principio trinitario: Unidad • Diversidad • Igualdad

World Impact busca plantar iglesias que sean comunidades orientadas al reino donde Cristo es exaltado como Señor y el reino de Dios es avanzado en todas las facetas de la vida comunitaria, y, buscamos hacer esto de una manera que respete y reconozca la validez y la importancia de encarnar esta vida de la comunidad en la cultura receptora. Con el fin de garantizar la viabilidad, la protección, y el florecimiento de estas congregaciones, debemos explorar la formación de asociaciones muy unidas entre congregaciones donde se practican una común identidad, confesión y fe, bajo una supervisión común y de gobierno, que se conecta de una forma fundamental en que los recursos y las visiones de cada iglesia sin tener señorío sobre ellos.

A continuación se presenta una tabla que esboza cuáles podrían ser los elementos de una coalición común de este tipo de iglesias que uniría sus vidas de una manera estratégica para el bienestar y el enriquecimiento de toda la comunidad de iglesias. (comp. *Imaginando un sistema unificado, un movimiento conectado de plantación de Iglesia C1* [vea www.tumi.org/ Capstone bajo el encabezado de los apéndices], que de manera global sugiere lo que puede ser incluido junto a lo eclesial y misional, lo litúrgico y líneas catequéticos en tal compañerismo).

Compartiendo una identidad, propósito y misión en común	
Un nombre y asociación en común	Entender que las iglesias están vinculadas fundamentalmente por la historia, identidad, legado y destino
Una confesión de fe en común	Desarrollo de una visión doctrinal y teológica en común
Una celebración y adoración en común	Práctica de una liturgia en común, con enfoques compartidos sobre la adoración
Un discipulado y catequismo en común	Compartir un currículo y un proceso de bienvenida en común, que incorpore y discipule los nuevos creyentes en nuestra comunidad
Un gobierno y supervisión en común	Rendir cuentas a una fuente común para recibir liderazgo y cuidado
Un servicio y extensión misionera en común	Desarrollar procesos integrados y programas de justicia, buenas obras, evangelización y misiones, tanto en casa como en todo el mundo
Una mayordomía y compañerismo en común	Combinar recursos a través de contribuciones mutuas consistentes, para maximizar el impacto para toda la asociación

Beneficios de un movimiento común
1. Sentido de pertenencia a través de una fe e identidad compartida
2. Eficiencia y economía de esfuerzo
3. Capacidad para plantar varias plantaciones en muchos lugares y poblaciones diferentes
4. Cultivar la verdadera unidad y diversidad, con un espíritu de reciprocidad y la igualdad entre las congregaciones
5. Aumento de la productividad y la viabilidad dentro de nuestros esfuerzos misioneros e iglesias
6. Intercambiabilidad y polinización cruzada
7. Apoyo continuo y aliento de nuestros líderes
8. Proporcionar apalancamiento para nuevos proyectos y nuevas iniciativas

9. Procesos y procedimientos estandarizados para la incorporación y formación
10. Oportunidades mayores para convocatoria y exposición a otros creyentes afines
11. Exploración de nuevas conexiones con otras asociaciones con visión similar
12. Asistencia para la ayuda de arranque de espiritualidad y unidad de WI RMO (*World Impact Religious Missionary Order* – Orden Misionera Religiosa de *World Impact*)

Modelos de plantación de iglesias
Rev. Dr. Don L. Davis

Los siguientes modelos representan un espectro de modelos que se han asociado con la plantación de iglesias evangélicas. Las preguntas están diseñadas para ayudarnos a explorar las diversas opciones disponibles para el iniciador de iglesias urbano transcultural en el establecimiento de congregaciones entre los pobres. Hoy nuestro diálogo con suerte va a aislar algunos de los temas críticos necesarios para un equipo plantador de la iglesia para pensar con el fin de hacer su selección en cuanto a qué determinado tipo de iglesia deben plantar, dada la cultura, la población y otros factores encontrados en su campo de misión particular.

1. ¿Cuál es la definición de la frase "modelos de plantación de iglesias"? ¿Por qué podría ser importante considerar varias opciones en la plantación de una iglesia entre los pobres de la ciudad?

2. ¿Cómo caracterizaría a los diferentes modelos (u otros) que han sido autorizados o empleados en la plantación de iglesias tradicionales? ¿Cuáles considera que son sus fortalezas y/o debilidades, y que deberíamos utilizar cualquiera de ellos en nuestra plantación de iglesias entre los pobres de la ciudad?

   a. Modelo pastor fundador – un líder se mueve a una comunidad con un compromiso para liderar y pastorear la iglesia que se planta.

   b. Modelo iglesia dividida?! – Una nueva iglesia se forma debido al desacuerdo fundamental sobre algún tema moral, interpretación de la Biblia, o cisma.

   c. Modelo núcleo – (a veces conocido como el modelo de "colonización"). Este modelo se basa en un conjunto central comisionando a un núcleo más pequeño de su grupo (por lo general con liderazgo y miembros ya organizado) para dejar el grupo más grande y reubicarse en una comunidad no alcanzada como una especie de núcleo ya hecho de la iglesia que se va a formar.

   d. Modelo cabeza de playa o iglesia madre – Una congregación fuerte, central determina convertirse en una especie de centro de envío y cuidado de la sede para las nuevas iglesias plantadas a través de su supervisión y auspicios, en el área inmediata y/o más allá.

   e. Modelo iglesia celular – Una vez se centraliza el ensamblaje se considera el centro de su vida y ministerio que produce en las células que están conectadas estructural y pastoralmente a la congregación central; su participación en conjunto constituye la iglesia.

f. Modelo iglesia en casas – Una Iglesia, que si bien es similar a un modelo de la iglesia celular, está plantada intencionalmente con mayor atención prestada a la autoridad y la autonomía de la reunión de cristianos que se reúnen regularmente en sus respectivos hogares.

g. Modelo misionero – Una iglesia donde un plantador de iglesias transculturales pretende plantar una iglesia entre la gente no alcanzada con la intención desde el principio de ayudar a la iglesia a que se propague por sí misma, sea autónoma, y auto-sostenible.

3. En lugar de lenguajes modelo, *World Impact* reconoce tres "expresiones" distintas de la plantación de iglesias, de los cuales varios modelos pueden ser considerados y utilizados.

La expresión iglesia pequeña (o "iglesia en casa", 20-50 personas). La pequeña (o casa) iglesia puede ser entendida como una *pequeña tienda en un centro comercial*. Necesita de las conexiones con otras iglesias pequeñas tanto para sobrevivir y prosperar. Las iglesias pequeñas son capaces de reunirse prácticamente cualquier lugar y pueden funcionar con una pequeña huella con poco o nada de cargas financieras. Pueden centrarse en un bloque específico, la construcción de viviendas, o red de familias. Estas expresiones permiten un fuerte enfoque en el discipulado de desarrollo de liderazgo autóctono que puede tener lugar en este grupo más pequeño conectado.

La expresión iglesia comunitaria (60-150 personas)
La iglesia comunitaria es la expresión más común de la iglesia, numéricamente hablando, en el mundo de hoy. Esta expresión puede ser entendida como un *supermercado o tienda de conveniencia en un barrio o comunidad*. Esta expresión se centra en una identidad geográfica particular y proximidad, destacando tanto la afinidad, la conexión y contexto único de la congregación y la comunidad circundante. Se desarrolla en torno a una vocación profunda y conexión a un barrio en particular, y por lo general requiere un lugar semi-estable para reunirse (por ejemplo, un parque, un centro comunitario, o escuela). La asociación con otras iglesias de la comunidad es importante.

La expresión iglesia madre (200+ personas)
La iglesia madre (o "iglesia eje/matriz") representa un conjunto más amplio de creyentes, y puede ser entendida como un *hipermercado*

Walmart o Súper Target, una tienda que alberga una serie de entidades selectas que suministran a sus clientes con muchas opciones y oportunidades. Este tipo de iglesia, que tiene tanto los recursos económicos y espirituales para la multiplicación, puede aprovechar sus recursos y capacidades para convertirse tanto en una iglesia enviadora/facultadora que a su vez se reproduce muchas veces. Idealmente, una iglesia madre o eje/matriz es una congregación que está dirigida por intenciones misionales claras que permiten que aproveche sus capacidades y dones para convertirse en un centro de ministerios de compasión, misericordia y justicia. También puede venir a servir de sede para la crianza de plantadores de iglesias e iniciadores de ministerio, y puede funcionar fácilmente como una incubadora de otros ministerios efectivos entre los pobres urbanos no alcanzados. Tal expresión generalmente está más arraigada en una instalación en particular, "hecha para que le quede" que le permite aprovechar este tipo de capacidades.

4. ¿Cuáles son los temas críticos (por ejemplo, la cultura, la tradición de los plantadores de iglesias, y la contextualización) que deben tenerse en cuenta en la selección de la mayor parte del modelo o expresión apropiado para su uso en la plantación de una iglesia trans-cultural en la ciudad?

5. De todas las cosas que un plantador de iglesias puede tener en cuenta, ¿Cuál cree que es el elemento central que él o ella debe entender con el fin de elegir la opción "correcta" para ellos?

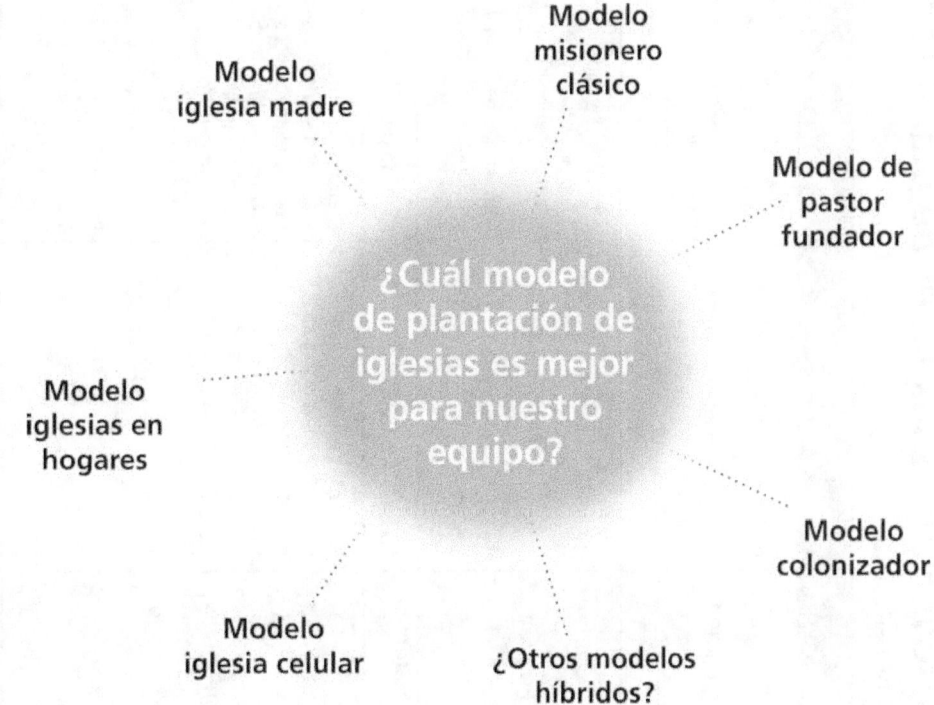

Descripción de las fases de planificación de la plantación de iglesias

Rev. Dr. Don L. Davis

	Preparar	Lanzar	Asamblea	Nutrir	Transición*
Definición	Formar un equipo de miembros con llamamiento y dispuestos a plantar una iglesia bajo la dirección del Espíritu Santo	Penetrar la comunidad elegida a través de eventos evangelísticos desarrollados en la misma	Reunir las células de los convertidos para formar una asamblea local, anunciando la nueva iglesia entre los vecinos de la comunidad	Nutrir a los miembros y discipular líderes, permitiendo que los miembros utilicen sus dones espirituales y establezcan una sólida infraestructura con la asamblea	Capacitar la iglesia para ser independiente, logrando que sus líderes sean autónomos, transfiriendo autoridad, y creando estructuras de independencia financiera
Propósito	Buscar a Dios en cuanto a la comunidad que será el objetivo, la formación del equipo de plantación, la organización de la intercesión estratégica para la comunidad, y la investigación de sus necesidades y oportunidades	Mobilizar el equipo y reclutar voluntarios para tener eventos evangelísitcos continuos y evangelizar en forma total, para ganar asociados y vecinos para Cristo	Formar grupos celulares, estudios bíblicos, o reuniones en casas para dar seguimiento evangelizacóm continua y crecimiento permanente para lograr el nacimiento público de la iglesia	Desarrollar un discipulado individual y grupal cubriendo papeles cruciales del cuerpo en base a las cargas y los dones de los miembros	Comisionar miembros y ancianos, instalar un pastor, y promover la asociación de la iglesia
Metáfora de padre e hijo	Decisión y concepción	Cuidado pre-natal	Nacimiento	Crecimiento y Paternidad	Madurez y Adultez
Enfoque en preguntas durante el diálogo	Preguntas sobre: • Preparación de su equipo • La comunidad objetivo • Iniciativas estratégicas de oración • Estudios demográficos	Preguntas sobre: • Carácter y número de eventos evangelísticos • Comunicación y publicidad de los eventos • Reclutamiento y coordinación de los voluntarios • Identidad y nombre del evento	Preguntas sobre: • Seguimiento e incorporación de nuevos creyentes • Constitución de la vida de un grupo pequeño • El carácter de la adoración pública • Estructuras eclesiásticas iniciales y procedimientos • Vida corporal inicial y crecimiento • Amistad cultural eclesial	Preguntas sobre: • Discipulado de individuos y líderes • Ayudar a que los miembros identifiquen sus dones y cargas (equipos) • Credenciales para el liderazgo • Orden, gobierno y disciplina en la iglesia	Preguntas sobre: • Incorporación • Afiliaciones y asociaciones • Transferencia del liderazgo • Transición misionera • Reproducción continua
Virtudes cardinales	Apertura hacia el Señor	Valor para involucrar a la comunidad	Sabiduría para discernir el tiempo de Dios	Enfoque en el núcleo fiel	Dependencia en la habilidad del Espíritu
Vicios cardinales	Presunción y "parálisis del análisis"	Intimidación y orgullo	Impaciencia y cobardía	Negligencia y micro-administración	Paternalismo y pronta liberación
Lo fundamental	Cultivar un período para escuchar y reflexionar	Iniciar su involucramiento con valentía y confianza	Celebrar el anuncio de su cuerpo con gozo	Concentrarse en invertir en los fieles	Se pasa la batuta con confianza en la obra continua del Espíritu

El papel de la mujer en el ministerio
Rev. Dr. Don L. Davis • *Enfoque en la Reproducción. Módulo 12, Currículo Piedra Angular.*
Wichita: The Urban Ministry Institute, 2005

Si bien es cierto que Dios ha establecido dentro del hogar un orden claramente diseñado, es igualmente claro que las mujeres son llamadas y dotadas por Dios, dirigidas por su Espíritu para dar fruto digno de su llamamiento en Cristo. A través del NT, hay mandamientos para las mujeres a someterse, con el verbo griego *jupotásso*, que ocurre con frecuencia con el significado de "colocarse bajo" o "someterse" (comp. 1 Tim. 2:11). La palabra traducida al español como "sujeción" proviene de la misma raíz. En tales contextos estas expresiones griegas no deben entenderse en ninguna otra forma que una positiva amonestación acerca del diseño de Dios para el hogar, donde las mujeres son amonestadas a aprender en silencio y sumisamente, confiando y laborando dentro del propio plan de Dios.

Sin embargo, esta orden a la mujer de sumisión en el hogar, no debe ser malinterpretada como que a las mujeres no se les permite ministrar sus dones bajo la dirección del Espíritu. Ciertamente, es el Espíritu Santo por medio del otorgamiento lleno de gracia de Cristo quien asigna los dones según su voluntad para la edificación de la Iglesia (1 Co. 12:1-27; Ef. 4:1-16). Los dones no son otorgados a los creyentes bajo el criterio del género; en otras palabras, no hay indicios en las Escrituras que algunos dones son solamente para los varones y otros reservados para las mujeres. Por el contrario, Pablo afirma que Cristo proveyó dones como un directo resultado de su propia victoria personal sobre el diablo y sus esbirros (comp. Ef. 4:6 y sig.). Esa fue su decisión personal, dados por su Espíritu a quienquiera que Él lo desee (comp. 1 Co. 12:1-11). En la afirmación del ministerio de las mujeres, nosotros afirmamos el derecho del Espíritu de ser creativo en todos los santos para el bienestar de todos y la expansión de su Reino, según le parezca a Él, y no necesariamente como lo determinemos nosotros (Ro. 12:4-8; 1 Pe. 4:10-11).

Además, un cuidadoso estudio de la totalidad de las Escrituras, indica que la orden de Dios para el hogar de ninguna manera debilita su intención para que el hombre y la mujer le sirvan juntos a Cristo como discípulos y obreros, bajo la dirección de Cristo. La clara enseñanza del NT de Cristo como cabeza del hombre y el hombre de la mujer (véase 1 Co. 11:4) muestra el aprecio de Dios de una representación espiritual piadosa dentro del hogar. La aparente prohibición a las mujeres de tener posición de enseñanza/de gobierno parece ser una amonestación para proteger las líneas designadas por Dios de responsabilidad y autoridad dentro del hogar. Por ejemplo, el término griego particular en el muy debatido pasaje de 1 Timoteo 2.12, *andrós*, que con frecuencia ha sido traducido "hombre", también puede ser traducido "esposo". Con tal traducción, entonces la enseñanza sería que una esposa no debe tener dominio sobre su esposo.

La doctrina de una mujer que al escoger casarse, voluntariamente se predispone a someterse a "estar bajo" su esposo, está en total acuerdo con el punto esencial de la enseñanza del NT sobre la función de la autoridad en el hogar cristiano. La palabra griega *jupotásso*, que significa "estar bajo de" se refiere a la voluntaria sumisión de una esposa a su esposo (comp. Ef. 5:22, 23; Col. 3:18; Tito 2:5; 1 Pe. 3:1). Esto no tiene nada que ver con la suposición de un estado superior o capacidad del esposo; más bien, se refiere al diseño de dirigente, autoridad que le es dada para confortación, protección y cuidado, no para destrucción o dominio (comp. Gn. 2:15-17; 3:16; 1 Co. 11:3). Ciertamente, la cuestión de ser la cabeza es interpretada a la luz de Cristo como cabeza sobre la Iglesia y significa la clase de jefatura piadosa que debe ser exhibida, el sentido de un incansable cuidado, servicio y protección requerido de un liderazgo piadoso.

Por supuesto, la amonestación a una esposa de someterse a un esposo de ninguna manera impediría que las mujeres participaran en un ministerio de enseñanza (por ej., Tito 2:4), sino más bien, que en el caso particular de las mujeres casadas, significa que sus propios ministerios estarían bajo la protección y dirección de sus respectivos esposos (Hechos 18:26). Esto confirmaría que el ministerio en la Iglesia de una mujer casada sería el de servir bajo la protectora vigilancia de su esposo, no debido a ninguna noción de capacidad inferior o espiritualidad defectuosa, sino para, como un comentarista lo ha dicho, "evitar confusión y mantener el orden correcto" (comp. 1 Co. 14:40).

Tanto en Corinto como en Éfeso (que representan los cuestionados comentarios epistolares en Corintios y 1 Timoteo), parece que la restricción de Pablo acerca de la participación de las mujeres fue causada por sucesos ocasionales, asuntos que se desarrollaron particularmente de esos contextos, y por lo tanto, se supone que deben ser entendidos bajo esa luz. Por ejemplo, el caso de los muy debatidos textos sobre el "silencio" de la mujer en la iglesia (ver 1 Co. 14 y 1 Ti. 2) en ninguna manera parecen debilitar la prominente función que las mujeres tuvieron en la expansión del Reino y el desarrollo de la Iglesia en el primer siglo. Las mujeres estaban envueltas en los ministerios de profecía y oración (1 Co. 11:5), instrucción personal (Hechos 18:26), enseñanza (Tito 2:4, 5), dando testimonio (Juan 4:28, 29), ofreciendo hospitalidad (Hechos 12:12) y sirviendo como colaboradoras con los apóstoles en la causa del evangelio (Flp. 4:2-3). Pablo no relegó a las mujeres a una función inferior o estado escondido, sino que sirvieron lado-a-lado con los hombres por la causa de Cristo: "Ruego a Evodia y a Síntique, que sean de un mismo sentir en el Señor. Asimismo te ruego también a ti, compañero fiel, que ayudes a éstas que combatieron juntamente conmigo en *la causa* del evangelio, con Clemente también y los demás colaboradores míos, cuyos nombres están en el libro de la vida" (Flp. 4:2-3).

Aún más, debemos tener cuidado en subordinar la persona de la mujer *per se* (es decir, su naturaleza de mujer) versus su función de subordinada en la relación matrimonial. No obstante la clara descripción de la función de las mujeres como coherederas de la gracia de la vida en la relación matrimonial (1 Pe. 3:7), también es claro que el Reino de Dios ha traído un dramático cambio sobre cómo las mujeres deben ser vistas, entendidas y aceptadas en la comunidad del reino. Es obvio que ahora en Cristo no hay diferencia entre el rico y el pobre, judíos y gentiles, bárbaros y escitas, siervos y libres, como tampoco entre hombres y mujeres (comp. Gál. 3:28; Col. 3:11). A las mujeres se les permitió ser discípulas de un Rabí (quien era extranjero y rechazado al tiempo de Jesús), y tuvieron prominentes papeles en la iglesia del NT, como ser colaboradoras lado a lado con los apóstoles en el ministerio (por ej., Evodia y Síntique en Fil 4:1ss), como también teniendo una iglesia en sus casas (comp. Febe en Ro. 16:1-2 y Apia in Filem. 1:2).

En relación al asunto de la autoridad pastoral, yo estoy convencido que el entendimiento de Pablo de la función de equipar (de lo cual la función de pastor-maestro es uno de ellos, comp. Ef. 4:9-15) nada tiene que ver con el género. En otras palabras, el texto primario y decisivo para mí sobre la operación de los dones y el estado y función del oficio, son los textos del NT que tratan sobre los dones (1 Co. 12:1-27; Ro. 12:4-8; 1 Pe. 4:10-11 y Ef. 4:9-15). No hay indicación en ninguno de estos textos formativos que los dones son de acuerdo al género. En otras palabras, para que el argumento pruebe que las mujeres nunca deberían tener funciones de naturaleza pastoral o de equipar, el argumento más simple y efectivo sería mostrar que el Espíritu simplemente nunca habría considerado darle a las mujeres un don que no fuera adecuado para el radio de llamamientos hacia los cuales ellas se sintieran llamadas. Las mujeres tendrían prohibido servir en el liderazgo porque el Espíritu Santo nunca le otorgaría a una mujer un llamado y los dones requeridos porque ella era una mujer. Algunos dones estarían reservados para los hombres, y las mujeres nunca recibirían esos dones.

Una cuidadosa lectura de esos y otros textos relacionados, no muestran tal prohibición. Parece que le corresponde al Espíritu darle a una persona, hombre o mujer, cualquier don que los capacite para cualquier ministerio que Él desea que ellos desarrollen, según su voluntad (1 Co. 12:11: "Pero todas estas cosas las hace uno y el mismo Espíritu, repartiendo a cada uno en particular como él quiere"). Basándose en este punto, Terry Cornett ha escrito un magnífico ensayo teológico que muestra cómo la palabra griega del NT para "apóstol" sin equivocación alguna es aplicada a las mujeres, mostrado claramente en la interpretación del sustantivo femenino "Junias" aplicado como "apóstol" en Romanos 16:7, como también alusiones a colaborar, por ejemplo, con las gemelas Trifena y Trifosa, quienes "colaboraron" con Pablo en el Señor (16:12).

Creer que todo cristiano llamado por Dios, dotado por Cristo y dotado y dirigido por el Espíritu debe cumplir su función en el cuerpo, nosotros afirmamos la función de las mujeres para dirigir e instruir bajo autoridad piadosa que se someta al Espíritu Santo, a la Palabra de Dios y que esté informada por la tradición de la Iglesia y el razonamiento espiritual. Debemos esperar que Dios les dé a las mujeres una dotación sobrenatural de la gracia para llevar a cabo sus órdenes a favor de su Iglesia y su reinado en el Reino de Dios. Puesto que tanto los hombres como las mujeres reflejan el *Imago Dei* (es decir, la imagen de Dios), y que los dos son herederos de la gracia de Dios (comp. Gn. 1:27; 5:2; Mt. 19:4; Gál. 3:28; 1 Pe. 3:7), se les da el alto privilegio de representar a Cristo juntos como sus embajadores (2 Co. 5:20), y por medio de su asociación completar nuestra obediencia a la Gran Comisión de Cristo de hacer discípulos de todas las naciones (Mt. 28:18-20).

Ordenación de mujeres P y R
Rev. Dr. Don L. Davis

Pregunta

¡Hola Dr. Davis! Le escribo para obtener sus ideas sobre la ordenación, en particular la ordenación de mujeres. Tenemos el privilegio de tener una hermana fuerte que es una miembro de nuestra congregación, que es una obrera comprometida aquí en nuestra iglesia y está increíblemente dedicada a la construcción del Reino de Dios!

Entendemos que sería ventajoso para ella si fuera ordenada; que ayudaría a navegar a través de las áreas seculares donde ella ministra sin tanta dificultad. Estamos luchando con el asunto de lo que enseñan las Escrituras con respecto a la ordenación de mujeres, y en particular el liderazgo sobre los hombres. Nuestra iglesia está estrechamente asociada con un movimiento de la iglesia más conservadora, y no es típico para nosotros ordenar a mujeres (ninguna de las otras iglesias han hecho esto, que yo recuerde), pero si sólo estamos haciendo debido a la tradición, estamos abiertos a examinar las Escrituras para ver este tema con mayor claridad.

Por favor, comparta con nosotros (los ancianos de nuestra iglesia) su comprensión de este tema. Dios usará a esta hermana independientemente de cualquier título que a ella misma le sea dada por los hombres; ¡sólo queremos hacer lo que glorifica a Dios y que le agrada!

Respuesta

Gracias tanto por su nota sobre la ordenación, y, más concretamente, sobre la ordenación de las mujeres. Ser parte de una denominación históricamente negra, así como a una organización misionera urbana inter-denominacional, he sido parte y estoy consciente de las comuniones evangélicas que afirman de todo corazón una comprensión más igualitaria (enfrente de una visión más complementaria) del papel de las mujeres en el ministerio, específicamente en ambas misiones y gobierno de la iglesia. En la iglesia AME (siglas en inglés – comunión Episcopal Metodista Africana) en la que me crié, la ordenación de las mujeres era un fundamento en la vida del clero, siendo una denominación que estaba profundamente informada desde el siglo 18 en adelante por la disparidad blanco-negro en la sociedad americana, y el reconocimiento de las mujeres piadosas, dotadas, y ungidas quien evaluaba la comunión fuera capaz y estuviera dispuesta a aceptar el papel pastoral.

Incluso a la luz de esto, totalmente aprecii sus preguntas, problemas y preocupaciones acerca de la ordenación de mujeres, y, como se trata de una pregunta donde los evangélicos creen que la Biblia lo ha discutido durante muchos años, espero que mi opinión y recomendación puedan traer por lo menos pruebas y argumentos para mi punto de vista. Se adjunta un documento que se utiliza de forma rutinaria en nuestra formación de TUMI titulado "El papel de la mujer en el ministerio", que establece de forma transparente nuestra noción de la espiritualidad de las mujeres y ministerio. En esencia, argumentamos que con la venida de nuestro Señor y la transformación y la unión con Cristo con todos los que creen, los papeles tradicionales de la sociedad de clase, género y raza han sido superados. Ahora en Cristo "No hay ni judío ni griego, no hay siervo ni libre, no hay varón y hembra, porque todos sois uno en Cristo Jesús" Gálatas 3:28. En el cuerpo de Cristo ahora "Aquí no hay griego y judío, circuncidados y no circuncidados, bárbaro, escita, esclavo, libre; sino que Cristo es todo y en todos" (Col. 3:11). Como textos fundamentales más importantes sobre la naturaleza de la diferencia en la cultura y el género, estos textos se leen como lentes exegéticos para pensar críticamente sobre los polémicos textos del NT que parecen restringir las funciones de la mujer en el ministerio, más específicamente 1 Timoteo 2 y 1 Corintios 14.

En lugar de volver sobre el argumento ya hecho en el ensayo, permítanme resumir diciendo que el problema para mí ha sido menos sobre el papel de las mujeres en el ministerio como la libertad del Espíritu Santo. 1 Corintios 12 es claro que el Espíritu Santo. Discúlpeme mientras inserto los versículos 4-11:

> Ahora bien, hay diversidad de dones, pero el Espíritu es el mismo. Y hay diversidad de ministerios, pero el Señor es el mismo. Y hay diversidad de operaciones, pero Dios, que hace todas las cosas en todos, es el mismo. Pero a cada uno le es dada la manifestación del Espíritu para provecho. Porque a éste es dada por el Espíritu palabra de sabiduría; a otro, palabra de ciencia según el mismo Espíritu; a otro, fe por el mismo Espíritu; y a otro, dones de sanidades por el mismo Espíritu. A otro, el hacer milagros; a otro, profecía; a otro, discernimiento de espíritus; a otro, diversos géneros de lenguas; y a otro, interpretación de lenguas. Pero todas estas cosas las hace uno y el mismo Espíritu, repartiendo a cada uno en particular como él quiere.

Este último versículo, "Pero todas estas cosas las hace uno y el mismo Espíritu, repartiendo a cada uno en particular como él quiere" es decisivo para mí en este asunto. El Espíritu Santo es libre, capaz de distribuir a cualquier persona de cualquier talento, don, llamado o dispensación que desea, basándose únicamente en su gracia soberana y elección. Ninguno de los regalos u oficios están restringidos por así decir a cualquier persona de cualquier sexo, es decir, en mi lectura que el Espíritu puede conferir a cualquier creyente cualquier don o carismas que elija. Las mujeres son coherederas de la gracia de Dios, capaces de recibir y, por tanto, ejercer el don que el Espíritu ofrece. La cuestión no es si las mujeres están categóricamente restringidas debido a su género para ciertos llamamientos; las lecturas del texto ponen la capacidad de utilizar un regalo en la elección del Espíritu, no en el género del creyente.

Entro en profundidad en estas preguntas en el ensayo, y trato específicamente en las preguntas de las mujeres sobre no hablar en la iglesia, o ejercer autoridad sobre el hombre, que, francamente, creo que se entiende más bien en el contexto de los contextos de Éfeso y Corinto en lugar de sacar principios para todos los tiempos en la iglesia a través de esta edad. Para lo que es, busco hacer frente a estos y otros problemas en el corto ensayo, y confío en que será útil.

Muchas gracias por su oferta de elegancia y calidez para dialogar y compartir nuestros puntos de vista. Siempre he creído en nuestra sensibilidad evangélica; que rara vez o nunca desafiamos los papeles de las mujeres en el ministerio en el campo de la misión, pero que con entusiasmo desafiamos en nuestros propios patios traseros! He buscado en los últimos años abrazar constantemente el papel de la libertad del Espíritu y nuestra unión con Cristo, y de reforzar las verdades fundamentales.

Definiendo los líderes y miembros de un equipo de plantación de una iglesia
World Impact, Inc.

CD: Director de ciudad • TL: Líder de equipo • MTL: Líder de múltiples equipos • CPT: Equipo plantador de la iglesia

	Miembro del equipo plantador de la iglesia	**Líder del equipo plantador de la iglesia**	**Líder de múltiples equipos**
Definición	Miembro del equipo plantador transcultural de la iglesia	Líder del equipo plantador transcultural de la iglesia	Facilitador y coordinador de equipos de plantación múltiples
Responsabilidad	Emplear dones para mejorar el ministerio del equipo al plantar una posible iglesia	Facilitar y administrar la operación efectiva del equipo para poder plantar una iglesia	Proveer consejo, recursos y apoyo a todos los equipos en un área dada
Entrenamiento	Escuela de plantación de iglesias, entrenamiento inicial, aporte de ideas continuo al equipo (*John Mark Curriculum* [currículo Juan Marcos])	Currículo de entrenamiento especializado, mentoría personal y TUMI	Trabajo de curso TUMI, entrenamiento regional, e ideas especializadas
¿Dar cuentas a quién?	Líder de equipo	Director de ciudad (apoyo del MTL)	CD y Vice presidente regional
Duración de su compromiso	Acreditado para plantar por un período específico de tiempo como miembro primario o de apoyo	Durante toda la duración de la plantación de la iglesia (según el plan de trabajo)	Revisión regular y evaluación ministerial sustantiva al final del tiempo del CPT
Recursos	Escuela de plantación de iglesias, miembros del equipo y líderes, "CPT kit" (estuche del equipo)	Miembros del equipo, presupuesto del ministerio, acceso al MTL y al CD	Transporte para los equipos de plantadores de iglesias, acceso al CD y Vicepresidente regional
Autoridad	Perseguir los pasos necesarios para evangelizar, discipular y plantar	Para dirigir al equipo en todas sus operaciones al buscar plantar una iglesia en un período dado de tiempo	Apoyar al equipo en sus plan de trabajo, y decidir si al final la plantación merece más tiempo y esfuerzo
Asignación	Provista por el CD y por el TL por un tiempo en particular y papel	Provista por el CD durante la plantación de la iglesia	Provista por el CD y el Vicepresidente regional según lo determinen necesario
Estructura	Miembros primarios, miembros de apoyo y/o voluntarios	Individual o co-líderes	Individuos seleccionados por el CD y Vicepresidente regional

Involucrándose en la comunidad

Selección de un área objetivo
Bryan Cullison

Tuve el lujo de un borrón y cuenta nueva y sin expectativas cuando empecé el proceso de escoger un área para empezar. Yo no tenía miembros del equipo y ni idea de por dónde empezar. Sólo sabía que estábamos por entrar en una zona en la que no habíamos hecho ningún ministerio anteriormente, tanto por el bien de la ramificación hacia fuera como ministerio donde habíamos hecho el 90% de nuestro trabajo dentro de un radio de una milla cuadrada, y también como una declaración audaz que testificó a nuestro personal de la gravedad de nuestra visión de plantar iglesias en todo el condado de Los Ángeles donde estaban los pobres urbanos. Estaba frustrado y convencido que nosotros, como ministerio hablamos de la abundancia de grupos de personas en Los Ángeles y cómo el mundo había llegado a nuestra puerta, sin embargo, que estábamos sólo en realidad atendiendo a una fracción de estos grupos de personas, haciendo que esas estadísticas interesante de lo mejor y engañosas de lo peor.

En la Conferencia Timoteo en julio del 2002, me encontré con una joven mujer del personal de Wichita llamada Stacy Waddle que había vivido y ministrado en el área de Hollywood. Stacy era un gran recurso de información sobre los pormenores de esa comunidad, su sabor, esencia, clima espiritual, necesidades, historia, dirección, grupos de personas, demografía y estructuras físicas. Más importante aún, ella visualizaba una carga infecciosa por la ciudad de Hollywood, que mi corazón ya estaba sintiendo antes de conocerla. Ella pintó una imagen bastante atractiva para mí, citando la diversidad de la zona, las oportunidades abundantes y ricas para desarrollar relaciones a través de los medios de baloncesto (mi mejor y deporte favorito) con los jóvenes, y el favor obvio hacia los medios (mi otra pasión) que sería especialmente útil y adecuada para llegar a los no cristianos allí. Volví a Los Ángeles después de la conferencia con una emoción de aprender lo más que pudiera sobre la comunidad de Hollywood, comprometiendo prematuramente mi corazón a esta zona sin tener que pasar a través de los pasos necesarios para buscar el corazón de Dios o hacer el trabajo de campo o de investigación académica para validar la elección. A través del liderazgo sabio, me vi obligado a retroceder un poco y pasar por algunas tomas de decisiones en el compromiso a una zona donde el ministerio en conjunto estaría invirtiendo por mucho tiempo en el futuro más formal. Estoy agradecido por eso.

Por lo tanto, en este punto había identificado Hollywood como una de las posibilidades. También me dieron la sugerencia de un área al noreste de la oficina de Los Ángeles que era particularmente densa y cerca de nuestro centro ministerial que podría sacar provecho de los recursos ya disponibles y establecidos aquí. Una calle principal que atraviesa el centro de esta segunda zona era Westmoreland Avenue, por lo que esta zona se denominó Westmoreland con fines de referencia.

El siguiente paso fue desarrollar un poco más de posibilidades basadas en los criterios que me sugirió Fred Stoesz, mi MTL, y Tim Goddu, mi director de ciudad. Las dos características de conducción que estábamos buscando en una comunidad eran que fueran tanto densas en población y pobres. Al tener estos como estándares, empecé a investigar los datos del Censo del 2000 por un periodo de aproximadamente una semana en el red cibernética. Teniendo en cuenta todas las secciones censales 2054 en el condado de Los Ángeles, eliminé todas aquellas extensiones que no contengan 30% o más familias en la pobreza y 23.000 o más personas por milla cuadrada. Esto redujo el número a aproximadamente a 250 extensiones para cada categoría. entonces apreté el estándar de 45% o más familias en la pobreza y 50.000 personas por milla cuadrada, que aisló eficazmente la parte superior a 1-2% de todas las secciones censales en el Condado de cada categoría. Teniendo esto, una referencia cruzada de cada lista para ver qué extensiones encajaban en ambos estándares. Tres nuevos grupos de secciones censales surgieron, y me dio tres áreas en el condado a considerar. Dos de ellos eran a ambos lados de la avenida Vermont en el extremo norte del barrio coreano. Debido al gran número de empresas y una calle cerca de ambas áreas nombradas Shatto, etiqueté estas dos áreas del oeste y del este Shatto Shatto. La tercera área era en Long Beach.

Ahora tenía cinco áreas totales nacidas de la experiencia personal, de referencia, sugerencia, y de la investigación. Fuera de estas cinco áreas hubo 26 secciones censales representadas. Estas 26 secciones censales se comparan y se clasifican entre sí en las siguientes categorías:

- población
- densidad de la población
- etnicidad
- número de hogares
- número de familias
- número de unidades de vivienda
- transitoriedad
- niveles competitivos de inglés
- nivel de ingresos de los hogares
- % de los salarios que ganan
- el ingreso *per capita*
- % en pobreza
- estado de ocupación
- alquiler bruto

Con cada categoría ponderada de acuerdo con nuestros estándares de conveniencia en lo que estábamos buscando (es decir, alta en población, pobre, bajo la transitoriedad, baja renta bruta), un rango se asigna a cada aparato por lo que las 5 áreas podrían distinguirse unas de otras. Ahora, ¿qué estaba haciendo Dios en estas áreas? La plantación de iglesias es más un arte que una ciencia, y de ir sobre este trabajo espiritual de una manera completamente cerebral sería una locura. Para ver lo que Dios estaba haciendo en estas comunidades podría tomar algún trabajo a pies, la observación personal, caminata de oración, discernimiento y orientación de él. El primer paso fue explorar cada área y reconocer/hacer un mapa donde estaban las escuelas, iglesias y centros de servicios sociales eran. Esto daría una gran imagen en la salud, cohesión y actividad de una comunidad. Después de una incursión bastante exhaustiva sobre cada barrio, tenía una buena idea de cómo estaba en lo que respecta a iglesias cada área.

Ver en West Shatto un área casi en su totalidad compuesta por coreanos, con un exceso de iglesias coreanas (muchos de los cuales habían sido alguna otra iglesia anteriormente), tuve una buena idea de que, a pesar de que este cumplía con los criterios de pobres urbanos, denso, y estadísticamente deseables, no tenía una gran necesidad de más plantaciones de iglesias. Habían sido estas iglesias afroamericanas o iglesias escaparate de latinos, yo había llegado a una conclusión diferente, pero estas iglesias coreanas sin duda alguna eran más eficaces para llegar a su barrio que una nueva plantación de iglesia por un misionero caucásico que no hablaba su idioma.

Me encontré con el mismo escenario tipo en la zona de Westmoreland al ver muchas iglesias coreanas e iglesias hispanas (en su mayoría de escaparate -indicando un nuevo y activo movimiento) en una zona bastante mezclada en partes iguales entre coreanos e hispanos en lo que a población se refiere.

Por lo tanto, después de la caminata de oración y tomar incursiones en la comunidad-hacer un inventario en cada área, parecía que la decisión correcta de eliminar las áreas tanto la de West Shatto y Westmoreland y decidir entre Long Beach, East Shatto, y Hollywood.

Long Beach tenía un buen ambiente y la comunidad era muy diversa e integrada. Había muy pocas iglesias en la zona, pero los que estaban allí parecían estar evangelizando y llegar a sus vecinos de forma activa. Un sábado mientras hacíamos una de las caminatas de oración, el grupo con quién estaba se encontró con tres iglesias diferentes que predicaban en la calle, repartían tratados y hacían escrutinio de puerta en puerta. Me dijeron que hacían esto con regularidad, si no semanal. La iglesia yendo de puerta en puerta se componía de tres congregaciones diferentes, y estaba muy bien integrada y activa en la comunidad.

East Shatto no parecía ser una comunidad tanto como Hollywood o Long Beach. Tenía algunas iglesias, un YMCA, y un parque, pero había una sensación desarticulada de toda la zona, un puñado comercial al azar, industrial y residencial, pero no había límites definibles o de sabor.

Hollywood, por el contrario, donde mi corazón estaba tirando, tenía la combinación única de ser increíblemente sin iglesia, un fuerte sentimiento y cultura de la comunidad, bastante popular y más diversa, y con urbanos pobres. La única salvedad a esta área era tener cuidado exactamente dónde ministrar. Hay una entremezcla interesante de ricos y pobres aquí, que sesga los datos estadísticos. Hay una enorme población urbana pobre aquí, con una concentración especialmente alta de personas sin hogar, fugitivos, adictos, prostitutas y ex-convictos en viviendas de transición. También hay muchas familias pobres urbanas aquí, pero en cada esquina hay también hogares bien financieramente. El estigma de Hollywood como una zona rica y muy deslumbrante para los extraños es sin duda una presuposición que tendrá que ser tratada, pero la cruda realidad es que gran parte de lo que se considera Hollywood propiamente está tan roto y pobre como cualquier área que hemos trabajado en el plazo de la zona central del sur, sin la reputación negativa.

Cuatro cosas ocurrieron en la misma semana, sin embargo, que confirmó la elección para mí. En un encuentro de "El llamado" que tuvo lugar en la Iglesia Congregacional de la Avenida Lake, un hombre se me acercó después y me preguntó si trabajaba para *World Impact*. Después que le dije que sí, dijo que sentía que Dios quería que me hablara. En medio de la conversación, me habló de una nueva plantación de iglesia que estaba pasando justo en la zona donde había estado enfocando mis caminatas de oración y la exploración, una que tenía una visión similar a la mía en cuanto a la utilización de medios de comunicación y las artes, una que no sólo daba la bienvenida a las personas sin hogar y prostitutas del barrio, sino que buscaba activamente a los quebrantados.

La segunda cosa fue la visita que tuve con esa misma iglesia – *Gateway City Center*. Esta charla con ellos fue alentadora en el aprendizaje que eran tan afines conmigo, tenían un corazón para la comunidad de Hollywood, y destacaron la necesidad de que no había absolutamente una necesidad de más iglesias en el área - no estaba en forma intrusa. De hecho, dijeron que en su opinión podría haber una iglesia en cada bloque y que todavía no sería suficiente. Esto me fue confirmado por otro pastor en la zona de una iglesia coreana de primera generación, que a mí y a otra plantación de iglesia nos dieron la bienvenida, y afirmó que había un montón de pobres urbanos en la zona.

La tercera confirmación significativa fue la reunión que tuve con algunos estudiantes de Biola con quienes estaba conectado a través de Jim Parker y la Dra. Judith Lingenfelter, profesora de estudios interculturales en Biola. Tres estudiantes de una de sus clases estaban en un equipo junto con la asignación de escoger un área en el condado de Los Ángeles para investigar en profundidad, explorar, observar, participar, y luego informar. Estos tres estudiantes no sólo desecharon el trabajo que habían hecho en otra área para venir a trabajar conmigo y empezar de nuevo en Hollywood, sino que también estaban muy contentos de hacerlo, tenían una cantidad desproporcionadamente grande de experiencia en trabajo misionero por su corta edad, y comprometidos a trabajar conmigo y ayudarme a través de todo el año escolar en cualquier forma que pudieran (mucho más allá de los límites y las responsabilidades de su proyecto de investigación).

Por último, John Suárez, un hermano de gran alcance evangelístico y de oración en el Señor estaba intercediendo por mí en una reunión de oración en grupo el viernes de esa misma semana. El grupo estaba orando específicamente por mí y por qué área Dios me podría llevar a plantar la iglesia. John me relató cómo, mientras estaba orando y escuchando lo que Dios tenía quê decir acerca de esto, todo lo que pudo escuchar de él en varias ocasiones fue "Hollywood". Esta fue la confirmación más fuerte y abrumadora para mí de todas ellas.

Después de confirmar Hollywood a través de estos medios y hacer que fuera aprobado por el liderazgo, todo lo cual llevó aproximadamente seis meses, el área objetivo específico dentro de Hollywood tuvo que ser elegido. Después de unos meses de procesamiento a través de todos los asuntos con el liderazgo que van de la mano con la gravedad de la elección de una nueva área de la plantación de la iglesia para el ministerio de Los Ángeles, en enero del 2003 se le dio el sello oficial y final de aprobación al Equipo plantador de Iglesia (CPT siglas en inglés) para seguir adelante con Hollywood como el área de destino. El CPT en ese momento consistía de mí mismo y Susie Kook, tuvimos una generosa ayuda de voluntarios, intercesores, y algunos miembros de apoyo (que también estaban interesados en formar parte del equipo posiblemente cuando fuera el momento adecuado). En febrero del 2003, en el transcurso de dos sábados, dos grupos diferentes de 10 personas cada uno se reunieron en 5 áreas diferentes del sur de Hollywood. Una semana de desarrollo de encuestas y estratégico en la búsqueda de localizaciones del barrio se hizo antes de esto en preparación. El objetivo era conseguir una buena idea, a través de una encuesta a una meta de 500 hogares, qué barrios eran los más abiertos, encajando la categoría de pobres de las ciudades, con la menor representación de las iglesias existentes y miembros de iglesias. Las cinco áreas sondeadas eran la "zona de Tropicana", "área de LeConte EM", "área de Hollywood Rec Center", "zona de Lemon Grove Park", y la zona de la calle "Ramona ES". Equipos de dos fueron a cada área para recoger el mayor número encuestas como fuera posible en el transcurso de unas pocas horas. El objetivo de esto era la cantidad, no necesariamente las relaciones. Estábamos abiertos a ver qué puertas podían estar abiertas en el futuro para desarrollar relaciones, pero nuestro objetivo principal era conseguir una buena puerta instantánea de cada zona. Después de dos sábados, se recopilaron las encuestas, se resumieron, y se estudiaron, dando cuenta de los encuentros personales experimentados con los residentes de la comunidad por nuestras encuestadores también. Estos datos y conclusiones nos llevó a elegir un área con el código postal 90029, y se centraron en el censo 1.911,20, geocéntrico y a poca distancia (5 cuadras o menos) a LeConte MS, la calle Ramona ES, zona de Tropicana y Lemon Grove Park. También nos llevó a centrarnos en un complejo de apartamentos, en particular, y en dos hombres de paz.

Estos dos hombres llamados Lamar y Rolando, afroamericano e hispano, respectivamente. Ambos cristianos, uno más cerca de Dios que el otro, y más maduro, estos hombres eran muy abiertos y amables en el trato inicial con nosotros, y parecían indicar un deseo de buscar la amistad. Desde marzo hasta ahora, estas conclusiones han sido verificados por las relaciones cada vez más profundas que se está formando con ellos dos, y con rendición de cuentas, incluso extremadamente vulnerables y oración con Rolando, y la caminata de oración regular alrededor del edificio Tropicana, que ahora hemos llamado "La casa de Oración".

Además de estos dos hombres, durante el transcurso de nuestra caminata de oración, Susie y yo hemos conocido a una red de personas sin hogar, hombres y mujeres, más de 10 más o menos, con un hombre en particular llamado Carl que conocía a Stacy Waddle, mencionada anteriormente. Este hombre mostró una gran promesa desde el principio, y caminó con el Señor en algún momento de su vida, pero en los últimos meses ha sido cada vez más esporádico y ausente, y la relación con él ha sido evasiva.

Por último, a través de una serie de intentos fallidos y retrasos, y otra amistad y gran conexión en la comunidad fue René, el administrador de un edificio del complejo en el que se había centrado nuestro interés y atención, yo estaba a punto de moverme en el mismo apartamento en el que tenía puestos los ojos, lo que me pondría entre los más pobres, lo multicultural, y estratégicamente ubicado en la zona (en nuestra visión). Con la adición tardía de un nuevo compañero para mí, sin embargo, para fines de rendir cuentas y de apoyo emocional, he tenido que renunciar a esta opción de apartamento de un dormitorio en la búsqueda de un apartamento de dos dormitorios. Dios bendijo esta búsqueda sin embargo, porque el plazo de dos semanas de mira, mi compañero de cuarto, John Comfort, y yo, ambos nos encontramos, construimos una relación con el administrador, y aseguramos el apartamento. En realidad encontramos y fuimos aprobados para dos diferentes apartamentos de 2 dormitorios, dos de ellos económicamente razonables, tanto estratégicos en la ubicación, y ambos a nuestro gusto, pero el complejo de apartamentos que finalmente elegimos, en Lexington (casi exactamente por donde Lamar y Rolando viven), fue mucho más del sentir de la comunidad, y agradable, con un ambiente más cálido y apariencia.

Investigando su comunidad

Rev. Dr. Don L. Davis, ampliado, modificado y adaptado de *You and Your Community, National Council of Churches* [Usted y su comunidad, Consejo Nacional de Iglesias].

Las siguientes preguntas fueron diseñadas con el fin de que una parroquia o iglesia basada en la comunidad u organización de servicio/misión cristiana estudie cuidadosamente y aprenda más de la naturaleza precisa de las necesidades y posibilidades que su comunidad posee. Estas preguntas son exhaustivas, pero están destinadas a provocar en su mente explorar las diversas situaciones, experiencias, necesidades y preocupaciones críticas que son intrínsecas a la comunidad en la que vive, trabaja y testifica. Cada área de la pregunta amplia podría fácilmente ser delegada a una fuerza investigadora o tarea que pudiera investigar esta área y presentar información sobre el estado general de la comunidad.

I. ¿Qué zona de la ciudad o condado considera usted su comunidad objetivo?

1. ¿Qué se hace llamar a sí misma su comunidad?
2. ¿Cuál es el alcance y cuáles son los límites de su parroquia geográfica natural?
3. ¿Cuáles son las características principales de su comunidad?
4. ¿Cuáles son sus tradiciones, historias, legados?; ¿cómo esta comunidad vino a ser lo que es, quién la fundó, cuándo y cómo?
5. ¿Cuál es el carácter predominante de la misma - industrial, comercial, agrícola, educativa, recreativa, o residencial?
6. ¿Cuáles son los límites "naturales" que describen su comunidad, es decir, las principales calles o carreteras, líneas de ferrocarril, parques, zonas industriales o comerciales, ríos o cuerpos de aguas, etc.?
7. ¿Cuál es su relación con sus comunidades vecinas, la ciudad/la ciudad en general?
8. ¿Cuál es la opinión general o actitud aceptada hacia la comunidad y sus residentes? Lo que se sabe/por lo que es famosa?
9. ¿Cuál es la unidad que considere su comunidad (prescinto, distrito, barrio, pueblo, ciudad, condado)? ¿Cuál es su área total y la población?
10. ¿Cuál es la naturaleza de sus comunidades colindantes? ¿Qué ciudades cercanas influyen en la vida de su comunidad? (¿Es pueblo, área rural, urbana, suburbana?)
11. Describa las diferentes características físicas y el bienestar general o el estado de su comunidad?

II. ¿Quién vive en su comunidad?

1. ¿Cuántas personas viven dentro de su área objetivo?
2. ¿Cuál es la densidad de la población, es decir, lo socio-económico, lo racial, religioso, cultural/étnico, edad, género, la distribución de la educación?
3. ¿Cuáles son las diferentes culturas, razas, nacionalidades, etnias representadas en su comunidad, y cómo se distribuyen dentro de ella? ¿En qué áreas de la comunidad residen estos grupos diferentes de personas?
4. ¿Cuánto hace que la mayoría de los residentes han vivido en su comunidad?
5. ¿A qué velocidad están los residentes de su comunidad, ya sea trasladándose o saliendo de su área?
6. ¿De qué tamaño son el promedio de las unidades familiares, y qué tipo de familias constituyen la mayoría de los hogares en la comunidad (padres solteros, dos padres, con o sin hijos, etc.)?
7. ¿Cuáles son las tasas de natalidad y mortalidad actuales para la comunidad?
8. ¿Cuáles son las actuales tasas de divorcio, separación legal, familias rotas, etc.?
9. ¿Cuáles son los algunos de los patrones de parentesco predominantes en la comunidad?
10. ¿Qué porcentaje de la población se consideraría "alternativo" o incluso considerados como "desviados" según los estándares de la mayoría de la cultura (la comunidad homosexual, algunas de las comunidades minoritarias en particular, etc.)?
11. ¿De dónde la mayoría de los residentes provienen? (¿Dónde vivían antes de mudarse al vecindario?)
12. ¿A dónde se va la mayoría de las personas que salen de esta comunidad?
13. ¿Qué ve como fortalezas y/o debilidades la mayoría de los residentes de la comunidad?
14. ¿Cuán cohesiva y unificada son los miembros de la comunidad?

III. ¿Cómo es el carácter de la vivienda dentro de la comunidad?

1. ¿Qué porcentaje de las familias o individuos poseen o arriendan su casa?
2. ¿Qué cuestan estos hogares y/o lo que es la tasa media de alquiler?
3. ¿Quiénes son los dueños de la tierra y la propiedad de la mayor parte de la comunidad?

4. ¿Cuál es el estado general de la vivienda de alquiler en la comunidad?
5. ¿En qué medida está la propiedad reparada y mantenida de manera adecuada? ¿Por qué?
6. ¿Cuántos de los residentes de la comunidad carecen de una vivienda adecuada? ¿Cuál es el número de personas sin hogar en este barrio?
7. ¿Cuántos hoteles, casas de huéspedes, campamentos de remolque, y otras instalaciones existen para transeúntes y personas sin hogar?
8. ¿De qué manera las oportunidades de vivienda en su vecindario se comparan a las viviendas en las comunidades vecinas?
9. ¿Quiénes son las personas encargadas de la administración de la vivienda pública en esta área? ¿Quiénes son los agentes de bienes raíces principales y agencias de bienes raíces aquí?
10. ¿Cuál es el número de unidades del gobierno y vivienda en la zona? ¿Hay algún proyecto de vivienda del gobierno? Si es así, ¿cuántos viven actualmente en estas casas/apartamentos/dúplex?
11. ¿Cuáles son los proyectos de construcción actuales que tienen lugar en la comunidad que tienen el potencial de cambiar la situación actual de la vivienda?
12. ¿Qué alternativas de vivienda innovadoras existen para los pobres y necesitados en esta área?
13. De acuerdo con las tendencias de población, ¿qué se necesita en la comunidad para obtener o cambiar a la luz de sus necesidades futuras de vivienda?

IV. ¿Cuál es la condición económica y carácter de la comunidad?

1. ¿Cuál es el nivel de ingreso de las personas en nuestra comunidad? ¿Qué soportes de impuestos están representados dentro de ella?
2. ¿Cómo la mayoría de sus habitantes se ganan la vida?
3. ¿Qué porcentaje de la población de las comunidades que trabajan viajan a diario afuera de la comunidad para trabajar?
4. ¿Qué porcentaje de residentes de la comunidad están desempleado? Formule su respuesta de acuerdo a las diferencias poblacionales de raza, género, origen étnico, nivel de educación, etc.
5. ¿Cuál es el nivel de vida de la comunidad en comparación con otras comunidades cercanas, y la ciudad en general?
6. ¿Qué oportunidades y/o problemas la mayoría de los residentes encuentran en la búsqueda o el mantenimiento del empleo?

7. ¿Son los intereses comerciales los que funcionan altos aquí? ¿Por qué o por qué no?

8. ¿Cómo los empresarios u otros inversionistas financieros ven esta comunidad? ¿Han los bancos rehusado esta zona, o qué bancos están ofreciendo dinero a sus residentes para negocios, el hogar y otras oportunidades financieras?

9. ¿Cuál es la relación de la comunidad con la comunidad de negocios en general en la ciudad (por ejemplo, el club rotario, la cámara de comercio, grupos empresariales, etc.)?

10. ¿Quiénes son los líderes económicos y de negocios en la comunidad? ¿Cuáles son sus activos y empresas económicas clave?

11. ¿Qué tanta actividad ilegal (drogas, juego, prostitución, etc.) tiene lugar en la comunidad, y cómo estas actividades afectan a la comunidad económicamente?

12. ¿Hay algún ejemplo de flagrantes injusticias económicas dentro de la comunidad? Si es así, ¿cómo surgieron y qué grupos o eventos son responsables?

13. ¿Existe algún grupo económico de base local tratando de traer renovación a esta comunidad? ¿Quiénes son y a qué tipo de proyectos están comprometidos?

14. ¿Qué dificultades especiales han afectado a la situación económica de la comunidad de manera adversa, o qué oportunidades especiales han afectado de manera positiva en los últimos 5 años?

15. ¿Qué muestran los principales indicadores económicos para el futuro económico de la comunidad?

16. ¿Qué tipo de industrias o negocios existen dentro de la comunidad o en la frontera (por ejemplo, tiendas de abarrotes, de conveniencia, restaurantes de comida rápida, oficinas, centros comerciales, gobierno, construcción, etc.)? ¿Cuáles son los principales empleadores, empresas, o industrias dentro de la comunidad?

V. **¿Cuál es la calidad de la educación impartida a sus residentes?**

1. ¿Cuántos de los residentes dentro de su límite de la comunidad están en edad escolar?

2. ¿Cuál es la cantidad promedio de escolarización que la mayoría de los adultos tienen en la comunidad? ¿Dónde fue educada la mayoría de los residentes de la comunidad?

3. ¿Cuáles son las tasas de alfabetización de los adultos en la comunidad?

4. ¿Cuáles son las principales escuelas de la zona (por ejemplo, preescolares, escuelas primarias, escuelas secundarias, escuelas de comercio o de formación profesional, colegios, institutos, etc.)?

5. ¿A qué edad y en qué condiciones están las diversas instituciones educativas de la zona?

6. ¿Qué calibre de maestros están empleados en los distintos niveles aquí, y qué tipo de instalaciones se proporcionan en las instituciones dentro de esta comunidad?

7. ¿Cuál es la categoría académica de los diversos grados de los estudiantes con las comunidades vecinas, en la ciudad o pueblo en general, como a nivel nacional?

8. ¿Cómo son las proporciones entre profesores y estudiantes en las escuelas en la actualidad? ¿Cuál es el nivel de conocimientos y experiencia para los administradores promedio en las diversas instituciones educativas?

9. ¿Quiénes son las personas que están a cargo de la administración de las escuelas en los distintos niveles de la comunidad? ¿Quiénes son los miembros de la junta escolar y cuál ha sido su desempeño en los últimos tiempos?

10. ¿Cuál es la tasa de abandono/absentismo escolar actual de las diversas escuelas?

11. ¿Cuál es el carácter general de las escuelas, es decir, su seguridad, limpieza, organización, apoyo? ¿Cuáles son las mejores/peores escuelas en la comunidad?

12. ¿Qué maestro o las organizaciones de padres y maestros existen que están haciendo un impacto en la calidad de la educación que se imparte en las escuelas?

13. ¿En qué medida hay privilegios iguales abiertos para todos los niños y adultos de la zona?

14. ¿Cuántos graduados de secundaria de las comunidades van a la universidad? ¿A qué tipo de colegios o instituciones avanzados asisten?

15. ¿Qué oportunidades existen para la educación de recuperación o permanente de adultos y jóvenes después de salir de la escuela secundaria?

VI. ¿Cómo está la comunidad organizada y gobernada políticamente?

1. ¿Cuántos de la comunidad están en edad de votar? ¿Qué porcentaje de la comunidad participa normalmente en los referendos y votaciones locales y nacionales?

2. ¿Cómo está la comunidad local organizada políticamente? ¿Cuáles son los precintos, distritos o secciones de zonificación?

3. ¿Cuántas espacios como representante tiene la comunidad en el ayuntamiento de la ciudad, el gobierno estatal y los órganos políticos nacionales? ¿Quién es responsable de la elaboración de estos distritos?

4. ¿Cuáles son los funcionarios actuales que representan a la comunidad a nivel local, estatal, y nacional (regidores, concejales, representantes estatales, senadores estatales, las personas del Congreso, senadores)? ¿Qué tan involucrado/informado han sido a las necesidades y potencialidades de la comunidad?

5. ¿Quiénes son los líderes cívicos de la comunidad?

6. ¿Cuáles son las organizaciones y/o instituciones que han sido asociados con la resistencia a la injusticia y la desigualdad dentro de la comunidad? ¿Cuáles son las organizaciones de defensa de primera clase en la comunidad, y quiénes son sus líderes?

7. ¿Cuáles son los grupos de acción política o comités clave dentro de la comunidad? ¿Quién está a cargo de estos grupos y cuáles son sus agendas políticas para la comunidad?

8. ¿Cuánto de los recursos y bienes de las ciudades (dólares, de personal, proyectos, mejoras urbanas, mantenimiento de calles, servicios públicos, etc.) se han asignado a esta comunidad, y cómo se han gastado los recursos asignados y distribuidos dentro de ella? ¿Quiénes son los enlaces que sirven como "personas intermediarias" de esta distribución?

9. ¿Cuáles son las afiliaciones políticas principales de los residentes dentro de la comunidad? ¿Cuál es la historia política de la afiliación de la comunidad en general?

VII. ¿Cómo funciona la comunidad al hacer justicia por la ley y los tribunales?

1. ¿Cómo la mayoría de los residentes describen el estado de aplicación de la ley y la administración de la justicia en la comunidad?

2. ¿Cuáles son los actuales líderes en la administración de justicia en la comunidad (jefe de la policía, fiscalía, etc.)?

3. ¿Qué cortes se encuentran dentro de la comunidad? ¿Cuáles son los fiscales y jueces clave dentro de la comunidad? ¿Cuál es su historial en cuanto a la protección de la comunidad y el cumplimiento de la ley en nombre de la comunidad?

4. ¿Cuáles son las últimas estadísticas relativas a los números y tipos de crímenes cometidos dentro de la comunidad, y/o la delincuencia?

5. ¿Cuáles son los números de residentes actualmente encarcelados en la ciudad, cárceles o prisiones estatales y federales?

6. ¿Qué se prevén para el tratamiento y la rehabilitación de los delincuentes? ¿Qué nivel de provisión se ha hecho en relación con las familias de los delincuentes durante el encarcelamiento de ellos?

7. ¿Qué nivel y calibre de representación legal se prevé y se ofrece a los residentes de la comunidad? ¿Cuáles son los abogados clave en la comunidad?

8. ¿Cuántos policías y agentes de policía de la ciudad están asignados a la comunidad para su servicio y protección?

9. ¿Cuál es la relación actual del departamento de policía con los residentes en la comunidad? ¿Qué medidas se han tomado para fortalecer las relaciones policía-comunidad?

10. ¿En qué medida han protegido los tribunales los derechos civiles y las libertades de las personas en la comunidad?

VIII. ¿Cuál es el estado de salud y de los servicios proveedores de salud?

1. ¿Cómo las instituciones locales de salud proporcionan caracterizar el estado general de salud de su comunidad?

2. ¿Quién se enferma la mayor parte en la comunidad, y por qué?

3. ¿Cuáles son las tasas de natalidad y mortalidad por cada mil? ¿Cómo se compara este número a las comunidades vecinas, la ciudad y la nación?

4. ¿Cuáles son las clínicas, hospitales y centros médicos ubicadas en la comunidad? ¿Cuál es el número actual de médicos, dentistas, especialistas y demás personal de salud per cápita?

5. ¿Quiénes son los principales médicos y proveedores de atención de la comunidad?

6. ¿Cuál es el precio y la calidad de atención en estos diversos hospitales y clínicas en la comunidad?

7. ¿Cómo es la comunidad con personal en términos de ambulancia, paramédicos, bomberos y departamento de protección? En otras palabras, ¿cuántas de estas unidades se asignan a la comunidad? ¿Cómo los números en la comunidad se comparan con los servicios utilizados por otras comunidades o la ciudad en general?

8. ¿Quién es el jefe de bomberos en la comunidad, y quiénes son los funcionarios clave de prevención de incendios en la comunidad?

9. ¿Qué se ha previsto en la comunidad para sus poblaciones vulnerables, es decir, los ancianos, los discapacitados, los pobres

e indigentes, los retrasados mentales, los enfermos mentales, etc.? ¿Tienen acceso estas poblaciones a esta provisión?

10. ¿Qué tipo de servicios ofrece la comunidad para aquellos que han sido o bien víctimas de abuso (por ejemplo, niños, mujeres maltratadas), o aquellos que luchan con adicciones (por ejemplo, alcoholismo, drogas)? ¿Cuáles son las casas o casas de colocación de la comunidad disponibles para aquellos que necesitan de esa atención?

11. ¿Qué se está haciendo actualmente en términos de ilegitimidad y cuestiones relacionadas con la planificación familiar y la atención en la comunidad?

12. ¿Qué provisión para el descenso del número de personas expuestas a enfermedades contagiosas, especialmente enfermedades de transmisión sexual y el virus del SIDA?

13. ¿Cuáles (si las hay) son las necesidades médicas especiales o problemas enfrentados por la comunidad? ¿Quién ha sido puesto a cargo de aliviar estos problemas, y cuál es su actual tasa de éxito al hacerlo?

14. ¿Qué tipo de programas existen para la educación del público en general sobre los asuntos de seguridad y de salud en la comunidad?

IX. ¿Cómo las personas se recrean y pasan su tiempo libre en la comunidad?

1. ¿Qué instalaciones recreativas, lugares de reunión, o espacios en la comunidad (parques, zoológicos, centros comerciales peatonales, instalaciones de ejercicio, espacio de música, clubes, piscinas públicas, callejones que arquean, complejos deportivos, etc.)? ¿Cuáles son los centros de diversión comerciales clave en la comunidad?

2. ¿Quién frecuenta estos lugares distintos? ¿Ciertos miembros de la comunidad tienden a lugares sólo especiales frecuentes de interés?

3. ¿Cuáles son los lugares de recreación o de la asociación no son necesariamente saludable o están asociados con un problema o actividad delictiva en la comunidad?

4. ¿Qué necesidades tiene la comunidad en términos de proporcionar entretenimiento aceptable en condiciones saludables para sus residentes, especialmente su juventud?

5. ¿Hay lugares más sanos de recreación accesibles a todos los miembros de la comunidad?

6. ¿Hay suficiente variedad y oportunidad de juegos y ocio para todas las edades dentro de la comunidad?

7. ¿Cuál es el estado y la disponibilidad de los parques y lugares públicos en la comunidad?
8. ¿Qué actividades sociales/organizaciones existen organizadas, ya sea como grupos de mujeres o de hombres, grupos de jóvenes, grupos organizados en función de la edad o pasatiempos u otros intereses similares?
9. ¿Cuáles son las principales actividades en las que los adolescentes y los niños participan durante su tiempo libre?
10. ¿Qué tipo de festivales, reuniones tradicionales, desfiles, celebraciones participa la comunidad cada año?
11. ¿Qué grupos musicales, bandas, drama y grupos de teatro, o grupos culturales (poetas, escultores, artistas) existen y son bien conocidos dentro de la comunidad?
12. ¿Qué tipo de actividades de ligas deportivas existen para la participación de la comunidad?
13. ¿Qué tipo de actividades y recursos están disponibles para la comunidad en sus diferentes centros de la comunidad (clubes de niños y niñas, niños y niñas exploradoras, YMCA, etc.)?

X. ¿Cuáles son los centros mediáticos claves basados en la comunidad?

1. ¿Cuáles son las voces de la comunidad clave de los medios de comunicación presentes (periódicos, boletines de noticias, emisoras de radio, canales de televisión, centros editoriales, etc.)? ¿Quién posee estos y cuáles son sus números de circulación y audiencia?
2. ¿Cuáles son las personas clave consultados por los medios como portavoces de la comunidad?
3. ¿Cuáles son las principales organizaciones, personas o instituciones dentro de la comunidad que dan voz a sus opiniones, puntos de vista y posiciones?
4. ¿Cómo los medios de comunicación representan la comunidad – Sobre qué asuntos, temas, historias, personalidades de los medios de comunicación tienden a enfocarse en su análisis de la comunidad?
5. ¿Qué tipo de programación comunitaria se pone a disposición para la discreción de la comunidad en la radio y la televisión?
6. ¿Quiénes son los reporteros o periodistas encargados de abordar asuntos relacionados con las necesidades y la vida de la comunidad?
7. ¿Qué periódicos o boletines comunitarios basados en el vecindario responden a las preocupaciones particulares de los

miembros de la comunidad? ¿Quién es el dueño? ¿Con qué frecuencia se publicaron, y cuán grande es su personal?

XI. **¿Cómo aborda la comunidad a sus residentes con necesidades especiales?**

1. ¿Cuáles son las poblaciones más vulnerables de la comunidad en este momento?

2. ¿Qué nivel de conciencia con respecto a estas poblaciones existe entre sus habitantes, sus líderes, sus proveedores de atención, etc.?

3. ¿Cuáles son las buros claves, concilios, y las agencias de la comunidad creados para hacer frente a las personas en crisis (ya sean financieros, legales, médicos, etc.)?

4. ¿Qué tipo de problemas o necesidades causan la mayor cantidad de dificultad y preocupación por los residentes de la comunidad?

5. ¿Qué organizaciones basadas en la comunidad existen con el objetivo de ayudar en las necesidades especiales de algún grupo de la población en particular luchando con algún problema en particular o tema (por ejemplo, Alcohólicos Anónimos, grupos de voluntarios, D.A.R.E., etc.)?

6. ¿Qué tipos de redes existen que permiten o ayudan a la comunidad y su gente ayudan a las agencias a coordinar sus actividades de ayuda?

7. ¿Cuáles son las diez agencias públicas más utilizadas que se ocupan de los residentes con necesidades y problemas especiales? ¿Cuál es el número de teléfono y direcciones de estos organismos, y quiénes entre ellos están a cargo?

8. ¿Qué papel han tenido las iglesias en tratar algunos de los problemas urgentes de la comunidad o sus parroquias? ¿Qué iglesias o líderes de la iglesia han diseñado programas especiales para satisfacer las necesidades de aquellos que son los más vulnerables en la comunidad?

9. ¿Qué tipo de dinero, becas, subvenciones, donaciones o asignaciones están disponibles a nivel local, estatal, o nacional para remediar algunos de los problemas de la comunidad?

10. ¿Quién está a cargo de la administración o la asignación de estos recursos y los fondos?

XII. **¿Cuál es la situación de los grupos minoritarios dentro de la comunidad?**

1. ¿Qué grupos raciales, étnicos, nacionales y culturales o familias están representados en la comunidad?

2. ¿En qué sección (es) de la comunidad tienen estos grupos residen actualmente?

3. ¿Cuál ha sido el último legado o relación que la comunidad ha tenido con los grupos minoritarios en el pasado? ¿Cuál es la historia de la comunidad en cuanto a su atención a los grupos minoritarios?

4. ¿Cuál es la percepción predominante de los diversos grupos minoritarios hacia su comunidad y su vida dentro de él?

5. ¿Hay mala voluntad entre la cultura de la mayoría y de las minorías dentro de la comunidad? Si es así, ¿cómo esta mala voluntad se ha expresado?

6. ¿Qué evidencias de la injusticia, la segregación, el maltrato, y/o la discriminación se puede encontrar en la vida de la comunidad (por ejemplo, en las escuelas, los hospitales, lugares de entretenimiento, etc.)?

7. ¿Existe la igualdad de oportunidades para la vivienda, la protección de la policía, el empleo y el liderazgo dentro de las publicaciones de la comunidad?

8. ¿Qué iglesias, organizaciones o centros comunitarios frecuentan y congregan las minorías dentro de la comunidad?

9. ¿Cómo los medios de comunicación representan la población minoritaria dentro de la comunidad?

XIII. ¿Cuál es el carácter religioso y expresión dentro de la comunidad?

1. ¿Cómo visualiza la comunidad su propia identidad religiosa?

2. ¿Cuáles son los principales afiliaciones religiosas dentro de la comunidad (por ejemplo, cristianismo, judaísmo, islamismo, budismo, taoísmo, etc.)? ¿Cuántos pertenecen a cada una de las afiliaciones, cuánto tiempo ha estado presente la tradición dentro de la comunidad, y quiénes son los líderes respectivos de cada tradición dentro de la comunidad?

3. ¿Qué porcentaje de la comunidad asiste a algún tipo de evento religioso regularmente en forma diaria, semanal, mensual o anualmente?

4. ¿Cuál es el grupo religioso predominante en la comunidad?

5. ¿Qué tipo y número de iglesias cristianas (católica, protestante, ortodoxa o) existen en la zona?

6. ¿Cuánto influyen en el comportamiento las sectas o grupos sectarios en los residentes de la comunidad (es decir, los testigos de Jehová, mormones, musulmanes negros, etc.)?

7. ¿Cómo la comunidad celebra los días de fiesta importantes/eventos/fiestas religiosas?

8. ¿Cuáles son las figuras religiosas clave en la comunidad? ¿Cuál es la naturaleza de la relación y el diálogo entre ellos?

9. ¿Qué tipo de actividades de difusión y misiones religiosas se están llevando a cabo dentro de la comunidad?

10. ¿En qué medida es la vida religiosa y la afiliación asociada con las líneas raciales, culturales, económicas de estilo de vida de la comunidad secular más grande?

11. ¿Qué evidencia existe para afirmar o negar la preparación espiritual de la comunidad y la apertura al evangelio?

12. ¿Qué oportunidades existen para los cristianos cuidadores en cooperar en su divulgación y las personas que ayudan a los ministerios dentro de la comunidad?

13. ¿Cuántas organizaciones cristianas se basan y operan afuera de la comunidad? ¿Cuáles son y qué necesidades o problemas no están destinadas a resolver? ¿Cuáles son los líderes de estas diversas organizaciones?

XIV. ¿Cuál es la conciencia de la comunidad dentro de la comunidad más grande de la que forma parte?

1. ¿En qué medida están conscientes los ciudadanos o interesados e informados de los eventos locales, estatales, nacionales o internacionales?

2. ¿Cuáles son los problemas de las comunidades de vecinos son de importancia central para la residencia de su comunidad?

3. En términos comparativos, ¿qué porcentaje de los recursos y bienes en general de la ciudad son utilizados por los residentes de la comunidad?

4. ¿Cuál es la percepción general de la ciudad de la vida y el potencial de la comunidad?

5. ¿Qué tipo de asociaciones y alianzas existen entre los líderes políticos y financieros de esta comunidad y líderes de otras comunidades de toda la ciudad?

6. ¿Cuáles son los problemas de peso o importancia especial en la participación de la comunidad en la ciudad, el estado, y los problemas nacionales?

7. ¿Cómo han influido o formado las políticas de la ciudad directamente la vida actual de la comunidad en los últimos años?

8. ¿Quiénes son los enlaces clave o representantes de los gobiernos locales o estatales asignados a la comunidad? ¿Dónde están las oficinas municipales y estatales ubicados dentro de la comunidad?

9. ¿Qué organizaciones e instituciones promueven la participación en asuntos de ciudadanía, la acción política y la educación sobre los asuntos nacionales y mundiales?

10. ¿Qué grupos de interés por parte de fuera de la comunidad han luchado por la lealtad de los residentes dentro de la comunidad? ¿Cómo estos grupos de intereses han sido capaces de dar forma e influir en la opinión de la comunidad?

11. ¿Qué porcentaje de los residentes han participado activamente en los asuntos públicos que son de importancia para la comunidad en general y el bienestar de la ciudad? ¿Cuál es la naturaleza de su intervención y participación?

12. ¿Con qué frecuencia los líderes dentro de la comunidad interactúan con otros líderes de la comunidad con respecto a sus necesidades, percepciones y preocupaciones?

XV. ¿Quién responde a las necesidades actuales de la comunidad?

1. ¿Cuáles son las principales organizaciones e instituciones en el trabajo en la comunidad en general para satisfacer las necesidades más críticas de la comunidad?

2. ¿De qué manera estos grupos están actualmente cooperando para hacer frente a sus necesidades?

3. ¿Cuál es el papel actual de las iglesias en este esfuerzo?

4. ¿Cuáles son los pastores principales, y cuál es su opinión en cuanto a la necesidad de la iglesia para participar en el progreso de la comunidad?

XVI. ¿Cuál es nuestra responsabilidad cristiana para nuestra comunidad?

1. A la luz de la información y los recursos disponibles a nuestro alcance, ¿Cuál es nuestra obligación para esta comunidad?

2. ¿Qué ministerio específico de la comunidad debería nuestra organización, congregación, o alianza explorar más a fondo y llevar a cabo para la comunidad en el futuro inmediato?

El factor del oikos: Esferas de relación e influencia
Rev. Dr. Don L. Davis

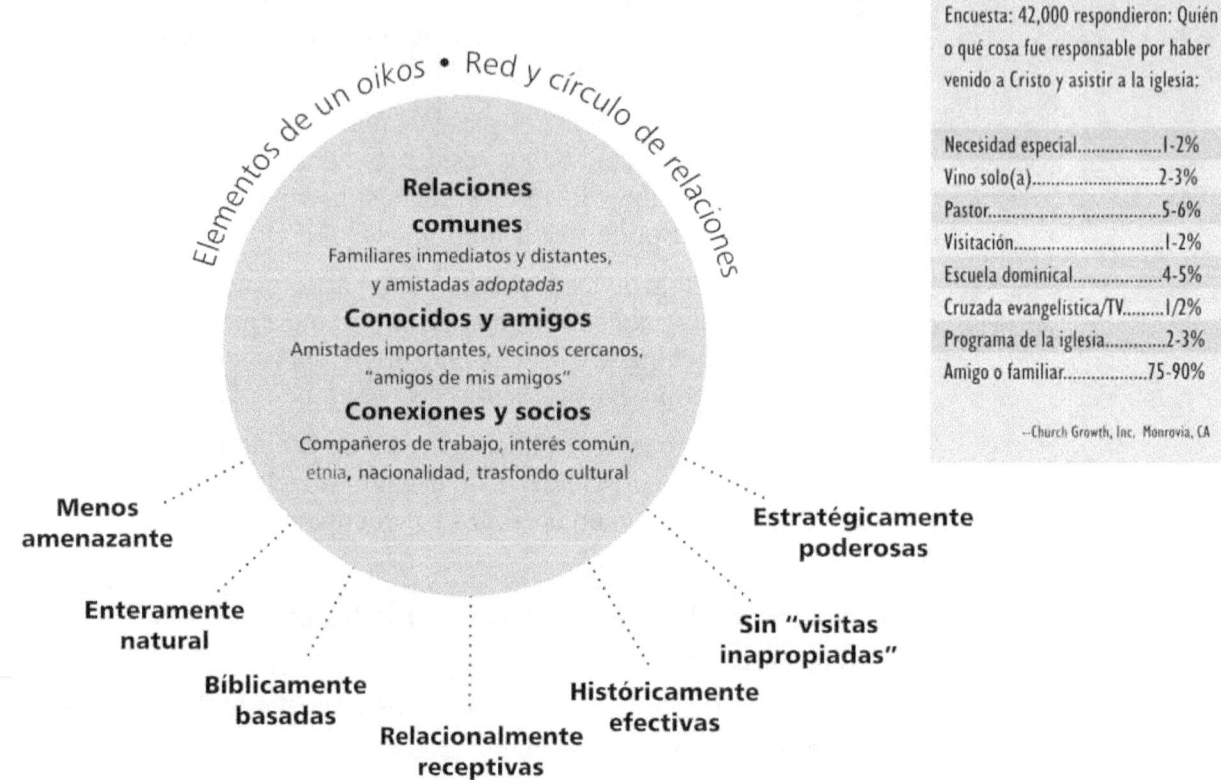

Encuesta: 42,000 respondieron: Quién o qué cosa fue responsable por haber venido a Cristo y asistir a la iglesia:

Necesidad especial..................1-2%
Vino solo(a)...........................2-3%
Pastor.................................5-6%
Visitación.............................1-2%
Escuela dominical.................4-5%
Cruzada evangelística/TV........1/2%
Programa de la iglesia............2-3%
Amigo o familiar..................75-90%

—Church Growth, Inc. Monrovia, CA

Oikos (hogar) en el AT
"Un hogar usualmente tenía cuatro generaciones, incluyendo hombres, mujeres casadas, hijas solteras, esclavos de ambos sexos, personas sin ciudadanía y "peregrinos" (obreros extranjeros con residencia)". — Hans Walter Wolff, *Anthology of the Old Testament*.

Oikos (hogar) en el NT
La evangelización y discipulado en las narrativas del NT a menudo rastreaba las redes relacionales de una multiplicidad de gente dentro de un *oíkoi* (hogar), es decir, las líneas naturales de conexión donde residían y vivían (véase Marcos 5.19; Lucas 19.9; Juan 4.53; 1.41-45, etc.). De Andrés a Simón (Juan 1.41-45), el hogar de Cornelio (Hechos 10-11), y el carcelero de Filipos (Hechos 16) son casos notables de evangelización y discipulado a través de los *oíkoi* (plural de oikos).

Oikos (hogar) entre pobres urbanos
Mientras que existen grandes diferencias entre las culturas, las relaciones sanguíneas, grupos de especial interés, y estructuras familiares en la población urbana, es claro que los residentes de los barrios urbanos se conectan más con otros por medio de relaciones, amistades y familia que por la proximidad geográfica y vecindad donde viven. A menudo las amistades más cercanas de los residentes urbanos no son los cercanos en términos de vecindad, sino familias y amistades que viven a algunos kilómetros de distancia. Tomar tiempo para estudiar las conexiones precisas de tales relaciones en un área dada, puede probar ser extremadamente valioso en determinar las estrategias más efectivas para la evangelización y discipulado en el corazón de la ciudad.

Escala de receptividad
Arn y Arn, *The Master's Plan for Making Disciples*

La Escala de Reajuste Social de Holmes-Rahe indica diferentes eventos, en un orden aproximado de importancia, que tiene el efecto de producir períodos de transición personal o familiar. Los números que están a la derecha indican la importancia del evento con relación a otros eventos de transición-producción. Varios elementos pueden darse cuando un individuo experimenta más de un incidente en un período de tiempo relativamente corto. Cuanto más alto es el número, más receptiva es la persona al evangelio. Por ejemplo, alguien que se acaba de casar y que a la vez está teniendo problemas con su jefe, será más receptivo que si estos eventos hubieran ocurrido por separado. Además, cuanto más grande es el número o la acumulación de estos hechos, más largo e intenso es el período de transición.

~ Win Arn y Charles Arn.
The Master's Plan for Making Disciples. 2nd ed. Grand Rapids: Baker Books, 1998. pp. 88-89.

La Escala de Reajuste Social de Holmes-Rahe

Evento	Valor
Muerte del cónyuge	100
Divorcio	73
Separación marital	65
Tiempo en prisión	63
Muerte de un familiar cercano	63
Daño personal o enfermedad	53
Matrimonio	50
Pérdida del empleo	47
Reconciliación marital	45
Jubilación	45
Cambio de salud de un familiar	44
Embarazo	40
Dificultades sexuales	39
Se agranda la familia	39
Reajuste en los negocios	39
Cambio de estatus financiero	38
Muerte de un amigo cercano	37
Cambio del número de discusiones maritales	35
Hipoteca o préstamo de más de $75,000	31
Privación de hipoteca o préstamo	30
Cambio de responsabilidades laborales	29
Hijo o hija saliendo del hogar	29
Problemas con familiares	29
Logro personal superlativo	28
Cónyuge comienza a trabajar	26
Comienzo o término de la escuela	26
Cambio de condiciones de vida	25
Revisión de hábitos personales	24
Problemas con el jefe	23
Cambio de horario o condiciones laborales	20
Cambio de residencia	20
Cambio de escuelas	20
Cambio de hábitos recreativos	19
Cambio de actividades sociales	18
Hipoteca o préstamo debajo de $75,000	18
Época de Semana Santa	17
Cambio de hábitos para dormir	16
Cambio en número de reuniones familiares	15
Vacaciones	13
Época navideña	12
Violación menor a la ley	11

Viviendo como un embajador Oikos

Rev. Dr. Don L. Davis

Banda apostólica
Cultivando la evangelización para una cosecha dinámica
Rev. Dr. Don L. Davis

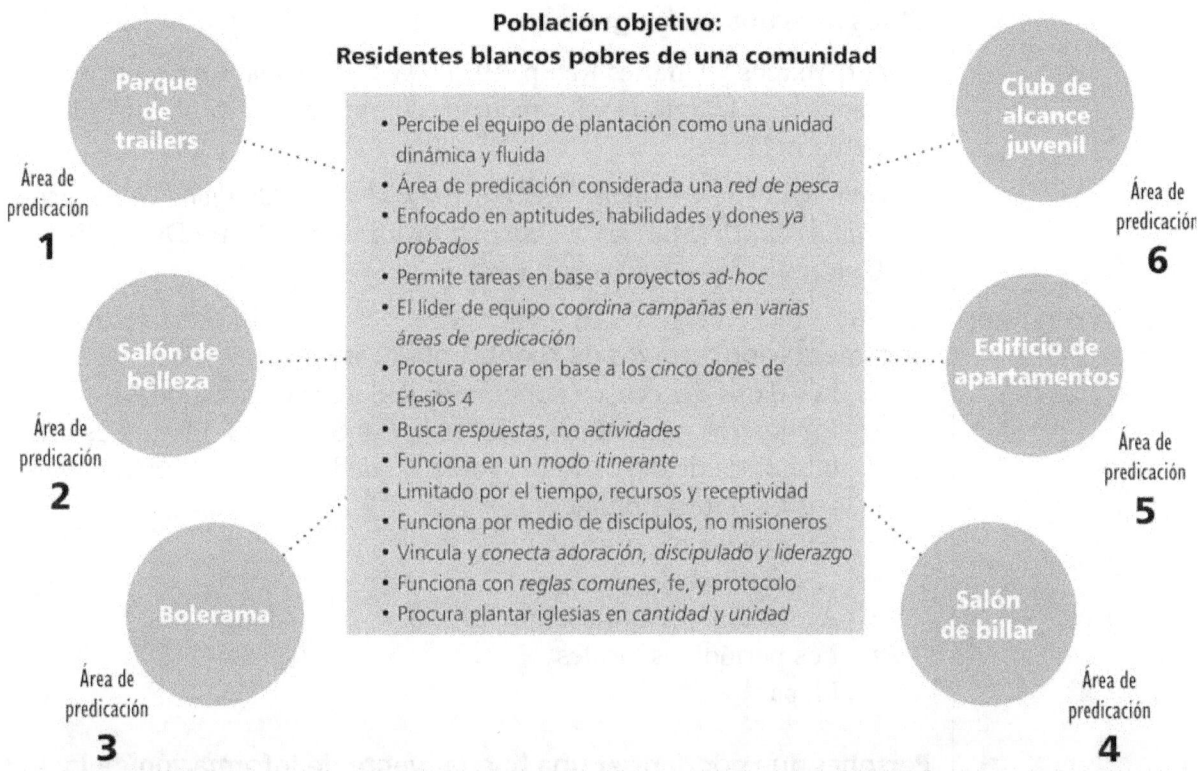

**Población objetivo:
Residentes blancos pobres de una comunidad**

- Percibe el equipo de plantación como una unidad dinámica y fluida
- Área de predicación considerada una *red de pesca*
- Enfocado en aptitudes, habilidades y dones *ya probados*
- Permite tareas en base a proyectos *ad-hoc*
- El líder de equipo *coordina campañas* en varias áreas de predicación
- Procura operar en base a los *cinco dones* de Efesios 4
- Busca *respuestas*, no *actividades*
- Funciona en un *modo itinerante*
- Limitado por el tiempo, recursos y receptividad
- Funciona por medio de discípulos, no misioneros
- Vincula y *conecta adoración, discipulado y liderazgo*
- Funciona con *reglas comunes*, fe, y protocolo
- Procura plantar iglesias en *cantidad* y *unidad*

Área de predicación 1: Parque de trailers
Área de predicación 2: Salón de belleza
Área de predicación 3: Bolerama
Área de predicación 4: Salón de billar
Área de predicación 5: Edificio de apartamentos
Área de predicación 6: Club de alcance juvenil

Principales conceptos

1. Itinerante- una banda apostólica funciona en contextos múltiples simultáneamente organizados en torno a una población objetivo en común
2. Cosas en común- una banda apostólica usa formas, métodos y protocolos similares para ganar y edificar convertidos
3. Autoridad- una banda apostólica funciona bajo una autoridad estructural en común y un liderazgo central
4. Identidad- una banda apostólica planta iglesias de un tipo con doctrina, prácticas, estructuras y tradiciones compartidas
5. Dones- una banda apostólica está organizada en torno a los dones demostrados de la misma, no sólo a la disponibilidad y la tarea
6. Fluidez- una banda apostólica invierte en contactos que responden en las áreas de predicación, y proveen a los receptores su crucial atención
7. Coordinación- una banda apostólica empleará individuos selectos para que contribuyan en tiempos cruciales en proyectos particulares
8. Consolidación- una banda apostólica consolida el fruto en una área, prestando atención al movimiento y el crecimiento, no la permanencia
9. Disciplina- una banda apostólica funciona según un orden y estructura, equipando discípulos en las disciplinas de la fe
10. Germinal- una banda apostólica procura inaugurar e iniciar el nacimiento y la formación espiritual, confiando el crecimiento y madurez de la congregación a la supervisión pastoral

DEFINICIÓN DE TÉRMINOS:

Banda apostólica– un equipo fluido de obreros dotados, dispuestos y comprometidos, asignados a cumplir papeles particulares o realizar tareas específicas que contribuyen a la evangelización de un grupo

Área de predicación– un área distintiva, o lugar donde vive o se reúne la población objetivo

Carácter del equipo–un acuerdo fluido basado en el tiempo y recursos necesarios para presentar el Evangelio en forma creíble a la población objetivo en un cierto lugar

Administración del proyecto–juntar un grupo de personas, estrategias y recursos temporalmente, para completar una tarea, evangelización o evento en particular

Recursos para el estudio de su comunidad
Richard Carlson

Libros para una visión general

Bryant, Marcus y Charles Kemp. 1977 *The Church and Community Resources*. [La Iglesia y los recursos comunitarios]. St. Louis, MO: Bethany Press.

Warren, Rachelle y Donald Warren. 1977 *The Neighborhood Organizer's Handbook*. [El Manual del Barrio Organizador]. Notre Dame, IN: University of Notre Dame Press.

Documentación a través de fuentes públicas
- Los datos del censo (por comunidad y áreas indefinidas)
- Bibliotecas gubernamentales (e.j., Cal State de Fullerton es una biblioteca de depósito del gobierno de los EE.UU.. cercana)
- Las bibliotecas públicas
- Sociedades históricas y museos
- Las cámaras de comercio
- Agencias de planificación pública
- Los periódicos locales
- Mapas

Personas que podrían ser una buena fuente de información de la comunidad
- Los funcionarios del gobierno (regidores, los trabajadores del recinto)
- Los directores de escuela (especialmente los de primaria)
- Otros líderes de la iglesia
- Presidentes de la PTA y organizadores voluntarios de la escuela
- Presidentes de clubes y organizaciones
- Los líderes de las asociaciones de propietarios
- Exploradores, liga pequeña, etc.
- Líderes vecinales y comunitarios
- Agentes de bienes raíces
- La gente de negocios locales
- gripers crónicas
- agencias de servicios
- Desviados (los apartados de lo usual)
- Los representantes de todos los grupos por edad/por etnia
- Policía
- Trabajadores de los servicios sociales en los hospitales
- Banqueros
- Los trabajadores (aquellos que viven en la comunidad y aquellos que no)
- "La persona en la calle"

Ideas sobre evangelización del barrio
Rev. Dr. Don L. Davis

Estos son sólo ideas – no son más que para provocar su pensamiento y discusión juntos. ¡Feliz lluvia de ideas!

1. Proyecte una zona o barrio donde le gustaría comenzar su alcance. Establezca los límites.

2. Participar en una caminata de oración a través de la comunidad, oando en nombre de la comunidad.

3. Cree un panfleto sobre su iglesia que podría ser utilizado para abrir la conversación con la gente acerca del por qué usted está haciendo la visita.

4. Reclute miembros de su iglesia para hacer un compromiso con (X) número de semanas de evangelización de puerta a puerta, y culmine las visitas al invitar a las personas interesadas a una jornada de puertas abiertas de la iglesia o a un picnic de la comunidad.

5. Cree un libro de contabilidad de las respuestas, o encuesta que se puede utilizar en los diferentes hogares y hogares que visite. Lleve un registro cuidadoso de la apertura y seguimiento de todas las partes interesadas.

6. Haga una lista de los hogares y visítelos.

7. Haga visitas especiales de retorno a aquellos que están interesados con otros miembros del cuerpo, o invítelos a un evento especial que permita seguir en contacto con ellos.

8. Compre tratados simples, apropiados que podrían ser dejados con cada familia que visite que hable del Evangelio y/o la iglesia como familia.

9. Organice algo para aquellos interesados en la zona del parque local (Iglesia de puertas abiertas).

10. Ore fielmente en las células por todas las familias que están interesadas, y dele seguimiento con regularidad a las partes interesadas.

Lo que hay que hacer y qué evitar durante el escrutinio

Rev. Dr. Don L. Davis

Supuestos críticos al comunicar de Cristo con nuestros vecinos

- **El Señor nos acompañará a medida que avanzamos en su nombre.**

  Mt. 28:18-20 (LBLA) – Y acercándose Jesús, les habló, diciendo: Toda autoridad me ha sido dada en el cielo y en la tierra. Id, pues, y haced discípulos de todas las naciones, bautizándolos en el nombre del Padre y del Hijo y del Espíritu Santo, enseñándoles a guardar todo lo que os he mandado; y he aquí, yo estoy con vosotros todos los días, hasta el fin del mundo

- **El Señor creará citas divinas con las que Él nos dirija a reunirnos.**

  Hch. 8:26-29 (LBLA) – Un ángel del Señor habló a Felipe, diciendo: Levántate y ve hacia el sur, al camino que desciende de Jerusalén a Gaza. (Este es un camino desierto) El se levantó y fue; y he aquí, había un eunuco etíope, alto oficial de Candace, reina de los etíopes, el cual estaba encargado de todos sus tesoros, y había venido a Jerusalén para adorar. Regresaba sentado en su carruaje, y leía al profeta Isaías. Y el Espíritu dijo a Felipe: Ve y júntate a ese carruaje.

- **El Señor nos dará la palabra adecuada para cada persona con la que hablemos.**

  Mc. 13:9-11 (LBLA) – Pero estad alerta; porque os entregarán a los tribunales y seréis azotados en las sinagogas, y compareceréis delante de gobernadores y reyes por mi causa, para testimonio a ellos. Pero primero el evangelio debe ser predicado a todas las naciones. Y cuando os lleven y os entreguen, no os preocupéis de antemano por lo que vais a decir, sino que lo que os sea dado en aquella hora, eso hablad; porque no sois vosotros los que habláis, sino el Espíritu Santo.

- **El Señor honrará Su palabra y nuestro testimonio de su gracia con fruto.**

  Juan 15:16 (LBLA) – Vosotros no me escogisteis a mí, sino que yo os escogí a vosotros, y os designé para que vayáis y deis fruto, y que vuestro fruto permanezca; para que todo lo que pidáis al Padre en mi nombre os lo conceda.

Lo que hay que hacer durante el escrutinio:

1. Esté en *oración*: Sólo la gracia de Dios puede hacer nuestros contactos fructíferos (Mt. 9:35-38).

2. Esté *preparado*: Represente a Cristo y el Evangelio con claridad e integridad (1 Pe. 3:15-16).

3. Esté *expectante*: Jesucristo nos acompañará a medida que avanzamos en su nombre (Mt. 28:20).

4. Sea *fiel*: Respete sus compromisos y respetar sus fechas (Pr. 20:6).

5. Esté *alerta*: Manténgase al tanto de su entorno, su propósito y su público (1 Pe. 5:8-9).

6. Sea *usted mismo*: Dios puede usar a cualquier persona para ser su embajador (2 Cor. 5:20).

Lo que hay que evitar durante el escrutinio:

1. No se *inquiete*: No se preocupe por nada, pero bañe la empresa en oración (Fil. 4:6-7).

2. No se *intimide*: Avancemos en el nombre y autoridad de Cristo (Mt. 28:18-19).

3. No sea *apologético*: Dios nos da el privilegio y el deber de compartir (Jn. 15:16).

4. No se *aisle*: Incluso Cristo envió a sus apóstoles de dos en dos (Mc. 6:7).

5. No sea *insistente*: Dios hace todas las cosas bellas en su tiempo (Ec. 3:11).

6. No sea *insensible*: Estudie y conozca a las personas con las que interactúa (1 Cor. 9:19-21).

Puerta a puerta
Iniciando la conversación
Rev. Dr. Don L. Davis

Las oraciones antes de las preguntas están destinadas a ser iniciadoras, sugerencias para la transición a las preguntas.

1. Estamos compartiendo sobre nuestra nueva iglesia, Iglesia de cualquier nombre (ICN), con nuestros vecinos aquí. *¿En la actualidad asiste a alguna iglesia en algún lugar?*

2. *Entonces, ¿no tiene algunas creencias sobre las cosas espirituales?*

3. Independientemente de lo que la gente piensa acerca de Dios, casi todo el mundo tiene una idea acerca de por qué estamos aquí. *¿Usted cree que hay algún propósito último para nuestra vida?*

4. Además, la mayoría de las religiones (y la mayoría de la gente, también) tienen una idea acerca de la vida después de la muerte. *Si usted muriera esta noche, ¿dónde cree que va a ir?*

5. Usted ha estado realmente tan abierto a hablar de estas cosas. *¿Tiene un momento para escuchar lo que la Biblia dice acerca de estas cosas?*

"Sí": Continúe con la conversación

"No": Muchas gracias por su tiempo. Realmente apreciamos su deseo de hablar brevemente con nosotros sobre estas cosas. Una vez más, si usted tiene alguna pregunta acerca de nuestra nueva iglesia, ICN, por favor no dude en llamarnos. Nuestro número aparece en el folleto.

La vida del cuerpo y la formación espiritual

El uso de la sabiduría en el ministerio
El proceso PTR (PWR en inglés)
Rev. Don Allsman

Dios es un Dios con un propósito

Mt. 28:19 – *Por tanto, id, y haced discípulos a todas las naciones, bautizándolos en el nombre del Padre, y del Hijo, y del Espíritu Santo.*

Hch. 1:8 – *pero recibiréis poder, cuando haya venido sobre vosotros el Espíritu Santo, y me seréis testigos en Jerusalén, en toda Judea, en Samaria, y hasta lo último de la tierra.*

Mt. 24:14 – *Y será predicado este evangelio del reino en todo el mundo, para testimonio a todas las naciones; y entonces vendrá el fin.*

Jn. 15:8 – *En esto es glorificado mi Padre, en que llevéis mucho fruto, y seáis así mis discípulos.*

¿Cómo podemos cumplir el propósito de Dios?
El uso de la sabiduría en el ministerio

La dialéctica: La sabiduría es elegir lo que es mejor entre las verdades viables.

La sabiduría no se encuentra en una torre de experiencia de marfil, sino se encuentra en el compromiso.

Ef. 5:15-17 – *Mirad, pues, con diligencia cómo andéis, no como necios sino como sabios, aprovechando bien el tiempo, porque los días son malos. Por tanto, no seáis insensatos, sino entendidos de cuál sea la voluntad del Señor.*

Pr. 24:3-6 – *Con sabiduría se edificará la casa, y con prudencia se afirmará; y con ciencia se llenarán las cámaras de todo bien preciado y agradable. El hombre sabio es fuerte, y de pujante vigor el hombre docto. Porque con ingenio harás la guerra, y en la multitud de consejeros está la victoria.*

Barreras al usar la sabiduría en las tareas del ministerio
". . . pues no ignoramos sus maquinaciones" (2 Cor. 2:11)

- **"Nunca lo hemos hecho de esa manera antes"**. Dios no tiene ningún uso por las tradiciones que impiden su progreso. El hecho de que se ha hecho de una manera determinada, no indica que sigue siendo una buena opción (Hch. 10).
- **"Lo estamos haciendo bien"**. El aparente (o real) éxito puede impedir fruto más abundante (Jn. 15:2).
- **"El ser organizado no permite la guía del Espíritu Santo"**. Dios tenía un plan y está trabajando su plan a través de nosotros. No debemos tener vergüenza de tener un plan y trabajar ese plan.
- **"No importa lo que hagamos – Dios lo bendecirá. Nos enfrentaremos a él cuando llegue el momento"**. Si bien hay algunas cosas que es mejor dejarlas más tarde, a veces esta actitud refleja una falta de disciplina.
- **"Podemos hacerlo"** en lugar de **"deberíamos hacerlo"**. – Basar las decisiones sobre emoción, conveniencia, o recursos disponibles.
  - Mantener un claro enfoque en la visión.
  - Participe en actividades que contribuyan a esa visión.
  - Muchas cosas buenas para invertir, pero sólo unos pocas *contribuyen a la visión*.
  - La mala administración debe estar impulsada por oportunidades en vez de por la visión.
  - Considerar con prudencia las consecuencias de las decisiones, no es el camino más fácil.
  - Las emociones nos pueden engañar fácilmente. "Mas el fin de todas las cosas se acerca; sed, pues, sobrios, y velad en oración". (1 Pe. 4:7).
  - El camino de menor resistencia a menudo tiene un precio a pagar.
  - CONTRIBUCIÓN A LA VISIÓN.
- **Fatiga.** "La fatiga nos hace cobardes a todos". Cuando nos cansamos, somos más resistentes a las nuevas ideas y cualquier cosa se aprovecha de nuestros ya bajos recursos. Esta resistencia puede resultar en la pérdida de oportunidades.
- **El miedo al fracaso, el miedo al cambio, el miedo a perder seguidores**
  - La mediocridad es preferible porque es más segura.

- El riesgo trae la posibilidad de fracaso personal y humillación ("Porque no nos ha dado Dios espíritu de cobardía, sino de poder, de amor y de dominio propio". 2 Tim. 1:7).
- Es natural temer el cambio, pero constantemente estamos siendo transformados (Rom. 12:2;. 2 Cor. 3:18).
- La flexibilidad (apertura al cambio) es fundamental para el ejercicio de la sabiduría (Dios hace cosas que no esperamos).
- La sabiduría puede dictar una acción que resulte en una controversia, pero si es en el mejor interés de la visión, debe actuar con valor y con sensibilidad.

• **La voluntad de estar en un conflicto prolongado**
- Los ejércitos siguen luchando incluso cuando saben que van a ser derrotados.
- La prolongación de la guerra reduce la humillación de la derrota.
- Usted necesita ayuda para salir victorioso, pero también para cuando minimizar sus pérdidas.
- "Instar a las personas a comprometerse ellas mismas con la supervivencia es una admisión de derrota" (George Barna).

• **Experiencia.** "He estado aquí por mucho tiempo y sé lo que está pasando. He estado en esta comunidad durante doce años y sé que esto no va a funcionar".

Proceso que se ocupa de las barreras y beneficios, y es a la vez deliberado y emergente:

• Deliberado: Decida ahora, antes de que sea demasiado tarde.
• Emergente: Enfrenta cuando llega la hora.

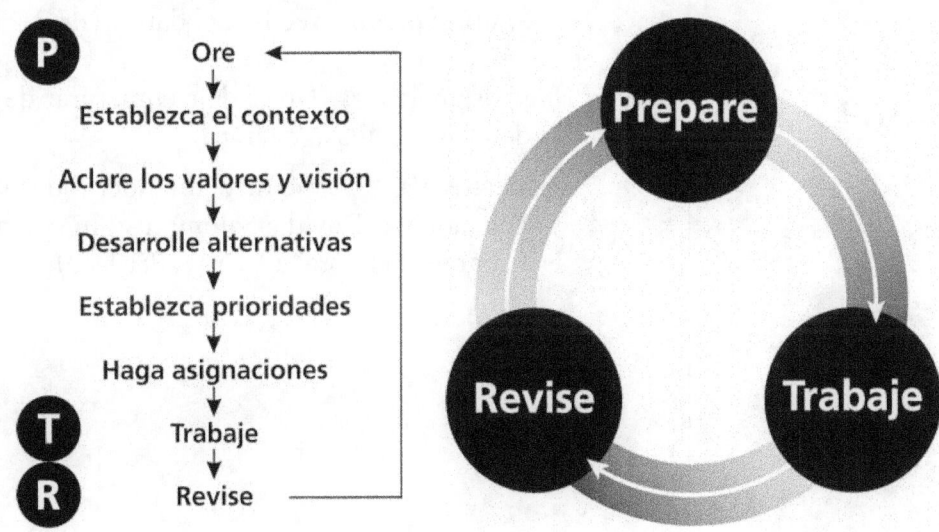

PTR

PREPARE

- *Ore* (Descubra su plan).

    "No comenzamos con un plan, sino con una pasión. El movimiento fluye desde la emoción" (Wheatley).

- *Establezca el contexto* (Dios es Dios de la historia).

    Las buenas decisiones se toman en el contexto adecuado.
    Sea reflexivo. "Todo hombre prudente procede con sabiduría; mas el necio manifestará necedad" (Pr. 13:16).

- *Aclare los valores y la visión.*

    Valores: Son 3-5 fuerzas impulsoras para encontrar el consenso (Paradoja de Abilene ~ J. Harvey, 1988).

    Quién, qué, cuándo, cómo (La Gran Comisión, Moisés, Noé, Josué, Nehemías).

    Tenga discernimiento. "La ciencia del prudente está en entender su camino; mas la indiscreción de los necios es engaño" (Pr. 14:8).

- *Desarrolle alternativas* (No se vaya con la primera respuesta más obvia).

    Sueñe, consiga un consejero.
    Sea imaginativo. "Los pensamientos con el consejo se ordenan; y con dirección sabia se hace la guerra" (Pr. 20:18).

- *Establezca prioridades* (No basta con probar todas las alternativas).

    Sea prudente. "El simple todo lo cree; mas el avisado mira bien sus pasos. . . . El avisado ve el mal y se esconde; mas los simples pasan y reciben el daño" (Pr. 14:15, 22:3).

- *Haga asignaciones* (No se deje conjeturar de la gente acerca de los detalles de su asignación).

    Sea decisivo/a. ". . . me hizo entender todas las obras del diseño. Dijo además David a Salomón su hijo: Anímate y esfuérzate, y manos a la obra" (1 Cró. 28:19-20).

TRABAJE (Deje de hablar y empiece a hacer.)

- Sea valiente; innove; "Dele los límites en los que las personas son libres de vivir su don espiritual sin pedir permiso". ~ Bill Easum
- Fricción: las cosas rara vez salen según lo planeado.
- Es mejor ejecutar un plan pobre que pobremente ejecutar un gran plan.
- *Sea creativo* (Mt. 25:14-30).
- Dos extremos: la rigidez y la falta de disciplina.

REVISE (No asuma que lo que hizo fue efectivo.)

- Haga los ajustes de medio tiempo (Sanbalat, Cornelio, Gedeón, la visión de Macedonia).
- Compruebe el fruto (Jn. 15:2).
- "La parte más importante de cualquier misión es la evaluación con preguntas".
- *Sea reflexivo.* "Pobreza y vergüenza tendrá el que menosprecia el consejo; mas el que guarda la corrección recibirá honra. . . . El que tiene en poco la disciplina menosprecia su alma; mas el que escucha la corrección tiene entendimiento" (Pr. 13:18; 15:32).
- ¡Celebre! (Recuerde la tasa de fracaso del 65.4% de Ed Delahanty.)

¿Qué es PTR?

Vamos a pasar tiempo esta semana en preparación, pero no se engañe. No hay una fórmula o un buen plan plantar una iglesia; no es un proceso analítico.

Bobby Bowden en la mezcla de control con la improvisación: "*Usted puede trabajar toda la semana en un plan de juego, luego, obtener cuatro jugadas en el juego y darse cuenta de que el plan no es bueno. Tiene que ser capaz de ajustar. Usted tiene que construir flexibilidad en su gente y estrategias*".

Robert McNamara: "*Hay que determinar en primer lugar lo que nuestra política exterior ha de ser, formular una estrategia militar para llevar a cabo esa política, y luego construir las fuerzas militares para llevar a cabo con éxito esta estrategia*" (Estrategia errada de Vietnam).

PTR se trata de	PTR no se trata de
Adaptación	Ser organizado
Sabiduría (sabiamente persiguiendo la visión)	Metas
Ajuste	Marcar las tareas
Aprendizaje	Planificación
Contribución a la visión	Análisis calculado
Comprobación de fruto (Juan 15:2)	Contar frijoles
Soñando y maquinando	Papeleo
La "evaluación rápida y la adaptación a un entorno complejo y cambiante que no se puede controlar" ~ John Boyd, OODA Loop	Ser lineal
Prepare, Trabaje, (*work* en inglés), Revise	Dolor sin premio

Aplicaciones de PTR
Dimensiones: al dirigir un coro, conducir un servicio de adoración, dirigir un grupo celular, planificación de la escuela de plantación de iglesia, reuniones con ancianos, servicios de adoración, retiros, eventos evangelísticos.

El PTR no es de *World Impact*; PTR representa los principios bíblicos de la sabiduría.

La victoria se encuentra cuando:
Hay preparación sabia
. . . creativamente ejecutada bajo la guía del Espíritu Santo
. . . y rigurosamente revisada.

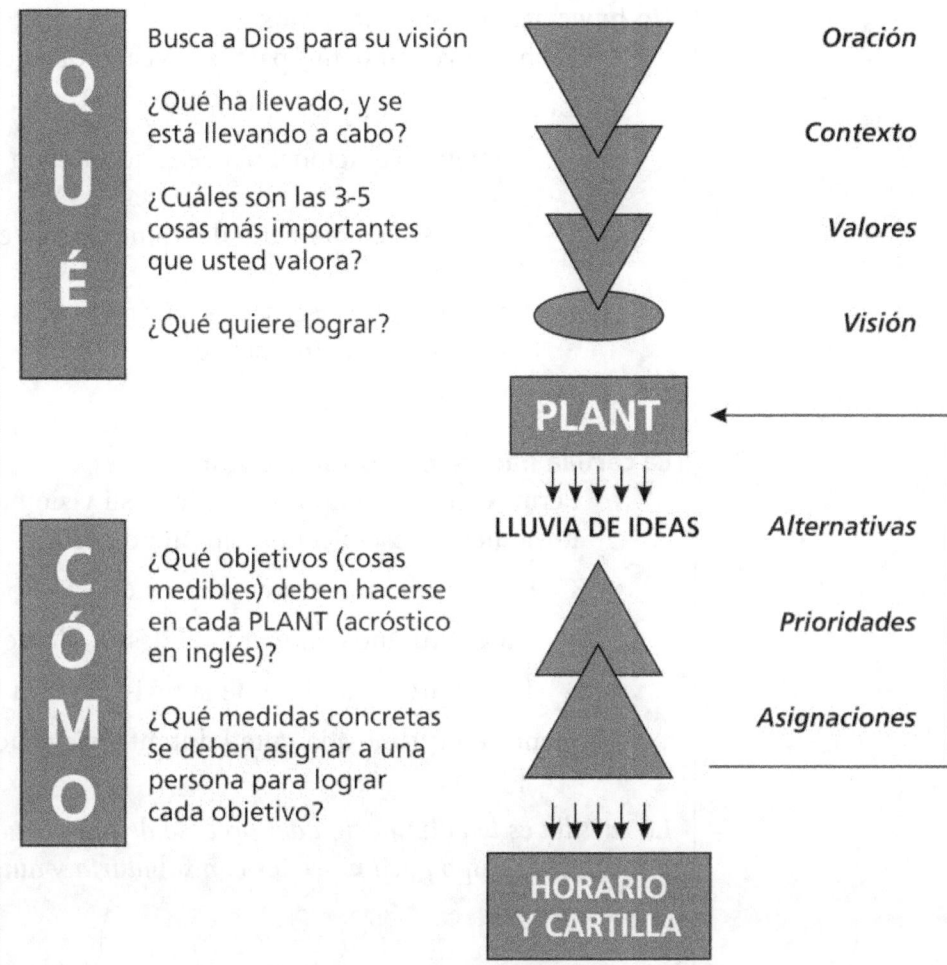

Horario y cartilla

El resultado final de la fase de preparación de PTR es la forma en cartilla

- Captura la totalidad del plan en una hoja
- Ayuda a los miembros del equipo, el líder del equipo múltiple, voluntarios potenciales, y otras partes interesadas a ver en una forma instantánea las intenciones de la plantación de la iglesia
- Se convierte en el medio por el cual el equipo se le da la autoridad, firmado por los decanos, múltiple líder del equipo y el director de ciudad (*World Impact* solamente)

No hay cartillas sin límites fijos.
- Fecha de vencimiento para la revisión de la cartilla
- La revisión podrá determinar si:
    - Un tiempo adicional debe ser autorizado para continuar el esfuerzo
    - No hay suficiente fruto del esfuerzo y el equipo debe ser disuelto
    - No pueden ser necesarios hacer cambios al por mayor en la visión, la estructura del equipo, o estrategias

La cartilla hace al equipo semiautónomo.
- Permite que el equipo lleve a cabo su visión dentro de los lineamientos establecidos sin micro-gestión
- Crea escrutinio intensivo de la visión y métodos del equipo
    - En el extremo delantero del desarrollo de la cartilla
    - En la parte final durante la revisión de la cartilla
- Menos escrutinio a la mitad durante la ejecución

La cartilla es la culminación del proceso de planificación estratégica y equipa al equipo para proceder con sabiduría y autoridad.

Ventajas del uso de la sabiduría en las tareas del ministerio
- La visión clara ayuda a todos a ver con claridad *si el equipo está haciendo bien o no*.
- La dirección clara *minimiza la confusión* que da una sensación de confianza y esperanza.
- Todo el mundo sabe *su asignación*.
- Las personas pueden decidir si quieren quedarse y ayudar a *cumplir la visión* o pasar a otra cosa. Usted no quiere gente en su equipo que no está apoyando la visión. Si se quedan van a convertirse en ya sea inactivos o causarán problemas.
- *Actividades derrochadoras* se reducen al mínimo (permanezca centrado en la visión, no en las oportunidades).
- Se crea un ambiente donde se puede *decir "no" a las oportunidades* que no contribuyen a la visión.
- Las oportunidades que contribuyen a la visión *se pueden anticipar* y reconocerse rápidamente. Nehemías estaba preparado cuando se presentó la oportunidad de explicar su visión al rey.

- La claridad y la dirección *minimiza lastimar o desalentar a las tropas*. Los soldados mueren por falta de claridad y dirección.
- La sabiduría exige un equilibrio entre *visión (fe)* y *la realidad (prudencia)*.
- La dirección clara inspira a la gente y les hace *libres para innovar*.
- Proporcione las herramientas para ser pro-activo, *minimizando convertirse en una "víctima de las circunstancias"*.
- Los principios se pueden aplicar a *muchas áreas de las actividades del equipo*. El desarrollo de un hábito de usar la sabiduría hará que todas las actividades, grandes o pequeñas, más eficaces.

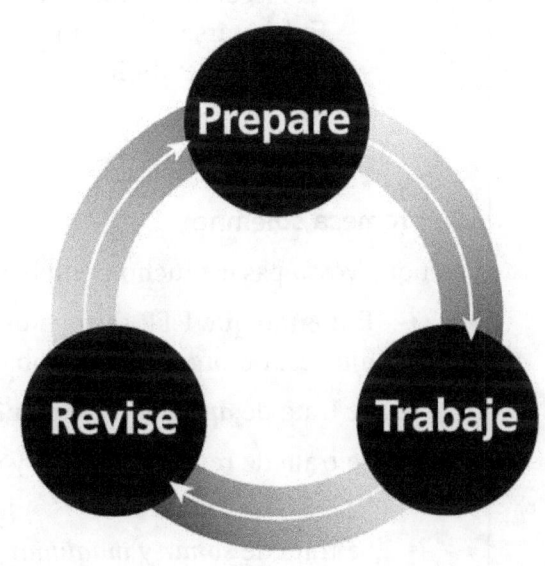

Discierna la visión de Dios

Prepare el plan de ataque

Preparación espiritual y táctica • Contribución a la visión

Ocúpese del enemigo

Revise el fruto

Prepare un nuevo plan de ataque

Nuestros compromisos (no negociables)

- Biblia
    - Como nuestra base para la vida y el ministerio

- Equipo
    - Los equipos de la plantación de iglesias
    - El liderazgo y la supervisión

- Sabiduría
    - Guiados por el Espíritu Santo
    - La elección de qué es lo mejor entre las alternativas viables
    - Enfrentarse al enemigo
    - Ajuste y flexibilidad

Su promesa solemne

Aunque voy a pasar mucho tiempo en la planificación de esta semana . . .

- Entiendo que PTR se trata de prudentemente *adaptar* y hacer *ajustes*, no organización, objetivos o tareas.
- Se trata de *aprender*, no planificar.
- Se trata de revisar la *visión y el fruto*, no de análisis y conteo de frijoles.
- Se trata de *soñar y maquinar*, no tanto el papeleo.

Consiguiendo un buen ritmo de equipo
Administración del tiempo y la mayordomía del ministerio
Rev. Dr. Don L. Davis

Suposiciones teológicas básicas

- El Reino de Dios es el marco de todo ministerio.
- La Iglesia es a la vez anticipo y agente del Reino de Dios.
- A través de nuestro testimonio y acciones proclamamos el reino de Cristo a través de la Iglesia al mundo.
- Como equipo, tenemos que buscar el rostro de Dios con respecto a nuestros esfuerzos de ministerio y esforzarnos para llevarlos a cabo de manera eficiente y excelente.
- Dios desea que su pueblo sea prudente en su anuncio del Reino.

Estrategia de administración ministerial

I. Aclare su identidad y misión

A. ¿Cuál es nuestro propósito final e identidad?

B. ¿Cuáles son nuestras áreas de ministerio clave (adoración, testimonio, aprendizaje, misión, justicia, servicios)?

C. ¿Cuáles son los compromisos finales (con Dios en Cristo, con la Escritura, con la Iglesia, con el mundo)?

D. ¿Cuáles son nuestras últimas convicciones, ideales y valores?

II. Comprenda su campo particular de misión

A. ¿Cuál es la historia de nuestro campo particular de misión?

B. ¿Por quién y para quién se dirigen nuestros esfuerzos?

C. ¿Cuáles son las necesidades críticas, y cómo se están cumpliendo actualmente?

D. ¿Qué programas/actividades existen actualmente para cumplir con ellas?

E. ¿Qué tan efectivas han sido para aliviar estas necesidades?

F. ¿Qué condiciones exigen actualmente de atención o alivio?

III. Evalúe sus recursos (análisis de la situación)

A. ¿Cuál es el nivel de compromiso y la carga para esta necesidad?

B. ¿Quién está trabajando en estos problemas o están disponibles para trabajar (personas y personal)?

C. ¿Qué instalaciones, equipos y materiales tenemos?

D. ¿Qué tipo de presupuesto y fondos tenemos actualmente?

E. ¿Qué capacitación o preparación ofrecemos?

F. ¿Qué factores nos ayudan (oportunidades) o nos dificultan (amenazas) en la búsqueda para hacer frente a estas necesidades?

IV. Formule objetivos para satisfacer las necesidades

A. Establezca un ciclo de planificación (de seis meses a un año es recomendable).

B. Formule sus objetivos en términos de una oración clara e idea (Claridad).

C. Asegúrese de que sus objetivos son capaces de hacerse (Factibilidad).

D. Formule sus objetivos en términos de resultados finales: cuánto y cuántos (especificidad).

   1. ¿Cuántos (número)?

   2. ¿Qué tan bien hecho (calidad)?

   3. ¿Cuánto (cantidad)?

E. Determine cuánto tiempo o para qué fecha espera que éstos se lleven a cabo.

V. Establezca prioridades claras

A. ¿Este objetivo se relaciona con nuestros propósitos finales y objetivos?

B. De todos los objetivos posibles, ¿cuáles son más importantes para nosotros ahora?

C. De los objetivos importantes, ¿cuáles deben hacerse de inmediato?

D. De los objetivos importantes, ¿cuáles deben ser hechos pronto en algún momento?

E. ¿Que objetivos deberían ser pospuestos para su consideración más adelante?

VI. Determine los planes y estrategias

A. Bosqueje paso a paso las estrategias para cada meta importante.

B. ¿Cuáles son, precisamente, los pasos y fases de este proyecto?

C. ¿Qué cursos de acción específicos requiere este proyecto?

D. ¿Quién es responsable de este proyecto (para qué, por quién, para quién)?

E. ¿Qué formación requerirán los participantes, y donde la obtendrán?

F. ¿Qué recursos necesitamos, y cómo vamos a conseguirlo (personas, dinero, instalaciones, equipo, entrenamiento, consejo)?

VII. Ejecute sus planes de acuerdo con el programa

A. Cree un programa del proyecto.

B. Comunique a todas las partes sus funciones y responsabilidades.

C. Coordine las actividades en los momentos apropiados.

D. Establezca las fechas de revisión y retroalimentación.

E. Establezca citas para la rendición de cuentas, revisión y evaluación.

VIII. Revise y evalúe la efectividad en consonancia con los objetivos

A. ¿Qué esperamos lograr?

B. ¿Logramos nuestros objetivos? ¿Por qué o por qué no?

C. ¿Debería ésta u otra meta repetirse? ¿Por qué o por qué no?

D. ¿Cómo actuaron los responsables?

E. ¿Nos acercarán estos esfuerzos más a nuestro objetivo final, o estas actividades nos disuadirán y distraerán?

IX. Revise las metas, prioridades y estrategias para el nuevo ciclo

Utilice la información recibida para evaluar las necesidades más claramente, para establecer mejores metas, formular mejores estrategias, y obtener mejores resultados para la gloria de Dios.

Comisionando a nuestros ancianos

The Urban Ministry Institute • Church Resources CD. [CD de recursos de la iglesia]. Wichita: *The Urban Ministry Institute*, 2004

Encargo a los ancianos

Nuestra congregación, los miembros de Iglesia Cualquier Nombre, les ha elegido para ocupar el cargo de ancianos para promover la causa de Cristo y su Reino, así como para fortalecer y guiar a la congregación a la madurez en él. Ahora, en la presencia de Dios, y antes estos santos, los encargo a esta tarea en el nombre de Jesucristo.

1. ¿Reafirman todos su compromiso con Cristo y su reino, para caminar con Él como Sus discípulos, haciendo Su voluntad como su Espíritu Santo les guíe y permita?

   Respuesta: Yo lo haré

2. ¿Están dispuestos a asumir el cargo de anciano con sus variadas funciones, y se comprometen con la ayuda de Dios a llevar a cabo las funciones de esta oficina para la gloria de Dios, y el bienestar de toda la congregación y sus miembros individuales?

   Respuesta: Estoy dispuesto, con la ayuda de Dios

3. Por último, ¿Prometerá más allá de usted mismo a ser un ejemplo para los miembros de este rebaño, a orar constantemente por el bienestar de sus miembros, y seguir creciendo hacia la madurez cristiana a través de su obediencia a Cristo, la comunión en el Cuerpo, la oración, la adoración, nutriéndose de la Palabra de Dios, y la instrucción de los demás?

   Respuesta: Lo haré

Encargo a la congregación

Ustedes los miembros de *Iglesia Cualquier Nombre* ha llamado a estos líderes para servir en el oficio de ancianos en el consejo de esta iglesia. Estos líderes han declarado su voluntad de asumir esta importante responsabilidad. Ahora les pido que declaren su voluntad de cooperar y dar su apoyo leal a estos hombres en su trabajo. ¿Va a declarar esta de pie ahora juntos como una congregación como la oficina se está conferido?

Comisión
En el nombre de Cristo y de su iglesia, confiero sobre ustedes la oficina del anciano de la *Iglesia Cualquier Nombre* con sus deberes y responsabilidades por la duración del mandato determinado por la congregación. Que nuestro Señor Jesucristo, el gran Pastor de las ovejas, les dé la gracia a medida que guían y pastorean esta congregación, bajo su dirección. Que el Señor les bendiga y a sus familias en todos los sentidos, y por medio de la activación de Su Espíritu, los haga una bendición en todo lo que digan y hagan como ancianos de la *Iglesia Cualquier Nombre*. Oremos.

Orden del servicio
Muestra 1
The Urban Ministry Institute

Iglesia Cualquier Nombre

Tema del servicio . . . . Prosigo al premio

Bienvenida, Llamada a la adoración . . . . Rebecca

Lectura de un salmo . . . . Salmo 42:1-5

Oración de invocación . . . . Shelby

Canciones de adoración
    Bueno, yo desperté esta mañana
    En el nombre de Jesús
    Haré lo mejor que pueda
    Victoria en Cristo
    Triunfaremos en el Señor
    Elegimos el temor
    Más precioso que la plata
    Pon tus ojos en Cristo
    Cantando una canción para ti

Oración por la congregación, ofrenda y anuncios . . . . . Russ

Lectura del Antiguo Testamento . . . . Jeff

Lectura del Nuevo Testamento . . . . Shanequa

Lectura del Evangelio . . . . Roberto

Música del ofertorio . . . . Jesús en la mañana

Sermón y pasaje de la Escritura . . . . Maurice
                                                  Fil. 3:12-14

Canto final . . . . Todos los que una vez sostuve

Bendición . . . . Maurice

Orden del servicio
Muestra 2
The Urban Ministry Institute

Iglesia Misionera Bendita Esperanza
Orden del servicio

Iluminación de las velas . . . . *Carolina*

> *Den al Señor*
> *O, paladines*
> *Den al Señor*
> *Gloria y poder*
> *Canten alabanzas al Señor,*
> *Vengan, adoren al Señor Altísimo*
> *Ahora entren por sus puertas*
> *Con alegría y alabanza*
>
> *Aleluya, aleluya*
> *¡Aleluya al Señor!*
> *Aleluya, aleluya*
> *¡Aleluya al Señor!*
>
> *Vengan, adoren al Cordero*
> *Levanten sus cantos de alegría*
> *Con ofrendas de amor*
> *Exalten al Altísimo!*
> *Vengan, griten al Señor*
> *Apláudanle por todo lo que ha hecho*
> *¡Entren en sus atrios*
> *Y traigan el sacrificio!*

Bienvenida e invocación . . . . *Bet*

Aclamación . . . . *Todos*

> *Bendito seas, oh Dios,*
> *Padre, Hijo, y Espíritu Santo,*
> *Y bendito es tu Reino.*
> *¡Amén! (repetir)*

Ahora y para siempre,
Bendito sea tu nombre.
Y bendito es tu Reino.
¡Amén!
Y a lo largo de los siglos de los siglos
Por siempre lo mismo
Y bendito es tu Reino
¡Amén!

Adoración en canción. . . . . *Todos*

Todos griten el poder del nombre de Jesús
Todo llora santo
Para mí el vivir es Cristo
Sobre todo
Yo me rindo a tí
Mi todo en todo

Colecta del día . . . . *Don*

Salmo . . . . *Bet*
Salmo 45:10-17

Oye, hija, y mira, e inclina tu oído; olvídate de tu pueblo y la casa de tu padre, y el rey deseará tu belleza.

Puesto que él es tu señor, inclínate ante él.

Los de Tiro buscarán tu favor con regalos, lo más rico del pueblo.

Toda gloriosa es la princesa en su habitación, con batas entretejidas con oro.

En muchas túnicas de color ella es llevada ante el rey, con sus compañeras vírgenes siguiéndola.

Con alegría y placer son guiadas a lo largo al entrar en el palacio del rey.

En lugar de tus padres serán tus hijos; tú los harás príncipes en toda la tierra.

[Todos]
>Voy a hacer que tu nombre sea recordado en todas las generaciones; por lo tanto, las naciones te alabarán eternamente y para siempre.

Resumen de la Ley . . . . *Bet*
Celebrante
Yo soy el SEÑOR tu Dios, que te sacó de Egipto, de casa de servidumbre.

Congregación
No tendrás dioses ajenos delante de mí.
No te harás imagen, ni ninguna semejanza de lo que esté arriba en el cielo, ni abajo en la tierra, ni en las aguas debajo de la tierra.
No tomarás el nombre de Jehová tu Dios en vano; porque no dará por inocente Jehová al que tomare su nombre en vano.
Acuérdate del día de reposo para santificarlo.
Honra a tu padre y a tu madre, para que tus días se alarguen en la tierra que Jehová tu Dios te da.
No matarás.
No cometerás adulterio.
No hurtarás.
No hablarás contra tu prójimo falso testimonio.
No codiciarás . . . ni cosa alguna de tu prójimo.

Celebrante
Jesús le dijo: Amarás al Señor tu Dios con todo tu corazón, y con toda tu alma, y con toda tu mente. Este es el primero y grande mandamiento. Y el segundo es semejante: Amarás a tu prójimo como a ti mismo. De estos dos mandamientos depende toda la ley y los profetas (Mt. 22:37-40).

Lectura del Antiguo Testamento . . . . *Brian*
Lector
Nuestra lectura del Antiguo Testamento es Génesis 24:34-38; 42-49; 58-67. [Se lee el texto.]
Esta es la Palabra de Dios.

Congregación
La palabra del Señor permanece para siempre. Amén.

Lectura del Evangelio . . . . *Carolina*
Lector
Nuestra lectura del Evangelio es Mateo 11:16-19; 25-30. [Se lee el texto.]
Este es el Evangelio del Señor.

Congregación
Señor Jesús, Tus palabras son espíritu y son vida. Amén.

Lectura del Nuevo Testamento . . . . *Dan*
Lector
Nuestra lectura del Nuevo Testamento es Romanos 7:15-25a. [Se lee el texto.]
Esto es lo que el Espíritu dice a las iglesias.

Congregación
Tu palabra es una lámpara a mis pies y lumbrera a mi camino. Amén.

Gloria Patri . . . . *Todos*

> *Gloria al Padre,*
> *Y al Hijo*
> *Y al Espíritu Santo:*
> *Como era en el principio,*
> *Es ahora, y será por siempre,*
> *Mundo sin fin.*
> *Amén, amén.*

Enseñanza . . . . *Davis*

El Credo Niceno . . . . *All*

Creemos en Dios, Padre todopoderoso, creador del cielo y de la tierra, de todo lo visible y lo invisible.

Creemos en un solo Señor, Jesucristo, Hijo único de Dios, nacido del Padre antes de todos lo siglos: Dios de Dios, luz de luz, Dios verdadero de Dios verdadero, engendrado, no creado, de la misma naturaleza del Padre, por quien todo fue hecho;

Que por nosotros los hombres y por nuestra salvación bajó del cielo y por obra del Espíritu Santo se encarnó de María la Virgen, y se hizo hombre; y por nuestra causa fue crucificado en los tiempos de

Poncio Pilato; padeció y fue sepultado y resucitó al tercer día, según las Escrituras y subió al cielo y está sentado a la derecha del Padre y de nuevo vendrá con gloria para juzgar a vivos y muertos y su reino no tendrá fin.

Creemos en el Espíritu Santo, Señor y dador de vida, que procede del Padre y del Hijo, que con el Padre y el Hijo recibe una misma adoración y gloria y que habló por los profetas.

Creemos en la Iglesia, que es una, santa, católica y apostólica.

Reconocemos un solo bautismo para el perdón de los pecados. Esperamos en la resurrección de los muertos y la vida del mundo futuro. Amén.

Eternamente . . . . *Todos*

Siempre antiguo, siempre nuevo
Siempre místico, siempre fiel
Siempre futuro, siempre cerca
Siempre maravilloso, siempre claro

Siempre amable, siempre puro
Siempre precioso, siempre seguro
Siempre bendito, por siempre bendito
Siempre confiado y confesado

Siempre trino, siempre uno
Siempre formado, nunca hecho
Siempre reciente, siempre antiguo
Siempre humilde, siempre firme

Siempre velado, siempre conocido
Siempre mística, siempre mostrado,
Siempre leyenda, nunca lore
Siempre duradero, eterno.

Testimonio de la Congregación . . . . *Brian*
Cierren juntos con el Padrenuestro:
Padre nuestro que estás en los cielos, santificado sea tu Nombre; venga a nosotros tu Reino; hágase tu Voluntad en la tierra como en el cielo. danos hoy Nuestro pan de cada día; y perdona nuestras ofensas, así como nosotros perdonamos a quienes nos ofenden; no nos dejes caer en la tentación, y líbranos del mal. Porque tuyo es el reino, el poder y la gloria. Amen.

Confesión de pecado, la paz, santa comunión . . . . *Carolina*
Celebrante y congregación (canta)

> *Kyrie eleison, Christe eleison,*
> *Kyrie Eleison.*
> *Señor, ten piedad, Cristo, ten piedad,*
> *Señor ten piedad.*
>
> *Oh Cordero de Dios, que quita*
> *El pecado de la raza de Adán,*
> *O, inclina tu oído,*
> *Y escucha nuestra oración:*
> *¡Señor ten piedad!*
>
> *Oh Cordero de Dios, cuya sangre preciosa*
> *Fue derramada sobre el Arbol,*
> *O, inclina tu oído,*
> *Y escucha nuestra oración:*
> *Señor ten piedad.*

Confesión de pecado
Celebrante
Que cada uno de nosotros confesamos nuestros pecados a Dios y recibamos misericordia y gracia para ayudarnos en nuestro tiempo de necesidad.

(Tiempo de confesión en silencio y arrepentimiento)

Celebrante
Yo anuncio el perdón a usted ahora, según la promesa de la Palabra de Dios. Después de haber confesado fielmente y renunciado a su pecado, Cristo también ha sido fiel en perdonar sus pecados y limpiarnos de toda maldad. Es cierto, que hay Uno que ha hablado con el Padre en su defensa, Jesucristo, el Justo, quien es la propiciación por nuestros pecados y por los de todo el mundo. Su gracia y paz estén con ustedes ahora. Amén.

La paz
Celebrante
Salúdense unos a otros en el amor de Cristo. Y si tiene algo en contra de un hermano o hermana, reconcíliese con ellos mientras nos preparamos para comer juntos, como una familia, alrededor de la mesa del Señor.

CHRISTUS VICTOR
Celebrante y congregación (canta)

> *Hijo de un humilde nacimiento*
> *Héroe de la tierra inexplicable*
> *Justo al principio del tiempo*
> *En carne completa y todo divina*
> *Cordero sin mancha por los pecadores muerto*
> *Verdadero y fiel es su nombre*
> *Desatador de todas las cosas mal echas*
> *Salvador, Maestro, Rey de reyes*
>
> *Vencedor de la muerte y el infierno*
> *Un incluidor de los mas bajos*
> *Triturador de la cabeza de la serpiente*
> *Terminador de la aflicción y el miedo*
> *Abridor de la puerta del cielo*
> *El vigente Victorioso por siempre jamás*

SAGRADA COMUNIÓN
Celebrante
En verdad es justo glorificarte Padre, y darte gracias; porque sólo tú eres el Dios, vivo y verdadero, que habita en luz inaccesible desde antes del tiempo y para siempre.

Fuente de vida y fuente de bondad, que hizo todas las cosas y las llene con su bendición; los ha creado para regocijarse en el esplendor de su brillantez.

Multitudes innumerables de ángeles de pie antes tí, te sirven día y noche; y admiran la gloria de tu presencia que te ofrecen alabanza constante. La unión con ellos, y dando voz a toda la creación debajo del cielo, te reconocemos y glorificamos tu nombre, al cantar:

Celebrante y congregación (canta)

> *Santo Señor, santísimo Cordero*
> *Hijo de Dios, el Gran Yo Soy*
> *Rabino y Sacerdote, nuestro amigo más querido*
> *Camina con nosotros hoy, camina con nosotros hoy*
>
> *Rey poderoso, exaltado en lo alto*
> *Salvador Príncipe y Señor de la luz*
> *Ascendido Señor, ahora glorificado*
> *Llena nuestros corazones hoy, llena nuestros corazones hoy*

> *Emanuel, la Palabra de Dios hecha carne*
> *Lleno de verdad y santidad*
> *Nuestra gloriosa Cabeza, nuestra Fuente y Vida*
> *Revélate hoy, revélate hoy*
>
> *Santo Señor, santísimo Cordero*
> *Hermosa simiente de Abraham*
> *Nuestro Rey que viene, Quién gobernará y reinará*
> *Reine sobre nosotros hoy, reina sobre nosotros hoy*

Celebrante
Te aclamamos, Santo Señor, glorioso en poder. Sus poderosas obras revelan su sabiduría y amor. Nos formó en su propia imagen, dando a todo el mundo a nuestro cuidado, de modo que, en obediencia a tí, podríamos gobernar y servir a todas las criaturas.

Congregación
Cuando nuestra desobediencia nos llevó lejos de tí, tú no nos abandonaste al poder de la muerte. En tu misericordia viniste a nuestra ayuda, por lo que en la búsqueda podríamos encontrarte.

Celebrante y congregación (canta)

> *Una fuente que trae la curación*
> *Y se le solicita sellado del Espíritu*
> *Es la sangre que no perderá su poder*
> *O, preciosa sangre de Cristo.*

Celebrante
Una y otra vez nos has llamado a un pacto contigo, y por medio de los profetas nos ha enseñado a esperar la salvación. Padre, amaste tanto al mundo que, en la plenitud del tiempo enviastes a tu único Hijo para ser nuestro Salvador. Encarnado por el Espíritu Santo, nacido de la Virgen María, quién vivió como uno de nosotros, pero sin pecado.

Congregación
Para los pobres, proclamó las buenas nuevas de salvación; a los prisioneros, libertad; a la tristeza, alegría. Para cumplir su propósito, se entregó el mismo a la muerte; y, levantándose de la tumba, destruyó la muerte, e hizo toda la creación nueva.

Celebrante y congregación
Y, para que pudiéramos vivir no ya para nosotros mismos, sino para aquel que murió y resucitó por nosotros, envió el Espíritu Santo, su primer regalo para los que creen, para completar su trabajo en el mundo y traer cumplimiento a la santificación de todos nosotros.

Celebrante y congregación (canta)

> *Una corriente de venas tan santas*
> *De la corona de espinas goteaba lentamente*
> *Es la sangre que Jesús derramó para salvarme*
> *O, preciosa sangre de Cristo.*

Celebrante [parte el pan y coloca una mano sobre el pan y la copa]
Señor, te rogamos que por tu bondad y misericordia tu Espíritu Santo descienda sobre nosotros y sobre estos dones, santificándolos y mostrando que sean santos regalos para tu pueblo santo, el pan de vida y la copa de salvación, el Cuerpo y la Sangre de tu Hijo, Jesucristo.

Celebrante y congregación (canta) [Celebrante distribuye el pan]

> *De la Cruz tan gruesa, no apuesto*
> *De la Cruz, Sangre fluyó, hizo un rescate*
> *Es la sangre que compró todo mi perdón*
> *O, preciosa sangre de Cristo.*

Celebrante
Cuando había llegado la hora para que Cristo fuera glorificado por tí, tu Padre celestial, habiendo amado a los tuyos que estaban en el mundo, los amaste hasta el extremo; en la cena con ellos tomó el pan, y habiendo dado gracias a ti, lo partió y lo dio a sus discípulos, y les dijo: "Tomad, comed: esto es mi Cuerpo, que será entregado por vosotros. Hacer esto en memoria de mí". *[Todos comen el pan.]*

Celebrante y congregación (canta) [el celebrante distribuye la copa]

> *Que cielo y tierra le exalten*
> *Fue muerto, Cordero de Dios, por nuestro pecado*
> *Pues la sangre ha vencido al dragón*
> *O, preciosa sangre de Cristo.*

Celebrante
Después de cenar, tomó la copa de vino, y habiendo dado gracias, les dio a ellos, y les dijo: "Beban todos de ella: esto es mi sangre del nuevo pacto, que es derramada por vosotros y por muchos para el perdón de los pecados. Siempre que lo beban, háganlo en memorioa de mi".
[Todos toman la copa.]

Celebrante
Padre, celebramos el memorial de nuestra redención. Recordando la muerte de Cristo y su descenso entre los muertos, proclamando su resurrección y

ascensión a la mano derecha, a la espera de su gloria venidera; y ofreciéndole los dones que nos ha dado, te alabamos y te bendecimos.

Celebrante y congregación (canta)

> *Y para todos los tiempos, su poder*
> *Nos guardará de la hora de la ira*
> *Es la sangre que lava y nos redime*
> *O, preciosa sangre de Cristo.*

Celebrante
Jesús dijo: "Yo soy el pan que ha bajado del cielo . . . Yo te digo la verdad que si no comen la carne del Hijo del hombre y no beben su sangre, no tenéis vida en vosotros . . . Porque mi carne es verdadera comida y mi sangre es verdadera bebida . . . El Espíritu da vida, la carne para nada. Las palabras que digo son espíritu y son vida".

Concede que todos los que comparten este pan y la copa puede llegar a ser un solo cuerpo y un solo espíritu, un sacrificio vivo en Cristo, para alabanza de su nombre y apellidos. Amén.

Celebrante y congregación (canta)

> *A Dios, el Padre celestial*
> *al Hijo, nuestro Redentor;*
> *al eternal Consolador,*
> *unidos, todos alabad. Amen.*

Sursum Corda (arriba los corazones) y extinsión de las velas . . *Todos*

> *El Señor esté contigo,*
> *Y con tu espíritu.*
> *Vamos, levanten sus corazones,*
> *Levantémoslo hacia el Señor.*
> *Demos gracias al Señor, nuestro Señor,*
> *Es bueno y justo darle gracias.*

Bendición . . . . *Don*

Envío final . . . . *Don*

Grupos pequeños
Diez principios y sus implicaciones para abrir reuniones cristianas
The Urban Ministry Institute

1. **Amar al Señor Dios es el centro** de nuestra reunión (Dt. 6:4-9; Mt. 22:37-39).

    a. El Padre es glorificado y adorado
    b. Jesús es conocido y adorado
    c. El Espíritu es buscado y obedecido

2. La *libertad* en el Espíritu reina (2 Cor. 3:17-18).

3. *Cada cristiano* es animado a ministrar y participar; cada uno es libre de compartir, exhortar, hablar y participar según Dios le dirija (1 Cor. 14:26).

4. *Nadie acapara* o domina, sino todos contribuyen a la edificación del cuerpo de Cristo (1 Cor. 14:31-33).

5. *Las necesidades reales en el cuerpo* son compartidas abiertamente y oradas juntas en amor cristiano (Gál. 6:2; Stg. 5:13-16).

6. La *Palabra de Dios* es hablada, oída, y aplicada a la vida (1 Cor. 14:1-25).

7. *Las súplicas, intercesiones y peticiones* son hechas a Dios en el nombre de Jesús (1 Tim. 2:1-8).

8. *Las ordenanzas* (bautismo y la Cena del Señor) se llevan a cabo con regularidad y se celebran juntas. (Rom. 6:1-4; 1 Cor 11:17-34).

9. *El descubrimiento y el uso de dones y llamamientos* se animan, se esperan, y son nutridos; éstos son confirmados por la experiencia testificada por nombramiento oficial en la iglesia (Rom. 12:3-8; 1 Pe. 4:7-11; 1 Cor. 12:1-27; 2 Cor. 13:1; 1 Tim. 1:18; 4:14).

10. *La autoridad de los siervos-líderes de Dios* se ejerce, se mantiene el *orden*, y los *límites* reconocidos, todo para la edificación de la iglesia (2 Cor. 13:9-10. 1 Cor. 14:26-33, 39-40).

Implicaciones para la vida saludable del grupo pequeño

1. Cada creyente en Cristo se *unió al cuerpo de Cristo*, y debe ser acogido dentro de la familia eterna de Dios (Rom. 15:5-6; Jn. 1:12-13).

2. Cada cristiano es un *ministro*, llamado por Dios, y se le han dado *dones por el Espíritu* para la edificación del cuerpo (Rom. 12:5-8; 1 Cor. 12:4-11).

3. El discipulado saludable y vida de la iglesia requiere *tres dimensiones importantes de pertenencia* (relaciones):

   a. Amistades personales
   b. Cuidado en grupo pequeño y el ministerio
   c. Celebración en grupo grande y convocatoria

4. Las *células dinámicas* donde se hacen discípulos de Jesús y crecen hacen bien cuatro cosas:

   a. *Aman* al Señor y unos a otros (Mt. 22:37; Jn. 13:34-35)
   b. *Aprenden* de Cristo juntos (Mt. 11:29)
   c. Se *sirven* entre sí y a los necesitados, ya sea en el cuerpo o sus vecinos (Stg. 2:17; 1 Jn. 4:7-8)
   d. *Alcanzan* a otros con la buena noticia del Evangelio, y se reproducen a sí mismos en Cristo (Mt. 28:18-20)

5. Las células que crecen son *guiadas por el Espíritu y servidas por el líder*, haciendo hincapié en estos componentes diferentes como Dios les lleva, todo para llevar las cargas de los otros (Gál. 6:2).

6. Los grupos saludables *se reproducen ellos mismos*, levantando nuevos líderes para dirigir nuevas células, y dividirse y multiplicarse a medida que continúan creciendo bajo la dirección de Dios (Ef. 4:11-15).

El servicio de bautismo del creyente
Rev. Dr. Don L. Davis

El siguiente es un modelo de servicio de bautismo de un creyente. El esquema general es el siguiente:

> *Oración inicial e invocación*
> *Himno, coro, o antífona*
> *Breve explicación del bautismo*
> *Lectura de la Escritura*
> *Presentación y examen de los candidatos*
> *El convenio bautismal*
> *Palabras personales de testimonio y afirmación*
> *Oraciones por los candidatos*
> *El bautismo de los candidatos*
> *Himno, canción, palabra final de exhortación, y bendición*

Dependiendo de la tradición de la iglesia, ciertos puntos como el convenio bautismal (la recitación del Credo de los Apóstoles por la congregación) pueden ser omitidos, y otros elementos pueden ser arreglados de manera diferente. Aún así, estos elementos esenciales de la invocación, canción, escritura, examen, testimonio personal, oración, bautismo y bendición se utilizan en diversas formas a través de la Iglesia de Jesucristo hoy.

Un esquema para un servicio de bautismo de un creyente

Oración de apertura e invocación

Himno, coro o antífona

Breve explicación del bautismo
El Celebrante (es decir, el ministro oficiante del servicio) ofrece una breve explicación de la función y la importancia del bautismo en la vida del nuevo cristiano, y su lugar en la Iglesia de Jesucristo.

Ejemplo:
El bautismo del creyente es el acto de obediencia mandado por Cristo para todos los que vienen a él con fe. Cuando somos bautizados reconocemos nuestro arrepentimiento del pecado, nuestra fe y confianza en la muerte y resurrección de Jesucristo en nuestro nombre, y damos testimonio a los presentes de nuestro compromiso de seguir a Cristo como Señor y Maestro. A través de nuestro acto de obediencia a Cristo por el bautismo en agua

confesamos nuestra fe en Jesús, pedimos la fuerza de su Espíritu Santo para glorificar a Dios en todo lo que somos y hacemos, y expresamos el deseo de caminar en unidad con el Cuerpo de Cristo, la Iglesia. A través del bautismo y por la fe, Dios establece un vínculo con nosotros, a sí mismo, y su gente que no se puede romper.

Pedimos que cada candidato a bautizarse sea patrocinado por una o más personas bautizadas, los que pueden dar fe de su fe y la vida nueva en Cristo. Los patrocinadores de los adultos y niños mayores presentan sus candidatos y por lo tanto manifiestan su respaldo a los candidatos y su intención de apoyarlos por medio de la oración y ejemplo de su vida cristiana.

Los bebés pueden ser dedicados por sus padres, quienes seleccionan patrocinadores comúnmente llamados "padrinos", que presentan a sus pequeños al Señor, con sus padrinos hacen promesas de guiar, observar, y proteger a aquellos tan dedicados hasta su mayoría de edad hasta que pongan su fe en Cristo en fe voluntaria.

Todos los candidatos para el bautismo se mantienen en su obediencia a su compromiso de crecer en la gracia y el conocimiento de Jesucristo en la Iglesia, a buscar a Dios como seguidor de Cristo, y cumplir con celo y amor sus responsabilidades como miembros de la Iglesia de Cristo.

Lectura de la Escritura
El Celebrante (o alguien designado) lee una escritura seleccionada relacionada con el tema del bautismo en presencia de los reunidos:

Mateo 28:18-20 – Y Jesús se acercó y les habló diciendo: "Toda potestad me es dada en el cielo y en la tierra. Por tanto, id, y haced discípulos a todas las naciones, bautizándolos en el nombre del Padre, y del Hijo, y del Espíritu Santo; enseñándoles que guarden todas las cosas que os he mandado; y he aquí yo estoy con vosotros todos los días, hasta el fin del mundo. Amén".

Romanos 6:1-7 – ¿Qué, pues, diremos? ¿Perseveraremos en el pecado para que la gracia abunde? En ninguna manera. Porque los que hemos muerto al pecado, ¿cómo viviremos aún en él? ¿O no sabéis que todos los que hemos sido bautizados en Cristo Jesús, hemos sido bautizados en su muerte? Porque somos sepultados juntamente con él para muerte por el bautismo, a fin de que como Cristo resucitó de los muertos por la gloria del Padre, así también nosotros andemos en vida nueva. Porque si fuimos plantados juntamente con él en la semejanza de su muerte, así también lo seremos en la de su resurrección; sabiendo esto, que nuestro viejo hombre fue crucificado juntamente con él, para que el cuerpo del pecado sea destruido, a fin de que no sirvamos más al pecado. Porque el que ha muerto, ha sido justificado del pecado. Y si morimos con Cristo, creemos que también viviremos con él.

Presentación y examinación de los candidatos

(Tenga en cuenta: la presentación y examen de los candidatos difieren entre las tradiciones de la Iglesia. Lo que todos comparten, sin embargo, es una clara oportunidad para que los candidatos afirmen su fe en Cristo, su renuncia al mundo, y su compromiso de seguir a Cristo como fieles miembros de su Iglesia. La siguiente presentación, examen, y convenio puede ser modificada en base a la tradición patrocinadores del servicio.)

Celebrante: **El/La/Los candidato/a/s para el santo bautismo se presentará/n ahora.**

[Adultos y niños mayores – Los candidatos que sean capaces de responder por sí mismos son presentados individualmente por sus patrocinadores, de la siguiente manera:]

Patrocinador: Les presento a _____ para recibir el sacramento del bautismo.

[El Celebrante pregunta a cada candidato cuando se le presenta:]

Celebrante: **¿Desea usted ser bautizado/a?**

Candidato: Sí, Yo deseo.

[Bebés y niños pequeños – Los candidatos que no pueden responder por sí mismos son presentados individualmente por sus padres y padrinos, de la siguiente manera:]

Los padres
y padrinos: Les presento a _____ para recibir el sacramento del bautismo.

[Cuando todos se han presentado el Celebrante pregunta a los padres y padrinos:]

Celebrante: **¿Usted será responsable de ver que el/la niño/a presentado/a se críe en la fe y la vida cristiana?**

Los padres
y padrinos: Lo haremos, con la ayuda de Dios.

Celebrante:	¿Por sus oraciones y testimonio ayudará a este/a niño/a a crecer a la plena estatura de Cristo?
Los padres y padrinos:	Lo haremos, con la ayuda de Dios.

[El Celebrante hace las siguientes preguntas a los candidatos que pueden hablar por sí mismos, y de los padres y padrinos que hablan en nombre de los bebés y los niños más pequeños:]

Pregunta:	¿Renuncia a Satanás y a todas las fuerzas espirituales de maldad que se rebelan contra Dios?
Respuesta:	Yo renuncio a ellas.
Pregunta:	¿Renuncia a los poderes malignos de este mundo que corrompen y destruyen a las criaturas de Dios?
Respuesta:	Yo renuncio a ellos.
Pregunta:	¿Renuncia a todos los deseos pecaminosos que se apartan del amor de Dios?
Respuesta:	Yo renuncio a ellos.
Pregunta:	¿Se vuelve a Cristo Jesús y le acepta como su Salvador?
Respuesta:	Sí.
Pregunta:	¿Pone usted toda su confianza en su gracia y amor?
Respuesta:	Sí.
Pregunta:	¿Promete seguirle y obedecerle como su Señor?
Respuesta:	Sí.

[Cuando hay otros que se presentarán, el Celebrante dice:]

Celebrante:	A continuación se presenta/n el/la/los otro/a/s candidato/a/s.

Presentadores: Les presento a estas personas para la Confirmación.
- O bien -
Les presento a estas personas para ser recibidas en esta Comunión.
- O bien -
Les presento estas personas que desean reafirmar sus votos bautismales.

[El Celebrante pregunta a los candidatos:]

Celebrante: ¿Está usted reafirmando su renuncia al mal?

Candidato: Sí.

Celebrante: ¿Renueva su compromiso con Jesucristo?

Candidato: Sí, y con la gracia de Dios le seguiré como mi Salvador y Señor.

[Después de que todos hayan sido presentados, el Celebrante se dirige a la congregación, diciendo:]

Celebrante: Ustedes, que han presenciado estos votos, ¿harán todo lo que está a su alcance para apoyar a estas personas en su vida en Cristo?

Congregación: Sí lo haremos.

[El Celebrante dice estas u otras palabras similares:]

Celebrante: Unámonos a los que se entregan a Cristo, y renovemos también nuestro propio convenio bautismal.

El convenio bautismal

Celebrante: ¿Cree en Dios Padre?

Congregación: Creo en Dios, Padre todopoderoso, creador del cielo y de la tierra.

Celebrante: ¿Cree en Jesucristo, el Hijo de Dios?

Congregación: Creo en Jesucristo, su único Hijo, nuestro Señor. Fue concebido por el poder del Espíritu Santo y nacido de la Virgen María. Padeció bajo el poder de Poncio Pilato, fue crucificado, murió y fue enterrado. Descendió a los muertos. Al tercer día resucitó. Y subió al cielo, y está sentado a la diestra del Padre. Él ha de venir a juzgar a los vivos y los muertos.

Celebrante: ¿Cree en Dios el Espíritu Santo?

Congregación: Creo en el Espíritu Santo, la santa iglesia católica (universal), la comunión de los santos, el perdón de los pecados, la resurrección de la carne, y la vida eterna.

Celebrante: ¿Va a continuar en la enseñanza y comunión de los apóstoles, en el partimiento del pan y en las oraciones?

Congregación: Sí, lo haré, con la ayuda de Dios.

Celebrante: ¿Perseverará en resistir al mal, y cuando caiga en pecado, arrepentirse y volver al Señor?

Congregación: Sí, lo haré, con la ayuda de Dios.

Celebrante: ¿Va a anunciar con la palabra y el ejemplo las Buenas Nuevas de Dios en Cristo?

Congregación: Sí, lo haré, con la ayuda de Dios.

Celebrante: ¿Va a buscar y servir a Cristo en todas las personas, amando a su prójimo como a usted mismo/a?

Congregación: Sí, lo haré, con la ayuda de Dios.

Celebrante: ¿Va a luchar por la justicia y la paz entre todos los pueblos, y respetar la dignidad de todo ser humano?

Congregación: Sí, lo haré, con la ayuda de Dios.

Palabras personales de testimonio y afirmación

[Se pide al candidato (s) para el santo bautismo dar una palabra personal de testimonio de su fe en Cristo, su deseo de confiar y obedecer a él, y su compromiso de seguirlo plenamente, como el Espíritu le dirija.]

Oraciones por los candidatos/as

[El Celebrante dice a la congregación:]

Celebrante: Oremos ahora por estas personas que van a recibir el sacramento del nuevo nacimiento [y para aquellos (esta persona) que han renovado su compromiso con Cristo.]

[Un peticionario (persona nombrada para la oración) pide la bendición y la provisión de Dios sobre los candidatos para el bautismo con ésta o una oración similar:]

Peticionario: Concede, oh Señor, que todos los que son bautizados en la muerte de Jesucristo su Hijo puedan vivir en el poder de su resurrección y buscar su venida en gloria; que vive y reina ahora y para siempre. Amén.

Bautismo de los candidatos

[El celebrante se dirige al candidato, después de haberlos preparado para la inmersión en el agua, y pronuncia las siguientes palabras sobre ellos:]

Celebrante: Y ahora, _____, por su confesión pública de fe en nuestro Cristo Jesús como Señor y Salvador, y a la luz de su voluntad declarada de obedecer a Cristo por medio del bautismo aquí en la presencia de estos testigos, ahora yo lo/la bautizo en el nombre del Padre, y del Hijo, y del Espíritu Santo. Amén.

[El Celebrante bautiza el candidato, y le pide a la congregación saludar al cristiano recién bautizado como miembro de pleno derecho de la Iglesia de Jesucristo.]

Última palabra de exhortación, último himno o canción, y bendición

Muestra de tarjeta de seguimiento
World Impact

Nombre: _____

Nombres de los parientes:

Hermano: Tío:

Hermana: Tía:

Madre: Primo:

Padre: Otros:

Dirección: _____ **Teléfono:** _____

Notas	Lo que hay que hacer	Por quién	Para cuándo

Lectura de respuesta del equipo plantador de iglesia
World Impact

Líder
Como misioneros de plantación de iglesias, es la tarea de anunciar, con la palabra y con obras, el Evangelio de Jesucristo y edificar su Iglesia. Usted debe llamar a la gente al arrepentimiento y a la fe, anunciando el perdón de Dios a los que se arrepienten y creen. Usted tiene que amar y servir a la gente entre quienes trabaja. Usted debe ser fiel en predicar y enseñar la Palabra de Dios a ellos. Usted tiene que bautizarlos y discipularlos para que aprendan a obedecer todo lo que Cristo ha mandado.

Equipos
Nos comprometemos a la tarea de establecer nuevas iglesias entre los no alcanzados en la norteamérica urbana.

Líder
Así que ahora, salga en su nombre y a hacer discípulos.

Equipos
Vamos a tratar de respetar y ser guiados por nuestros líderes designados, y servir a nuestros compañeros de equipo con amor y humildad.

Líder
Vaya, y dé testimonio del Evangelio de Jesucristo.

Equipos
Nos esforzaremos por ser diligentes en nuestra lectura y estudio de las Escrituras y fielmente enseñar y defender la sana doctrina.

Líder
Vaya, y siembre las semillas de la vida eterna.

Equipos
Vamos a confiar en el Espíritu Santo que nos ayude a pastorear fielmente a todos los que estamos llamados a servir, trabajando junto con ellos y con nuestros colegas ministros para edificar a la iglesia de Dios.

Líder
Vaya, y declare el nombre de Jesús a los perdidos.

Equipos
Haremos nuestro mejor esfuerzo para modelar nuestras vidas en obediencia a las enseñanzas de Cristo para que podamos ser un ejemplo a las iglesias que plantamos.

Líder
Vaya, y avance el Reino de Dios entre los pobres.

Equipos
Vamos a buscar en todas las cosas el impulso del Espíritu Santo, ejercitando la sabiduría que nos ofrece en todas las cosas y perseverantes en la oración, tanto pública como privada.

Líder
Oh Dios, nos hacemos disponibles para usted como sus instrumentos para lograr la libertad, la integridad y la justicia de su Reino a todos aquellos a quienes sirve nuestro ministerio.

All
Haznos instrumentos de tu Evangelio, tu paz y tu Reino, para gloria de tu nombre.

Papeles clave de un equipo de plantación de iglesias
World Impact

- Evangelista (bueno en el desarrollo de las relaciones con personas nuevas para conducirlos a Dios)
- Líder de adoración
- Líder del ministerio de niños
- Pastor/cuidador (bueno en cuidar de/nutrir a los creyentes)
- Organizador (organiza proyectos especiales y construye sistemas para convertir la visión en realidad)
- Administrador (administra sistemas para ayudar al equipo a lograr las metas)
- Plantador de iglesia (funciones que no pueden ser delegadas)
    - El liderazgo espiritual y fomentar visión
    - La edificación del equipo y supervisión
    - Modelar el cuidado pastoral y la evangelización
    - El liderazgo general del ministerio de grupos pequeños

El poder de la multiplicación
El principio de 2ª. Timoteo 2:2
Rev. Dr. Don L. Davis

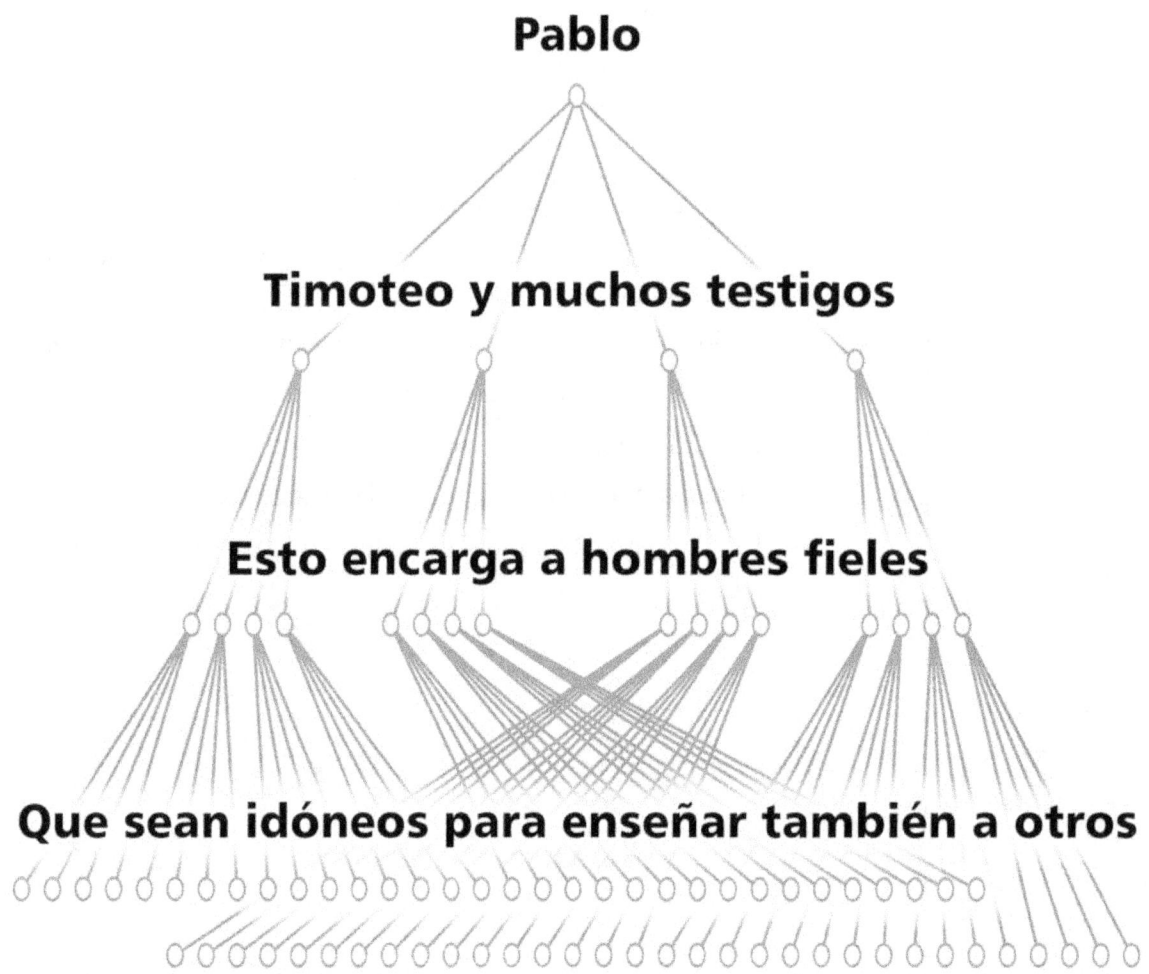

2 Ti. 2.2 (Rv60) - Lo que has oído de mí ante muchos testigos, esto encarga a hombres fieles que sean idóneos para enseñar también a otros.

Parte III: Plantando iglesias urbanas • 469

Desarrollando oídos que escuchan: Respondiendo al Espíritu y a la Palabra
Rev. Dr. Don L. Davis

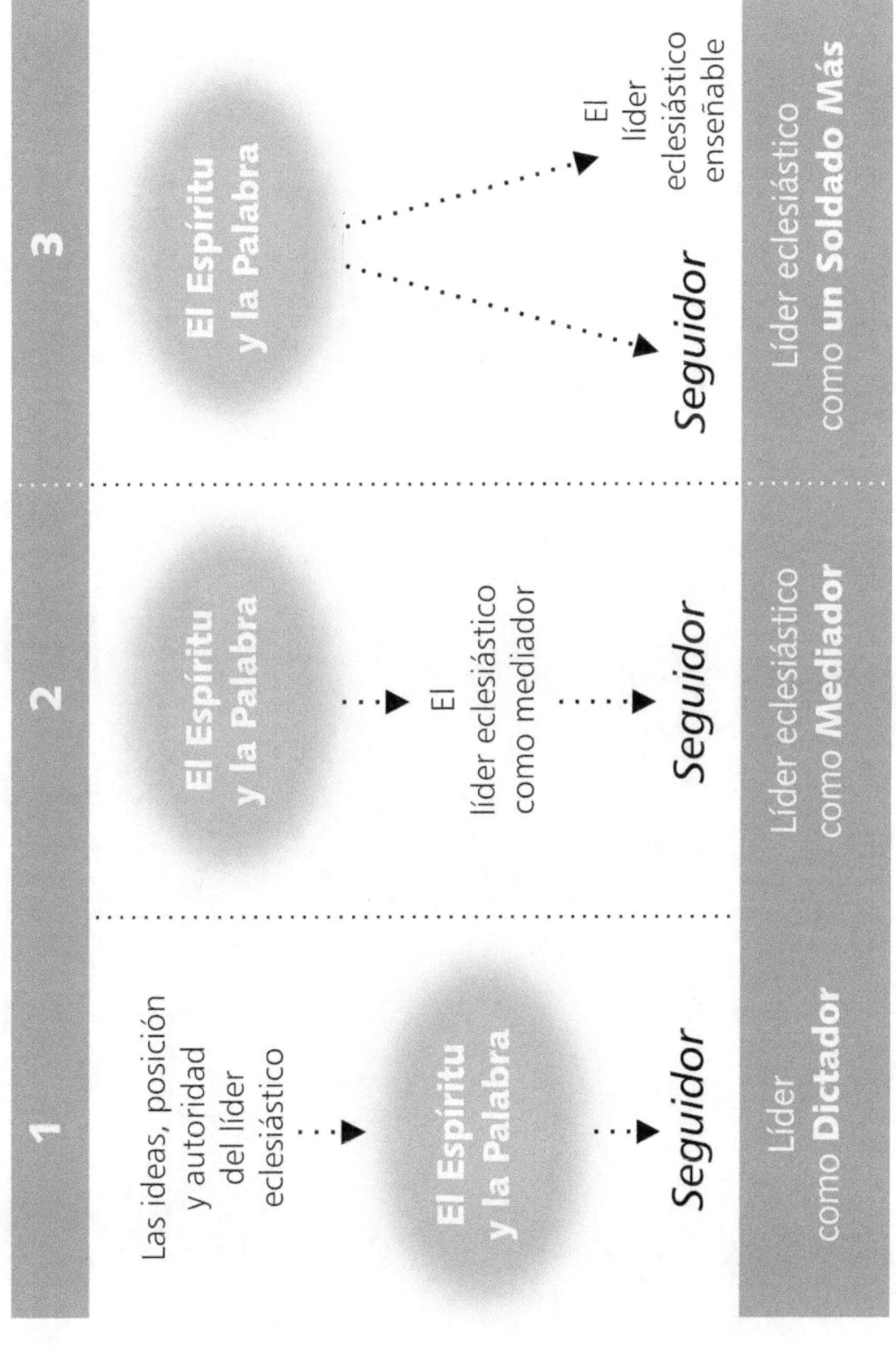

Apéndice
Veinticinco años de plantación de iglesias urbanas entre los pobres:
Reporte

Veinticinco años de plantación de iglesias urbanas entre los pobres: Reporte

Dr. Hank Voss
Director Nacional para la Plantación de Iglesias

31 de enero del 2015

The Urban Ministry Institute
Oficina Nacional para la Plantación de Iglesias

Veinticinco años de plantación de iglesias urbanas entre los pobres: Reporte 2

Tabla de contenido

I. Introducción 4
II. Resumen ejecutivo de la historia de plantación de iglesias de *World Impact* 5
    A. Iglesia Plantaciones de iglesias y plantadores 5
    B. Capacitación 6
    C. Asociaciones misionales 7
III. Informes regionales 8
    A. Introducción 8
    B. Costa Este 8
    C. Medio Oeste 9
    D. Costa Oeste 11
IV. Evaluación ambiental de la plantación de iglesias de *World Impact* 14
    A. Generalidades 14
    B. Fortalezas de *World Impact* 14
    C. Debilidades (Témpanos debajo de la superficie) 14
V. Cuatro recomendaciones para el 2015 15
    A. La investigación actual 15
    B. Identificar el lenguaje acordado y calificaciones para la plantación de iglesias a nivel nacional de *WI* 15
    C. Desarrollar certificación para plantadores de iglesias en el contexto ministerial 16
    D. Tabla de recursos de plantadores de Iglesias en 13 conferencias del 2015. 16
VI. Apéndices 17
    A. Apéndice 1: Objetivos estratégicos de la oficina nacional de plantación de iglesias 17
    B. Apéndice 2: "Las iglesias saludables" definidas 18
    C. Apéndice 3: Presupuesto "Servilleta" 19
    D. Apéndice 4: Preguntas frecuentes 20
    E. Apéndice 5: Tres componentes de un movimiento de plantación de iglesias urbanas 21
    F. Apéndice 6: Socios de plantación de iglesias de *WI*: Denominaciones 22
    G. Apéndice 7: Socios de plantación de iglesias de *WI*: Asociaciones 23
    H. Apéndice 8: Socios de plantación de iglesias de *WI*: "Movimientos" 23

Veinticinco años de plantación de iglesias urbanas entre los pobres: Reporte
3

I. Apéndice 9: Totales de socios de plantación de iglesias *WI* 23

J. Apéndice 10: Abreviaturas utilizadas en el reporte 24

K. Apéndice 11: Asignaciones actuales regionales de plantación de iglesias 26

L. Apéndice 12: Muestra de movimiento: "Cristo es el Señor" (Rev. Hector Cedillo) 31

M. Apéndice 13: Recursos de plantación de iglesias de *World Impact*. 33

Veinticinco años de plantación de iglesias urbanas entre los pobres: Reporte 4

I. **Introducción**

   A. *World Impact* es una organización misionera cristiana comprometida con la plantación de iglesias urbanas saludables, especialmente entre los pobres.

   B. En 1990, la Junta Nacional de *World Impact* anunció un cambio de filosofía de ministerio haciendo hincapié en la importancia de la plantación de iglesias urbanas como parte central de la misión de *World Impact*. En 1991, los primeros esfuerzos de plantación de iglesias fueron lanzados oficialmente por *World Impact* como "Iglesias Celebración".[1]

   C. En los veinticinco años transcurridos entre 1991 y el 1 de enero 2015 *World Impact* y sus asociados han encargado más de 150 plantacions de iglesias. Más de la mitad de ellas están actualmente avanzando el Reino de Dios entre los pobres.

   1. Durante este tiempo, *World Impact* también ha capacitado cerca de 6.000 líderes a través de conferencias de plantación de iglesias, escuelas de plantación de iglesias, y la red de satélites de TUMI.

   2. *World Impact* también se ha asociado con más de 30 denominaciones, asociaciones y movimientos de plantación de iglesias.

   D. En octubre del 2014, el segundo presidente de *World Impact*, Rev. Efrem Smith anunció una nueva visión para la iniciativa de plantación de iglesias de *World Impact*, "Coronas de belleza".[2]

   1. A finales de 2021, a los 50 años de ministerio de *World Impact*, *World Impact* habrá plantado o asociado para plantar trescientas nuevas iglesias saludables en las comunidades de escasos recursos en los Estados Unidos.

   2. La historia de Gedeón ofrece un ejemplo de cómo Dios usó 300 para traer la libertad, la integridad y la justicia a un pueblo que estaba "fuertemente oprimido" (Jueces 6:2) e informa de la visión de *World Impact* de plantar iglesias de.

---

[1]Los tres documentos fundamentales para el movimiento de *World Impact* en la plantación de iglesias están actualmente disponibles en la Intranet de *World Impact*. Ellos son: Terry Cornett y Don Davis, "*Developing Urban Congregations: A Framework for World Impact Church Planters*" ["El desarrollo de congregaciones urbanas: Un marco para los plantadores de *World Impact*"] (World Impact Press, 1991), 69 páginas; Terry Cornett y Don Davis, "*Missionary and Culture*" ["Misionero y Cultura"] (Wichita, KS, 1991), 37 páginas; Don Davis y Terry Cornett, "*Empowering People for Freedom, Wholeness, and Justice*" ["Capacitando a las personas para la libertad, la integridad y la justicia"] reimpreso en *Fundamentos para la Misión Cristiana*, ed. Don Davis, vol. 4, Currículo Piedra Angular (Wichita, KS: The Urban Ministry Institute, 2005), 310–39.

[2]Efrem Smith, *World Impact Strategic Plan 2014 [Plan Estratégico 2014 de World Impact] - Efrem Smith*, 2014, https://www.youtube.com/watch?v=5eOxhp_1FzU&feature=youtu.be.

Veinticinco años de plantación de iglesias urbanas entre los pobres: Reporte
5

3. La iniciativa de plantación de iglesias de *World Impact* es conocida como "Coronas de belleza". El profeta Isaías predijo un tiempo cuando Dios vendría y haría hermosuras a un pueblo en la esclavitud y el exilio (Isaías 60:4). El Señor haría de las cenizas una "corona de la belleza" (Isaías 61:10). Él haría este increíble trabajo para que su belleza se mostrara (Isaías 60:21; Efesios 3:10).

II. **Resumen ejecutivo de la historia de plantación de iglesias de *World Impact***

   A. Plantaciones de iglesias y plantadores [3]

   1. Totales: 156 equipos de plantación de iglesias comisionadas por *World Impact* y sus asociados desde 1991.

      a) 1990–1999 = 25 plantaciones de iglesias

      b) 2000–2009 = 82 plantaciones de iglesias

      c) 2010–2015 = 49 plantaciones de iglesias

   2. Generaciones:

      a) 17 plantaciones de iglesias de segunda generación

      b) 1 plantación de iglesia de tercera generación

      c) 2 plantaciones de iglesias de cuarta generación

   3. Tamaños de las plantaciones de iglesias:

      a) 11 son de tamaño de una iglesia simple (3-19 personas)

      b) 93 son pequeña tamaño iglesia "tipo casa" (20-50 personas)

      c) 53 son de tamaño iglesia de la comunidad (51-150 personas),

      d) 0 son tamaño de iglesia eje/central (200+)

   4. Iglesias activos:

      a) 82 (por lo menos) se encuentran activas (82/137 CPs [plantadores de iglesias] o 60% de los esfuerzos totales de las plantaciones de iglesias, 19 en estado desconocido)

---

[3] Una "plantación de iglesia" es un equipo plantador de la iglesia encargado formalmente pero que aún no ha completado la fase de "Transición" del ciclo de plantación de la iglesia. Una "iglesia" es una plantación de iglesia que ha completado la fase o "T" "transición" de la plantación de iglesias como lo demuestra la puesta en marcha de "ancianos" (Tito 1:5).

Veinticinco años de plantación de iglesias urbanas entre los pobres: Reporte
6

   b) 0 iglesias simples están activos (0/11 CPs o 0%)

   c) 50 pequeñas iglesias "tipo casa" están activas (50/89 CPs o 56%, 4 estado desconocido)

   d) 31 iglesias comunitarias están activos (31/38 CPs o 82%, 15 en estado desconocido)

B. Capacitación

  1. Más de 3.600 líderes capacitados a través de cuatro conferencias nacionales:

   a) *The Jericho Conference* **[La Conferencia Jericó]** (Los Ángeles, 1996). Primera conferencia de plantación de iglesias de *World Impact* que entrenó unos 200 misioneros y líderes urbanos en los fundamentos de la plantación de iglesias urbanas.

   b) *The Crowns of Beauty Conferences* **[Conferencias coronas de belleza]** I (1999), II (2001) y III (2004) en Los Ángeles que reunieron a más de 3.200 líderes de las iglesias urbanas de más de treinta denominaciones con el fin de poner en marcha nuevas iglesias y movimientos de la plantación de iglesias entre los pobres I(1999), II (2001), y III (2004) en Los Ángeles se reunieron más de 3.200 líderes de iglesias urbanas de más de treinta denominaciones para lanzar nuevas iglesias y movimientos de iglesias entre los pobres.

   c) *The Timothy Conference* **[La Conferencia Timoteo]** (Wichita, 2004) reunió a unos 200 líderes de las iglesias urbanas para desafiarlos a perseguir la plantación de iglesias en sus propias comunidades (Wichita, 2004) reunió a unos 200 líderes de iglesias urbanas para desafiarlos a perseguir la plantación de iglesias en sus propias comunidades.

  2. Más de 300 líderes y unos 80 equipos de plantación de iglesias capacitados a través de 15 escuelas nacionales y regionales de plantación de iglesias.

  3. Más de 2.000 líderes de la iglesia urbana capacitados en la plantación de iglesias a través de la red de satélites de TUMI:

   a) Más de 200 líderes de iglesias urbanas han tomado el curso de ocho semanas: *Vision for Mission: Nurturing an Apostolic Heart* [Visión para la misión: Nutriendo un corazón apostólico]. Curso fundamental sobre el corazón de un plantador de iglesias.

Veinticinco años de plantación de iglesias urbanas entre los pobres: Reporte
7

b) Más de 1.600 líderes urbanos han tomado el curso de ocho semanas de *Piedra Angular* de Iniciación de Iglesias *(Módulo 12: Enfoque en la reproducción)*.

c) Más de 200 líderes de iglesias urbanas han tomado el curso de ocho semanas: *Winning the World* [Ganando el mundo]. Curso fundamental sobre los movimientos de plantación de iglesias Foundations course on Church Plant Movements.

C. Asociaciones misionales

1. *World Impact* se ha asociado con más de 30 denominaciones, asociaciones y movimientos para plantar iglesias.

   a) Estas denominaciones incluyen el misionero cristiano y la Alianza, la Iglesia Reformada en América, *Converge*, Iglesia Evangélica Libre, Iglesia Evangélica Luterana de América y muchos otros (véase el apéndice 6).

   b) 119 asociaciones de plantaciones de iglesias han resultado en 50 plantaciones de iglesias activas y 42 iglesias activas.

   c) Un fructífero ejemplo de asociación es el trabajo *World Impact* con la Asociación Iglesia Urbana de Los Ángeles. Esta asociación se ha traducido en 32 plantaciones de iglesias, veinticinco de los cuales están actualmente activas. Siete satélites de TUMI también se han puesto en marcha a través de la AIU-LA (LA-UCA siglas en inglés.

2. Mientras que *World Impact* se ha asociado para lanzar más de 195 satélites TUMI, al menos 37 de estos satélites de TUMI fueron iniciados por denominaciones de plantación de iglesias, asociaciones y movimientos (28 actualmente activos en la red de satélites de TUMI).

   a) Un ejemplo sería la Asociación Iglesia Manantial en Cuba. Manantial de Amor es una iglesia bautista americana en Los Ángeles que ha plantado veinticinco iglesias en Cuba. Manantial ha iniciado tres satélites de TUMI, uno en Los Ángeles (2014) y dos en Cuba (2015) con el fin de formar a sus líderes de la iglesia y plantadores de iglesias.

   b) El ministro Joel (coordinador del satélite para Iglesia Manantial) en la foto a la derecha con materiales de TUMI que trajo a Cuba en enero del 2015.

Veinticinco años de plantación de iglesias urbanas entre los pobres: Reporte 8

III. Informes regionales

A. Introducción

Información para tres regiones de *World Impact* se resume en la siguiente tabla. Las definiciones por categorías y abreviaturas utilizadas en el informe se pueden encontrar en el Apéndice 3.

	ECR	MWR	WCR
# Total de esfuerzos de plantación de iglesias	21	27	107
# Total de iglesias activas y plantación de iglesias	9	8	58
Asignación primaria de ministerio (APM) como plantadores de iglesias (RMO y Personal de ministerio)	0	0	12
Asignación primaria de ministerio (APM) como plantadores de iglesias (Asociados)	3	0	1
Asignación primaria de ministerio (APM) "Desarrolladores de ministerio"		7	
Actualmente MTLes Activos	1	2	6
Actualmente TLes activos	3	1	12
"Movimientos" de plantación de iglesia	0	2	2
Socios por medio de denominaciones y asociaciones de plantación de iglesias	4	10	20
# de satélites activos de TUMI aproximados	13	36	80
# de estudiantes activos de TUMI aproximados	150	350	1,200

B. Costa Este

1. **Resumen:** La región de la Costa Este ha plantado o asociado en 21 esfuerzos de plantación de iglesias desde 1990. Nueve de estas plantaciones de iglesias e iglesias se encuentran activos. Actualmente no hay personal asignado a las actividades de tiempo completo de la plantación de iglesias, pero hay 1 MTL (OMR con un SMA) y 3 TL (WI Asociados) actualmente activos en la región.

2. Plantación de iglesias:

    a) 21 esfuerzos plantación de iglesia desde 1990

    b) 9 plantaciones de iglesias o iglesias actualmente activas (2 en estado desconocido)

Veinticinco años de plantación de iglesias urbanas entre los pobres: Reporte
9

3. Personal de plantación de iglesias

Actualmente no hay personal de *WI* que estén sirviendo a tiempo completo en los roles de plantación de iglesias en la costa este

4. Historia de la plantación de iglesias de la región de la Costa Este

a) Iglesia Comunidad 24/7

Iglesia Comunidad 24/7 (foto a la izquierda) surgió a partir de las primeras conferencia coronas de de belleza en 1999. El Dr. Fred Clark sirvió como "partero" para el equipo que plantó una iglesia en Montvale, Nueva Jersey por el Pastor Ron Robinson.

El pastor Robinson había estado sirviendo como diácono previamente. Algunos de los primeros miembros del 24/7 habían estado en el estudio bíblico de Ron y ayudaron a iniciar la iglesia. Ron llamó la iglesia "24/7" porque quería que la iglesia de Jesús estuviera disponible las 24 horas al día, siete días a la semana en la comunidad. La iglesia regularmente ha celebrado festivales evangelísticos de verano y continúa ministrando 24/7 en Newark, Nueva Jersey.

C. Medio Oeste

1. **Resumen:** La región del Medio Oeste ha plantado o asociado en 27 esfuerzos de plantación de iglesia desde 1990. Catorce de estas plantaciones de iglesias e iglesias se encuentran activas. Hay dos posibles movimientos en la región (Cristo el Victorioso [6 iglesias / plantación de iglesias] e Iglesias del Maestro [2 iglesias]). Actualmente no hay personal asignado a las actividades de tiempo completo de la plantación de la iglesia.

2. Plantación de iglesias:

a) 21 esfuerzos plantación de iglesias desde 1990

b) 8 plantaciones de iglesias o iglesias actualmente activas (6 en estado desconocido)

Veinticinco años de plantación de iglesias urbanas entre los pobres: Reporte
10

3. Personal de plantación de iglesias

Actualmente no hay personal de *WI* que estén sirviendo a tiempo completo en los roles de plantación de iglesias en la región del Medio Oeste, pero hay 2 MTLS (2 OMR) y 1 TL (Personal de ministerio de *WI*) actualmente activo en la región. La región del Medio Oeste ha desarrollado una nueva posición llamada "Ministerio desarrollador". Hay 7 personas "a tiempo completo" (básicos) que sirven en los 17 de "tiempo parcial" (apoyo) en este equipo como "Ministerio desarrollador".

4. Historias de plantación de iglesias del Medio Oeste

   a) Iglesia Comunidad Restaurada: La historia de una iglesia con una visión

El Pastor Rob Danz se graduó de TUMI quién es pastor de la Iglesia Comunidad Restaurada. Él es también el coordinador del satélite de TUMI Restaurado. Él y los ancianos de su iglesia tiene una visión y un sueño que Iglesia Comunidad Restaurada se convierta en un movimiento de plantación de iglesias. El pastor Rob es uno de cientos de estudiantes TUMI que han captado la visión de ver el reino de Dios avanzar en cada barrio, en cada ciudad a través de la iglesia local.

   b) Iglesias Cristo Victorioso: La historia de un nuevo movimiento de iglesias

Cristo el Victorioso (*Christ The Victor* en inglés o CTV) es un movimiento de iglesias lanzados por los misioneros de World Impact en el 2008. Actualmente hay cuatro iglesias en la red. El movimiento CTV ha desarrollado una serie de recursos para ayudar a los plantadores de iglesias en su movimiento (Vea la derecha).

Veinticinco años de plantación de iglesias urbanas entre los pobres: Reporte
11

    c)   Iglesia Del Maestro: Una iglesia con impacto internacional

Los pastores Juan Pablo y Sol Herrera han plantado dos iglesias en el área de Dallas. Su primera iglesia comenzó a trabajar con una iglesia en Guadalajara, México. Esa iglesia comenzó capacitando plantadores de iglesias utilizando TUMI. La iglesia ha plantado tres iglesias a través de los estudiantes de TUMI quienes han sido entrenados como plantadores de iglesias.

    D.   Costa Oeste

        1.   **Resumen:** La región de la Costa Oeste ha plantado o se ha asociado en 107 esfuerzos de plantación de iglesias desde 1990. Cincuenta y ocho de estas plantaciones de iglesias e iglesias se encuentran activas. Hay dos posibles movimientos de la región (*Powerhouse* [3 plantaciones de iglesias] y Cristo es Señor [16 iglesias/plantaciones de iglesias]). *World Impact* cuenta actualmente con 15 miembros del personal asignados a las actividades de tiempo completo de la plantación de iglesias en la región. Los recursos de la plantación de iglesias para la región son:

            a)   6 MTLs

            b)   12 líderes de equipo (3 a tiempo completo)

            c)   21 PTM (8 a tiempo completo)

            d)   17 STM (0 a tiempo completo)

        2.   Plantación de iglesias:

            a)   107 esfuerzos de plantación de iglesia desde 1990

            b)   58 plantaciones de iglesias o iglesias están actualmente activas (9 en estado desconocido)

        3.   Personal de plantación de iglesias

La región de la Costa Oeste tiene seis entrenadores de plantadores de iglesias (llamados formalmente "Múltiples Líderes de Equipo"), 12 líderes de equipo plantadores de iglesias (TL) y 21 personal de servicio sirviendo como Miembros Primaria del Equipo (PTM) en los equipos plantadores de iglesias. Trece personal de servicio de la Costa Oeste tienen la plantación de iglesias como su Asignación Primaria de Ministerio (PMA).

Veinticinco años de plantación de iglesias urbanas entre los pobres: Reporte
12

4. Historias

    a) Iglesia *Powerhouse*: Una historia de asociación denominacional y reino compasión y justicia (2006)

        (1) El Rev. Dr. Todd Grant y su esposa Jennifer Grant se unió al personal de *World Impact* en el 2006 después de haber pastoreado y plantado varias iglesias. Después de asistir a la escuela de plantación de iglesias en el 2006 fueron comisionados para dirigir un equipo de plantación de iglesias en Watts, CA.

        (2) En la actualidad la Iglesia *Powerhouse* opera una clínica médica cristiana gratuita, una clínica dental gratuita, servicios médicos y de asesoramiento gratuito para aquellos embarazos inesperados, hogar de hombres, un ministerio de distribución de alimentos, y una variedad de programas para la juventud. El impacto transformador de la plantación de la iglesia en la comunidad de Watts es actualmente objeto de investigación doctoral y se ha informado en una serie de medios de comunicación. Para un breve vídeo sobre *Powerhouse* y la historia de los Grants haga un clic aquí.

Veinticinco años de plantación de iglesias urbanas entre los pobres: Reporte
13

b) Iglesia por el Lago: Una historia de multiplicación de plantación de iglesias a través de líderes facultados y equipados (2000)

La Iglesia por el Lago fue plantada por el pastor Héctor Cedillo en colaboración con un equipo de misioneros de *World Impact* a partir de 1999. En enero del 2004, la Iglesia por el Lago plantó su primera iglesia. Héctor cree a Dios que por lo menos 343 iglesias (7x7x7) hijas, nietas, bisnietas y tataranietas serán plantadas por la Iglesia por el Lago antes de que él muera.

Una tercera iglesia fue plantada por el ministerio de la Iglesia por el Lago en julio del 2007 bajo la dirección del pastor Enrique Juárez. Un cuarto plantador de iglesias, Gonzalo Gonzáles fue enviado a plantar una iglesia cerca de la ciudad de México en el otoño del 2007. Tanto Enrique y Gonzalo obtuvieron una licencia a través de *World Impact* que los acredita como ministros en el mes de octubre del 2007 y el pastor Héctor fue ordenado a través *World Impact* el 14 de octubre del 2006.

Más de una veintena de líderes de la Iglesia por el Lago se han convertido en estudiantes de TUMI, y a partir de finales del 2014, Héctor y sus estudiantes de TUMI han visto 16 plantaciones de iglesias comisionadas en cinco países (Vea la lista en el apéndice). Dos de los líderes del equipo plantador a quienes Héctor supervisa actualmente (pastores Douglas y Octavio) quienes se salvaron y comenzaron su formación teológica formal en el satélite de TUMI en la cárcel del condado de Pitches donde Héctor actualmente sirve como mentor de TUMI. El pastor Héctor está fotografiado en el centro con el pastor Al (a la derecha) y tres estudiantes de TUMI que iniciaron sus estudios en las cárceles del condado de Los Ángeles.

Veinticinco años de plantación de iglesias urbanas entre los pobres: Reporte
14

IV. Evaluación ambiental de plantación de iglesias de *World Impact*

    A. Generalidades

        1. Mundial. La Iglesia está perdiendo rápidamente su lugar privilegiado en el contexto de cristiandad de occidente. Este cambio de posición presenta tanto la crísis y la oportunidad.

        2. Plantación de iglesias. En los últimos veinte años el Espíritu Santo ha suscitado un mayor énfasis en la plantación de iglesias y movimientos de plantación de iglesias. El movimiento más amplio hacia la plantación de iglesias ha dado lugar a muchas organizaciones nuevas (lanzamiento), asociaciones (LA-CPM, asociación de iglesias relacionadas, etc.) y conferencias (Verge, exponencial, iniciativa de plantación de iglesias afroamericanas, etc.) que se centran en la plantación de iglesias. Más de una veintena de organizaciones, conferencias y programas de capacitación en plantación de iglesias han comenzado en los últimos veinte años.

    B. Fortalezas de *World Impact*

        1. TUMI. Un movimiento de movimientos con miles de líderes urbanos siendo entrenados para la misión y ministerio a través de la iglesia local

        2. El presidente de plantación de iglesias con competencia cultural

        3. Personal altamente disciplinado y comprometido

        4. Ampliación de la base de apoyo y muy respetado cuarenta años la historia

    C. Debilidades (Témpanos debajo de la superficie)

        1. Confusión de identidad

            a) Falta de claridad en todo nuestro ministerio en la identidad central. ¿Somos en primer lugar una Orden Religiosa Misionera (forma de la iglesia) o primero una organización sin fines de lucro (como otras asociaciones anteriores)? Las políticas actuales reflejan el estado de confusión y comprensión de la competencia de la identidad principal de la misión.

            b) Falta de claridad en nuestro ministerio en temas de cultura. ¿Es *WI* primero una organización misionera transcultural o primero una orden misionera que trabaja entre los pobres?[4]

---

[4]Me refiero a algunos de los temas tratados en Leroy Barber y Velma Maia Thomas, *Red, Brown, Yellow, Black, White—Who's More Precious In God's Sight?: A Call for Diversity in Christian Missions and Ministry* [*Rojo, marrón, amarillo, negro, blanco- ¿Quién es más precioso a los ojos de Dios?: Un llamado a la diversidad en las misiones cristianas y Ministerio*] (New York: Jericho Books, 2014).

Veinticinco años de plantación de iglesias urbanas entre los pobres: Reporte
15

       2.   Comunicación y asuntos de competencia

           a)   Algunos líderes y personal carecen de competencias y/o capacitación para las tareas asignadas.

           b)   La comunicación debe seguir siendo una prioridad contínua como los malentendidos abundan.

       3.   Purga contínua de los demonios de la "cultura antigua"

           a)   Retos internos relacionados con la raza y la cultura

           b)   Asuntos internos relacionados con el género (especialmente las mujeres y las políticas actuales)

           c)   Los usos inapropiados de la autoridad espiritual[5]

V.   Cuatro recomendaciones para el 2015

       A.   Las investigaciones actuales a los líderes regionales y nacionales. Publicar informes públicamente accesibles de los primeros 25 años de *World Impact* de plantación de iglesias.

           1.   Comenzar mensualmente "Noticias nacionales y notas para plantadores de iglesia urbanas"

           2.   Solicitar la opinión interna y revisar informe interno

           3.   Publicar informe de plantación de iglesias nacional (para comunicación externa; 1 de junio), "veinticinco años de plantación de iglesias urbanas entre los pobres: Un Informe". Esto sería un papel blanco disponible en *www.tumi.org*

       B.   Identificar el lenguaje acordado y calificaciones para la plantación de iglesias a nivel nacional de WI.[6]

           1.   Publicar *Ripe for the Harvest: A Manual for Urban Church Planters* [Campos blancos para la cosecha: Un manual para plantadores de iglesias urbanas] (2015).

---

    [5]Como lo ilustra la influencia de Howard Butt, *The Velvet Covered Brick: Christian Leadership in an Age of Rebellion* [El terciopelo cubierto de ladrillo: El liderazgo cristiano en una era de rebelión] (New York: Harper & Row, 1973) sobre el Dr. Keith Philips, que una vez describió el libro como su "libro favorito en el liderazgo".
    [6]Ejemplos de esto incluyen el lenguaje "cartillas", descripciones de trabajo por funciones ("Entrenador", "Líder de equipo", etc.) y niveles de formación para cada función (por ejemplo, "provisional", "mayor"). La mayor parte de este lenguaje ya está documentado en el *The John Mark Curriculum* [Plan de Estudios Juan Marcos] (Los Angeles: World Impact Press, 2000), 500 páginas.

2. Publicar *A Fresh Harvest: A Manual for Cross-cultural Church Planters* [Una cosecha fresca: Un manual para los plantadores de iglesias transculturales] (2015).

C. Desarrollar certificación para los plantadores de iglesias en el contexto ministerial

1. Desarrollar proceso de certificación de plantación de iglesias para los satélites de TUMI y socios [7]

2. Lanzar **entrenamiento para el entrenador de plantación de iglesias**, y publicar un nuevo manual para entrenadores de plantaciones de iglesias actualizar Alimentación y ejecución: Un manual para entrenadores de plantación de iglesias)

3. Tener una Escuela evangélica de plantación de iglesias en un nuevo formato de tres días (Nov. del 2015)

4. Desarrollar un proceso de formación y certificación de decanos del evangelio para que las escuelas regionales pueden ser ofrecidas a partir del 2016.

D. Tabla de recursos de plantación de iglesias de *World Impact* e información de las plantaciones de iglesias en 13 conferencias del 2015.

1. Siete conferencias de World Impact

   1. Conferencia de hombres EC
   2. Conferencia de hombres MO
   3. Conferencia de hombres CO
   4. Cumbre de TUMI
   5. Conferencia del personal EC
   6. Conferencia del personal MO
   7. Conferencia del personal CO

2. Seis conferencias de ministerio urbano/plantación de iglesias

   1. Juntos LA (Febrero 26-28)
   2. Exponencial del Este (Abril 27-30), Orlando.
   3. UYWI (Mayo 14-16) -LA, Efrem Smith (orador)
   4. Legado (Julio 23-25)
   5. Fiesta de Sabor (Octubre 8-11). Efrem Smith (orador)

---

[7] El objetivo es enviar 300 líderes plantadores de iglesias (TL), además de cinco miembros del equipo (PTMs) por equipo, a través de la Escuela Evangélica de Plantación de Iglesias. De este modo la visión es enviar seis líderes urbanos de 300 equipos (1,800 líderes de iglesias) a través de la Escuela en los próximos siete años.

Veinticinco años de plantación de iglesias urbanas entre los pobres: Reporte
17

      6. CCDA (Noviembre 11-14)

VI. Apéndices

A. Apéndice 1: Objetivos estratégicos de la oficina nacional de plantación de iglesias

1. Restablecer la Escuela de Plantación de Iglesias a nivel nacional o regional (Escuela evangélica de plantación de iglesias).

2. Establecer un sistema nacional de identificación, acceso, formación y puesta en marcha (comisionar) de líderes de equipos plantadores de iglesias.

3. Apoya las regiones en su misión de establecer trescientos líderes de equipos de plantación de iglesias.

4. Colaborar con otros grupos (asociaciones, movimientos y denominaciones) para alcanzar la visión de plantar iglesias.

5. Investigar sobre la plantación de iglesias urbanas entre los pobres en *World Impact* y en otras organizaciones.

6. Centralizar el uso de los recursos de TUMI por los plantadores de iglesias de *World Impact*.

7. Desarrollar recursos para la plantación de iglesias urbanas.

8. Asegurar una comunicación regular dentro de la red.

Veinticinco años de plantación de iglesias urbanas entre los pobres: Reporte
18

B.   Apéndice 2: "Las iglesias saludables" definidas

"Creemos en una iglesia, santa, católica y apostólica"

Un esquema de iglesias saludables se puede encontrar en el Credo de Nicea.

1. "Una"

   a) Iglesias valoran la obediencia a la Palabra de Dios (Sal 119; por ejemplo *Equipar; Master the Bible [Domina la Biblia], Bible Blossom Project [Proyecto florecimiento de la Biblia]*).

   b) Iglesias valoran la Gran Tradición (por ejemplo, *Raíces Sagradas,* fundamentos nicenos de *Piedra Angular*).

2. "Santa"

   a) Iglesias valoran la libertad, la justicia, y la plenitud del Reino de Dios (El Reino de Dios es el tema de *Piedra Angular*).

   b) Iglesias valoran nuestra participación en el sacerdocio real de Cristo (Siete prácticas esenciales del sacerdocio real).

3. "Católica"

   a) Iglesias valoran la catolicidad (universalidad) de la iglesia (comprometida a relacionarse con otras iglesias).

   b) Iglesias valoran y adoptan los dones de las diferentes culturas; (*Post Black-Post White [Después del negro-Después del blanco]; Black and Human [Negro y humano]*).

4. "Apostólica"

   a) Iglesias valoran la proclama del evangelio especialmente entre los pobres (por ejemplo, *Evangelizar,* los módulos de Misión Urbana de *Piedra Angular*, el ciclo paulino).

   b) Iglesias valoran capacitar líderes misionales que se reproducen a sí mismos (*Facultar; Currículo Piedra Angular;* Escuela evangélica de plantación de iglesias).

Veinticinco años de plantación de iglesias urbanas entre los pobres: Reporte
19

C. Apéndice 3: Presupuesto tipo "servilleta"

    1. Propuesta de Presupuesto para el 2015 = $52,000

        a) $11,700- Gastos de oficina nacional de plantación de iglesias
        b) $5,000- Entrenamiento para entrenadores (1 escuela, 10 entrenadores)
        c) $35,300 Escuela nacional evangélica (1 escuela, 10 equipos)
        d) Salario
            (1) Director = Apoyo misionero
            (2) Administrador = ?

    2. Costo propuesto para equipos de la Escuela evangélica de plantación de iglesias (6 personas)

Materiales	$300	$50 * 6 personas
Comida y hospedaje	$1,800	$300 * 6 personas por 3 noches y 9 comidas
Gastos entrenador y decano	$600	Costo de hospedaje para dos entrenadores
Viajes	$300	$50 por persona
Misceláneos	$200	
Total por equipo	**$3200**	

    3. Cantidad de escuelas necesarias (Promedio de 10 equipos por escuela)

	Número de escuelas	Número de equipos	Decanos que se necesitan	Entrenadores que se necesitan
2015	1	10	2	10
2016	3	30	6	30
2017	4	40	8	40
2018	5	50	10	50
2019	5	50	10	50
2020	6	60	12	60
2021	7	70	14	70
Total	31	310	14	70

Veinticinco años de plantación de iglesias urbanas entre los pobres: Reporte
20

D.   Apéndice 4: Preguntas frecuentes

1.   ¿Cuál es la diferencia entre una iglesia y una plantación de una iglesia? Una "plantación de una iglesia" es un equipo encargado formalmente que aún no ha completado la fase de "transición" del ciclo de plantación de una iglesia. Una "iglesia" es una plantación que ha completado la fase "T" o "transición" de la plantación de una iglesia que se demuestra al poner en marcha "ancianos" (Tito 1:5).

2.   ¿Qué es un "movimiento" de plantación de iglesias? Los movimientos de plantación de iglesias se definen de manera diferente por diferentes organizaciones. En este informe, el término se utiliza para una iglesia local que ha plantado al menos una iglesia hija y que tiene una visión claramente definida para el lanzamiento de más iglesias con contextualización, comunalidad y la conectividad (Vea Apéndice 5 para las definiciones).

3.   ¿Cómo se contarán las 300 iglesias? El liderazgo regional ha sugerido que comenzamos a contar las "300" como plantaciones de iglesias en progreso o comisionadas después del 1 de enero de 2014. Así, cualquier plantación de iglesias que hayan estado ocurriendo desde esa fecha o que se comisionaron de aquí a finales del 2021 puede ser contadas como una de las 300.

Veinticinco años de plantación de iglesias urbanas entre los pobres: Reporte

E. Apéndice 5: Tres componentes del movimiento de plantación de iglesias urbanas

El cordón de tres dobleces de los movimientos de plantación de iglesias transculturales
Rev. Dr. Don L. Davis

Movimiento de plantación de iglesias urbanas

Contextualización

Comunalidad

Conectividad

Contextualización – (la esencia *cultural*) "Un movimiento de plantación de iglesias urbanas debe basarse en la cultura, la experiencia, el liderazgo, y la identidad de un grupo de personas en particular que vienen a abrazar el evangelio de manera integral de tal manera que dentro de la cultura tanto lo entienden y aceptan como suyo propio".

Comunalidad – (la esencia *espiritual*) "un movimiento de plantación de iglesias urbana debe tener sus raíces en una espiritualidad compartida, teología, liturgia y praxis que permita a sus miembros practicar una disciplina espiritual común, someterse a una gobernabilidad y orden compartido, reconocer y afirmar su únicos distintivos teológicos y espirituales, incorporar y confirmar a sus miembros y líderes de acuerdo con un protocolo común, e integrar los esfuerzos de sus congregaciones juntas en un movimiento coherente y unificado".

Conectividad – (el *estructura* esencial) "un movimiento de plantación de iglesias urbano tiene que conectar a sus líderes, miembros y congregaciones a través de estructuras integradas que permitan a sus congregaciones y líderes reunir regularmente por convocatoria y comunión, combinar recursos y fondos para la cooperación y apoyo mutuo, y proporcionar una supervisión que proteja y equipe a los miembros del movimiento para la reproducción dinámica".

Ec. 4:12 (RVR1960) - *Y si alguno prevaleciere contra uno, dos le resistirán; y cordón de tres dobleces no se rompe pronto.*

Veinticinco años de plantación de iglesias urbanas entre los pobres: Reporte
22

F. Apéndice 6: Socios de las plantaciones de iglesias de WI: Denominaciones

Nombre	Pri.	YFP	MRP	WICPP	CPsA	CA	TS	TSA	ECR	MWR	WCR
Bautista Americana	A	2015	2015	1	1	1	1	1			1
Asambleas de Dios	C	2005	2005	1	0	1	0	0			1
Conferencia General Bautista	C	2000		1	0	1	0	0			1
Hermandad	C	*2003*	2003	1			1	1		1	
Capillas Calvario	C	2005	2005	1	0	1	0	0			1
Iglesia Episcopal Carismática (ICCEE)	A	2015					1	1			
Alianza Cristiana y Misionera	A	2006	2013	4	3	1	0	0	1	.	1
Iglesia Cristiana	C	2009		1	0	0	0	0		1	
Iglesia de Dios (Cleveland)	C	2002	2002	1							
Iglesia de Dios en Cristo (COGIC)	A	2015	2015	0	0	0	6	5		1	
Converge	A	2009	2014	2	0	2	1	1			1
Asociación Bautista de Dallas	B	2006	2014	2	1	1	1	1		1	
Iglesia del Pacto Evangélico	A	2015	2015	0	0	0	1	1			1
Iglesia Evangélica Libre	A	2000		2	1	1	6	1			1
Luterana Evangélica (ELCA)	C	2003	2005	8			0	0		1	1
Cuadrangular	C	1999	2013	4	1	1	1	1	1		1
Comunión de la Gracia Internacional	C	1999		1	0	1	0	0	1		
Hermandad Menonita	C	2000		2	0	1	0	0		1	
Capilla Alabanza	C	2012	2012	1	0	1	0	0			1
Iglesia Presbiteriana	C	2006		1	0	0	0	0		1	
Iglesia Presbiteriana USA	C	2013	2013	1	1	0	0	0			1
Iglesia Reformada de América	A	2008	2014	3	1	2	0	0			1
Ejército de Salvación	C	*2005*	2005	1	0	0	0	0			1
Bautista del Sur	A	2007	2014	3	2	1	1	1			1
La Viña	A	2014	2015	2	2	0	0	0			1
Total de denominaciones				44	13	16	20	14	3	6	12

Veinticinco años de plantación de iglesias urbanas entre los pobres: Reporte
23

G. Apéndice 7: Socios de plantaciones de iglesias de *WI*: Asociaciones

Nombre	YS	YFP	T#C	Pri.	WICPP	CPsA	CA	TS	TSA	ECR	MWR	WCR	I
UCA-1—LA	2007	2007	30	A	32	17	8	7	6			1	
Launch	2011	2015	30	A	1	1	1	0	0			1	
UCA-4—LA	2012	2012	15	A	3	0	1	0	0			1	
UCA-6—LA	2006	2006	4	A	5	1	3	1	0			1	
UCA-3--Wichita	2011	2011	4	A	4		4				1		
Asociación Transformación Cristiana --Newark	2015	2015	30	A							1		
Asociación de Iglesias en Honduras	2000	2012	30	A	5	5		1	1				1
Asociación de Iglesia Manantial -- Cuba	1990	2014	25	A				3	3				1
Totales					50	24	17	12	10	1	1	4	2

H. Apéndice 8: Socios de plantaciones de iglesias de *WI*: "Movimientos" y total de socios

Nombre	YS	YFP	T#C	Pri.	WICPP	CPsA	CA	TS	TSA	ECR	MWR	WCR
Cristo el Victorioso	2008	2008	6	A	4	2	2	1	1		1	
Cristo es Señor	1999	1999	16	A	16	7	6	2	1			1
Powerhouse	2006	2006	3	A	3	3						1
Iglesia Del Maestro	2006	2006	2	A	2	1	1	2	2		1	
Totales					25	13	9	5	4		2	2

I. Apéndice 9: Totales de socios de plantaciones de iglesias de *WI*

Totales de socios de plantaciones de iglesias de *WI*

Nombre	WICPP	CPsA	CA	TS	TSA	ECR	MWR	WCR	I
Total de denominaciones	44	13	16	20	14	3	7	16	
Total de asociaciones	50	24	17	12	10	1	1	4	2
Total de movimientos	25	13	9	5	4		2	2	
Totales combinados	119	50	42	37	28	4	10	22	2

Veinticinco años de plantación de iglesias urbanas entre los pobres: Reporte 24

J. Apéndice 10: Traducción de abreviaturas (en inglés) usadas en el reporte

!	Necesita renovación de cartilla
#AC	Número de Iglesias activas
#TC	Número de Iglesias totales que han estado involucradas
*	Cartilla actual en el registro
**	Cartilla de Registro Completado
A	Fase Asamblea en el ciclo PLANTAR
Act	Iglesia activa en la actualidad
CC	Iglesia de la Comunidad (50-150)
C-CP-MA	Actual-Plantación de iglesia-Asignación ministerial
CPS	Escuela de Plantación de Iglesias
D.	Terminada. Iglesia independiente con ancianos establecidos
ECR	Región de la Costa Este
EE	Establecida ancianos
HC	Casa Iglesia (20-50 personas)
Hub	Iglesia eje [central] (200+)
Int	Internacional
L	Fase Lanzar del ciclo PLANTAR
M	Fusionada con otra iglesia. La fecha indica el año de la fusión.
MTL	Múltiples Líderes de Equipo (entrenador de equipo plantador)
MWR	Región del Medio Oeste
N	Fase Nutrir en el ciclo PLANTAR
NA	No activo
P	Fase de Preparación en el ciclo PLANTAR
P-CB	Socio-Coronas de belleza
P-CPS-N	Socio-Escuela Nacional de Plantación-Nacional
P-CPS-R	Socio-Escuela de Plantación de iglesias-Regional
P-CPS-S	Socio-Escuela de Plantación de iglesias-Español
PMA	Asignación Ministerio primaria (generalmente <50 horas por semana)
Pre-UCA	Pre-Asociación de Iglesia Urbana
Ps.	Fase del ciclo PLANTAR
PTM	Miembro del Equipo primario
P-TNT	Socio-Equipo Nehemías
P-TUMI	Socio-El Instituto Ministerial Urbano
P-UCA	Socio-Asociación de Iglesias urbanas
P-WIA	Socio-Asociado de *World Impact*
P-WIC	Socio-*World Impact Cartilla*
P-WILM	Socio-Con licencia de ministro del evangelio de *World Impact*
P-WIOM	Socio-Ministro del evangelio ordenado de *World Impact*
RCP	Plantación de Iglesia Reproducida
Reg.	Región
SC	Modelo Iglesia Simple (3-19)

Veinticinco años de plantación de iglesias urbanas entre los pobres: Reporte
25

SMA	Asignación Ministerio Secundario (por lo general <15 horas por semana)
STM	Miembro del equipo de apoyo
T	Fase de Transición en el ciclo PLANTAR
TL	Líder del equipo plantador de iglesia
TNT	Equipo Nehemías. Estrategia de entrenamiento de *World Impact*.
TUMI-M-C	TUMI los módulos realizados
TUMI-M-M	Módulos de TUMI bajo mentoría
UCA	Asociación de Iglesias urbanas
UCA-1	Asociación de Iglesias urbanas -Los Ángeles
UCA-2	Asociación de Iglesias urbanas -Fresno
UCA-3	Asociación de Iglesias urbanas –Los Ángeles Iglesia simple
VMA	Asignación de Ministerio voluntarios
VTM	Miembro del Equipo de Voluntarios (Asignación vida del cuerpo, <5 horas por semana)
WCR	Región de la Costa Oeste
WCR-BA	Región Costa Oeste – Área de la Bahía
WCR-F	Región de la Costa Oeste -Fresno
WCR-LA	Región de la Costa Oeste -Los Ángeles
WCR-SD	Región de la Costa Oeste -San Diego
WI	*World Impact*
WIA	Asociado de *World Impact*
WICP	Plantador de Iglesias de *World Impact*
WI-Gen	Generación-*World Impact*
WI-IC	Contratista independiente-*World Impact*
WI-MS	Personal de Ministerio-*World Impact*
WIR	Región de *World Impact*
WI-RMO	Orden misionera religiosa-*World Impact*
WI-V	Voluntarios-*World Impact*
YC	Año que fue comisionado
YE	Año Concluido
YT	Año de transición

Veinticinco años de plantación de iglesias urbanas entre los pobres: Reporte
26

K. Apéndice 11: Asignaciones actuales regionales de plantaciones de iglesias

1. Región Costa Este

   a) 1= Líder de Equipo Múltiple (MTLs) en la región (actualmente activo)
      (1) 1 = Personal de RMO
         (a) 0 = Asignación Ministerial Primaria (PMA)
         (b) 1 = Asignación Ministerial Secundaria (SMA)
         (c) 0 = Asignación Ministerial al Voluntario (VMA)

      (2) 0 = Personal de ministerio
         (a) 0 = Asignación Ministerial Primaria (PMA)
         (b) 0 = Asignación Ministerial Secundaria (SMA)
         (c) 0 = Asignación Ministerial al Voluntario (VMA)

      (3) 0 = Personal Asociado
         (a) 3 = Asignación Ministerial Primaria (PMA)
         (b) 0 = Asignación Ministerial Secundaria (SMA)
         (c) 0 = Asignación Ministerial al Voluntario (VMA)

      (4) 0 = Personal Voluntario (u otro)
         (a) 0 = Asignación Ministerial Primaria (PMA)
         (b) 0 = Asignación Ministerial Secundaria (SMA)
         (c) 0 = Asignación Ministerial al Voluntario (VMA)

   b) 3 = Líder de Equipo (TLs) en la región
      (1) 0 = Personal de RMO
         (a) 0 = Asignación Ministerial Primaria (PMA)
         (b) 0 = Asignación Ministerial Secundaria (SMA)
         (c) 0 = Asignación Ministerial al Voluntario (VMA)

      (2) 0 = Personal de ministerio
         (a) 0 = Asignación Ministerial Primaria (PMA)
         (b) 0 = Asignación Ministerial Secundaria (SMA)
         (c) 0 = Asignación Ministerial al Voluntario (VMA)

      (3) 0 = Personal Asociado
         (a) 0 = Asignación Ministerial Primaria (PMA)
         (b) 3 = Asignación Ministerial Secundaria (SMA)
         (c) 0 = Asignación Ministerial al Voluntario (VMA)

Veinticinco años de plantación de iglesias urbanas entre los pobres: Reporte
27

        (4)   0 = Personal Voluntario (u otro)
            (a)   0 = Asignación Ministerial Primaria (PMA)
            (b)   0 = Asignación Ministerial Secundaria (SMA)
            (c)   0 = Asignación Ministerial al Voluntario (VMA)

    c)   VTM
        (1)   ? = Personal de RMO
        (2)   ? = Personal de ministerio

    d)   0 = Miembros del Equipo Primario (PTMs) en la región
        (1)   0 = Personal de RMO
            (a)   0 = Asignación Ministerial Primaria (PMA)
            (b)   0 = Asignación Ministerial Secundaria (SMA)
            (c)   0 = Asignación Ministerial al Voluntario (VMA)

        (2)   0 = Personal de ministerio
            (a)   0 = Asignación Ministerial Primaria (PMA)
            (b)   0 = Asignación Ministerial Secundaria (SMA)
            (c)   0 = Asignación Ministerial al Voluntario (VMA)

        (3)   0 = Personal Asociado
            (a)   0 = Asignación Ministerial Primaria (PMA)
            (b)   0 = Asignación Ministerial Secundaria (SMA)
            (c)   0 = Asignación Ministerial al Voluntario (VMA)

    e)   Miembros del Equipo de Apoyo en la región
        (1)   ? = RMO
        (2)   ? = Personal de ministerio

2.   Región del Medio Oeste

    a)   2= Líder de Equipo Múltiple (MTLs) en la región (actualmente activo)
        (1)   2 = Personal de RMO
            (a)   0 = Asignación Ministerial Primaria (PMA)
            (b)   2 = Asignación Ministerial Secundaria (SMA)
            (c)   0 = Asignación Ministerial al Voluntario (VMA)

        (2)   0 = Personal de ministerio
            (a)   0 = Asignación Ministerial Primaria (PMA)
            (b)   0 = Asignación Ministerial Secundaria (SMA)
            (c)   0 = Asignación Ministerial al Voluntario (VMA)

Veinticinco años de plantación de iglesias urbanas entre los pobres: Reporte
28

        (3)   0 = Personal Asociado
            (a)   0 = Asignación Ministerial Primaria (PMA)
            (b)   0 = Asignación Ministerial Secundaria (SMA)
            (c)   0 = Asignación Ministerial al Voluntario (VMA)

        (4)   0 = Personal Voluntario (u otro)
            (a)   0 = Asignación Ministerial Primaria (PMA)
            (b)   0 = Asignación Ministerial Secundaria (SMA)
            (c)   0 = Asignación Ministerial al Voluntario (VMA)

b)   1 = Líder de Equipo (TLs) en la región
        (1)   0 = Personal de RMO
            (a)   0 = Asignación Ministerial Primaria (PMA)
            (b)   0 = Asignación Ministerial Secundaria (SMA)
            (c)   0 = Asignación Ministerial al Voluntario (VMA)

        (2)   1 = Personal de ministerio
            (a)   0 = Asignación Ministerial Primaria (PMA)
            (b)   1 = Asignación Ministerial Secundaria (SMA)
            (c)   0 = Asignación Ministerial al Voluntario (VMA)

        (3)   0 = Personal Asociado
            (a)   0 = Asignación Ministerial Primaria (PMA)
            (b)   3 = Asignación Ministerial Secundaria (SMA)
            (c)   0 = Asignación Ministerial al Voluntario (VMA)

        (4)   0 = Personal Voluntario (u otro)
            (a)   0 = Asignación Ministerial Primaria (PMA)
            (b)   0 = Asignación Ministerial Secundaria (SMA)
            (c)   0 = Asignación Ministerial al Voluntario (VMA)

c)   2 = Miembros del Equipo Primario (PTMs) en la región
        (1)   0 = Personal de RMO
            (a)   0 = Asignación Ministerial Primaria (PMA)
            (b)   0 = Asignación Ministerial Secundaria (SMA)
            (c)   0 = Asignación Ministerial al Voluntario (VMA)

        (2)   0 = Personal de ministerio
            (a)   0 = Asignación Ministerial Primaria (PMA)
            (b)   2 = Asignación Ministerial Secundaria (SMA)
            (c)   0 = Asignación Ministerial al Voluntario (VMA)

Veinticinco años de plantación de iglesias urbanas entre los pobres: Reporte
29

- (3) 0 = Personal Asociado
  - (a) 0 = Asignación Ministerial Primaria (PMA)
  - (b) 0 = Asignación Ministerial Secundaria (SMA)
  - (c) 0 = Asignación Ministerial al Voluntario (VMA)

d) Miembros del Equipo de Apoyo en la región
  - (1) ? = Personal de RMO
  - (2) ? = Personal de ministerio

e) VTM
  - (1) ? = Personal de RMO
  - (2) ? = Personal de ministerio

3. Región de la Costa Oeste

   a) 6 = Líder de Equipo Múltiple (MTLs) en la región (actualmente activo)
      - (1) 3 = Personal de RMO
        - (a) 0 = Asignación Ministerial Primaria (PMA)
        - (b) 2 = Asignación Ministerial Secundaria (SMA)
        - (c) 1 = Asignación Ministerial al Voluntario (VMA)

      - (2) 1 = Personal de ministerio
        - (a) 0 = Asignación Ministerial Primaria (PMA)
        - (b) 1 = Asignación Ministerial Secundaria (SMA)
        - (c) 0 = Asignación Ministerial al Voluntario (VMA)

      - (3) 1 = Personal Asociado
        - (a) 0 = Asignación Ministerial Primaria (PMA)
        - (b) 1 = Asignación Ministerial Secundaria (SMA)
        - (c) 0 = Asignación Ministerial al Voluntario (VMA)

      - (4) 1 = Personal Voluntario (u otro)
        - (a) 0 = Asignación Ministerial Primaria (PMA)
        - (b) 0 = Asignación Ministerial Secundaria (SMA)
        - (c) 1 = Asignación Ministerial al Voluntario (VMA)

   b) 12 = Líder de Equipo actual (TLs) en la región
      - (1) 3 = Personal de RMO
        - (a) 3 = Asignación Ministerial Primaria (PMA)
        - (b) 0 = Asignación Ministerial Secundaria (SMA)
        - (c) 0 = Asignación Ministerial al Voluntario (VMA)

Veinticinco años de plantación de iglesias urbanas entre los pobres: Reporte
30

        (2)   3 = Personal de ministerio
            (a)   1 = Asignación Ministerial Primaria (PMA)
            (b)   1 = Asignación Ministerial Secundaria (SMA)
            (c)   1 = Asignación Ministerial al Voluntario (VMA)

        (3)   1 = Personal Asociado
            (a)   1 = Asignación Ministerial Primaria (PMA)
            (b)   0 = Asignación Ministerial Secundaria (SMA)
            (c)   0 = Asignación Ministerial al Voluntario (VMA)

        (4)   5 = Personal Voluntario (u otro)
            (a)   0 = Asignación Ministerial Primaria (PMA)
            (b)   0 = Asignación Ministerial Secundaria (SMA)
            (c)   5 = Asignación Ministerial al Voluntario (VMA)

    c)   21 = Miembros del Equipo Primario (PTMs) en la región
        (1)   21 = Personal de RMO
            (a)   7 = Asignación Ministerial Primaria (PMA)
            (b)   14 = Asignación Ministerial Secundaria (SMA)
            (c)   0 = Asignación Ministerial al Voluntario (VMA)

        (2)   = Personal de ministerio
            (a)   = Asignación Ministerial Primaria (PMA)
            (b)   = Asignación Ministerial Secundaria (SMA)
            (c)   = Asignación Ministerial al Voluntario (VMA)

        (3)   0 = Personal Asociado
            (a)   0 = Asignación Ministerial Primaria (PMA)
            (b)   0 = Asignación Ministerial Secundaria (SMA)
            (c)   0 = Asignación Ministerial al Voluntario (VMA)

    d)   Miembros del Equipo de Apoyo en la región
        (1)   = Personal de RMO
        (2)   = Personal de ministerio

    e)   VTM
        (1)   = Personal de RMO
        (2)   = Personal de ministerio

L. Apéndice 12: Ejemplo de movimiento: "Cristo es el Señor" (Rev. Hector Cedillo)

WI-Gen	WICP Tipo	YC	YT	YE o Act.	Nombre de la Iglesia	UCA (Si/No)	Reg.	Dirección o Área	Entrenador/ MTL	Líder(es) de equipo	World Impact o Iglesia Socia	Origen de la Iglesia
1	CC	1999	2004	Act	Cristo Salva (Iglesia por el Lago)		WCR-LA	Central LA	Fred Stoesz	Héctor Cedillo (1999-2013)	WI	Parent Church
2	HC	2004	.	2007	La Luz	UCA-1	WRC-LA	Central LA		Héctor Cedillo	P-TUMI, P-CPS-S	Iglesia por el Lago
2	HC	2005	2010	Act	One Time Baptist Church	UCA-6	WCR-LA		Héctor Cedillo	Fidencio Vásquez	P-CPS-S	Iglesia por el Lago
2	HC	2007		2008	Set Free Church	UCA-1	WRC-LA	Skid Row Cuatitlan, Yzcalli, Mexico	Héctor Cedillo	Victor Patzán	P-TUMI, P-CPS-S	Iglesia por el Lago
2	HC	2007	2009	Act	Iglesia Nueva Vida		I		Héctor Cedillo	Pastor Neto		Iglesia por el Lago
2	HC	2010	2011	Act	Iglesia Cristiana Tierra de Dios	n	I	San Juan del Río, Mexico	Héctor Cedillo	Gonzalo González	P-TUMI, P-CPS-S	Iglesia por el Lago
2	HC	2011	2011	Act	Iglesia Evangelica de Jesu Cristo	n	I	Tella, Honduras	Héctor Cedillo	Norris Beltrán	P-TUMI P-TUMI	Iglesia por el Lago
2	HC	2012	2012	Act	Ministerios Internationales de Jesus	n	WRC-LA	Parque Mac Arthur	Héctor Cedillo	Carlos Mendoza	P-Grad, P-WILM, P-WIC	Iglesia por el Lago
2	CC	2013		Act	Pitchess Jail Church	UCA-1	WRC-LA	Castaic, CA		Héctor Cedillo	P-TUMI	Iglesia por el Lago
2	HC	2013		Act	Congregación Hispana Faro de Luz		WRC-LA	20a. y Wilshire	Héctor Cedillo	Peter César		Iglesia por el Lago
2	HC	2013		2013	JCT Tabernáculo de Jesucristo		WRC-LA	Action, CA		Héctor Cedillo	P-TUMI	Iglesia por el Lago

Veinticinco años de plantación de iglesias urbanas entre los pobres: Reporte 32

2	HC	2013	Act	Gracia Inaculada	UCA-1				
2	CC	2013	Act	Men's Central Jail Church	UCA-1				
2	CC	2014	Act	Twin Towers Jail Church	UCA-1				
2	HC	2014 (2/23)	N	Ministerio bilingüe Cristo el Señor	UCA-1		Burlington and 8th	Héctor Cedillo	Enrique Juárez	Iglesia por el Lago
3						WRC-LA		Héctor Cedillo		
						WCR-LA	Venice, CA	Héctor Cedillo	Daniel Orozco	Pitchess Prison Church
4	HC	2014 (6/?)	Act	La Iglesia de Jesus Cristo		1	Morelos, Mexico	Héctor Cedillo	Pastor Ulices	P-TUMI, P-WILM Ministerio bilingüe Cristo el Señor

M. Apéndice 13: Recursos de plantación de iglesias de *World Impact*

Preguntas frecuentes sobre World Impact y TUMI
Recursos para Plantación de Iglesias y la Iglesia

TUMI (El Instituto Ministerial Urbano) ha desarrollado más de setecientos recursos para equipar líderes de la iglesia para emplear en el ministerio y la misión urbana. Actualmente, estos recursos están siendo utilizados en cientos de iglesias y ministerios urbanos en todo el mundo. Este informe examina algunos de los recursos más importantes en tres categorías: Plantación de iglesias, formación espiritual y discipulado y desarrollo de liderazgo.

I. **Plantación de Iglesias**

    A. ¿Qué recurso es la herramienta práctica más importante para los entrenadores y líderes de equipos plantadores de iglesias de *World Impact*?

        1. *Leading and Feeding Urban Church Plant Teams* [Dirigiendo y alimentando a los equipos plantadores de iglesias urbanas]

        2. *Leading and Feeding* [Dirigiendo y alimentando] cubre las expectativas básicas de *World Impact* de las cartillas de la plantación de una iglesia, de los líderes de equipo de plantación de la iglesia, y otros miembros del equipo de la plantación de la iglesia.

    B. ¿Cuáles son los dos libros teológicos más importantes para los plantadores de iglesias de WI?

        1. Davis, Don. Raíces sagradas: Un tratado sobre la recuperación de la Gran Tradición. Wichita, KS: The Urban Ministry Institute, 2010.

        2. Smith, Efrem. *The Post-Black and Post-White Church: Becoming the Beloved Community in a Multi-Ethnic World*. [La iglesia post-negra y post-blanca: Volviéndose la comunidad amada en un mundo multiétnico] Vol. 59. San Francisco: Jossey-Bass, 2012.

    C. ¿Cuántos cursos están disponibles en TUMI de Plantación de Iglesias?

        1. Enfoque en la reproducción

a) Uno de los cuatro cursos del plan de estudios *Piedra Angular* de misiones urbanas, este curso de ocho segmentos cubre los principios fundamentales de la plantación de iglesias.
b) Este es el curso más importante disponible para plantadores de Iglesias de *WI*.

2. *Winning the World* [Ganando al mundo]

   a) El enfoque del curso es de Movimientos de plantación de iglesia.
   b) (Este curso puede ser descargado y llevado de forma gratuita en *www.biblicaltraining.org*)

3. *Vision for Mission: Nurturing an Apostolic Heart* [Visión para la misión: Nutriendo un corazón apostólico]

   a) Una clase de Fundamentos de TUMI
   b) De manera significativa ha impactado numerosos misioneros de *World Impact* para seguir en plantación de iglesias.
   http://www.tumistore.org/foundations-nurturing-an-apostolic-heart-course/

D. ¿Qué es la Escuela Evangélica de Plantación de Iglesias?

1. *World Impact* ha fletado más de ochenta equipos de plantación de iglesias. La próxima está prevista tentativamente para noviembre del 2015. Esté pendiente para obtener más información sobre la Escuela Evangélica de Plantación de Iglesias.

2. Busque la Escuela Evangélica de Plantación de Iglesias en un lugar cerca de usted. Póngase en contacto con Hank Voss si usted o un líder del equipo de plantación de iglesias que usted conozca esté interesado/a en asistir a una escuela en su región (*hvoss@worldimpact.org*).

E. ¿Qué sistema se utilizó para preparar a los misioneros de *World Impact*, plantadores de iglesias, líderes de equipo y los entrenadores del equipo plantador de iglesias del 2000 al 2007?

1. The *John Mark Curriculum* [El Plan de Estudios Juan Marcos]. Este recurso de quinientas páginas, proporcionaba treinta y tres módulos de formación sobre temas relacionados con temas discretos relacionados a la misión urbana que incluía módulos de cultura, consejería, evangelización, equipo de liderazgo, entrenar a un equipo plantador de iglesias, etc.

2. Este recurso está ahora fuera de impresión aunque copias impresas están disponibles en todas las ciudades de WI.

Veinticinco años de plantación de iglesias urbanas entre los pobres: Reporte
35

F. ¿Qué ejemplo de recurso desarrolló una plantación de iglesia de *World Impact*?

1. Cristo el Victorioso es una iglesia en la región del Medio Oeste que ha comenzado la plantación de iglesias reproductivas. Su guía de recursos está disponible en *Amazon* aquí.

2. Contacte a Ryan Carter para más recursos de Cristo el Victorioso, conferencias de plantación de iglesias, etc.

G. En 2015 busque dos nuevos manuales sobre la plantación de iglesias que serán lanzados por TUMI (*The Urban Ministry Institute*).

II. **Formación espiritual y discipulado**

A. Sermones y recursos de predicación

1. Más de 500 sermones, conferencias y presentaciones de conferencias están disponibles para su descarga gratuita en dos sitios en la red de TUMI:

a) A partir del 10 de octubre del 2014 hay sermones disponibles para su descarga en *https://soundcloud.com/tumimedia/sets*
b) En *http://www.tumimedia.org*
(1) Más de 450 sermones, conferencias y presentaciones de la conferencia.
(2) Más de 90 temas se abordan y se pueden buscar fácilmente utilizando la herramienta de búsqueda tópica.

2. ¿Qué tipo de serie están disponibles para su descarga gratuita?

a) Leccionario Común Revisado Año A (más de cincuenta sermones).
b) Leccionario Común Revisado Año B (más de cincuenta sermones).
c) Leccionario Común Revisado Año C (más de cincuenta sermones)
d) Culto efectiva principal (12 mensajes)
e) *Revelación* (22 Sermones), y muchos más.

B. Canciones y recursos de adoración

1. El doctor Davis ha escrito más de 500 canciones, muchas de las cuales están disponibles de forma gratuita (A partir del 10 de octubre de 2014 hay 44 canciones y bandas sonoras disponibles para su descarga gratuita en *https://soundcloud.com/tumimedia/sets*

2. Véase el curso de 12 sesiones sobre Conduciendo la adoración eficaz en *http://www.tumimedia.org*. Vea también los recursos técnicos de TUMI para el aprendizaje de guitarra titulado *Making Joyful Noises* [Haciendo alegres ruidos].

C. Recursos sobre disciplina espiritual

Veinticinco años de plantación de iglesias urbanas entre los pobres: Reporte
36

1. Anuario de TUMI (*http://www.tumistore.org/church-resources/*)

   a) Una guía devocional de oración y de lectura de la Escritura. Publicada anualmente por TUMI.
   b) Cada año se centra en un tema diferente.

2. Calendario de TUMI (*http://www.tumistore.org/church-resources/*)

   a) Los textos de la Escritura de TUMI para la predicación, la lectura y la oración tomada de la LCR cada año.
   b) Cada año rediseñado con nuevas obras de arte.

3. Domine la Biblia (*http://www.tumistore.org/master-the-bible/*)

   a) Plan de cuatro años de memorización con más de 800 pasajes de las Escrituras. Ver un comentario aquí.
   b) Recursos para las Iglesias para planear cómo ayudar a su gente a memorizar las Escrituras. Incluye, libros, dvds, separadores, carteles.

4. Recursos de oración

   a) ¡La oración de la montaña! Centro de Retiro gratis en el Centro de Conferencias *Oaks* de *World Impact* para todos los plantadores de iglesias que toman un retiro espiritual personal.
   b) Recursos de la red de oración *Let God Arise* [Levántese Dios]
      (1) Don Davis, *Let God Arise* (TUMI, 2000)
      (2) *www.letgodarise.com*.

D. Recursos de discipulado

   1. *Pelea la buena batalla de la fe: Haciendo su parte en el drama desplegado de Dios* ya está disponible (desde el 1 de enero del 2015). Se trata de un plan de estudios para seguimiento de los nuevos creyentes basado en el libro de Efesios y se puede comprar en *http://www.tumistore.org/fight-the-good-fight/*.

   2. *Fit to Represent: Vision for Discipleship Seminar* [Ajuste para representa: Visión para un seminario de discipulado] que está disponible ahora en *http://www.tumistore.org/fit-to-represent-vision-for-discipleship-seminar/*

E. ¿Cuáles son las mejores herramientas de discipulado para hombres y mujeres desarrollados por *TUMI* y *World Impact* hasta la fecha? (*http://www.tumi.org/siafu*)

   1. Don Davis, *La red SIAFU guía: De pie junto a Cristo* (TUMI, 2013).

   2. Don Davis, *La red SIAFU guía de reuniones capitulares* (TUMI, 2013)

Veinticinco años de plantación de iglesias urbanas entre los pobres: Reporte
37

F. Más de 700 recursos desarrollados para las iglesias urbanas y líderes que participan en el ministerio urbano disponible en *www.tumistore.org* y en *http://www.cafepress.com/tumi*

   1. Los recursos incluyen obras de arte, videos, ropa, libros, etc.

   2. Más de 30 recursos disponibles en español.

III. **Desarrollo de liderazgo**

   A. Libros

   1. Don Davis, *Raíces Sagradas: Un tratado sobre la recuperación de la Gran Tradición* (Wichita, KS: The Urban Ministry Institute, 2010).

   2. Don Allsman, *Jesús recortado de la imagen: Por qué se aburren los cristianos y cómo restaurarlos hacia una fe vibrante* (CreateSpace Independent Publishing Platform, 2010).

   3. Efrem Smith, *The Post-Black and Post-White Church: Becoming the Beloved Community in a Multi-Ethnic World* [La iglesia post-negra y post-blanca: Convirtiéndose en una comunidad amada en un mundo multiétnico], vol. 59, Jossey-Bass Leadership Network Series (San Francisco: Jossey-Bass, 2012).

   B. Clases de desarrollo del liderazgo

   1. *The Urban Ministry Institute* (TUMI) red de satélite

      a) Actualmente más de 180 ministerios urbanos, iglesias y denominaciones han puesto en marcha los centros de formación de liderazgo TUMI para la formación de líderes en su contexto ministerial.

      b) Aprenda cómo iniciar un satélite en su ministerio visitando *www.tumi.org/satellite*.

   2. *El Currículo Piedra Angular*

      a) El programa de liderazgo más importante de TUMI. Dieciséis clases generalmente tomadas durante un período de cuatro años

Veinticinco años de plantación de iglesias urbanas entre los pobres: Reporte
38

con cursos en cuatro áreas temáticas: Estudios Bíblicos; Ministerio Cristiano; Misión Urbana; y Teología Cristiana.

    b)   Los cursos de Piedra Angular se pueden transferir a varios colegios y universidades acreditadas para aquellos interesados en continuar su educación. Para obtener más información sobre Piedra Angular, visite *www.tumi.org/capstone* .

3.   Clases de *Fundamentos* (13 clases disponibles actualmente)

    a)   Los cursos de muestra incluyen *Church Matters* [Asuntos de la iglesia]. Un curso que cubre los principales periodos de la iglesia y hace hincapié en cómo las iglesias evangélicas pueden ser renovadas por una recuperación de la Gran Tradición y la búsqueda de un espiritualidad compartida.
http://www.tumistore.org/foundations-church-matters-course/

    b)   Los cursos de muestra incluyen *Marking Time: Forming Spirituality Through the Christian Year* [Marcando el tiempo: Formando la espiritualidad a través del año cristiano]. Este curso introduce a los evangélicos a una teología del tiempo arraigada en la práctica del año cristiano. El curso se centra en la manera que una espiritualidad compartida puede equipar a las iglesias a trabajar entre los pobres con los recursos vitales para el discipulado, la predicación y la adoración.
http://www.tumistore.org/foundations-marking-time-course/

C.   Conferencias

1.   Cumbre anual de TUMI. Más de doscientos líderes de todo el mundo que están involucrados en el desarrollo del liderazgo urbano a través de la red de satélites de TUMI. La próxima cumbre será del 15-17 de mayo del 2015, en Wichita, KS. La información se publicará pronto en *http://www.tumistore.org/satellite-summit/*

2.   Conferencias SIAFU de hombres y mujeres. Conferencias regionales de los hombres y mujeres se realizan para fomentar la divulgación misional en las ciudades. Vea *http://www.tumi.org/siafu* para más información.

Una bibliografía abreviada de plantación de iglesias

Una bibliografía abreviada de plantación de iglesias
The Urban Ministry Institute

Allen, Roland. *Missionary Methods: St. Paul's or Ours?* [Métodos misioneros: ¿Los de San Pablo o los nuestros?]. Grand Rapids: Wm. B. Eerdmans Publishing Company, 2001.

Arn, Win, y Charles Arn. *The Master's Plan for Making Disciples.* [El plan para hacer discípulos del Maestro], 2a ed. Grand Rapids: Baker Books, 1998.

Banks, Robert. *Paul's Idea of Community.* [La idea de comunidad de Pablo], rev. ed. Peabody, MA: Hendrickson Publishers, 1994.

Becker, Paul. *Dynamic Church Planting: A Complete Handbook.* [Dinámica de plantación de iglesias: Un manual completo]. Vista, Calif.: Multiplication Ministries, 1992.

Bessenecker, Scott A. *Overturning Tables: Freeing Missions from the Christian-Industrial Complex.* [Volcando las mesas: Liberando las misiones desde el complejo industrial-cristiano]. Downers Grove, IL: InterVarsity Press, 2014.

Black, Vicki K. *Welcome to the Church Year: An Introduction to the Seasons of the Episcopal Church.* [Bienvenido al año de la iglesia: Una introducción a las estaciones de la iglesia episcopal]. Harrisburg, PA: Morehouse Publishing, 2004.

Carter, Ryan, ed. *Christ the Victor Church: The Guidebook: Ancient Faith for an Urban Movement.* [Iglesia Cristo el Victorioso: La guía: La fe antigua para un movimiento urbano]. N.P.: CreateSpace, 2014.

Chaney, Charles L. *Church Planting at the End of the Twentieth Century.* [Plantando iglesias al final del siglo veinte]. Revisado y expandido. Wheaton: Tyndale House Publishers, 1991.

Conn, Harvie M. *Planting and Growing Urban Churches: From Dream to Reality.* [Plantando y cultivando Iglesias urbanas: Del sueño a la realidad]. Grand Rapids, MI: Baker Books, 1997.

Davis, Don L. *Vision for Mission: Nurturing an Apostolic Heart.* [Visión por la misión: Nutriendo un corazón apostólico]. Wichita, KS: The Urban Ministry Institute (World Impact, Inc.), 1999.

———. *Enfoque en la reproducción.* Vol. 12, 16 vols. *Currículo Piedra Angular.* Wichita, KS: The Urban Ministry Institute (World Impact, Inc.), 2005.

———. *Marking Time. Forming Spirituality through the Christian Year.* [Marcando el tiempo. La formación de la espiritualidad a través del año cristiano]. Wichita, KS: The Urban Ministry Institute (World Impact, Inc.), 2007.

———. *Ministry in a Multi-Cultural and Unchurched Society.* [Ministerio en una sociedad multicultural y sin iglesia]. Wichita, KS: The Urban Ministry Institute (World Impact, Inc.), 2007.

———. *Winning the World: Facilitating Urban Church Planting Movements.* [Ganando el mundo: Facilitando movimientos de plantación de iglesias]. Wichita, KS: The Urban Ministry Institute (World Impact, Inc.), 2007.

———. *Master the Bible Guidebook: Charting Your Course through Scripture Memorization.* [Guía para dominar la Biblia: Trazando su curso a través de la memorización de la Escritura]. Wichita, KS: The Urban Ministry Institute (World Impact, Inc.), 2008.

———. *Church Matters: Retrieving the Great Tradition.* [Asuntos de la iglesia: Recuperando la Gran Tradición]. Wichita, KS: The Urban Ministry Institute (World Impact, Inc.), 2010.

———. *Raíces Sagradas: Un tratado sobre la recuperación de la Gran Tradición.* Wichita, KS: The Urban Ministry Institute (World Impact, Inc.), 2010.

———. *The Most Amazing Story Ever Told.* [La más sorprendente historia jamás contada]. Wichita, KS: The Urban Ministry Institute (World Impact, Inc.), 2011.

Davis, Don L. y Terry Cornett. *The Capstone Curriculum.* [Currículo Piedra Angular]. 16 volúmenes. Wichita, KS: The Urban Ministry Institute (World Impact, Inc.) 2005.

ETA (Evangelical Training Association/Asociación de entrenamiento evangélico). *Perspectives from Church History.* [Perspectivas a partir de la historia de la iglesia]. Wheaton, IL: Evangelical Training Association, 1996.

Fairchild, Samuel D. *Church Planting for Reproduction.* [Plantación de iglesias para la reproducción]. Grand Rapids: Baker Book House, 1991.

Francis, Hozell C. *Church Planting in the African-American Context.* [Plantación de iglesias en el contexto afro-americano]. Grand Rapids, MI: Zondervan Publishing House, 1999.

Garrison, David. *Church Planting Movements.* [Movimientos de plantación de Iglesias]. Midlothian, VA: WIGTake Resources, 2004.

Gonzales, Justo L. *Church History: An Essential Guide*. [Historia de la iglesia: Una guía esencial]. Nashville: Abingdon Press, 1996.

Greenway, Roger S., y Timothy M. Monsma. *Cities: Missions' New Frontier* [Ciudades: Nuevas fronteras misioneras], 2a ed. Grand Rapids, MI: Baker Books, 2000.

Hauerwas, Stanley y Willian H. Willimon. *Resident Aliens: Life in the Christian Colony*. [Extranjeros residentes: La vida en la colonia cristiana]. Nashville, TN: Abingdon Press, 1989.

Hesselgrave, David J. *Planting Churches Cross-Culturally* [Plantando Iglesias transculturalmente], 2a ed. Grand Rapids, MI: Baker Books, 2000.

Hickman, Hoyt L, Don E. Saliers, Laurence Hull Stookey, James F. White. *The New Handbook of the Christian Year.* [Nuevo manual del año Cristiano]. Nashville, TN: Abingdon Press, 1992.

Hiebert, Paul G. *Anthropological Insights for Missionaries.* [Perspectivas antropológicas para misioneros]. Grand Rapids, MI: Baker Books, 1985.

Hiebert, Paul G. y Eloise Hiebert Meneses. *Incarnational Ministry: Planting Churches in Band, Tribal, Peasant, and Urban Societies.* [Ministerio de encarnación: Plantando iglesias en bandas, tribus, campesinos, y sociedades urbanas]. Grand Rapids, MI: Baker Books, 1995.

Jennings, Willie James. *The Christian Imagination: Theology and the Origins of Race.* [La imaginación Cristiana: Teología y los orígenes de la raza]. New Haven: Yale University Press, 2010.

Kreider, Larry. *House Church Networks.* [Redes de iglesias en casas]. Ephrata, PA: House to House Publications, 2001.

Kyle, John E. ed. *Urban Mission: God's Concern for the City.* [Misiones urbanas: La preocupación de Dios por la ciudad]. Downers Grove, IL: InterVarsity Press, 1988.

Ladd, G. E. *Gospel of the Kingdom.* [El evangelio del Reino]. Grand Rapids, MI: Eerdmans, 1959.

Liele, George. "Un reporte de varias iglesias bautistas, que consiste principalmente en negros esclavos: Especialmente de una en Kingston, Jamaica; y otra en Savannah, Georgia (1793)". En *Voces desencadenadas: Una antología de autores negros en el mundo de habla inglesa del siglo XVIII*. Editado por Vincent Carretta. Lexington: Imprenta de la Universidad de Kentucky, 2004.

———. "El pacto de la Iglesia anabautista: Comenzó en América 1777, en Jamaica en diciembre 1783". 1796. Material bautista británico, biblioteca angus del Regents Park College de Oxford, Inglaterra, carrete 1, no. 14.; Publicación (Comisión histórica, Convención Bautista del Sur), MF # 4265.

Liele, George y Andrew Bryan. "Cartas de negros pioneros bautistas". En *Historia religiosa afroamericana: Un testimonio documentado*. Editado por Milton C. Sernett. Durham, NC: Duke University Press, 1985.

———. "Cartas que muestran la subida y el progreso de las primeras iglesias de negros de Georgia y las Indias Occidentales". Compuestas de "un reporte de varias iglesias bautistas, que consiste principalmente de esclavos negros: Especialmente de una en Kingston, Jamaica; y otra en Savannah, Georgia", y "Esquemas de la iglesia bautista negra en Savannah, Georgia: Y de su ministro Andrew Bryan, extraído de varias cartas". *Revista de historia de los negros* 1 no. 1 (enero de 1916): 69-92.

Logan, Robert E., y Steven L. Ogne. *Church Planter's Toolkit*. [Caja de herramientas del plantador de Iglesias]. Pasadena: Charles E. Fuller Institute of Evangelism & Church Growth, 1991.

Logan, Robert E., y Neil Cole. *Beyond Church Planting: Pathways for Emerging Churches*. [Más allá de la plantación de iglesias: Veredas para iglesias emergentes]. St. Charles, IL: ChurchSmart Resources, 2005.

Malphurs, Aubrey. *Planting Growing Churches for the 21st Century: A Comprehensive Guide for New Churches and Those Desiring Renewal*. [Plantando iglesias en crecimiento para el siglo 21: Una guía exhaustiva de nuevas iglesias y aquellos que desean renovación], 2a ed. Grand Rapids: Baker Books, 1998.

Mannoia, Kevin. *Church Planting the Next Generation: Introducing the Century 21 Church Planting System*. [Plantación de Iglesias de la próxima generación: Presentación del sistema de plantación de iglesias del siglo 21]. Indianapolis: Light and Life Press, 1994.

Miley, George. *Loving the Church, Blessing the Nations: Pursuing the Role of Local Churches in Global Mission*. [Amando la Iglesia, bendiciendo a las naciones: Persiguiendo el papel de las iglesias locales en la misión global]. Waynesboro, GA: Authentic Media, 2003.

Montgomery, Jim. *DAWN 2000: 7 Million Churches to Go*. [DAWN 2000: 7 millones de Iglesias por venir]. Pasadena: William Carey Library, 1989.

Mull, Marlin. *A Biblical Church Planting Manual from the Book of Acts*. [Un manual bíblico de plantación de iglesias desde el libro de los Hechos]. Eugene, OR: Wipf and Stock Publishers, 2003.

Nebel, Tom, and Gary Rohrmayer. *Church Planting Landmines: Mistakes to Avoid in Years 2 through 10*. [Las minas terrestres en la plantación de iglesias: Errores a evitar en los años 2 al 10]. St. Charles, IL: ChurchSmart Resources.

Niebuhr, H. Richard. *Christ and Culture*. [Cristo y cultura]. New York, NY: HarperSanFrancisco, 1951.

Noll, Mark A. *Turning Points: Decisive Moments in the History of Christianity*. [Puntos cruciales: Momentos decisivos en la historia del cristianismo]. Grand Rapids, MI: Baker Academic (Baker Book House), 1997, 2000.

Overstreet, Don. *Sent Out: The Calling, the Character, and the Challenge of the Apostle/Missionary*. [Enviado: El llamado, el carácter y el desafío del apóstol/misionero]. Bloomington, IN: Crossbooks, 2009.

Overstreet, Don, y Mark Hammond. *God's Call to the City*. [El llamado de Dios a la ciudad]. Bloomington, IN: Crossbooks, 2011.

Phillips, Keith. *Out of Ashes*. [De las cenizas]. Los Angeles, CA: World Impact Press, 1996.

Ratliff, Joe S., and Michael J. Cox. *Church Planting in the African-American Community*. [Plantación de Iglesias en la comunidad afroamericana]. Nashville: Broadman Press, 1993.

Romo, Oscar I. American Mosaic: *Church Planting in Ethnic America*. [Mosaico americano: plantación de iglesias en la américa étnica]. Nashville: Broadman Press, 1993.

Schaller, Lyle. *44 Questions for Church Planters*. [44 preguntas para los plantadores de Iglesias]. Nashville: Abingdon Press, 1991.

Schwarz, Christian A. *Natural Church Development*. [Desarrollo natural de la iglesia]. St. Charles, IL: ChurchSmart Resources, 2000.

Searcy, Nelson, y Kerrick Thomas. *Launch: Starting a New Church from Scratch*. [Lanzamiento: Comenzando una nueva iglesia desde cero]. Ventura, Calif.: Regal Books, 2007.

Shenk, David W., y Ervin R. Stutzman. *Creating Communities of the Kingdom: New Testament Models of Church Planting*. [Creando comunidades del Reino: Modelos del nuevo testamento de plantación de iglesias]. Scottdale: Herald Press, 1988.

Smith, Efrem. *Raising Up Young Heroes: Developing a Revolutionary Youth Ministry*. [Educando heroes jóvenes: El desarrollo de un ministerio juvenil revolucionario]. Downers Grove: InterVarsity Press, 2004.

———. *Jump into a Life of Further and Higher*. [Saltar a una vida más lejana y más alta]. Colorado Springs: David C. Cook, 2010.

———. *The Post-Black and Post-White Church: Becoming the Beloved Community in a Multi-Ethnic World*. [La iglesia post-negra y post-blanca: Convirtiéndose en la comunidad amada en un mundo multiétnico]. San Francisco: Jossey-Bass Publishers, 2012.

Smith, Efrem y Phil Jackson. *The Hip-Hop Church: Connecting with the Movement Shaping our Culture*. [La iglesia hip-hop: Conexión con el movimiento que está permeando nuestra cultura]. Downers Grove: InterVarsity Press, 2005.

Snyder, Howard A. *Kingdom, Church, and World*. [Reino, iglesia y el mundo]. Eugene, OR: Wipf and Stock, 1997.

———. *The Community of the King* [La comunidad del rey], Rev. ed. Downers Grove, IL: InterVarsity Press, 2004.

Stetzer, Ed. *Planting New Churches in a Postmodern Age*. [Plantando Iglesias nuevas en una era postmoderna]. Nashville: Broadman & Holman Publishers, 2003.

———. *Planting Missional Churches*. [Plantando Iglesias misionales]. Nashville: B & H Publishing Group, 2006.

———. "Libros/Recursos sobre grupos étnicos en Los Estados Unidos y Canada". El intercambio. Abril 15, 2008. *http://www.christianitytoday.com/edstetzer*.

———. "Bibliografía de plantación de Iglesias". *The Exchange*. Abril 20, 2009. *http://www.christianitytoday.com/edstetzer*.

Surratt, Geoff, Greg Ligon, y Warren Bird. *The Multi-Site Church Revolution: Being One Church in Many Locations*. [La revolución de la iglesia en multisitios: Ser una iglesia en muchas localidades]. Grand Rapids: Zondervan, 2006.

Teja, Gary, y John Wagenveld, eds. *Planting Healthy Churches*. [Plantando iglesias saludables]. Sauk Village, IL: Multiplication Network Ministries, 2015.

Wagner, C. Peter. *Church Planting for a Greater Harvest: A Comprehensive Guide*. [Plantación de Iglesias para una gran cosecha: Una guía exhaustiva]. Ventura: Regal Books, 1990.

Webber, Robert E. *Ancient-Future Time: Forming Spirituality through the Christian Year*. [La hora antigua-futura: La formación de la espiritualidad a través del año Cristiano]. Grand Rapids, MI: Baker Books, 2004.

Woodson, Carter Godwin. *The History of the Negro Church*. [La historia de la iglesia negra]. Washington, D.C.: Associated Publishers, 1921.

The Urban Ministry Institute: Puliendo las piedras que los constructores rechazaron
Cómo puede equipar a los líderes de su iglesia y ministerio

The Urban Ministry Institute: Puliendo las piedras que los constructores rechazaron
Cómo puede equipar a los líderes de su iglesia y ministerio

Rev. Dr. Don L. Davis • 18 de abril 2015

¡La piedra que desecharon los edificadores se ha convertido en la piedra angular!
Sal. 118:22-23 (RVR1960) – La piedra que desecharon los edificadores ha venido a ser cabeza del ángulo. De parte de Jehová es esto, y es cosa maravillosa a nuestros ojos.

Inspirado en el texto anterior (y la cita de Jesús en Mateo 21:42), *The Urban Ministry Institute* (El Instituto Ministerial Urbano) ha formulado una visión precisa sobre la selección y preparación de Dios de líderes urbanos. Creemos que este texto capta la esencia de la intención de Dios de levantar obreros para su mies entre los pobres de las áreas urbanas.

Jesús mismo es el patrón para el desarrollo del liderazgo urbano
La mayoría de los eruditos creen que se trata de un proverbio, pero con una enorme cantidad de un giro irónico: una piedra que fue rechazada para la construcción por los mismos constructores. Sin embargo, esta piedra rechazada demuestra ser de inestimable valor y vale la pena. Esta piedra despreciada resulta en una inspección más de ser la piedra principal del ángulo, a menudo llamado el perpiaño o la piedra angular, la esquina de la fundación, la piedra de coronación de todos. A la luz de las referencias del NT, este texto alude a Cristo Jesús, * la piedra de tropiezo. Los llamados "edificadores" en Israel, que rechazaron su señoría, ignoraron al mismo que ahora ha sido exaltado a través de la unción y elección de Dios. Por eso Dios dice: "Yo seré para Jerusalén una piedra valiosa y escogida. Seré la piedra principal y serviré de base al edificio. El que se apoye en mí podrá vivir tranquilo (TLA Is. 28:16).

* Mateo 21:42; Marcos 12:10; Lucas 20:17; Hechos 4:11; Efesios 2:20; 1 Pedro 2:4, 7

Esta poderosa profecía mesiánica tiene una verdad corolaria unida a la misma que se encuentra en el corazón de tanto las citas del antiguo y el nuevo testamento sobre la elección de Dios y nuestro rechazo de la misma. Un principio surge que ilustra la complejidad de la ironía divina de Dios en la selección de liderazgo. Este principio pone de manifiesto claramente la naturaleza exacta de la elección de hombres y mujeres de Dios que le representen.

La elección de Dios de los pobres
Dios ha escogido a los pobres para que sean ricos en fe y herederos del Reino que viene (Santiago 2:5). Dios elige a los quebrantados para

confundirlo todo, a los que no saben para avergonzar a los sabios, y a los pobres para asombrar a los ricos. Él ha elegido lo que es base y despreciado para avergonzar a lo honorable, y lo que es débil y patético para humillar a los fuertes. Dios escoge y exalta lo que los hombres tienden a rechazar y despreciar (cp. 1 Cor. 1:26-29). A lo largo de la historia de la iglesia, este principio resulta ser cierto. Sólo el Señor puede determinar los vasos que va a usar por el honor de su Hijo, y el avance de su reino. ¡Es su sola elección; y, a quien quiere él elije, lo capacita y dirige!

TUMI: Afirmando el llamado de Dios para que los pobres dirijan

Este es el corazón de la ironía de la utilización de hombres y mujeres de Dios, y declarado prácticamente en toda narrativa que implica la elección de Dios. Aunque tendemos a juzgar por la apariencia o el fondo de una persona, Dios mira al carácter y llamado de una persona. Él no suele elegir basado en la formación, pedigrí, antecedentes socioeconómicos, o la educación de alguien. Más bien, Dios mira el corazón (1 Sam. 16:7). A quien Dios llama y capacita para realizar su tarea, y él tiende a seleccionar incluso a los más experimentados que son encontrados detestables. La fuerza y la sabiduría de Dios son mejor representados a través de vasos humanos que son débiles y necios, y su gracia se perfecciona en la debilidad. Los que parecen ser inútiles para el ojo más agudo de los edificadores más experimentados, pueden convertirse fácilmente en el vaso selecto de Dios. Por su gracia y preparación, incluso el despreciado puede convertirse en la piedra angular de la empresa de Dios. Este es el corazón de la ironía divina de selección de sus líderes.

Hacia un nuevo paradigma y estructura de desarrollo de liderazgo urbano

Durante más de veinte años, *The Urban Ministry Institute* (TUMI) ha sido el instrumento de formación de *World Impact*. Diseñamos recursos, programas y herramientas que pueden equipar líderes siervos para plantar y dirigir iglesias evangélicas saludables y movimientos que harán avanzar el reino en las ciudades de norteamérica y más allá. Nuestro distintivo es que concentramos nuestros esfuerzos en capacitar a los que tratan de alcanzar a los perdidos entre los urbanos desfavorecidos. Estamos convencidos de que Dios levantará un ejército de obreros que van a transformar sus comunidades a través del evangelio, y sus actos corolarios de compasión, justicia y testimonio del reino.

Deseamos, por lo tanto, proporcionar el tipo de formación teológica, pastoral y espiritual que permitirá a los llamados pueblo despreciado a acceder a la formación creíble, asequible y de cambio de vida en donde viven y ministran. Para alcanzar este objetivo, buscamos transformar tanto el contenido y el método de educación teológica para que nuestras estructuras sean propicias para la capacitación de los pobres de las áreas urbanas.

Si bien la educación y los seminarios teológicos tradicionales han sido los pilares de la mayor parte de desarrollo del liderazgo cristiano, los urbanos pobres suelen ser pasados por alto o completamente ignorados en sus programas. Tan exitoso como los seminarios tradicionales han sido en levantar líderes calificados para contextos suburbanos, la mayoría de los programas de educación teológica tradicional son simplemente demasiado incómodos y fuera de sincronización para el desarrollo del liderazgo urbano.

Desafortunadamente, la mayoría de los líderes urbanos no tienen derecho a la educación de liderazgo cristiano disponible en la actualidad. Es demasiado cara, por lo general ofrecida en lugares lejanos del contexto de las iglesias urbanas y sus barrios, y tiende a descalificar a los candidatos urbanos debido a sus calificaciones académicas. Por último, gran parte de la formación teológica tradicional sigue siendo culturalmente distante de la experiencia y el trabajo de la mayoría de los obreros espirituales urbanos y no es conducida a las necesidades y problemas de la vida urbana contemporánea.

De la idea a la revolución:
Equipando líderes para el ministerio en todo el mundo

Desde 1995, hemos tratado de rediseñar la educación para el liderazgo cristiano para los pobres. Hemos enseñado decenas de seminarios, conferencias y cursos a nivel seminario, graduado a cientos de hombres y mujeres a través de nuestro programa de certificación académica, y hamos creado numerosos recursos ministeriales para uso de las iglesias urbanas de todo el mundo. Nuestra pasión es multiplicar este excelente entrenamiento para cada contexto urbano, haciendo que nuestros recursos sean asequibles, bíblicamente creíble, misionalmente reproducibles y culturalmente sensibles como sea posible. En el momento de escribir esto, tenemos cerca de 200 satélites en catorce países, que representan a más de 2.000 estudiantes que están siendo equipados para el ministerio en primera línea en algunos de los barrios más peligrosos y descuidados en la tierra.

Nuestras estructuras están diseñadas para mejorar esta carga para la multiplicación y la accesibilidad a las iglesias urbanas y sus líderes. Por supuesto, todos nuestros cursos, conferencias, seminarios y talleres son facilitados por la experiencia, la facultad calificada de TUMI, muchos de los cuales tienen títulos terminales en los principales seminarios y universidades, que tienen muchos años en cuidado pastoral y experiencia en el ministerio urbano.

Empoderamiento: Una nueva estrategia para desarrollar líderes en donde viven sin la menor duda

Nuestra estrategia es establecer un sistema que permita a las iglesias y organizaciones locales de establecer centros de capacitación vía satélite en su propio lugar y configuración regional. Nuestra intención es facilitar la formación bíblica, sólida a través de nuestro apoyo a las iglesias en su entorno ministerial. Después de un extenso estudio de la educación teológica y liderazgo en norteamérica, hemos diseñado los procesos y mecanismos que permitan a las iglesias formar centros de entrenamiento que son Cristocéntricos, formado en las Escrituras, y centrados en el ministerio.

Mientras damos una atención considerable a la provisión de recursos a las iglesias urbanas para ayudarles en asimilar a los cristianos nuevos y en crecimiento en Cristo, el corazón de nuestra visión es equipar a los líderes de la iglesia urbana. Esto implica dos cosas: 1) proporcionar a los nuevos y emergentes líderes cristianos y obreros de las iglesias urbanas con los recursos teológicos esenciales y el apoyo necesarios para un ministerio urbano eficaz, y 2) proporcionar una contínua inversión para líderes de la iglesia urbanos experimentados que tengan la intención de afinar su ministerio y entrenar a otros para el ministerio también.

Únase a nosotros: Ayude a equipar líderes asequiblemente en su propia localidad

El personal y profesores de *The Urban Ministry Institute* de todo corazón cree que Dios está levantando en números significativos hombres y mujeres entre los pobres de las áreas urbanas que sirven a su reino de manera extraordinaria, a través de la nación y el mundo. Con el fin de facilitar este surgimiento de líderes, hemos establecido una estructura administrativa eficaz que permita a las iglesias y organizaciones calificadas proporcionar una excelente, asequible y accesible formación en el contexto de su propia iglesia y ministerio. Si usted está interesado en el establecimiento de un centro de formación en su iglesia, ministerio, asociación, o denominación, por favor póngase en contacto con nosotros en *www.tumi.org*.

www.ingramcontent.com/pod-product-compliance
Lightning Source LLC
Chambersburg PA
CBHW080752300426
44114CB00020B/2703